营销管理基础

（第二版）

李先国　　史振厚　　主　编

杨兴银　　陶红霞　　副主编

清华大学出版社

北　京

内 容 简 介

本书是全国营销专业资格认证考试(PEMT)指定用书,全书共分 10 章,内容包括营销管理概述、市场细分与目标市场、营销战略管理、营销计划的制定与管理、产品策略、定价策略、渠道设计与管理、促销管理、电子商务和网络营销、市场营销的新发展,既有全面系统的理论知识介绍,又有从实践中总结出来的实用经验和生动案例。本书以提高营销人员理论水平与实战能力为核心,对基层营销人员必备的基础知识、基本技能和较高层次营销人员需要的营销管理与策划技能,进行了比较系统和深入的阐释与分析。本书内容丰富、通俗易懂,案例贴近实际,便于学习与借鉴。

本书不仅可作为全国营销专业资格认证考试指定用书,高等院校管理、营销等相关专业学生、教师和研究人员的参考用书,还可以作为各类社会培训机构和企业市场营销人员的培训用书,以及有志于从事营销工作人员的自学用书。本书提供完整的教学课件(教学 PPT),可从 http://www.tupwk.com.cn/downpage 网站免费下载。

图书在版编目(CIP)数据

营销管理基础 / 李先国,史振厚 主编. —2 版. —北京:清华大学出版社,2018(2019.6 重印)
ISBN 978-7-302-49779-0

I. 营… II. ①李… ②史… III. 营销管理 IV. F713.56

中国版本图书馆 CIP 数据核字(2018)第 053460 号

责任编辑:崔 伟 高晓晴
封面设计:马筱琨
版式设计:思创景点
责任校对:曹 阳
责任印制:刘海龙

出版发行:清华大学出版社
　　　　网　　　址:http://www.tup.com.cn,http://www.wqbook.com
　　　　地　　　址:北京清华大学学研大厦 A 座　　　邮　　　编:100084
　　　　社 总 机:010-62770175　　　　　　　　　邮　　　购:010-62786544
　　　　投稿与读者服务:010-62776969,c-service@tup.tsinghua.edu.cn
　　　　质 量 反 馈:010-62772015,zhiliang@tup.tsinghua.edu.cn

印 装 者:北京鑫海金澳胶印有限公司
经　　销:全国新华书店
开　　本:185mm×260mm　　　印　　张:19.5　　　字　　数:475 千字
版　　次:2009 年 10 月第 1 版　　2018 年 4 月第 2 版　　印　　次:2019 年 6 月第 2 次印刷
定　　价:49.00 元

产品编号:075537-02

前　言

自 20 世纪 80 年代以来，市场营销这门学科就因其强大而旺盛的生命力受到人们的广泛关注。尤其是进入 90 年代以后，市场营销学知识迅速传播开来，被广泛地运用于企业的国内外经营活动之中，成为企业成功的强大武器。

当今的市场经营环境不断变化，竞争日益加剧，企业营销面临更为严峻的挑战，表现为营销环境越来越复杂，竞争的领域越来越广阔，竞争的手段越来越多变。这就要求企业家既要有高瞻远瞩的战略视野、明察秋毫的市场洞察力，还要有娴熟的营销管理能力与高超的经营决策能力。

在产品、技术、服务和营销手段越来越同质化的经营背景下，企业对营销人才提出了更高的要求。营销人才的职业素质与能力直接影响着企业经营目标的实现，营销人才职业素质与能力的提升也成为企业人力资源培训的重点。学历仅是一纸文凭，最多只能代表个人所掌握的理论知识，而专业认证则体现出个人所具备的专业能力、知识结构和职业素养。为满足社会对营销类专业人才的需要，推出了全国营销专业资格认证考试(PEMT)，通过培训考核，造就更多的既具有战略视野，又具有经营管理技能的经营企业家和高级营销管理人才。

在中国商业联合会和中国城市商业网点建设管理联合会的大力支持下，全国营销专业资格考试办公室和全国营销专业委员会组织编写了《营销管理基础》(第二版)。本书以当代世界经济和国内经济的发展为背景，以市场分析为基础，以企业经营战略和营销战略为指导，以营销策略为主线，对市场营销管理的理论与方法进行了较系统和深入的阐释与分析。在编写过程中注重运用理论与实际相结合的方法，汲取和借鉴了当代市场营销学研究的优秀成果及其经验。

本书特色鲜明，具体表现在以下几个方面。

(1) 综合性。在内容安排上既借鉴国外成熟的市场营销理论体系，又充分考虑当代市场营销人才培养模式和教学内容体系建设与改革的需要，既注重全面系统地介绍市场营销原理、原则和方法，又结合我国的市场营销管理实践，对市场营销管理的理论与方法进行了归纳、整理、讨论和延伸，尽可能将近年来市场营销管理领域的最新研究成果融入相关问题的论述之中，使教材具有体系完整、内容全面、信息充足的特点。

(2) 系统性。教材在系统介绍营销管理知识的基础上，将企业市场营销管理分为理论部分和实务部分。其中，理论部分按内在逻辑分析说明了企业营销战略管理、品牌管理、渠道设计与管理、促销管理、电子商务和网络营销；在实务部分聚焦当代三大市场营销领域——汽车营销、房地产营销、服务营销，并在最后部分理性分析了当代市场营销发展的新趋势。

(3) 实用性。市场营销是一门应用性很强的学科，在编写过程中注重理论与实践的有机结合，尽可能做到概念描述生动化、原理阐述具体化，适当插入源于现实的典型案例，把概念、原理融于案例之中。

本书由中国人民大学李先国、郑州航空工业管理学院史振厚担任主编，天津向优教育杨兴银、天津城建管理职院陶红霞担任副主编，其他参编人员还有刘伟、宋亿光、姜兴国、黄春华、张亚、邱靖涵、王可娜、付颖和张苏洁。

本书的编写还得到了中国商业服务业职业技术工作委员会和郑州市职业教育营销行业指导委员会的大力支持，同时也广泛参阅吸收了中外专家学者的研究成果，在此一并表示诚挚的感谢。

书中错漏与不妥之处在所难免，恳请国内外同行和读者批评指正，意见或建议可发邮件至 theoffice010@163.com。

编　者
2018 年 1 月

目　　录

第一章

营销管理概述

在进行营销管理相关知识的讨论之前，有必要对市场营销的基本知识进行简单的回顾，以便更好地深入学习。

第一节　市场营销与市场营销管理

一、市场

市场营销，英文为 marketing，就是在 market(市场)后面拴了一条结实的绳子，意为牢牢地抓住市场。因此，在定义市场营销前，首先要了解市场及其相关概念。

(1) 市场起源于古时人类对固定时段或地点交易场所的称呼，狭义上的市场是指买卖双方进行商品交换的场所。《周易》中"日中为市，致天下之民，聚天下之货，交易而退，各得其所"这段文字向我们透露了一个重要信息，炎帝神农氏始作集市，首创贸易，这可谓有史料记载以来中国最早的市场贸易活动。

(2) 市场是指一群具有相同需求的潜在顾客，他们愿意以某种有价值的东西来换取卖主所提供的商品或服务，这样的商品或服务是满足需求的方式。

(3) 市场是建立在社会分工和商品生产基础上的交换关系。这种交换关系是由一系列交易活动构成的，并由商品交换规律(其基本规律是价值规律)所决定，其实现过程是动态的、错综复杂的、充满挑战和风险的，但也是有规律的。

(4) 现实市场的形成要有若干基本条件。这些条件包括：消费者(用户)需要或欲望的存在，并拥有其可支配的交换资源；存在能够满足消费者(用户)需求的产品或服务；要有促成交换双方达成交易的各种条件，如双方接受的价格、时间、空间、信息和服务方式等。

(5) 市场是指某种产品的现实购买者与潜在购买者需求的总和。市场包含三个主要因素，即有某种需要的人、为满足需要的购买能力和购买欲望。用公式来表示就是：

$$市场 = 人口 + 购买力 + 购买欲望$$

　　构成市场的这三个要素是相互制约、缺一不可的，只有三者结合起来才能构成现实的市场，才能决定市场的规模和容量。所以，市场是上述三个因素的统一。

　　(6) 市场的发展是一个由消费者(买方)决定，由生产者(卖方)推动的动态过程。在组成市场的双方中，买方需求是决定性的。

　　站在经营者的角度，人们常常把卖方称为行业，而将买方称为市场。它们之间的关系如图 1-1 所示。

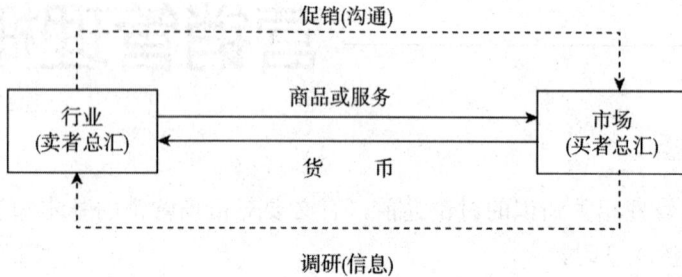

图 1-1　简单的市场营销系统

　　图 1-1 中，买卖双方由四种流动相连：卖方将商品(服务)送达市场，并与市场沟通；买方把金钱和信息送到行业。图中内环表示钱物交换，外环表示信息交换。

　　在现实经济中，基于劳动分工的各特定商品生产者之间的各类交换活动，市场已形成复杂的相互连接的体系，如图 1-2 所示。其中，生产者从资源市场(由原材料、劳动力、资金等市场组成)购买资源，转变为商品和服务后卖给中间商，中间商再出售给消费者。消费者以自己的收入换取所需的产品或服务。政府是另一种市场，它为公众需要提供服务，对各种市场征税，同时也从资源市场、生产者市场和中间商市场采购商品。

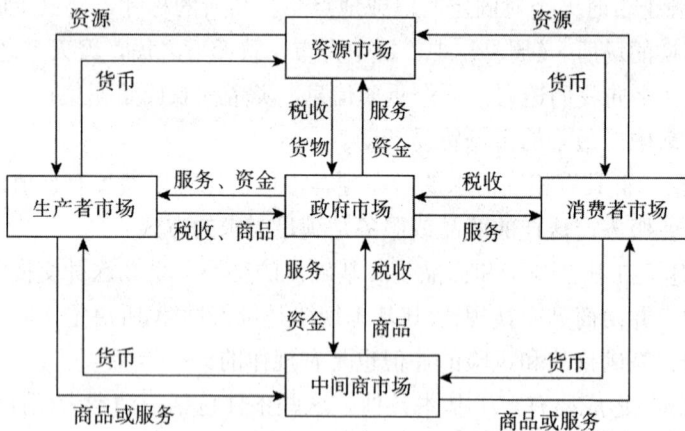

图 1-2　现代交换经济中的基本市场流程

二、市场营销

　　美国著名的市场营销学家菲利普·科特勒概括了市场营销的定义：市场营销是个人和

集体通过创造，提供出售，并同别人交换产品和价值，以获得其所需所欲之物的一种社会活动和管理过程。

美国市场营销协会 1985 年对市场营销所下的定义是：市场营销是计划和执行关于商品、服务和创意的观念、定价、促销和分销，以创造符合个人和组织目标的交换的过程。美国市场营销协会 2012 年又对市场营销做出了新的界定：市场营销是一项有组织的活动，包括创造、传播和传递客户价值以及管理客户关系等一系列过程，从而使利益相关者和企业都从中受益。

上述定义包含几个含义：①市场营销的基础是交换，交换过程是一个主动、积极寻找机会、满足双方需求和欲望的社会过程和管理过程。交换过程能否顺利进行，取决于营销者创造的产品和价值满足消费者需求的程度和交换过程管理的水平。②营销概念不仅包括产品和服务，还包括思想；市场营销不仅包括营利性的经营活动，也包括非营利性的组织活动。③市场营销的终极目标是使人或群体满足需求和欲望，创造企业利润，增进社会福利。

本书采用菲利普·科特勒的定义。

推销与市场营销不同。推销只是市场营销的一部分，是企业围绕销售商品展开的各项活动，推销多指人员推销。推销虽然是企业市场营销人员的职能之一，但不是其最重要的职能。

促销与市场营销也不同。促销是市场营销的一部分，包含人员推销、广告宣传、营业推广、公共关系等活动，但还没有达到市场营销中战略与决策的高度。

图 1-3 表示了市场营销、促销和推销的关系。

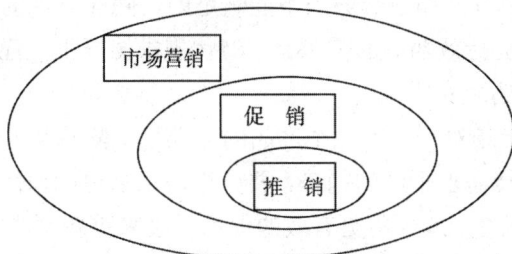

图 1-3　市场营销、促销和推销关系图

三、市场营销管理

市场营销管理(Marketing Management)是指企业为实现其经营目标，创造、建立并保持与目标市场之间的互利交换关系而进行的分析、计划、执行与控制过程，具体包括 5 个主要步骤，如图 1-4 所示。

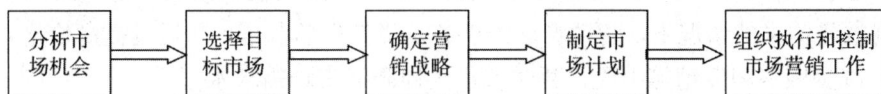

图 1-4　营销管理流程图

(一) 市场营销管理的基本任务

市场营销管理的基本任务，就是为达到企业经营目标，通过营销调研、计划、执行与控制，来管理目标市场的需求水平、时机和构成。换言之，营销管理的实质是需求管理。在营销计划与执行中，管理者必须对目标市场、市场定位、产品开发、定价、分销渠道、信息沟通与促销做出系统决策，以保证营销管理任务的实现。

企业市场营销管理的任务会随着目标市场的不同需求状况而有所不同。企业通常都会对目标市场设定一个预期交易水平，即"预期的需求水平"。然而，期望往往与现实不一致：实际需求水平可能低于或高于期望。营销者必须善于应付各种不同的需求状况，调整相应的营销管理任务。

(二) 不同需求状况下的营销管理任务

(1) 负需求。指绝大多数人不喜欢，甚至花费一定代价也要回避某种产品的需求状况。对于负需求市场，营销管理的任务是改变市场营销，即分析市场为什么不喜欢这种产品，通过重新设计产品，降低价格和制定更积极的营销方案，改变市场的观念和态度，将负需求转变为正需求。

(2) 无需求。指目标市场对产品毫无兴趣或漠不关心的需求状况。如对某些陌生的新产品，与消费者传统观念、习惯相抵触的产品，被认为无价值的废旧物资。面对无需求市场，营销管理的任务是刺激市场营销，设法把产品的好处和人的自然需要、兴趣联系起来。

(3) 潜伏需求。指现有产品或劳务尚不能满足的、隐而不现的需求状况。如人们对无害香烟、节能汽车和癌症特效药品的需求。在潜伏需求情况下，营销管理的任务是开发市场营销，将潜伏需求变为现实需求。

(4) 下降需求。指市场对一个或几个产品的需求呈下降趋势的情况。营销管理者的任务是重振市场营销，扭转需求下降的趋势。要分析需求衰退的原因，决定能否通过开辟新的目标市场、改变产品特色，或采用更有效的促销手段来重新刺激需求，扭转其下降趋势。

(5) 不规则需求。指市场对某些产品(服务)的需求在不同季节、不同日期，甚至一天的不同时刻呈现出很大波动的状况。如对旅游宾馆、公园、公共汽车、博物馆等服务需求就是不规则需求。市场营销管理的任务是协调市场营销，通过灵活定价、大力促销及其他刺激手段来改变需求的时间模式，努力使供、需在时间上协调一致。

(6) 充分需求。指某种产品或服务的需求水平和时间与预期相一致的需求状况。这时，营销管理的任务是维持市场营销，密切关注消费者偏好的变化和竞争状况，经常测量顾客满意程度，不断提高产品质量，设法保持现有的需求水平。

(7) 过量需求。指某产品(服务)的市场需求超过企业所能供给或愿意供给水平的需求状况。在过量需求的情况下，营销管理的任务是降低市场营销，即通过提高价格，合理分销产品，减少服务和促销等手段，暂时或永久地降低市场需求水平。

(8) 有害需求。指市场对某些有害物品或服务(如烟、酒、毒品、色情电影和书刊等)的需求。对此类需求，营销管理的任务是"反市场营销"，宣传其危害性，劝说消费者放弃这种爱好和需求。对烟酒等商品，大幅度提高价格，以减少购买机会；而对毒品、黄色书刊，则应杜绝生产经营，采取适当措施来消灭需求。

四、市场营销与企业职能

迄今为止，市场营销的主要应用领域是企业。在市场经济体系中，企业存在的价值在于它能否有效地提供满足顾客需要的商品。因此，管理大师彼得·德鲁克(Peter F. Drucker)指出，顾客是企业得以生存的基础，企业的目标是创造顾客，任何组织若没有营销或营销只是其业务的一部分，则不能称为企业。企业的基本职能只有两个：就是市场营销和创新。原因如下：

(1) 企业作为交换体系中的一个成员，必须以对方(顾客)的存在为前提。没有顾客，就没有企业。

(2) 顾客决定企业的本质。只有顾客愿意花钱购买产品和服务，才能使企业资源变成财富。企业生产什么产品并不是最重要的，顾客对他们所购物品的感觉及价值判断才是最重要的。顾客的这些感觉、判断及购买行为决定着企业的命运。

(3) 企业最显著、最独特的职能是市场营销。企业的其他职能，如生产管理、财务管理、人力资源管理等，只有在实现市场营销目标的情况下才有意义。因此，市场营销不仅以其创造产品或服务的市场将企业与其他组织区分开来，而且不断促进企业将市场营销观念贯彻于每一个部门，将市场营销作为企业首要的核心职能。对于跨世纪的中国企业来说，更需要实现由过去偏重生产管理向重视市场营销的转变，制定明确的市场营销战略。

在现实中，许多企业尽管对市场营销及其方法颇为重视，但将之作为企业核心职能全面贯彻，则还有诸多缺失。例如，一些管理者认为营销就是"有组织地执行销售职能"。他们着眼于用"我们的产品"，寻求"我们的市场"，而不是立足于顾客需求、欲望和价值的满足。事实上，市场营销并不等于销售。市场营销的核心内容是清楚地了解顾客，并使企业所提供的产品(服务)能适合顾客需要。做好了这一工作，顾客才可能积极前来购买。因此，企业尽管也需要做好销售工作，但市场营销的目标却是要减少推销工作，甚至使得销售行为变得多余。全面构建和贯彻面向市场(顾客)的企业职能，关系到企业能否生存和健康成长。

第二节 市场营销的核心概念

对市场营销学的学习，需要把握一些核心概念，对这些概念的准确理解和运用是学好市场营销学、做好市场营销管理工作的基础。

一、需要、欲望和需求

(一) 需要

需要是有机体感到某种缺乏而力求获得满足的心理倾向，它是有机体自身和外部生活条件的要求在头脑中的反映。如因为寒冷、害羞、饥饿、风雨侵袭、疾病、防老和延续后代等对衣、食、住、行、药、育的渴望等，这种心理状态是人类与生俱来的。需要是一切为人类创造生活必需品活动的必要条件，从而也是一切生产资料生产的必要条件。

(二) 欲望

欲望是指想得到上述基本需要的具体满足品的愿望。满足需要的物品千差万别，得到具体满足物的愿望也千差万别，欲望受到环境等多方面的影响，这就为营销策略的多样性提供了必要性和可能性。

(三) 需求

需求是欲望的具体化，是指消费者(家庭)在某一特定时期内，在某一价格水平时愿意而且能够购买的某种商品量。需求是购买欲望与购买能力的统一。在其他条件不变的情况下，一种商品的需求量与其本身价格之间呈反方向变动，即需求量随着商品本身价格的上升而减少，随商品本身价格的下降而增加。营销者对消费者心理进行分析必须推进到对需求的分析。这样才能真正将市场进行量化，才能真正采取营销对策。

二、产品、价值、效用与顾客感知价值

(一) 产品

广义的产品是指能够满足人的需要和欲望的任何东西，其价值在于它给人们带来对欲望的满足，既可以是有形的物品，也可以是无形的服务。狭义的产品指有形的物品。本书中的产品如无特指，则是广义的产品概念。当消费者购买产品时往往获得多方面的满足，既有核心实用价值，也有美学价值；既有全方位的期望，也有多种服务；既有现实满足，也有未来满足。产品是市场营销策略的基础。

(二) 价值

市场营销学中经常会用到"价值"这样一个概念，经常会说企业要为顾客提供价值，那么到底什么是"价值"呢？从本质来讲，如果一个企业提供的产品或服务满足了顾客的利益需求，我们就说企业为顾客提供了"价值"。营销者在进行营销管理时更应该看重的是"顾客价值"，而不是产品或服务本身。产品或服务是企业向顾客提供价值的载体。

(三) 效用

效用是指商品或劳务满足人的欲望的能力，即指消费者在消费商品或劳务时所感受的满足程度。

(四) 顾客感知价值

所谓顾客感知价值是指企业传递给顾客,且能让顾客感受得到的实际价值。它一般表现为顾客购买总价值与顾客购买总成本之间的差额。顾客购买的总价值包括产品价值、服务价值、人员价值和形象价值,分别反映来自产品本身、附加服务、企业员工、企业及其产品在社会公众中形成的总体形象所产生的价值。顾客购买总成本包括货币成本、时间成本、精神成本和体力成本。

三、费用、满足和顾客满意

(一) 费用

费用是得到某种效用应该支出的成本,是获得效用的交换条件。

(二) 满足

满足也可以理解为满意,是所有期望变为现实。消费者的满足程度决定着购买态度,而消费者满足又与产品提供的效用、消费者付出的费用有关。

从本质上讲,消费者更注重的是某个产品的"性价比",而不仅仅注重这个产品本身,通俗地讲就是,消费者买的是"划算"。因此,一般来讲,企业应该为消费者提供足够的效用,并尽可能降低消费者成本,从而使其获得更大的满足,这样才能提升企业的竞争力,但这又需要企业考虑自身的成本和条件。

(三) 顾客满意

顾客满意是指顾客将购买的产品和服务满足其需要的实际感知效果(即绩效与其期望)进行比较所形成的感觉状态。如果绩效低于期望,顾客就会不满意;如果绩效与期望相当,顾客就会满意;如果绩效高于期望,顾客就会高度满意或欣喜。研究表明,顾客满意既是顾客再次购买的基础,也是影响其他顾客购买的重要因素。前者关系到企业能否留住老顾客,后者涉及能否吸引新顾客。一个以顾客为中心的企业不仅要在产品方面做得好,而且要在顾客满意方面做得更为出色。

提升顾客满意,一方面需要企业合理管理影响顾客期望形成的有关因素,另一方面可以从提升顾客感知价值入手。提升顾客感知价值有三条基本思路:一是在顾客购买总成本不变的情况下,提高顾客购买总价值;二是在顾客购买总价值不变的情况下,降低顾客购买总成本;三是既提高顾客购买总价值,又同时降低顾客购买总成本。这里有两个问题需要注意:一是不同顾客对购买总价值、购买总成本各构成要素的重视程度不同,提升顾客感知价值方案一定要基于不同顾客的不同需求进行差别化设计。如高端顾客可能更看重服务价值和形象价值,工作繁忙者可能更注重时间成本,低端顾客可能更看重产品价值和货币成本。二是从理论上讲,顾客感知价值越高,顾客的满意度会越高,但顾客感知价值的提升需要考虑企业自身的资源和条件,考虑企业的盈利能力。

四、交易营销与关系营销

(一) 交易营销

前已述及,交换是市场营销的核心。交换是一个过程,在这个过程中,如果双方达成一项协议,我们就称之为发生了交易。建立在交易基础上的营销称之为交易营销。传统的交易营销可以说是一种征服性营销,它往往着眼于如何吸引顾客,强调创造交易,而不是保持现有顾客,与现有顾客发展稳定的关系。交易营销的活动重点在售前而不是售后。

(二) 关系营销

关系营销关注的是如何保持顾客,其核心在于发展和维持与顾客长期稳定的关系。它把每次交易都看作是在建立一种关系,如何维持这种关系的长期性,关键在于每次交易都要使顾客满意。奉行关系营销观念的企业,都会努力同有价值的顾客、分销商、供应商等建立长期的、互相信任的"双赢"关系。关系营销可以减少交易成本和交易时间。

五、市场营销与市场营销者

在交换双方中,如果一方比另一方更主动、更积极地寻求交换,我们就将前者称之为市场营销者,后者称为潜在顾客。换句话说,所谓市场营销者,是指希望从别人那里取得资源并愿意以某种有价值的东西作为交换的人。市场营销者可以是卖方,也可以是买方。当买卖双方都表现积极时,我们就把双方都称为市场营销者,并将这种情况称为相互市场营销。

第三节　市场营销管理理念与顾客让渡价值

一、市场营销管理理念

市场营销管理理念是指企业对其营销活动及管理的基本指导思想。它是一种观念,一种态度,或一种企业经营的思维方式。任何企业营销管理都是在特定的指导思想或观念指导下进行的。营销的理念和方法是企业经营哲学思想的体现,确立正确的营销管理理念,对企业经营成败具有决定性意义。现代企业经营哲学认为:营销,即为客户创造价值,或者说创造客户价值。

企业经营哲学

企业经营哲学是一种关于以谁为营销中心,如何进行具体经营的思想。以往的企业经营哲学观通常以产品、技术为中心,认为只要提升产品质量,客户就一定会购买。

而 21 世纪的企业经营原则是以客户为中心，只有满足客户需求的产品，客户才会购买。唯有这样，企业才能更好地服务客户，为客户创造价值。

(一) 市场营销管理的价值

营销过程实际上贯穿着一条价值链——只有为客户创造价值，才可能创造企业的财务价值，继而创造员工的价值，帮助和推动员工实现自我价值，获得成就感。只有实现员工满意，他们才会有工作热情，进而更好地去创造客户价值。因此，创造客户价值是这一价值链的起始和归宿，它已成为企业一项重要的发展战略。

在企业众多的利益相关者中，企业的股东、员工和客户是企业最重要的三个利益相关者，此外还有供应商、社区和政府等，还包括新闻媒体和竞争对手。处理好与企业利益相关者的关系，让他们满意，有利于营造企业长期稳定健康发展的良好生态环境。

传统赢利模式单纯依靠扩大销售来不断提高市场份额，这固然可以使营业额提升，但利润却往往没有同步增长。原因可能有以下几种：

(1) 系统的原因，即同品质产品的原料、人力成本有上升的趋势，而市场销售价格却呈下降趋势。

(2) 企业原有客户的不断流失，尤其是优质的老客户和 VIP(贵宾)客户的流失，使得企业开发客户的成本无形中上升。

因此，为了提高利润，建立起企业的营销优势，企业应做到：

(1) 开发、管理和保护好企业的客户资源，尤其是优质的大客户资源。

(2) 真诚地服务客户，不断帮助客户解决问题，满足客户特殊的个性化需求，建立满意忠诚的客户群。

(二) 企业的市场营销哲学

企业的市场营销哲学可归纳为生产观念、产品观念、推销观念、营销观念和社会营销观念，其中前三者属于传统观念。

1. 生产观念

生产观念(manufacturing concept)，即以生产为中心的企业经营指导思想，产能利用最大化成为企业主要关心的问题。企业采用生产导向，即侧重改进产品和提高生产效率，而不关心市场变化。当时处于"卖方市场"阶段，尽管企业并不提供诸多款式或功能上的选择余地，消费者仍抢购这些价格合理的产品。其典型表现是我们生产什么，就卖什么。这在产品短缺和供不应求的时代，可以说是"皇帝的女儿不愁嫁"，是行得通的。

2. 产品观念

产品观念(product concept)，即企业假设消费者欣赏精心制作的产品，相信他们能鉴别产品的质量和功能，并愿意出较高价格购买质量上乘的产品，坚信"酒香不怕巷子深"，只要企业能提高产品的质量，增加或改善产品的功能，便会顾客盈门，其他如销售方式等不必讲究。以产品导向的企业可能更关注技术改造、产品研发和品质提升等方面。这时，品质相同的产品越来越多，仅仅靠好品质已经不够，还要走出去推销。因而企业管理的中心是积极推销和大力促销。其表现往往是我们卖什么，就让人们买什么。一个好的产品，并不足以确保企业的成功，那些信奉产品导向的企业，在赢取客户时将会遇到很大的困难。

3. 推销观念

推销观念(sales concept)，又称销售观念，是以销售为中心的企业经营指导思想，这时，品质相同的产品越来越多，仅仅靠好品质已经不够，还要走出去推销。因而企业管理的中心是积极推销和大力促销。为了增加销售量进而提高对产能的利用，专业销售人员需要将产品"推"到客户手中，顾客既可以是中间商也可以是最终用户。多年来，在大众心目中，最鲜明的销售人员的形象就是街头"叫卖者"，他们通过微笑、承诺和握手向顾客贩卖产品。从那时起，对许多顾客来说，营销的印象就以咄咄逼人的"街头小贩"而永久地定格在脑海中。就像生产导向一样，时至今日，销售导向仍被一些企业所采用。

4. 营销观念

营销观念(marketing concept)，是以满足消费者需求为中心的企业经营指导思想，把经营的重点放在消费者需求上，把发现和满足消费者需求作为企业经营活动的核心，并追求长期利润。它从市场调研开始，分析客户的需要与欲望，在此基础上研发产品与技术，有针对性地把产品提供给目标顾客群，从而比竞争者能更有效地满足客户的需求，为客户创造价值。

5. 社会营销观念

社会营销观念(societal marketing concept)，是营销观念的发展和延伸。社会营销观念认为，企业营销不仅要顾及自身利益，还要考虑社会与道德问题，平衡企业利润、满足消费者需求和公共利益三者之间的关系，以此来确定企业的营销战略。

营销观念和社会营销观念统称为现代营销观念。现代营销观念的核心是以顾客(消费者)为中心，企业采取种种有效的营销手段从顾客需要的满足中获取利润，企业的一切营销活动都要从顾客的需求和利益出发。在不同营销观念的指导下，营销在公司中的地位有显著的不同，如图1-5所示。

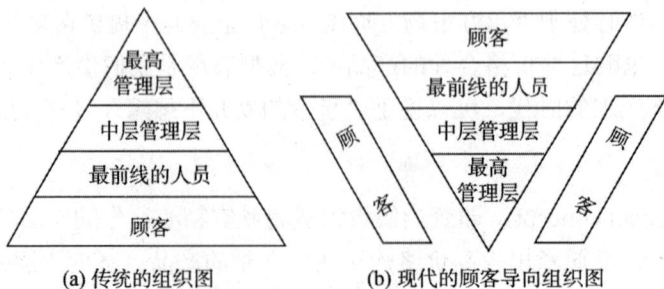

(a) 传统的组织图   (b) 现代的顾客导向组织图

图1-5　营销作用在公司地位的演变

二、顾客让渡价值

(一) 顾客让渡价值的含义

顾客让渡价值是指企业转移的,顾客感受得到的实际价值,一般表现为顾客购买总价值与顾客购买总成本之间的差额。顾客总价值是指顾客购买某一产品与服务所期望获得的一组利益,包括产品价值、服务价值、人员价值和形象价值等;顾客总成本是指顾客为购买某一产品所耗费的时间、精神、体力以及所支付的货币资金等。顾客让渡价值系统如图 1-6 所示。

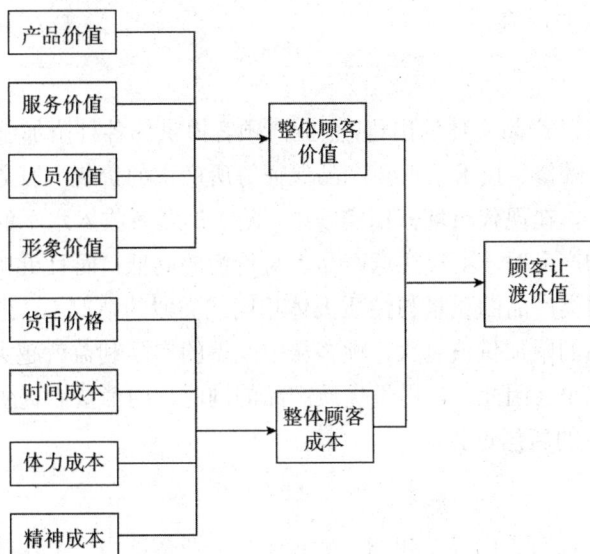

图 1-6　顾客让渡价值系统图

由于顾客在购买产品时,总希望把有关成本(包括货币、时间、精神和体力等)降到最低限度,而同时又希望从中获得更多的实际利益,以使自己的需要得到最大限度的满足。因此,顾客在选购产品时,往往从价值与成本两个方面进行比较分析,从中选择出价值最高、成本最低(即顾客让渡价值最大)的产品作为优先选购的对象。

企业为了在竞争中战胜对手,吸引更多的潜在顾客,就必须向顾客提供比竞争对手具有更多顾客让渡价值的产品,只有这样,才能提高顾客的满意程度,进而更多地购买本企业的产品。为此,企业可从两个方面改进自己的工作:一是通过改进产品、服务、人员与形象,提高产品的总价值;二是通过改善服务与促销网络系统,减少顾客购买产品的时间、精神与体力的耗费,从而降低货币与非货币成本。

(二) 顾客购买的总价值

使顾客获得更大顾客让渡价值的途径之一,是增加顾客购买的总价值。顾客总价值由产品价值、服务价值、人员价值和形象价值构成,其中每一项价值的变化均对总价值产生影响。

1. 产品价值

产品价值是由产品的功能、特性、品质、品种以及式样等所产生的价值。它是顾客需要的中心内容,也是顾客选购产品的首要因素。因而,一般情况下,它是决定顾客购买总价值大小的关键和主要因素。产品价值是由顾客需要来决定的,在分析产品价值时应注意:①在经济发展的不同时期,顾客对产品的需要有不同的要求,构成产品价值的要素以及各种要素的相对重要程度也会有所不同;②在经济发展的同一时期,不同类型的顾客对产品价值也会有不同的要求,在购买行为上显示出极强的个性特点和明显的需求差异性。因此,这就要求企业必须认真分析不同经济发展时期顾客需求的共同特点以及同一发展时期不同类型顾客需求的个性特征,并据此进行产品的开发与设计,增强产品的适应性,从而为顾客创造更大的价值。

2. 服务价值

服务价值是指伴随产品实体的出售,企业向顾客提供的各种附加服务,包括产品介绍、送货、安装、调试、维修、技术培训和产品保证等所产生的价值。服务价值是构成顾客总价值的重要因素之一。在现代市场营销实践中,随着消费者收入水平的提高和消费观念的变化,消费者在选购产品时,不仅注意产品本身价值的高低,而且更加重视产品附加价值的大小。特别是在同类产品的质量与性质大体相同或类似的情况下,企业向顾客提供的附加服务越完备,产品的附加价值越大,顾客从中获得的实际利益就越大,从而购买的总价值越大;反之,则越小。因此,在提供优质产品的同时,向消费者提供完善的服务,已成为现代企业市场竞争的新焦点。

3. 人员价值

人员价值是指企业员工的经营思想、知识水平、业务能力、工作效益与质量、经营作风、应变能力等所产生的价值。企业员工直接决定着企业为顾客提供的产品与服务的质量,决定着顾客购买总价值的大小。一个综合素质较高又具有顾客导向经营思想的工作人员,会比知识水平低、业务能力差、经营思想不端正的工作人员为顾客创造的价值更高,从而创造更多的满意顾客,进而为企业创造市场。人员价值对企业、对顾客的影响作用是巨大的,并且这种作用往往是潜移默化、不易度量的。因此,高度重视企业人员综合素质与能力的培养,加强对员工日常工作的激励、监督与管理,使其始终保持较高的工作质量与水平就显得至关重要。

4. 形象价值

形象价值是指企业及其产品在社会公众中形成的总体形象所产生的价值,包括企业的产品、技术、质量、包装、商标、工作场所等所构成的有形形象所产生的价值,公司及其员工的职业道德行为、经营行为、服务态度、作风等行为形象所产生的价值,以及企业的价值观念、管理哲学等理念形象所产生的价值等。形象价值与产品价值、服务价值、人员价值密切相关,在很大程度上是上述三个方面价值综合作用的反映和结果,形象对于企业来说是宝贵的无形资产,良好的形象会对企业的产品产生巨大的支持作用,赋予产品较高的价值，从而带给顾客精神上和心理上的满足感、信任感，使顾客的需要获得更高层次和最大限度的满足，从而增加顾客购买的总价值。因此，企业应高度重视自身形象塑造，进而为顾客带来更大的价值。

(三) 顾客购买的总成本

使顾客获得更大顾客用户价值的另一个途径，是降低顾客购买的总成本。顾客总成本不仅包括货币成本，还包括时间成本、精神成本、体力成本等非货币成本。一般情况下，顾客购买产品时首先要考虑货币成本的大小，因此，货币成本是构成顾客总成本大小的主要和基本因素。在货币成本相同的情况下，顾客在购买时还要考虑所花费的时间、精神和体力等，因此这些支出也是构成顾客总成本的重要因素。本书主要考察后几种成本。

1. 时间成本

在顾客总价值与其他成本一定的情况下，时间成本越低，顾客购买的总成本越小，从而顾客让渡价值越大。如以服务企业为例，顾客为购买餐馆、旅馆、银行等服务行业所提供的服务时，常常需要等候一段时间才能进入正式购买或消费阶段，特别是在营业高峰期更是如此。在服务质量相同的情况下，顾客等候购买该项服务的时间越长，所花费的时间成本越大，购买的总成本就越大。同时，等候时间越长，越容易引起顾客对企业的不满意感，从而中途放弃购买的可能性也会增大，反之亦然。因此，努力提高工作效率，在保证产品与服务质量的前提下，尽可能减少顾客的时间支出，降低顾客的购买成本，是为顾客创造更大的顾客让渡价值，增强企业产品市场竞争能力的重要途径。

2. 精力成本(精神与体力成本)

精力成本是指顾客购买产品时，在精神、体力方面的耗费与支出。在顾客总价值与其他成本一定的情况下，精力成本越小，顾客为购买产品所支出的总成本就越低，从而使顾客让渡价值越大。因为消费者购买产品的过程是一个从产生需求、寻找信息、判断选择、决定购买到实施购买以及购后感受的全过程。在购买过程的各个阶段，均需付出一定的精力。例如，当消费者对某种产品产生了购买需求后，就需要搜集该种产品的有关信息。消费者为搜集信息而付出的精力的多少，会因购买情况的复杂程度不同而有所不同。就复杂购买行为而言，消费者一般需要广泛全面地搜集产品信息，因此需要付出较多的精力。对于这类产品，如果企业能够通过多种渠道向潜在顾客提供全面详尽的信息，就可以减少顾客为获取产品信息所花费的精力，从而降低顾客购买的总成本。因此，企业采取有效措施，对增加顾客购买的实际利益，降低购买的总成本，获得更大的顾客让渡价值具有重要意义。

(四) 顾客让渡价值的意义

顾客让渡价值概念的提出为企业经营方向提供了一种全面的分析思路。企业树立顾客让渡价值的观念，对于加强市场营销管理，提高企业经济效益具有十分重要的意义。

首先，企业要让自己的商品能为顾客接受，必须全方位、全过程、全纵深地改善生产管理和经营，企业经营绩效的提高不是行为的结果，而是多种行为的函数，以往我们强调营销只是侧重于产品、价格、分销、促销等一些具体的经营性的要素,而让渡价值却认为顾客价值的实现不仅包含了物质的因素,还包含了非物质的因素;不仅需要有经营的改善,而且还必须在管理上适应市场的变化。

其次,企业在生产经营中创造良好的整体顾客价值只是企业取得竞争优势、成功经营的前提,企业不仅要着力创造价值,还必须关注消费者在购买商品和服务中所倾注的全部成本。由于顾客在购买商品和服务时,总希望把有关成本,包括货币、时间、精力和精神降到最低限度,而同时又希望从中获得更多实际利益。因此,企业还必须通过降低生产与销售成本,减少顾客购买商品的时间、精力耗费,从而降低货币和非货币成本。

第三,企业为了争取顾客,战胜竞争对手,巩固或提高企业产品的市场占有率,往往采取顾客让渡价值最大化策略。追求顾客让渡价值最大化的结果往往会导致成本增加、利润减少。因此,在市场营销实践中,企业应掌握一个合理的度的界线,而不应片面地追求顾客让渡价值最大化,以确保实行顾客让渡价值所带来的利益超过因此而增加的成本费用。换言之,企业顾客让渡价值的大小应以能够实现企业的经营目标为原则。

显然,充分认识顾客让渡价值的含义,对于指导工商企业如何在市场经营中全面设计与评价自身产品的价值,使顾客获得最大程度的满意,进而提高企业竞争力具有重要意义。

营销备忘

(1) 没有顾客的存在,公司的财产就没有什么价值。
(2) 公司的中心任务是创造和抓住顾客。
(3) 顾客由于优质的产品和需求的满足而被吸引。
(4) 营销的任务就是向顾客提供优质供应品和保证顾客满意。
(5) 顾客满意实际上受到其他部门业绩的影响。
(6) 要使顾客满意,营销者需要对其他合作部门施加影响。

第四节　市场调研

一、市场调研

市场调研是运用科学的方法和恰当的手段,系统地收集、整理、分析和报告有关营销信息,以帮助企业、政府和其他机构及时、准确地了解市场机遇,发现营销问题,最终得以正确制定、实施和评估市场营销策略与计划。国际知名营销研究机构 Burke 公司主席 Ron Tatham 说过:"市场营销研究人员的工作,要求他们具备咨询技巧、专业技术和良好的管理能力。他们的主要作用是为识别和解决市场营销问题提供信息,以便采取行动。"

市场调研对于营销管理来说其重要性犹如侦察之于军事指挥。不做系统客观的市场调研与预测,仅凭经验或不够完备的信息,就做出种种营销决策是非常危险的。具体来看,市场调研对营销管理的重要性表现在如下五个方面：

(1) 提供作为决策基础的信息；

(2) 弥补信息不足的缺陷；

(3) 了解外部信息；

(4) 了解市场环境变化；

(5) 了解新的市场环境。

作为市场营销活动的重要环节，市场调研给消费者提供一个表达自己意见的机会，使他们能够把自己对产品或服务的意见、想法及时反馈给企业或供应商。通过市场调研，能够让该产品生产或提供服务的企业了解消费者对产品或服务质量的评价、期望和想法。

二、调研问题及目标的界定

界定要调研的问题及目标是营销调研过程中极为重要的一步。如果对研究问题的说明含混不清，或者对所要研究的问题做出了错误的界定，则将导致研究无法进行，或者研究所得的结论无法帮助企业决策者制定正确的决策。市场调研的目标是提供准确而有用的决策信息，所以调研问题是以提供信息为导向的，它要确定需要什么样的信息以及如何有效和高效地获得这些信息。并且，营销调研问题及目标一定要具体明确，范围不能太宽也不宜太窄。

为了说明调研目标，调研人员必须先确定营销调研问题。也就是说，营销调研人员的首要任务是与营销经理探讨，尽可能完整地确定营销管理问题。在确定营销调研问题时，调研人员通常要经历三个步骤：

(1) 详细说明构思与操作上的定义。例如，构思是"品牌意识"，调研中操作上的定义就是"听说过该品牌人数的百分比"。

(2) 验明关系。营销调研人员必须考虑到各种构思之间的关系。例如，当价格降低时，顾客会购买更多的产品；而价格上升使顾客的购买力下降。

(3) 确定模型。一旦有了一系列的构思，并将它们以一定的逻辑关系联系起来，就已经搭建了一个调研的模型。通过研究公司所处的环境和可利用的资源，仔细考虑大环境中的竞争因素，分析顾客行为，并在访谈中得到有关构想，调研人员基本可以完整地概括出可能影响所研究问题的原因、解决方案和结果。

三、市场调研的程序

一般来说，市场营销调研的程序有如下几步。

(1) 界定要调研的问题。如市场发生了什么和为什么会发生？正在发生什么？我们应该这样做吗？

(2) 市场调研流程设计。如怎样合理、高效地解决问题？

(3) 现场调查、收集资料。选择抽样结构和调查方法，采用最合适的调查问卷进行调查，获得对解决问题最有用的信息和数据。

(4) 分析资料、解释结果。进行描述性统计，得到必要的数量特征值，如百分比、平均值、标准差等；进行相关性分析，计算相关系数，并进行相关统计检验。

(5) 提交研究报告。展示在研究中的发现，汇报结果。

(6) 跟踪研究。继续追踪市场动态，消费者及竞争者的动向等。

四、市场调研设计及流程

(一) 市场调研设计方案

每个调研问题都是独一无二的，因此，界定了市场调研的问题和目标后，首先要针对不同的调研问题，为整个调研活动做方案设计。调研设计方案对调研工作者的作用就像建筑设计蓝图对建筑者的作用。

调研设计方案可归纳为三种传统的类型：探测型、描述型和因果型。设计方案的选择依赖于调研目标。一般而言，调研有三个目标：一是建立假设；二是测定兴趣变化的情况(如广告和品牌忠诚度)；三是检验假设。三种调研方案及适用问题如表 1-1 所示。

表 1-1　调研方案比较

调 研 目 标	合适的方案
获取背景资料、定义资料、阐明问题和假设、确定调研重点	探测型调研
及时描述和测定某一方面的营销现象	描述型调研
确定因果关系，进行"如果……那……"的陈述	因果型调研

市场调研流程设计是关于资料收集、样板选择、资料分析、研究预算及时间进度安排等方面的计划方案，是研究过程中非常重要的指导性文件，通常表现为正式的市场营销调研计划书。调研流程设计能将调研需要解决的问题纳入一个完整的科学系统，运用各种调研方式实现最终调研目标。

(二) 市场调研流程

1. 确定资料来源

资料通常分为原始资料和二手资料两类，前者为根据研究目的而直接收集的资料，后者为现存的企业内部的和外部的资料。二手资料中的内部资料主要来源于消费者、中间商、供货商以及其他公司希望跟踪的资料的数据库。外部资料是指从公司外部得到的资料，其来源包括出版物和数据库等。

二手资料与原始资料相比具有其自身的优势。同原始资料相比，二手资料的获得更快，二手资料的获得所需的费用相对低廉，通常所需的资料较容易找到。另外，二手资料还能够有效地丰富原始资料。对于十分重要的问题，仅有二手资料是远远不够的，在对决策具有重大影响的调研活动中，还必须充分依靠原始资料，以提高信息的准确性。

2. 确定资料收集方法

竞争品牌的各类销售数据对企业制定自身的营销战略具有十分重大的价值，但此类数据却往往很难收集。为此，可利用企业内外一切可以利用的途径和资源，从各个角度完成资料、数据的收集工作。

3. 时间与经费研究

在研究与设计阶段，研究人员应对进行研究所需的时间及费用加以估计。时间是指完成整个研究计划所需的时间；研究经费包括研究人员的薪金、差旅交通费、访问费和材料费等各种费用。

(1) 时间预算分配。时间预算分配实际是市场调研工作的纵向计划，通常将总的调研时间分为若干个时间段，按照时间流程有所侧重地分配预算。

(2) 地域预算分配。在中国多元化的市场上，各地的销售情况差异很大，若按照平均分配的原则对各地采取相同的调研方式，则很难准确收集到对企业决策具有借鉴意义的资料。所以，根据各地经济发展水平，应综合考虑当地销售市场的宏观、微观环境，可编制不同的预算。

(3) 部门预算分配。在调研计划中，还应将时间和经费在相关部门之间合理配置，以保证各部门独立完成工作。

表 1-2 是某企业市场调研活动的详细经费预算。

表 1-2　市场调研活动经费预算

序　号	项 目 名 称	备　注
1	访问员工资	X 人 $\times Y$ 天 $\times Z$ 元
2	统计员工资	X 元
3	焦点小组工资	Y 人 $\times X$ 元
4	调查问卷印刷费	Z 份 $\times X$ 元
5	政府部门资料索取费	调查行业的数据资料
6	礼品费	赠送被访者的礼物
7	不可预测性费用	X 元
总　计		T 元

4. 确定抽样方案

在一般情况下，市场营销调研都不可能对研究总体进行全面调查，因此，无论采用何种资料收集方法，都要依据研究目的首先确定研究总体，然后决定样本的性质、容量及抽样方法。同时，抽样调研场所的选择也是一个不可忽略的问题。调研场所的选择在很大程度上决定调查结果是否具有代表性，更会影响到营销决策的准确性，必须慎重考虑。一般来说，市场调研场所的选定是与企业产品销售市场策略紧密相连的。

综上所述，企业便可做出市场调研及推广计划的流程，如图 1-7 所示。

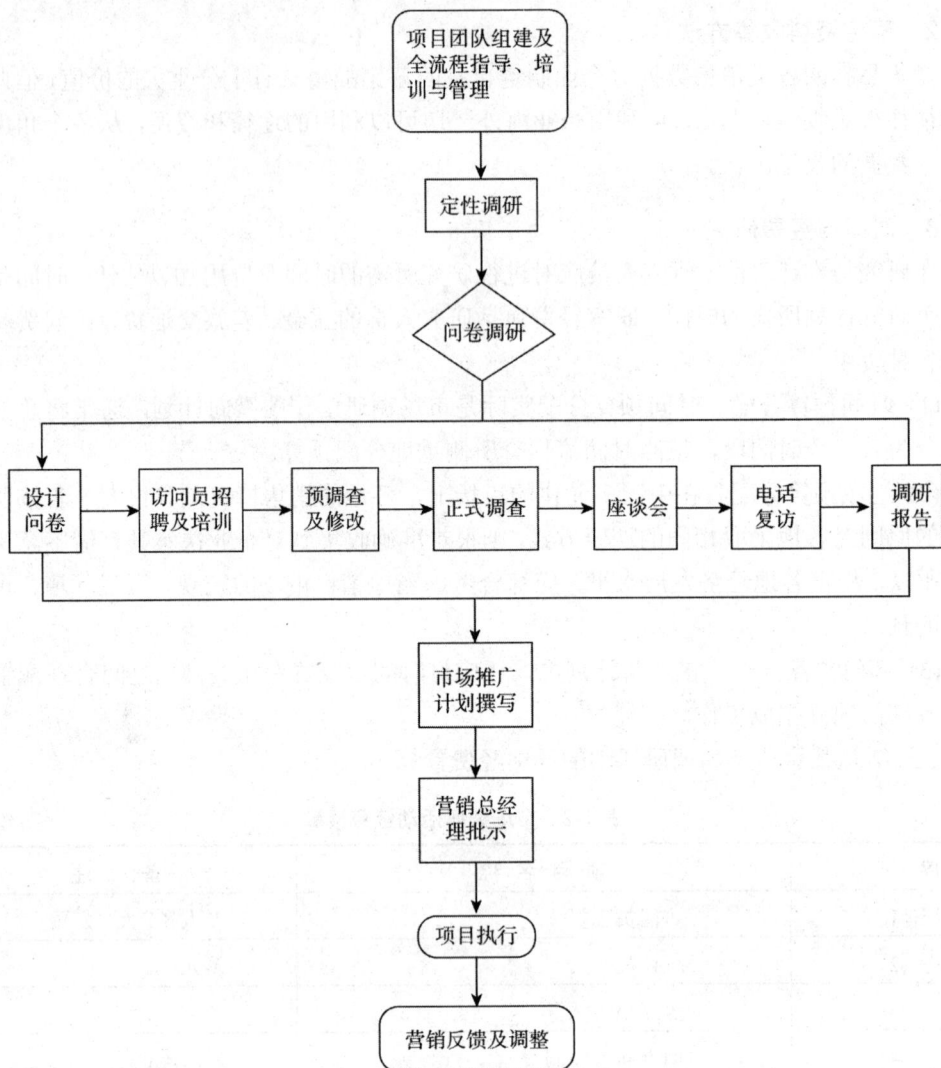

图 1-7　市场推广计划流程图

五、调研方法

完成调研的整个流程设计，就要着手具体的调研工作，围绕各项不同的调研目标，选择相应的最科学的调研方法进行前期的预调研。

在市场调研中，定性调研与定量调研是两种主要方法。通常情况下，相较于定量调研，定性调研具有成本低的优势，但对调研人员的素质要求较高，需要他们对消费者心理特征有深层次的了解。由于定性调研结果在很大程度上依赖于调研者的主观认识和个人解释，所以只能指明事物发展的方向及其趋势，却不能表明事物发展的广度和深度，只是一种试探性的研究类型。而定量调研则能得到大样本和统计性较强的分析，属于因果性、说明性的研究类型，其量化结果对定性调研可起到支持、验证的作用。

(一) 问卷调研

在市场调研中，问卷是最常用的一种调研方法。问卷设计流程如图 1-8 所示。

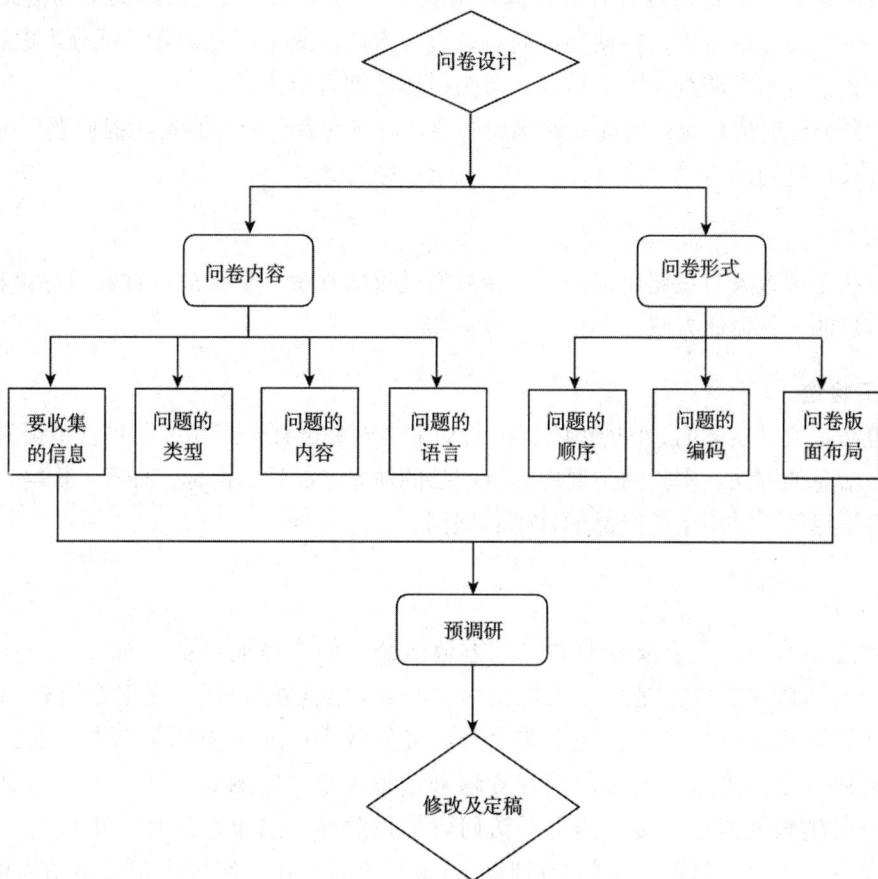

图 1-8 问卷设计流程

在问卷内容设计过程中，应遵循以下原则：

(1) 简单原则。由于市场调研多是针对广大消费者的，受访者在受教育水平上存在着明显的差异，问卷若设计得太书面化，不但会使受访者因难以融入问卷内容而产生大量拒访现象，还会在很大程度上增加访问员的作业难度。因此，在问卷的设计过程中，应充分注意使用具体明确且口语化的语言，以提高问卷的可读性与被理解性。

(2) 客观原则。为了使问卷能够最真实和准确地反映受访者的情况，应对问卷的问题设计进行仔细斟酌，严格避免引导性或暗示性的问题出现。在陈述问题时，可采取正反两方面问题并列的方式，设计问题选项时对内容也应进行平衡处理。

(3) 精准原则。问卷设计的问题要切准问题本质，含义明确、无歧义。问卷设计中违反精准原则的情形有两种：一种是题意含糊或过于笼统，使问题涉及范围太广或主题界定不清，这将使受访者无从答起；另一种是一题多问，这样的问题设计将使受访者无法准确回答。

(二) 实地调研

实地调研可分为询问法、观察法和实验法三种。

1. 询问法

询问法是调查人员通过各种方式向被调查者发问或征求意见来搜集市场信息的一种方法。它可分为深度访谈、座谈会、问卷调查等方法,其中问卷调查又可分为电话访问、邮寄调查、留置问卷调查、入户访问、街头拦访等调查形式。

采用此方法时应注意:所提问题确属必要,被访问者有能力回答所提问题,访问的时间不能过长,询问的语气、措辞、态度、气氛必须合适。

2. 观察法

观察法是调查人员在调研现场,直接或通过仪器观察、记录被调查者的行为和表情,以获取信息的一种调研方法。

3. 实验法

实验法是通过实际的、小规模的营销活动来调查关于某一产品或某项营销措施执行效果等市场信息的方法。实验的主要内容有产品的质量、品种、商标、外观、价格、促销方式及销售渠道等,常用于新产品的试销和展销。

(三) 电话访问法

企业内部的销售代表或专业的第三方调研公司的人员通过电话对客户进行有条理的访问。电话访问的优点是由于人性化的、与客户直接的访谈,一般会有较高的参与度。电话访问的缺点是由于拒绝率的上升而降低效率;如果委托第三方专业公司可能涉及较高的费用;更重要的是,消费者越来越讨厌接到影响其生活、工作的电话,使得电话访问越来越困难。传统的电话访问就是按照样本名单,选择一个调查者,拨通电话,询问一系列的问题。访问员(调查员)按照问卷,在答案纸上记录被访者的回答。调查员集中在某个场所或专门的电话访问间,在固定的时间内开始面访工作,现场有督导人员进行管理。调查员都是经过专门训练的,一般以兼职的大学生为主,或其他一些人员。

(四) 小组(焦点)座谈

小组(焦点)座谈(focus group)是由一个经过训练的主持人仔细选择邀请一定数量(6~15 个)的客户,以一种无结构的、自然的形式与一个小组的被调查者交谈,了解与客户的满意度、价值相关的内容。这种调研的优点是根据提供的讨论指南和时间表对客户的偏好和顾虑有全面深入的了解,便于与客户建立良好的关系。小组座谈法的主要目的,是通过倾听一组从调研者所要研究的目标市场中选择来的被调查者,从而获取对一些有关问题的深入了解。这种方法的价值在于常常可以从自由进行的小组讨论中得到一些意想不到的发现。这种调查的缺点是由于调研主持人的偏见而得到有曲解的结果;为了鼓励被调研者的参与，每次小组座谈会的参与人数有所限制；如果扩大抽样的人数，所投入的成本就很高。

(五) 深度访谈法

深度访谈法是一种无结构的、直接的、个人的访问，在访问过程中，一个掌握高级技巧的调查员深入地访谈一个被调查者，以揭示对某一问题的潜在动机、信念、态度和感情。比较常用的深度访谈技术主要有三种：阶梯前进、隐蔽问题寻探以及象征性分析。深度访谈主要用于获取对问题的理解和深层了解的探索性研究。

(六) 投影技法

投影技法是一种无结构的非直接的询问形式，可以鼓励被调查者将他们对所关心问题的潜在动机、信仰、态度或感情投射出来。在投影技法中，并不要求被调查者描述自己的行为，而是要他们解释其他人的行为。在解释他人的行为时，被调查者就间接地将他们自己的动机、信仰、态度或感情投影到了有关的情景之中。因此，通过分析被调查者对那些没有结构的、不明确而且模棱两可的"剧本"的反应，他们的态度也就被揭示出来。剧情越模糊，被调查者就更多地投影他们的感情、需要、动机、态度和价值观，就像在心理咨询诊所中利用投影技法来分析患者的心理那样。

(七) 在线访问法

企业利用在线的调查、免费的网上文字评语、在线的调研收集客户的信息。在线访问的优点包括由于便利而有比传统邮寄调查更高的反馈率；对客户和公司都有成本上的优势；借助软件便于快速分析数据。在线访问的缺点是如果客户自己发起的在线访问有可能产生扭曲的结果；可能产生不准确的回复(自动回复系统通常自动寻找关键字而发送自动的回复)，从而忽略客户顾虑中的细微差别；除非绝大部分客户使用网上渠道提供反馈意见，否则收集的信息不完整。

(八) 邮寄/传真调查表

公司通过直邮或传真向抽样的客户进行调研。这种调研的优点包括由于被访问者有足够的时间回答问题而收集到精确的、高质量的问卷；可提供便于量化的结果；由于大批量邮寄而成本较低。这种调研的缺点是调研的完整性取决于被访者的意愿；由于回收率一般较低或迟缓而统计效果不佳。

六、调研实施及调研报告撰写

(一) 市场调研的实施

在大量发放调查问卷之前，市场预调研是一项必不可少的工作。预调研往往是在正式调研之前通过对一些典型的被访者的访问来审核问卷是否有误。问卷初稿的小范围发放过程中，企业能够检查出其中的缺陷，这些问题如果没有解决，会直接影响调研的质量。如果通过试访后进行修订，就能避免大规模投放缺陷问卷带来的人员、时间和资金的浪费。

1. 调研人员的培训

在访问调研中，访问员作为信息的采集者，直接影响着调研的质量，所以访问员的培训和管理，是有效实施调研的关键之一。培训前，应制定周密的计划，从而真正提高访问员的业务水平。培训既包括工作方法的讲授，也包括工作要求和相应的工作制度、奖惩措施的明确，真正使访问队伍达到科学化、规范化。

2. 正式调研及日程安排

首先应依据各调研场所的不同情况，对问卷的数量做出具体分配，这有利于保证样本的完整性和代表性。在访问期间，要充分考虑到访问员上下班的路程和时间状况，将访问人员安排到相应的地点开展访问工作，更好地唤起他们的工作热情。同时，还应派出专人到各大访问地点跟踪检查调研人员的工作情况，以保证数据的真实性和调研的效果。表 1-3 是某公司某次调研的工作安排。

表 1-3　市场调查员工作安排

调查地点	调查人员信息	问卷数量/张	时间安排	督察员信息	业务员信息
百盛超市	赵×(1381001—)	194	8—16 日		
	陈×(1381006—)		8—16 日		
	韩×(1381066—)		8—16 日		
华堂十里堡店	易×(1302000—)	106	8、9—14、15、16 日		
	佟×(1381036—)		8、9—14、15、16 日		
新世界商场	荣×(1362109—)	106	8、9—14、15、16 日		
	张×(1350111—)		8、9—14、15、16 日		
	肖×(1368114—)		8、9—14、15、16 日		
太平洋商厦	张×(1368305—)	194	8—16 日		
	田×(1381006—)		8—16 日		
	刘×(1381003—)		8—16 日		

注：本次调查总协调员为市场助理。

(二) 调研报告的撰写

一份优质的营销调研报告是对阶段性营销调研的完美总结，这既是专题性营销调研的终点，也是营销策划开始的起点。市场调研报告要以规范的格式对调研过程中所收集的资料、做出的分析、得出的结论进行综合汇总，是企业高层管理者决策的直接书面依据。

尽管每一篇调研报告会因为项目和读者不同而有不同的内容，但调研报告的格式通常有一般的规定。这些规定是在长期商务实践中逐渐形成的，对于市场调研报告应该包含哪些内容,按什么顺序安排这些内容提出了指导性意见,是从事市场调研的人员应该通晓的。

对于非技术的一般性市场调研报告的阅读者,通常只想知道研究的结论,对调查研究的细节并不感兴趣。因此,在撰写这类市场调研报告的时候,主要是注意报告的简洁和客观,避免使阅读者产生任何形式的误解。

市场调研报告的格式如图 1-9 所示。

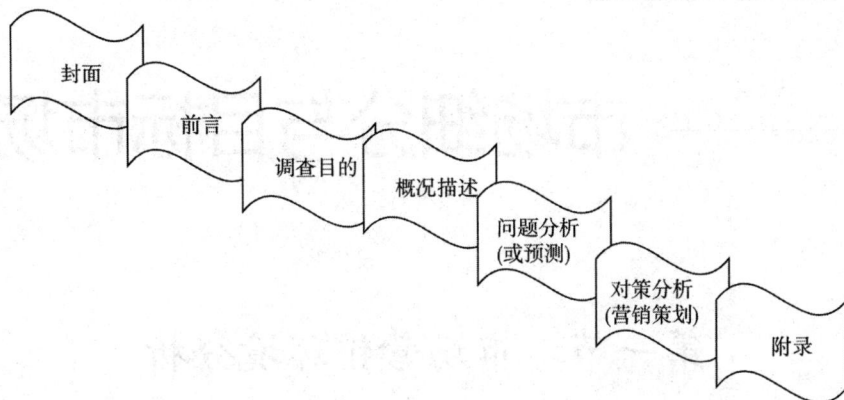

图 1-9　市场调研报告的格式

(1) 封面:载明题目、承办单位和日期。

(2) 前言:叙述调查的发生经过及当时的背景。

(3) 调查目的:说明调查活动的动机、所要鉴定的统计假设,以及所要了解和解决的问题。

(4) 概况描述:主要对调查的过程进行适当的描述或介绍。

(5) 问题分析(或预测):对调查到的问题(或机会)进行合理分析。

(6) 对策分析(营销策划):主要提出改善建议。因为客户信息收集的最终目的是采取改善措施,以增加企业赢利,所以这部分应写得详细、具体。

(7) 附录:任何一份太详细或太专业化的材料都不应出现在正文部分,而应统一编入附录。在附录部分,主要有问卷样式、抽样技术、编码表、参考文献和详细的统计表等。

复习思考题

1. 什么是市场?什么是市场营销?
2. 简述需要和需求的区别和联系。
3. 简述营销观念的演进过程,指出营销观念不断演进的基本动因和规律。
4. 什么是顾客满意?顾客满意的营销因素有哪些?
5. 什么是顾客让渡价值?如何提高顾客让渡价值?

第二章

市场细分与目标市场

第一节　市场营销环境分析

市场是企业的载体，现代企业是社会的经济细胞，是一个开放的系统，它的活动必然与社会的其他系统、与它所处环境的各个方面有着千丝万缕的联系。关注并研究企业内外营销环境的变化，把握环境变化的趋势，识别由于环境变动而造成的机会和威胁，是营销人员的主要职责之一。

一、营销环境概述

市场营销环境泛指一切影响和制约企业市场营销决策和实施的内部条件和外部影响因素的总和，指企业在开展营销活动并受之影响和冲击的不可控行动者与社会力量，如供应商、顾客、文化与法律环境等。

微观市场营销环境是指与企业紧密相连、直接影响企业营销能力和效率的各种力量和因素的总和，主要包括企业自身、供应商、营销中介、消费者、竞争者及社会公众。由于这些环境因素对企业的营销活动有着直接的影响，所以又称直接营销环境。

宏观市场营销环境是指企业无法直接控制的因素，是通过作用微观环境来影响企业营销能力和效率的一系列巨大的社会力量，它包括人口、经济、政治法律、科学技术、社会文化及自然生态等因素。这些环境因素对企业的营销活动起着间接的影响，又称间接营销环境。微观市场营销环境和宏观市场营销环境之间不是并列关系，而是主从关系。微观市场营销环境受制于宏观市场营销环境，微观市场营销环境中的所有因素均受到宏观市场营销环境中的各种力量和因素的影响。宏观环境因素与微观环境因素共同构成多因素、多层次、多变化的企业市场营销环境的综合体，如图2-1所示。

在营销活动中，环境既是不可控制的，又是不可超越的因素。企业必须根据环境的实际与发展趋势，相应制定并不断调整营销策略，自觉地利用市场机会，防范可能出现的威胁，扬长避短，才能确保在竞争中立于不败之地。

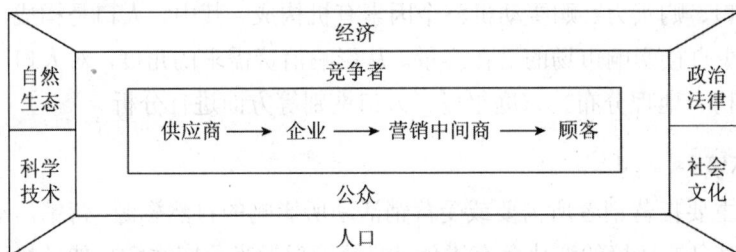

图 2-1　市场营销环境

二、宏观环境分析

企业宏观环境主要是指那些给企业造成市场机会或环境威胁的主要社会力量，它们直接或间接地影响企业的经营管理，其中主要因素有政治环境、经济环境、社会文化环境和技术环境，此外，还包括人口环境和自然环境。

1. 政治环境

政治环境，是指那些制约和影响企业发展的政治要素，如国家的政治制度、权力机构、国家颁布的方针政策以及政治形势等。这些因素对企业的生产经营活动具有控制和调节作用，它规定了企业可以做什么，不可以做什么，同时也保护企业的合法权益和合理竞争，促进公平交易。

2. 经济环境

经济环境是指构成企业生存和发展的社会经济状况和国家经济政策，包括社会经济结构、经济体制和宏观经济政策等。衡量这些因素的经济指标有居民平均收入、平均消费水平、消费支出分配规模和真实国民生产总值等。

3. 社会文化环境

社会文化环境是指企业所处的社会结构、社会风俗、习惯、信仰和价值观念、行为规范、生活方式、文化传统、人口规模与地理分布等因素的形成和变动。其中，人口规模是一个极为重要的因素，它制约着个人或家庭消费产品的市场规模，对食品工业影响尤其大。

4. 技术环境

技术环境是指企业所处的科技时代、应遵守的科技制度和科技法规等因素。科技的发展对经济发展有巨大的影响，新技术革命既给企业的市场营销创造了机会，同时也造成了威胁。例如，一种新技术的应用，可以为企业创造一个明星产品，产生巨大的经济效益，也可以迫使企业原有成功的传统产品不得不退出市场。新技术的应用，会引起企业市场营销策略的变化，也会引起企业经营管理的变化，还会改变零售商业业态结构和消费者的购物习惯。

5. 人口环境

市场由人口、购买力、购买动机三个因素有机构成。其中，人口是构成市场的第一因素，人口的多少直接影响市场的潜在容量。从影响消费需求的角度，对人口因素可从人口总量、年龄结构、地理分布、家庭组成、人口性别等方面进行分析。

6. 自然环境

自然环境主要指营销者所需要或受营销活动所影响的自然资源。营销活动要受自然环境的影响，也对自然环境的变化负有责任。营销管理者当前应注意自然环境面临的难题和趋势，如很多资源短缺、环境污染严重、能源成本上升等。因此，从长期的观点来看，自然环境应包括资源状况、生态环境和环境保护等方面。许多国家政府对自然资源管理的干预也日益加强。

三、微观环境分析

企业的微观营销环境包括企业本身、市场营销渠道企业、市场、竞争者和公众。营销活动能否成功，除营销部门本身的因素外，还会受到这些因素的直接影响。

(一) 企业内部环境

企业为开展营销活动，必须设立某种形式的营销部门，而且营销部门不是孤立存在的，它还面对其他职能部门以及高层管理部门，如图 2-2 所示。企业营销部门与财务、采购、制造、研究与开发等部门之间既有多方面的合作，也存在争取资源方面的矛盾。这些部门的业务状况如何，它们与营销部门的合作以及它们之间是否协调发展，对营销决策的制定与实施影响极大。高层管理部门由董事会、总经理及其办事机构组成，负责确定企业的任务、目标、方针政策和发展战略。营销部门在高层管理部门规定的职责范围内做出营销决策，市场营销目标是从属于企业总目标，并为总目标服务的次级目标，营销部门所制定的计划也必须在高层管理部门批准后实施。

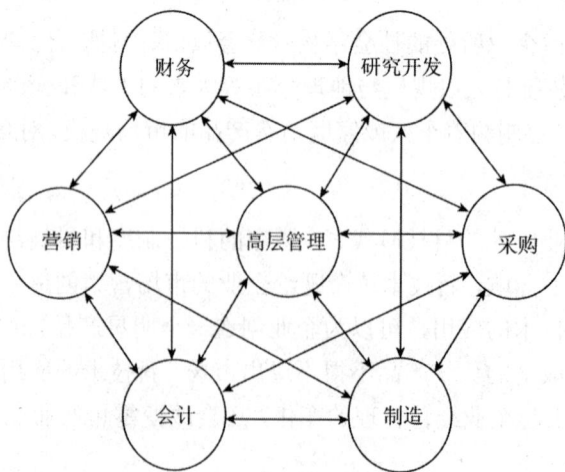

图 2-2　企业内部环境

(二) 市场营销渠道企业

1. 供应商

供应商是向企业及其竞争者提供生产经营所需资源的企业或个人，包括提供原材料、零配件、设备、能源、劳务及其他用品等。供应商对企业营销业务有实质性的影响，其所供应的原材料数量和质量将直接影响产品的数量和质量，所提供的资源价格会直接影响产品成本、价格和利润。在物资供应紧张时，供应商更是起着决定性的作用。

2. 营销中间商

营销中间商主要指协助企业促销、销售和经销其产品给最终购买者的机构，它包括商人中间商和代理中间商。

3. 辅助商

辅助商主要指为企业营销提供辅助服务的企业或机构，如物流公司、营销服务机构、财务中介机构等。

(三) 市场

市场就是企业的目标顾客，是企业服务的对象，也是营销活动的出发点和归宿。企业的一切营销活动都应以满足顾客的需要为中心。因此，市场是企业最重要的环境因素。

为便于深入研究各类市场的特点，国内顾客市场按购买动机可分为四种类型，连同国际市场，企业面对的市场类型如图 2-3 所示。

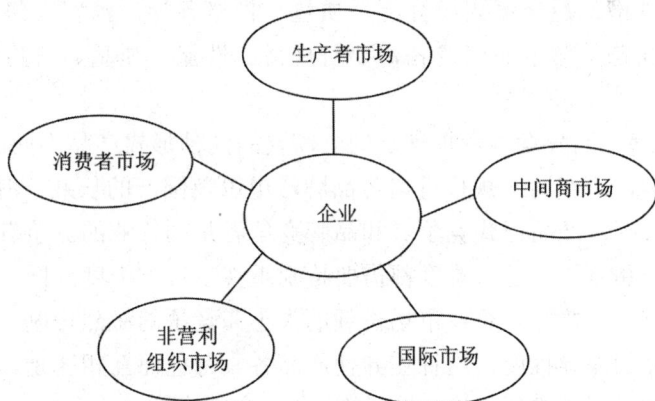

图 2-3 市场类型

(1) 消费者市场。购买商品和服务供自己消费的个人和家庭。

(2) 生产者市场。购买商品及劳务投入生产经营活动过程以赚取利润的组织。

(3) 中间商市场。为转售牟利而购买商品和劳务的组织。

(4) 非营利组织市场。为提供公共服务或转赠需要者而购买商品或服务的政府机构和非营利组织。

(5) 国际市场。国外购买者包括消费者、生产者、中间商和非营利组织所构成的市场。上述各类市场都有其独特性，要求企业以不同的方式提供相应的产品和服务。

(四) 竞争者

企业不能独占市场，一般都会面对形形色色的竞争对手。企业要获得成功，必须在满足消费者需求和欲望方面比竞争对手做得更好。企业的营销系统总是被一群竞争者包围和影响着，必须识别和战胜竞争对手，才能在顾客心目中强有力地确定其所提供产品的地位，以获取战略优势。

1. 竞争者的类型

从顾客做出购买决策的过程分析，企业在市场上所面对的竞争者，大体上可分为以下四种类型。

(1) 愿望竞争者。愿望竞争者指提供不同产品以满足不同需求的竞争者。消费者的需求是多方面的，企业很难同时满足，在某一时刻也许只能满足其中的一个需求。消费者经过慎重考虑做出购买决策，往往是提供不同产品的厂商为争取该消费者成为现实顾客竞相努力的结果。

(2) 属类竞争者。属类竞争者指提供不同产品以满足同一种需求的竞争者。属类竞争是决定需求的类型之后的次一级竞争，也称平行竞争。例如，消费者为锻炼身体准备购买体育用品，需要根据年龄、身体状况和爱好选择一种锻炼的方法，是买羽毛球拍，还是买游泳衣，或购买钓鱼竿，这些产品的生产经营者的竞争，将影响消费者的选择。

(3) 产品形式竞争者。产品形式竞争者指满足同一需要的产品的各种形式间的竞争。同一产品，规格、型号不同，性能、质量、价格各异，消费者将在充分收集信息后做出选择。例如购买彩电的消费者，要对规格、性能、质量、价格等进行比较后再做出决策。

(4) 品牌竞争者。品牌竞争者指满足同一需要的同种形式产品不同品牌之间的竞争。如购买彩电的顾客，可在同一规格进口各品牌彩电以及国产的长虹、海尔、康佳、TCL等品牌之间做出选择。产品形式竞争者和品牌竞争者是同行业的竞争者。在同行业竞争中，卖方密度、产品差异、进入难度都需要特别重视。卖方密度指同一行业或同类产品生产经营者的数目，直接影响企业市场份额的大小和竞争的激烈程度。产品差异指不同企业生产同类产品的差异程度，这种差异使产品各具特色而互相区别。进入难度指企业试图进入某行业时所遇困难的程度，不同的行业，所要求的技术与资金、规模等有差别，将决定能否进入。

2. 竞争力量

根据迈克尔·波特的竞争理论，一个行业中的竞争远不只在竞争对手之间进行，而是存在五种基本的竞争力量，它们是现有竞争者、潜在的行业新进入者、替代品的威胁、购买商议价的能力和供应商议价的能力，如图 2-4 所示。

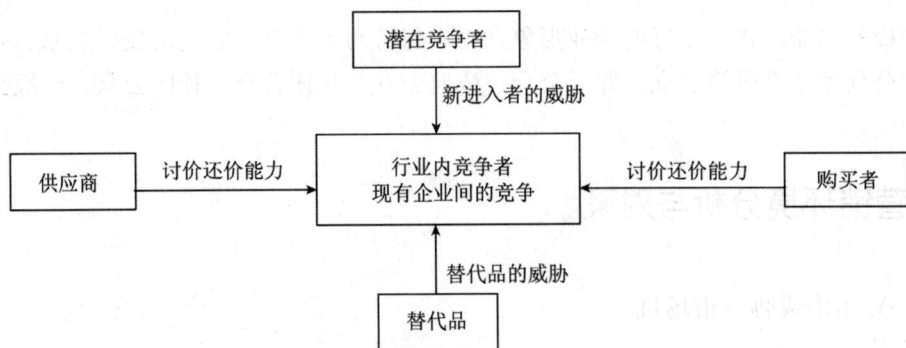

图 2-4　行业中的竞争力量

在一个行业中，这五种基本竞争力量的状况及其综合强度最终决定着行业内部竞争的激烈程度和该行业获得利润的潜力。但是，五种力量的作用是不同的，常常是最强的某个力量或某几个力量处于支配地位，起决定作用。通过相关策略，企业可以很好地防御这五种竞争力量，或对其施加影响，使它们有利于自己。因此，企业在制定经营战略时，应当仔细分析各种竞争力量的来源，弄清企业生存的优势和劣势，寻求企业在本行业中的有利地位。

(1) 现有竞争者之间的抗衡。在一个产业中，企业最先关注的是现有的竞争对手，以及竞争对手所采取的竞争行动，以随时调整自己的经营策略，继而保证在竞争中处于主动和优势地位。

(2) 潜在的进入者的威胁。假如一个产业的新对手能引进新的业务能力，带有获取市场份额的欲望，同时也常常带来可观的资源，结果是其价格可能会被压低或导致该行业内企业的成本上升，收益下降。通常对于一个产业来讲，进入威胁的大小取决于该产业的进入壁垒以及准备进入者可能遇到的行业内现有企业的反击。如果壁垒较高或新进入者认为现有企业严阵以待，那么这种威胁就会变小。

(3) 替代品的威胁。替代产品是指那些与本行业的产品具有同样功能的其他产品。正因为其他产品与本行业的产品具有同样的功能，如果替代品的价格比较低，它投入市场就会使本行业产品的价格上限只能处于较低的水平，这就降低了本行业的利润率。替代品的价格越有吸引力，对本行业构成的威胁和压力也就越大。因此，本行业企业要采取适当的措施防止替代品带来的威胁。

(4) 买方的议价能力。买方议价能力形成的竞争作用力表现在：购买商可能要求降低购买价格，要求高质量的产品以及企业提供更多的相关服务，其结果是使行业的竞争者们互相竞争，致使行业利润下降。

(5) 供应商的议价能力。某个产业中的企业受到的压力还可能来自原料供应商，原料供应商通过提价或降低所售原料产品的质量对企业产生威胁。来自原料供应商的压力可能导致一个产业中的企业因为无法使价格跟上成本的增长而失去利润。

(五) 公众

公众指对企业实现营销目标的能力有实际或潜在利害关系和影响力的团体或个人。企业面对广大公众的态度，会协助或妨碍企业营销活动的正常开展。所有的企业都必须采取积极的措施，树立良好的企业形象，力求保持与主要公众之间的良好关系。企业所面临的公众主要有融资公众、媒介公众、政府公众、社团公众、社区公众、一般公众和内部公众。

四、营销环境分析与对策

(一)环境威胁与市场机会

市场营销环境通过对企业构成威胁或提供机会而影响营销活动。

1. 环境威胁

环境威胁是指环境中不利于企业营销的因素的发展趋势，对企业形成挑战，对企业的市场地位构成威胁。这种挑战可能来自于国际经济形势的变化，如 2008 年爆发的全球性金融危机，给世界很多国家的经济和贸易带来负面影响。挑战也可能来自于社会文化环境的变化，如国内外对环境保护要求的提高，某些国家实施"绿色壁垒"，对某些生产不完全符合环保要求的产品的企业，无疑也是一种严峻的挑战。

2. 市场机会

市场机会是指对企业营销活动富有吸引力的领域，在这些领域，企业拥有竞争优势。市场机会对不同企业有不同的影响力，企业在每一特定的市场机会中成功的概率，取决于其业务实力是否与该行业所需要的成功条件相符合，如企业是否具备实现营销目标所必需的资源。

(二)营销环境分析方法——SWOT 分析法

1. SWOT 分析法概述

SWOT 分析法是一种综合考虑企业内部条件和外部环境的各种因素，进行系统评价，从而选择最佳经营战略的常用方法。S 是指企业的内部优势(strengths)，W 是指企业的内部劣势(weaknesses)，O 是指企业外部环境的机会(opportunities)，T 是指企业外部环境的威胁(threats)。SWOT 中最核心的部分是评价公司的优势和劣势，判断所面临的机会和威胁，并做出决策，即在公司现有的内外部环境下如何最优地运用自己的资源，并且考虑建立公司未来的资源。SWOT 分析法的相关内容如表 2-1 所示。

表 2-1 SWOT 分析表

外 部 环 境		内 部 环 境	
外部威胁	外部机会	内部优势	内部劣势
·市场增长较慢	·纵向一体化	·知识产权	·竞争劣势
·行业成本水平提高	·市场增长迅速	·成本优势	·设备老化
	·互补产品销量增加	·竞争优势	·战略方向不明

(续表)

外 部 环 境		内 部 环 境	
外部威胁	外部机会	内部优势	内部劣势
• 竞争压力增大 • 新的竞争者进入行业 • 替代品销售额正逐步上升 • 用户讨价还价能力增强 • 用户偏好逐步改变 • 通货膨胀的影响	• 新的消费者加入 • 有开拓新市场的机会 • 有合并或重组的机会 • 在同行业中竞争业绩良好 • 拓展产品线满足用户需求	• 特殊能力 • 产品创新 • 具有规模效益 • 良好的财务资源 • 高素质的管理人员 • 公认的行业领先者 • 客户的良好印象 • 适应力强的经营战略 • 其他	• 竞争地位恶化 • 产品线范围太窄 • 技术开发滞后 • 营销水平低于同行业其他企业 • 管理不善 • 战略实施的历史记录不佳 • 不明原因导致的利润率下降 • 资金周转困难 • 相对于竞争对手成本过高 • 其他

2. SWOT 分析法的一般步骤

开展 SWOT 分析，一般要经过下列步骤：

(1) 进行企业外部环境分析，列出对于企业来说外部环境中存在的发展机会和威胁。

(2) 进行企业内部环境分析，列出企业目前所具有的优势和劣势。

(3) 编制 SWOT 分析表格。这是一个以外部环境中的机会和威胁为一个维度，以内部环境中的优势和劣势为另一个维度的二维表，如表 2-2 所示。在表中，有四种 SWOT 组合，分别是优势—机会(SO)组合、优势—威胁(ST)组合、劣势—机会(WO)组合、劣势—威胁(WT)组合。

表 2-2　SWOT 分析表

内部环境 外部环境	优势 S ={S1，S2，S3}	劣势 W ={W1，W2，W3}
机会 O={O1，O2，O3}	SO 组合 ={(O1，S1，S2)，(O2，S1，S3)， (O3，S3)}	WO 组合 ={(O1，W1)，(O2，W2，W3)}
威胁 T={T1，T2，T3}	ST 组合 ={(T1，T2，S1，S3)，(T2，T3，S1， S2)，(T3，S1)}	WT 组合 ={(T2，W1)}

注：O1—代表机会 1；T1—代表威胁 1；S1—代表优势 1；W1—代表劣势 1；其他依此类推。

(4) 进行组合分析，提出对策。对于每一种外部环境和企业内部条件进行组合分析，并制定出相应对策。企业可能采取的策略原则如图 2-5 所示。

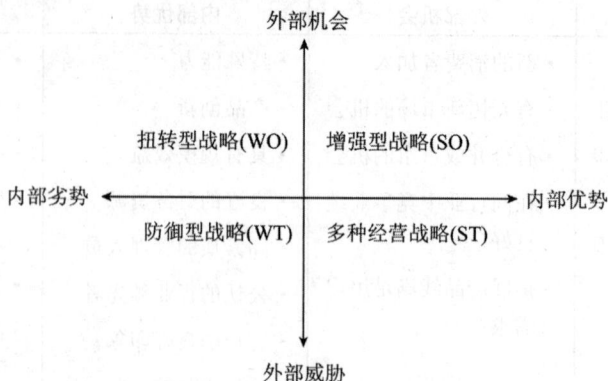

图 2-5　SWOT 分析图

① 优势—机会组合(SO)。是一种发挥企业内部优势与利用外部机会的组合方式，也是最理想的战略模式。当企业具有特定方式的优势，而外部环境又为发挥这种优势提供了有利机会时，可以采取该战略组合在市场上获得竞争优势。

② 劣势—机会组合(WO)。是一种利用外部机会弥补内部劣势的组合方式，也是使企业扭转劣势，获得优势的战略。

③ 优势—威胁组合(ST)。是一种利用自己的优势回避或减轻外部威胁影响的战略组合。它通过在目标领域利润集聚来超越竞争对手，取得竞争优势。

④ 劣势—威胁组合(WT)。是一种在减少内部劣势的同时回避外部环境威胁的防御型战略，可以采取产品差异化等战略来回避由于成本劣势带来的威胁。

第二节　市场细分与目标市场的选择

一、市场细分

市场细分是选择目标市场的前提。在企业营销活动中，如果不进行市场细分，就难以正确、有效地选择目标市场。

市场细分也称为市场区划、市场分片、市场区隔化，是现代市场营销学中的一个重要的概念。所谓市场细分，就是通过市场调研，依据消费者的需要和欲望、购买行为和购买习惯等方面的差异，把某一产品的市场整体划分为若干消费者群的市场分类过程。每一个消费者群就是一个细分市场，每一个细分市场都是具有类似需求倾向的消费者构成的群体。

(一) 有效市场细分的条件

企业进行市场细分的目的是通过对顾客需求差异予以定位，来取得较大的经济效益。

众所周知，产品的差异化必然导致生产成本和推销费用的相应增长，所以，企业必须在市场细分所得收益与市场细分所增成本之间做出权衡。由此，我们得出有效的细分市场必须具备以下特征：

1. 可衡量性

可衡量性是指用来细分市场的标准和变数及细分后的市场是可以识别和衡量的，即有明显的区别、有合理的范围。如果某些细分变数或购买者的需求和特点很难衡量，细分市场后无法界定，难以描述，那么市场细分就失去了意义。一般来说，一些带有客观性的变数，如年龄、性别、收入、地理位置、民族等，都易于确定，并且有关的信息和统计数据，也比较容易获得；而一些带有主观性的变数，如心理和性格方面的变数，就比较难以确定。

2. 可进入性

可进入性是指企业能够进入所选定的市场部分，能进行有效的促销和分销，实际上就是考虑营销活动的可行性。一是企业能够通过一定的广告媒体把产品的信息传递到该市场众多的消费者中去；二是产品能通过一定的销售渠道抵达该市场。

3. 可营利性(规模性)

可营利性是指细分市场的规模要大到能够使企业足够获利的程度，使企业值得为它设计一套营销规划方案，以便顺利地实现其营销目标，并且有可拓展的潜力，以保证按计划能获得理想的经济效益和社会服务效益。

4. 差异性

差异性指细分市场在观念上能被区别并对不同的营销组合因素和方案有不同的反应。

5. 相对稳定性

相对稳定性指细分后的市场有相对应的时间稳定。细分后的市场能否在一定时间内保持相对稳定，直接关系到企业生产营销的稳定性。特别是大中型企业以及投资周期长、转产慢的企业，更容易造成经营困难，严重影响企业的经营效益。

此外，市场细分的基础是顾客需求的差异性，所以凡是使顾客需求产生差异的因素都可以作为市场细分的标准。由于各类市场的特点不同，因此市场细分的条件也有所不同。

(二) 市场细分的过程

市场细分就是一个以求大同存小异的原则把整体市场进行分片集合化的过程。一个完整的市场细分过程应该包含四个主要阶段：选择细分的标准和细分方法、研究每个细分市场的特点、选择企业感兴趣的一个或者几个细分市场、确定针对每个细分市场的营销策略，如图 2-6 所示。

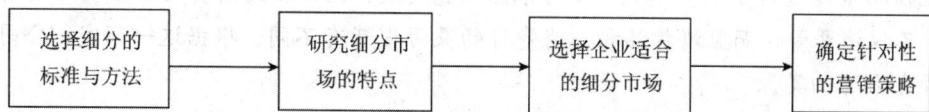

选择细分的标准与方法 → 研究细分市场的特点 → 选择企业适合的细分市场 → 确定针对性的营销策略

图 2-6　市场细分的过程

1. 选择细分的标准与方法

选择细分的标准与方法，即按照消费者所在的区域，消费者的收入、年龄、受教育水平或者混合几个标准来进行市场细分。这个过程决定了随后的所有内容。

2. 研究细分市场的特点

确定了细分的标准与方法后，就要了解细分市场的特点，以便能够决定选择其中的哪个或者哪些细分市场以及如何进入这些市场。

3. 选择企业适合的细分市场

企业在了解整个市场的每个细分市场的主要特点和规模后，就必须决定哪些是它所适合的细分市场，以便确定进入目标市场的战略：是采用无差异性市场策略，还是差异性市场策略，抑或是集中性市场策略？

4. 确定针对性的营销策略

企业一旦选定了目标市场，就要为其中每一个细分市场确定适合的产品、价格、分销渠道和促销方式。

(三) 消费者市场细分的标准

消费者需求的异质性是市场细分的基础，这种异质性主要表现在不同消费者在心理特征、社会经济地位、心理性格和价值追求等方面的区别。严格地说，每一个消费者的需求都不是完全相同的，而企业在制造、销售产品时，又无法满足每一个人的不同需求，但这并不意味着市场细分无法进行。在细分消费者市场时，常用的方法是分析消费者两个方面的主要特征：一是消费者生理特征和社会属性的区别；二是消费者对企业安排的营销因素反应的区别。前者包括消费者的地理、人口和心理方面的差异；后者包括消费者对产品的喜爱、追求的利益，以及对广告宣传、价格等的信任程度。

消费者市场细分常用的标准通常有地理标准、人口标准、心理标准和购买行为标准。

▶ 案 例

日本资生堂公司的市场细分

日本资生堂公司是一家以生产化妆品为主的公司。1982年，公司为了进一步扩大产品销售，提高市场占有率，尤其是日本女性化妆用品这一广阔市场的占有率，专门对日本女性化妆品市场进行了调查研究。公司根据研究发现：化妆品的消费与女性的年龄有密切关系，不仅消费量，而且消费品种、消费目的及习惯皆有不同。根据这一研究，公司将女性消费者分为四类。

第一类是15~17岁的少女消费者。她们正当妙龄，讲究打扮，爱好时尚，对化妆品需求意识强烈，但是她们购买的往往是单一的化妆品。

第二类是 18～24 岁的女青年消费者。她们出于礼仪需要、工作需要或感情需要、爱美的需要，对化妆品更关心，并且采取积极的消费行动，只要是中意的化妆品，价格再高也在所不惜。而且她们往往购买整套化妆品，需求量大且频繁。

第三类是 25～34 岁的妇女消费者。她们大多数人已经结婚，对化妆品的需求心理和购买行为也有所变化，虽不如第二类消费者那样主动，但化妆也是她们的日常生活习惯。

第四类是 35 岁以上的妇女消费者。她们可分为积极派(仍力图保持形象的年轻，竭力化妆)和消极派(感觉即将步入晚年，化妆只是应付一下)，但她们都显示了对单一化妆品的需要。

通过上述对女性化妆品市场的细分，资生堂公司把握了市场的脉搏，一举成功。

(资料来源：李征. 资生堂细分"岁月" [EB/OL]. [2017-07-29].
https://wenku.baidu.com/view/fc333618a76e58fafab003d4.html.)

(四) 生产者市场细分的标准

对生产者市场进行细分，同样可以使用细分消费者市场的部分标准和细分变量。但由于生产者市场上的购买是以营利为目的的，它受个人和心理因素的影响较小，因此，细分生产者市场常用用户的需求特征、用户的地理位置、用户的规模大小、用户的利益追求等标准。

(五) 市场细分的步骤

美国营销专家伊·杰·麦卡锡提出一套逻辑性强、直观明了的七步细分法，被业界广泛接受。其基本步骤如下：

1. 选定产品市场范围

在明确企业任务、目标，对市场环境充分调查分析之后，首先从市场需求出发，考虑选定一个可能的产品市场范围。

2. 估计潜在顾客的基本需求

企业可以在地理、心理和行为等方面，通过"头脑风暴法"对潜在顾客的要求做大致分析。这一步骤掌握的情况也许不够全面，但是可为以后各个步骤准备深入了解的资料。例如，某房地产公司调查顾客对小型公寓的需求，大致包括遮风避雨、停放车辆、安全、经济、设计良好、方便学习和生活、不受外来干扰、足够的空间、满意的内部装修、公寓管理等。

3. 分析潜在顾客的不同需求

企业依据人口因素做抽样调查，向不同的潜在顾客了解上述哪些需求对他更重要。初步形成几个消费需求相近的细分市场。例如，房地产公司调查发现，在校外租房住宿的大学生，认为最重要的是遮风避雨、停放车辆、经济、方便上课和学习；新婚夫妇希望遮风避雨、停放车辆、不受外来干扰、满意的公寓管理等；家庭成员较多的住户要求遮风避雨、停放车辆、经济、有足够的儿童活动空间等。这样，不同的顾客群体，即若干分市场也就初步显现出来了。

4. 剔除潜在顾客的共同需求

对初步形成的几个分市场之间共同的需求加以剔除，以它们之间需求的差异作为细分市场的基础。虽然共同需求也重要，但只能作为市场营销组合决策的参考，不能作为市场细分的基础。例如，遮风避雨、停放车辆和安全等，几乎是每一类潜在顾客都要求的，就必须剔除。

以上只是一般市场细分的步骤，在实际细分过程中，应根据具体情况加以简化或丰富。

(六) 市场细分的主要方法

按照细分标准数目的多少来划分，市场细分的基本方法如下。

1. 单一因素法

单一因素法即选用一个细分标准，对市场进行细分。如对服装市场，由于服装市场需求与购买者的性别有着直接关系，因而可按性别把市场划分为男性服装市场与女性服装市场。

2. 综合因素法

综合因素法即运用两个或两个以上的标准对市场进行细分。消费者的需求差别是由于多种原因的影响而形成的，只有从多个角度、多个方面去分析和认识，才能准确地把握和区分。这就需要用综合因素法来进行市场细分。如家具市场的划分，可以根据影响消费者需求的主要因素，如收入水平、户主年龄、住房面积等来划分。家具市场按收入水平可分成高、中、低三类；按户主年龄可分为青年、中年、老年三类；按住房面积可分为大、中、小三类。这样按三个因素划分后，家具市场就可划分为 27 个子市场(3×3×3)，如图 2-7 所示。

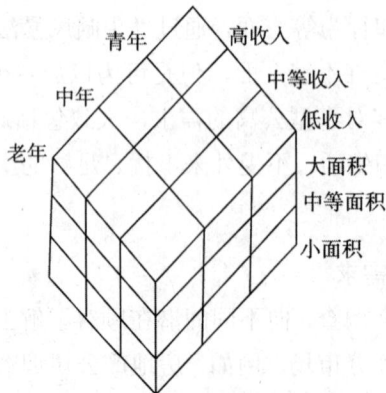

图 2-7　综合因素法

3. 系列因素法

系列因素法也是运用两个或两个以上的标准来细分市场，但必须依据一定的顺序由粗到细依次细分，下一阶段的细分是在上一阶段选定的子市场中进行的，细分的过程也就是一个比较、选择子市场的过程，如图 2-8 所示。

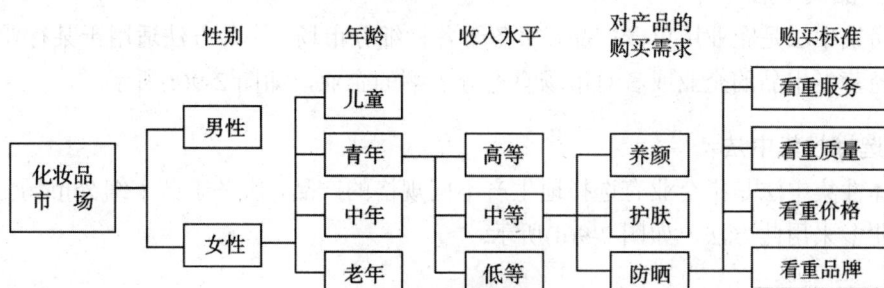

性别　　年龄　　收入水平　　对产品的购买需求　　购买标准

化妆品市场 — 男性 — 儿童
　　　　　　　　　青年 — 高等 — 养颜 — 看重服务
　　　　　　　　　中年 — 中等 — 护肤 — 看重质量
化妆品市场 — 女性 — 老年 — 低等 — 防晒 — 看重价格
　　　　　　　　　　　　　　　　　　　　　看重品牌

图 2-8　系列因素法

二、目标市场的选择

通常来说，一个企业无论多大，实力多雄厚，也很难用所生产的产品满足所有消费者的所有需求，所以企业为了顺利实现自己的经营目标，就必须根据具体情况对整体市场进行细分，并从若干个细分的市场中寻找适合自身的目标市场。企业到底该生产什么产品、满足哪一部分消费者的哪一部分需求呢？解决这一问题的唯一途径就是选择目标市场。所谓目标市场，是企业决定要进入的细分市场，是企业所选择和确定的营销对象，即企业能为之提供有效产品和服务的顾客群。面对激烈的市场竞争，企业往往要实行目标市场营销，首先要确定目标市场，当目标市场选定后，就可以进行恰当的品牌定位，并根据企业资源、产品特点、市场特点和产品生命周期阶段等因素，选择进入目标市场的最佳策略。

企业是选择一个细分市场作为目标市场，还是选择部分细分市场或全部细分市场，要依据企业对各细分市场及企业的条件等具体情况而定。一个细分市场要成为企业的目标市场，必须具备三个条件：第一，该市场必须具有一定的需求量或销售量，足以使企业有利可图；第二，该市场是一种未被满足的市场，或没有被竞争者控制的市场；第三，企业有能力占领该市场。

(一) 目标市场范围的确定

目标市场范围的确定主要采取：产品—市场集中法、市场集中法、产品集中法、选择性集中法和整体市场覆盖法。

1. 产品—市场集中法

产品—市场集中法是企业用一种产品，满足某一特定细分市场。这种方法适用于少有竞争对手的企业、缺乏资源的小企业、某一细分市场上有拳头产品、特色产品或标准化产品的企业等，如图 2-9(a)所示。

2. 市场集中法

市场集中法是企业用各种规格的产品，服务于单一细分市场。这种方法适用于有技术独有或市场垄断优势的企业，如图 2-9(b)所示。

3. 产品集中法

产品集中法是企业用单一产品，服务于各种细分市场。这种方法适用于某行业的主导企业、经营专用品的企业或者对市场有充分了解的企业，如图 2-9(c)所示。

4. 选择性集中法

选择性集中法是指企业有选择地生产不同规格的产品，服务于若干细分市场。综合利用型企业多采用此方法，如图 2-9(d)所示。

5. 整体市场覆盖法

选择整体市场覆盖法的企业有各种规格的产品服务于所有细分市场，这些企业多是竞争力强、财力雄厚的大企业，市场主导企业或以垄断为目标的企业，如图 2-9(e)所示。

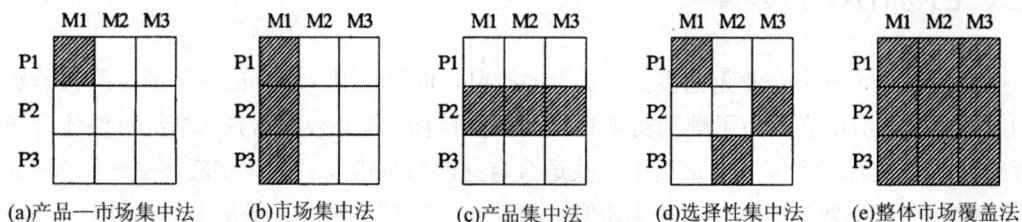

图 2-9　确定目标市场范围的方法

(二) 目标市场战略

1. 无差异营销战略

无差异营销战略是指把整体市场看作一个大的目标市场，不进行细分，用一种产品、统一的市场营销组合对待整体市场。实行此战略的企业基于两种不同的指导思想：第一种是从传统的产品观念出发，如图 2-10(a)所示；第二种强调需求的共性，漠视需求的差异。因此，企业为整体市场生产标准化产品，并实行无差异的市场营销战略。

采用无差异营销战略的最大优点是成本的经济性。大批量的生产销售，必然降低单位产品成本；无差异的广告宣传可以减少促销费用；不进行市场细分，也相应减少了市场调研、产品研制与开发，以及制定多种市场营销战略、战术方案等带来的成本开支。

但是，无差异营销战略对市场上绝大多数产品都是不适宜的，因为消费者的需求偏好具有很复杂的层次，某种产品或品牌受到市场的普遍欢迎是很少的。即便一时能赢得某一市场，如果竞争企业都竞相仿照，就会造成市场上某个部分竞争非常激烈，而其他市场部分的需求却未得到满足。

2. 差异营销战略

差异营销战略是把整体市场划分为若干需求与愿望大致相同的细分市场，然后根据企业的资源及营销实力选择部分细分市场作为目标市场，并为各目标市场制定不同的市场营销组合策略，如图 2-10(b)所示。

采用差异营销战略的最大优点是可以有针对性地满足具有不同特征的顾客群的需求，提高产品的竞争能力。但是，由于产品品种、销售渠道、广告宣传的扩大化与多样化，市场营销费用大幅度增加。所以，无差异营销战略的优势基本上成为差异性营销战略的劣势。其他问题还在于：该战略在推动成本和销售额上升的同时，市场效益并不具有保证。因此，企业在市场营销中有时需要进行"反细分"或"扩大顾客的基数"。

3. 集中营销战略

集中营销战略是将整体市场分割为若干细分市场后，只选择其中某一细分市场作为目标市场，如图 2-10(c)所示。其指导思想是把企业的人、财、物集中用于某一个或几个小型市场，不求在较多的细分市场上都获得较小的市场份额，而要求在少数较小的市场上得到较大的市场份额。

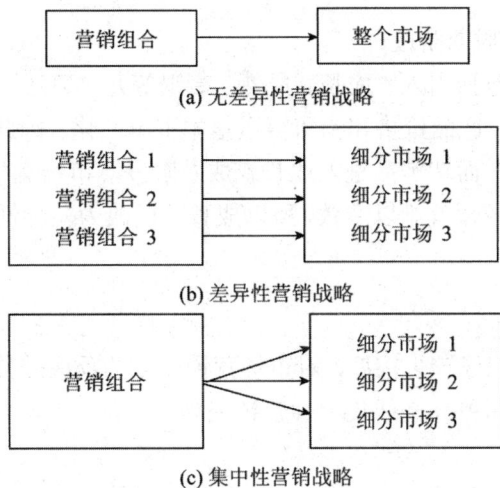

图 2-10　目标市场营销战略

集中营销战略俗称为"弥隙"战略，即弥补市场空隙的意思，适合资源薄弱的小企业。小企业如果与大企业硬性抗衡，弊多于利，必须寻找对自己有利的小生存环境。用生态学的理论来说，必须找到一个其他生物不会占领、不会与之竞争，而自己却有适应本能的小生存环境。也就是说，如果小企业能避开大企业竞争激烈的市场部位，选择一两个能够发挥自身技术、资源优势的小市场，往往容易取得成功。由于目标集中，可大大节省营销费用并增加赢利；又由于生产、销售渠道和促销的专业化，也能够更好满足这部分特定消费者的需求，企业易取得优越的市场地位。

集中营销战略的不足是经营者承担风险较大，如果目标市场的需求情况突然发生变化，目标消费者的兴趣突然转移(这种情况多发生于时髦商品)或市场上出现了更强有力的竞争对手，企业就可能陷入困境。

(三) 选择目标市场营销战略的条件

1. 企业能力

企业能力是指企业在生产、技术、销售、管理和资金等方面力量的总和。如果企业实力雄厚，且市场营销管理能力较强，即可选择差异性营销战略或无差异性营销战略。如果企业能力有限，则宜选择集中性营销战略。

2. 同质性产品

同质性产品主要表现在一些未经加工的初级产品上，如水力、电力、石油等，虽然产品在品质上或多或少存在差异，但用户一般不加区分或难以区分。因此，同质性产品竞争主要表现在价格和提供的服务条件上。该类产品适于采用无差异性营销战略。而对服装、家用电器、食品等异质性需求产品，可根据企业的资源力量，采用差异性营销战略或集中性营销战略。

3. 产品所处的寿命周期阶段

产品寿命周期一般包括引入、成长、成熟、衰退等几个阶段。新产品上市往往以较单一的产品探测市场需求，产品价格和销售渠道基本上单一化。因此，新产品在引入阶段可采用无差异性营销战略。而待产品进入成长或成熟阶段，市场竞争加剧，同类产品增加，再用无差异性营销战略经营就难以奏效，所以成长阶段改为差异性或集中性营销战略效果更好。

4. 市场的类同性

如果顾客的需求、偏好较为接近，对市场营销刺激的反应差异不大，可采用无差异性营销战略；否则，应采用差异性或集中性营销战略。

5. 竞争者战略

如果竞争对手采用无差异性营销战略，企业选择差异性或集中性营销战略有利于开拓市场，提高产品竞争能力。如果竞争者已采用差异性营销战略，则企业不应以无差异性营销战略与其竞争，可以选择对等的或更深层次的细分或集中性营销战略。

第三节　市场定位

企业在确定的目标市场上，将面临竞争对手的挑战。在买方市场条件下，目标顾客在购买产品和服务时，具有较大的选择性。市场定位则是要在目标顾客心目中树立独特的形象，使顾客产生特殊偏爱，以诱导顾客做出购买行为。准确的市场定位，有助于企业获得稳定的销路和市场占有率。如麦当劳定位为大众化快餐店，马克西姆定位为高档豪华餐厅，苹果手机是高质量的著名品牌产品，燕京啤酒是物美价廉的国产名牌啤酒之一。

一、市场定位的概念

市场定位的解释较多，主要有如下几种。

菲利普·科特勒的观点：定位就是一种对公司的供应品和形象进行设计，从而使其能在目标顾客心目中占有一个独特位置的行动。

里斯和特劳特的观点：定位起始于产品。一件商品、一项服务、一家公司、一个机构，甚至一个人……然而，定位并非是对产品本身做什么。定位是指要针对潜在顾客的心理采取行动，即将产品在潜在顾客心目中定一个适当的位置。

一般而言，市场定位是根据竞争者现有产品在细分市场上所处的地位和顾客对某些产品属性的重视程度，塑造出本企业产品与众不同的鲜明个性或形象传递给目标顾客，使该产品在细分市场上占有强有力的竞争位置。

二、市场定位的步骤

市场定位的关键是企业要设法在自己的产品中找出比竞争者更具有竞争优势的特性。竞争优势一般有两种基本类型：一是价格竞争优势，即在同样的条件下定价比竞争者更低。这就要求企业尽最大努力，降低单位成本。二是偏好竞争优势，即能提供确定的特色来满足顾客的特定偏好，这就要求企业努力在产品特色上下功夫。因此，企业市场定位的全过程可以通过三大步骤来完成，即确认本企业潜在的竞争优势、准确地选择相对竞争优势和明确显示其独特的竞争优势。

(一) 确认本企业潜在的竞争优势

这一步骤的中心任务是要回答三个问题：一是竞争对手的产品定位如何；二是目标市场上足够数量的顾客欲望满足程度如何以及还需要什么；三是针对竞争者的市场定位和潜在顾客的真正需求，明确企业应该和能够做什么。要回答这三个问题，企业市场营销人员必须通过一切调研手段，系统地设计、搜索、分析并报告有关上述问题的资料和研究结果。通过回答上述三个问题，企业就可从中把握并确定自己的潜在竞争优势在何处。

(二) 准确地选择相对竞争优势

相对竞争优势表明企业能够胜过竞争者的能力。这种能力既可以是现有的，也可以是潜在的。准确地选择相对竞争优势是企业实力与竞争对手实力相比较的过程。通常的方法是分析、比较企业与竞争者在下列七个方面究竟哪些是强项，哪些是弱项。

(1) 经营管理方面。主要考察领导能力、决策水平、计划能力、组织能力以及应变能力等指标。

(2) 技术开发方面。主要分析技术资源(如专利、技术诀窍等)、技术手段、技术人员能力和资金来源是否充足等指标。

(3) 采购方面。主要分析采购方法、存储及运输系统、供应商合作以及采购人员能力等指标。

(4) 生产方面。主要分析生产能力、技术装备、生产过程控制以及职工素质等指标。

(5) 市场营销方面。主要分析销售能力、分销网络、市场研究、服务与销售战略、广告、资金来源是否充足以及市场营销人员的能力等指标。

(6) 财务方面。主要考察长期资金和短期资金的来源及资金成本、支付能力、现金流量以及财务制度与人员素质等指标。

(7) 产品方面。主要考察可利用的特色、价格、质量、支付条件、包装、服务、市场占有率和信誉等指标。

通过对上述指标体系的分析与比较，找出最适合本企业的优势项目。

(三) 明确显示独特的竞争优势

这一步骤的主要任务是企业要通过一系列的宣传促销活动，使其独特的竞争优势准确地传播给潜在顾客，并在顾客心目中留下深刻的印象。为此，企业首先应使目标顾客了解、知道、熟悉、认同、喜欢和偏爱本企业的市场定位，在顾客心目中建立与该定位相一致的形象。其次，企业通过保持对目标顾客的了解，稳定目标顾客的态度和加深目标顾客的感情等来巩固与市场相一致的形象。最后，企业应注意目标顾客对其市场定位理解出现的偏差，或由于企业市场定位宣传上失误而造成目标顾客模糊、混乱和误会，及时纠正与市场定位不一致的形象。

三、市场定位的策略

(一) 对峙定位(迎头定位)

对峙定位是指企业选择靠近于现有竞争者或与现有竞争者重合的市场位置，争夺同样的顾客，彼此在产品、价格、分销及促销等各个方面差别不大。例如 2001 年，在受人瞩目的新康泰克面世的第二天，以保健品起家的太太药业公司底气十足地宣布推出自己的感冒药"正源丹"，并且要在两三年内成为中药感冒药市场的第一名。这就是对峙定位的范例。太太药业公司之所以采用这种定位方法，主要是考虑到市场上没有一个真正纯中药的全国性感冒药品牌，而且没有一个真正针对特殊人群的全国性感冒药品牌。而"正源丹"源于宋代古方，针对的是老人、妇女、儿童、体质虚弱者这一特殊感冒群体。

(二) 回避定位(避强定位)

回避定位是指企业回避与目标市场上的竞争者直接对抗，将其位置定在市场"空白点"，开发并销售目前市场上还没有的某种特色产品，开拓新的市场领域。例如，上海徐家汇广场有三家大商场，东方商厦面向中高收入顾客，突出品牌档次；太平洋百货以追求时尚的青少年为目标市场；第六百货则以实惠、价廉吸引顾客。同样是彩电产品，东方商厦主营大屏幕彩电，第六百货经营国产彩电，而太平洋百货则不经营彩电。回避定位的结果是三方均大获其利。北京的燕莎、赛特等新兴商场成功的原因之一，也是避开和王府井、西单等老字号的正面竞争，采取回避定位的结果。

（三）重新定位

重新定位是指企业变动产品特色，改变目标顾客对其原有的印象，使目标顾客对其产品新形象有一个重新的认识过程。

市场重新定位对于企业适应市场环境，调整市场营销战略是必不可少的。企业产品在市场上的定位即使很恰当，但在出现下列情况时也需考虑重新定位：一是竞争者推出的市场定位在本企业产品的附近，侵占了本企业品牌的部分市场，使本企业品牌的市场占有率有所下降；二是消费者偏好发生变化，从喜爱本企业某品牌转移到喜爱竞争对手的某品牌。

企业在重新定位前，尚需考虑两个主要因素：一是企业将自己的品牌定位从一个子市场转移到另一个子市场时的全部费用；二是企业将自己的品牌定在新位置上的收入有多少，而收入多少又取决于该子市场上的购买者和竞争者情况，取决于在该子市场上销售价格能定多高等。

除上述方法之外，市场定位的方法还有：根据属性和利益定位，根据价格和质量定位，根据用途定位，根据使用者定位，根据产品档次定位，根据竞争局势定位，以及根据各种方法组合定位等。

四、重新定位战略

没有一劳永逸的"定位"，市场经济飞速发展的今天，各种产品之间的竞争日趋激烈，要让自己的产品在竞争浪潮中占有一席之地，甚至长期立于不败之地，就需要对产品进行不断地重新定位，以满足广大消费者的需要，用以打破竞争劣势局面，从而获得新的活力和增长。

（一）产品重新定位的原因

影响产品重新定位的主要因素有两个：一个是外部环境，另一个是企业内部因素。通常有如下具体表现形式。

1. 消费者的需求变化影响产品的重新定位

产品的原有定位是正确的，但由于消费者的选择标准发生了变化，由企业的忠实消费者转变为竞争对手的消费者。他们可能受到产品价格、款式等的影响，也可能受到观念转变的影响。例如原来注重产品的功能，现在注重产品的形象。在这种情况下，企业有必要对自己的产品进行重新定位。

"莎菲尔"是北京的老牌童装品牌，但该公司突然宣布引进新西兰童装品牌"南瓜芽"，并计划逐步代替公司原有主力品牌"莎菲尔"。随着人们家庭生活逐步富足，家庭结构的改变，独生子女越来越多，导致目前儿童服装的消费正由中低档向中高档转移。同时，巨大的市场潜力所招致的越来越多的国内外新进入者，也对这场升级起到了推波助澜的作用。太子奶、娃哈哈等著名公司对童装市场的染指，作为北京市场三大老牌童装品牌之一的"莎菲尔"市场占有率的每况愈下,都从不同的侧面说明了这一点。

这时,只有那些适时改变品牌定位和营销策略以适应用户新需求和新竞争态势的厂商,才能取得或继续保持在市场中的地位。显然,"莎菲尔"有四种策略可供选择:一是保持原来的定位,确立平民化的形象,为那些希望以不太昂贵的价格买到高品质且有知名度的童装的用户提供一个选择,但同时丰富产品线,并在现有的市场开辟更多的销售渠道和新的地区市场,尤其是二级市场、三级市场,这是大多数国内品牌的一个比较现实的选择;二是再定位品牌,将品牌定位于中高档消费,但必须在产品设计和销售渠道上也进行相应的再定位,但这将耗资巨大且风险最大;三是引进现成的中高档品牌,主要是洋品牌,并逐步放弃原有品牌,但面临一个渠道和公司形象再建设的问题,且从长远来看,使公司面临失去代理权的风险,"莎菲尔"采取的就是这条策略;四是实行多品牌经营,一方面在中低档市场继续保持原有品牌,同时在中高端自建或引进新品牌,但如果走相同的渠道,容易混淆品牌形象。到底应该选择哪一种呢?主要取决于市场需求的现状、企业现有的资源和优势、投资者的回报预期和风险承受能力。

2. 原来的定位失误

企业的产品投放市场后,如果市场对产品反应冷淡,销售情况与预测差距太大,这时企业就应对市场进行调查和分析,对企业进行诊断,如果是产品定位不恰当,就应该对产品进行重新定位。

3. 原来的定位阻碍企业市场开拓

在企业的发展过程中,原来的定位可能会成为制约因素,阻碍企业开拓新的市场。或者由于外界环境的变化,企业有可能获得新的市场机会,但原来的定位与外界环境难以融合,因此企业出于发展和扩张的目的,需要调整和改变原有定位。

在中国市场给人以高档形象的著名家居品牌——宜家家居,其实在瑞典本土和北美市场却是以一贯的"家居便利店"形象获得巨大成功的,它的优势主要体现在以低成本的家居解决方案为顾客提供质优价廉的便利家具,其市场主要定位在中低端的大众市场。

但是,当几年前宜家进入中国时,却放弃了在欧美大获成功的定位,转而将重点放在中国高端家居市场,并逐步树立起了高档时尚的品牌形象。事实证明,这种再定位的策略是明智的。

(1) 低成本竞争虽然是宜家在欧美发家的法宝,但在进入中国市场的初期,这种策略是很难实施的,表现在:一方面,一旦走"家居便利店"的路线,就必须以规模制胜,考虑到家居行业特殊的成本结构,这对于一家初到中国的家居品牌而言,是要冒很大风险的;另一方面,由于采购、生产等环节一时还很难实现本土化,即便沿用欧美的低成本竞争策略,也不可能真正形成在中国的低成本优势,这时若仍然"咬牙出血",对于宜家来说肯定是不能接受的。

(2) 从当时家居市场的结构而言,国内品牌占绝对主流,而且主要集中在中低端竞争,这一市场必须依靠价格制胜,宜家与它们竞争一时很难占到优势。

(3) 从可行性来看,宜家是来自欧洲的国际品牌,对于当时中国的高端用户来说,还是很值得向往的品牌，而且从竞争策略来看，采用高端定位走差异化竞争的路线(但对宜家而言，很容易就会把用在低成本竞争策略中的做法照搬到高档定位中来，如服务、包装等，它在这一点似乎做得不够成功)，既可以增加在单位产品上的附加值，又可以不急于扩张规模。

这一定位不但使宜家在中国获得巨大的知名度，而且也保持了不俗的增长业绩，每年的增长率都保持在20%以上。其中，2000财年的增长率是50%，2001财年的增长率为43.6%，2002财年的增长率为25%左右，2003财年的增长率为24%。

4. 原有定位削弱品牌的竞争力

企业在竞争中可能会丧失原来的优势，而建立在原有优势之上的定位也可能会削弱品牌的竞争力，甚至竞争对手会针对企业定位的缺陷，塑造其自身的优势，例如推出性能更好的同类产品。企业如果死守原来的定位不放，就会在竞争中处于被动的境地，最终丧失市场。在这样的情况下，企业必须对产品进行重新定位。

仍然以宜家为例。2003年下半年，宜家对其原来的高档形象进行了再定位，努力改变其在中国市场的高档形象，包括大范围的大幅度降价，以便恢复到促使其在欧美取得极大成功的"家居便利店"定位，希望借此扭转其在中国市场销售量逐年递减的趋势。9月1日，宜家中国区经理杜福延在上海宣布，在中国销售的1000种商品全部降价销售，降幅均值达到10%以上，其中最大降幅达到65%左右。杜福延同时提出，在从9月1日开始的2004财政年度中，宜家公司中国市场的营销策略是将大众路线执行到底，即降价再降价，其未来目标顾客将锁定家庭月平均收入为3350元以上的工薪客户群体。围绕这个新的定位，宜家正在酝酿一个系列性的品牌推广战略。

稍加分析不难发现，宜家的这一决策是明智的。经过几年的探索发展，宜家已经在哈尔滨、青岛、广州、云南和上海设立了5个采购中心，而且在2004财政年度里，还把在欧洲生产的产品拿到中国来生产，这些都为宜家重新回归其最擅长的低成本竞争奠定了基础。更重要的是，中国家居市场无论高端还是中低端，竞争都已经相当激烈。此时，宜家必须回归到自己最擅长的方面展开竞争，而重新回归大众化的定位并采取低成本竞争，既迫切又合时宜，但离真正实现欧美"家居便利店"的定位，还需待以时日。

(二) 产品重新定位的权衡

在做出产品重新定位之前，企业必须进行全面的权衡利弊。主要从以下三方面考虑。

1. 重新定位需要足够的资金投入

产品重新定位的代价是昂贵的，如调研费用、营销推广费用等。一般来说，新的定位离原来越远，所需要的费用越高。重新定位的资金投入通常会超过第一次定位，因为企业要加大营销传播力度，消除原有定位给消费者留下的印象，同时让新产品取得消费者的认同。是否有足够的资金，就成为企业能否执行重新定位的重要因素。

2. 对影响产品重新定位获得收益的因素进行调查分析

在进行重新定位之前，企业需要对目标市场上的消费者数量、消费者的平均购买力、竞争者的数量和实力等因素进行调查和分析，因为这些是影响产品重新定位后所获得收益大小的主要因素。

3. 重新定位面临的困难和风险

企业在重新定位的过程中，会面临一定的困难和风险。这些困难和风险突出表现如下：

(1) 企业内部难以达成共识。重新定位需要在企业内部达成共识，需要全体员工齐心协力、分工合作、共担风险来完成。有时企业的一些部门或者一些高级管理人员没有意识到品牌重新定位的重要性，因而会阻碍重新定位的执行。

(2) 消费者不认同新的定位。如果品牌原来的定位曾经很成功，消费者已经喜欢它、习惯它，则新的定位可能不被消费者接受，甚至反感。

评估重新定位的困难和风险，只有确信有能力克服困难、承担风险时，才能进行下一步的决策和执行工作。

(三) 产品重新定位的步骤

企业进行产品重新定位时，必须按照一定的程序操作，一般分为以下几个步骤。

1. 确定产品重新定位的原因

产品重新定位有多方面的原因，企业应重新认识市场，从产品的销售现状、行业的竞争状况、消费者的消费观念变化、企业的发展目标等角度来分析市场，找出是什么原因促使企业对产品进行重新定位。

2. 调查分析与形势评估

确定了企业对产品进行重新定位的原因后，必须对品牌目前的状况进行形势评估。评估的依据来源于对消费者的调查，调查内容主要包括消费者对品牌的认识和评价、消费者选择产品时的影响因素及其序列、消费者认知产品的心理价位、消费者认知产品渠道及其重要性的排序、消费者对同类产品的认识和评价等，并根据调研结果对现有形势做出总体评估。

3. 细分市场，锁定目标消费群

细分市场有各种不同的细分方法和细分标准，但不管什么品牌，都会有它的目标消费群体。因此，企业应该根据消费者的特点，将市场划分为不同类型的消费者群体，每个消费者群体即为一个细分市场。重新定位的品牌应该针对哪个细分市场，企业应根据调研数据和产品特点及优势，锁定自己的目标消费群体。

4. 分析目标消费群，制定定位策略

企业确定自己的目标消费群体后，还必须对目标消费群做进一步的分析，对目标消费群体的生活方式、价值观念、消费观念、审美观念进行广泛的定位调查，以确定新的定位策略。新的定位策略最好制定几个不同的方案，每个方案都进行测试，根据目标消费者的反应，来确定最适合的方案。

5. 传播新的定位

企业定位策略确定以后，要制定新的营销方案，将品牌信息传递给消费者，并不断强化，使品牌信息深入人心，最终完全取代原来的定位。企业制定营销方案应以新的产品定位为核心，防止新定位与传播脱节，甚至背离。

总之，产品重新定位与原有定位是截然不同的概念，它不是原有定位的简单重复，而是企业经过市场的磨炼之后，对自己、对市场的重新认识，是对自己原有品牌战略的一次扬弃。

▶ 案 例

巴奴火锅的三次定位

第一次定位：本色本味

2011 年巴奴火锅的招商宣传手册中核心是在讲菌汤和毛肚，巴奴当时的店面门头宣传语也是"本色本味"。但都是传统讲法，没有出彩的地方，无法吸引顾客。巴奴进入郑州第一年处于亏损状态。

第二次定位：服务不是巴奴的特色，毛肚和菌汤才是

打架，是出名的最好方法，这是一个常识。在学校打架，动静大了，这个学生就会全校出名。在商场打架也是如此。和一个英雄打架，虽败犹荣，倘若战胜，就会一举成名。和一个懦夫打架，虽胜尤败，只会默默无闻。

所以，巴奴敢和海底捞打了一场架，反正打输了不会比它当时的情况更糟糕。

"服务不是巴奴的特色，毛肚和菌汤才是"这是巴奴广为人知的口号。首先来看第一句"服务不是巴奴的特色"，很明显是针对海底捞提出来的。海底捞说我们的特色是服务，巴奴说服务不是巴奴的特色，针尖对麦芒。

巴奴把自己站在第一的对立面，这是一种有效的方法，迅速和眼下市场中最火热的火锅攀上关系，哪怕是死对头的关系。

吸引到关注的巴奴接下来开始寻找以菜品为中心的差异化定位。因为这是海底捞的战略软肋，只有攻击这个防御弱项，成功的概率才会更大。

从整个餐饮市场来看，再加上巴奴火锅是以重庆火锅的名义注册的，那么作为重庆火锅的代表性食材——毛肚，完全可以成为巴奴的定位，而且毛肚与文化、养生学说紧密相连，可以做大量的文章。

重庆火锅代表麻辣，这种潜在的心智优势，外地品牌是无法抢夺的。所以巴奴只有从重庆火锅的内部来挖掘这个差异化品类。

菌汤本来不是重庆火锅的特色，但是巴奴把它提出来了，而且在锅中央留了一个煮菌汤的空间，让每位顾客都能品尝到巴奴的菌汤，而在其他火锅店，即便他们的菌汤味道比巴奴更好，但是由于点击率的影响(通常不到 20%)，大多数客人无法认知他们的菌

汤品质，巴奴这一种让所有人都喝到菌汤的做法，实际上是让所有客人都来认知菌汤，然后做出评价。

"服务不是巴奴的特色，毛肚和菌汤才是"。这个定位之所以名声大噪，不在模式，不在味道，不在卫生等营运上的细节。而是因为它与海底捞的对决，让它的知名度迅速攀升，成为郑州火锅市场耀眼的明星。

第三次定位：聚焦巴奴毛肚火锅

当很多人还在津津乐道巴奴的"服务不是巴奴的特色，毛肚和菌汤才是"时，巴奴已经进行了第三次定位——聚焦巴奴毛肚火锅。巴奴火锅要成为独一无二的代表，就要进一步聚焦，它在门头和店内配套宣传上全部聚集到巴奴毛肚火锅。为什么不是巴奴菌汤火锅呢？分析有以下六个原因：

1. 巴奴是重庆注册的公司

重庆是毛肚火锅的起源地，而熬菌汤用的菌菇在全国消费者心智中公认的是云南更正宗。作为一个重庆的火锅品牌，舍本逐末，会让人觉得他做得不正宗。例如重庆人做的麻辣火锅，会让顾客觉得差不到哪里去，这就是心智优势。让消费者认可你是正宗货，这一点比任何其他认可都重要。

2. 毛肚的文化背景

菌汤火锅缺乏根基，而吃毛肚在 1700 多年前就开始流行，重庆火锅也被很多人称为毛肚火锅，甚至被巴奴人讲为毛肚火锅是现代火锅的源头。这个概念一旦被认可，便是巴奴的后劲。做大毛肚火锅这个品类的机会远远大于菌汤火锅，市场份额会更大。

巴奴的使命：让毛肚火锅走向全球。这个使命有一种文化信念，并非凭空提出。可以说，聚焦到巴奴毛肚火锅，是为巴奴的全球战略做铺垫。

3. 产品质量的可控性

菌汤会因为熬汤的火候出现品质口感的波动，哪怕只是细微的，但在上百家连锁店就会出现很多差别。然而工厂标准化生产的毛肚则不会。火候是中餐复制难的根本原因，作为火锅的经营者巴奴，不会选火锅的短板——熬菌汤。

4. 产品接受率

每个人的口味不一样，选择的锅底不一样。毛肚可以说是顾客几乎 100%会接受的。但清淡养生的菌汤，顾客的接受率至少减半。让消费者因为口味习惯直接放弃你，是一个大众火锅品牌最不愿意见到的局面。巴奴当然不会自缚手脚。

5. 批量采购优势

熬制菌汤需要用 20 多种菌菇，这就需要多家供货商供货，首先是采购程序烦琐，其次是价格未必能压到最低、价格的全年稳定性也差，同时熬菌汤用的原料量小，给公司带来的绩效值远远低于毛肚。这是巴奴为跟风者价格战留的后手，让它可以经受得起价格战的冲击。最关键的还是信任状。毛肚的信任状获取更容易，可以签约大草原、屠宰场，以获得顾客足够的信任。但是菌汤做不到，第一是菌的产量具有不稳定性，第二是菌的价格会有波动性。

6. 产品的差异化

有顾客和不少商家认为，很多火锅的菌汤和巴奴的品质比较相差无几，细微的差别很难说服顾客。相反，毛肚的器皿盘型、刀工、口感、手感更容易让顾客感知差别。从五觉体验来看，菌汤只占了最不可靠的味觉，因为每个人的口味不一样。而毛肚可以从视觉、触觉、味觉给顾客带来与众不同的体验。人们 70%的判断是来自视觉，这一点运用了心理学。

现在，巴奴毛肚火锅的人均消费已经降到 50 多元，这是巴奴采取的防御战，任何想模仿巴奴模式的火锅都会因此付出代价。同时，这也是巴奴的进攻战，进一步和海底捞的 80 元以上人均消费区别开来。

（资料来源：职业餐饮网. 巴奴火锅三次精准的定位[EB/OL]. [2015-02-26].

http://www.canyin168.com/glyy/jycl/201502/62790.html.）

第四节　营销组合策略

一、市场营销基本组合

市场营销组合(marketing mix)是企业为了进入目标市场、满足顾客需求，加以整合、协调使用的可控制因素。美国著名市场营销专家尼尔·鲍敦将这些因素确定为 12 个，在 1950 年左右提出了市场营销组合的概念。麦卡锡(McCarthy)把这些工具概括为四类，称之为 4P，即产品(product)、价格(price)、地点或渠道(place)、促销或传播(promotion)。每个 P 下面都有若干特定的变量，如图 2-11 所示。

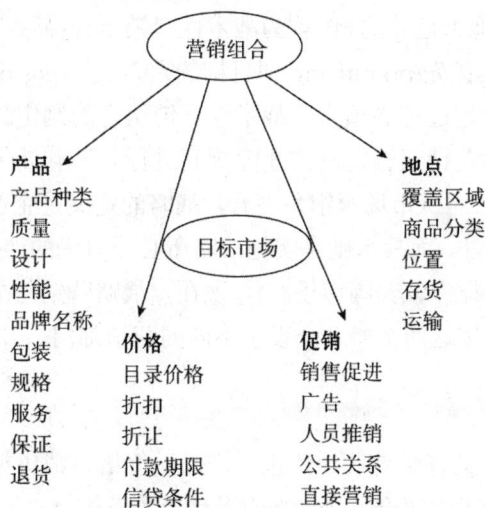

图 2-11　4P 营销组合

(1) 在市场营销组合中，产品通常是指企业提供给目标市场的产品、服务的集合。它不仅包括产品的效用、质量、外观、式样、品牌、包装和规格，还包括服务和保证等因素。

(2) 价格指企业出售产品所追求的经济回报，内容有目录价格(list price)、折扣(discount)、折让(allowance)、支付方式、付款期限和信贷条件等，所以价格又称为定价(pricing)。

(3) 地点通常称为分销(distribution)或渠道(channel)，代表企业为使其产品进入和到达目标市场所组织、实施的各种活动，包括途径、环节、场所、仓储和运输等。

(4) 促销则是指企业利用各种信息载体，与目标市场进行沟通的传播活动，包括广告、人员推销、销售促进与公共关系等。

产品、价格、渠道和促销是市场营销过程中可以控制的因素，也是企业进行市场营销活动的主要手段。对它们的具体运用，形成了企业的市场营销战略。它们之间不是彼此分离的关系，而是相互依存、相互影响和相互制约。

在市场营销过程中，企业要满足顾客，实现经营目标，不能孤立地只考虑某一种元素或手段，必须从目标市场需求和市场营销环境的特点出发，根据企业的资源条件和优势，综合运用各种市场营销手段，形成统一的、配套的市场营销战略，使之发挥整体效应，争取最佳的效果。

二、营销组合策略的演变

随着企业市场营销实践的不断发展，市场营销组合又由 4P 发展为 6P、11P，以及 4C、4R 和 4V 策略。

(一) 6P 策略

6P 是由菲利普·科特勒提出的，它是在原 4P 的基础上，又增加了政治(politics)和公共关系(public relations)。6P 组合主要应用于实行贸易保护主义的特定市场。随后，科特勒又进一步把 6P 发展为 10P。他把已有的 6P 称为战术性营销组合；新提出的 4P 为研究(probing)、划分(partitioning)即细分、优先(prioritizing)即目标选定、定位(positioning)，称为战略营销组合。他认为，战略营销计划过程必须先于战术性营销组合的制定，只有在搞好战略营销计划过程的基础上，战术性营销组合的制定才能顺利进行。菲利浦·科特勒在讲到战略营销与战术营销的区别时指出："从市场营销角度看，战略的定义是企业为实现某一产品市场上特定目标所采用的竞争方法，而战术则是实施战略所必须研究的课题和采取的行动。"(菲利普·科特勒等著《日本怎样占领美国市场》)。现在，战略营销与战术营销的界线已日趋明朗化，通用汽车公司等已按这两个概念分设了不同的营销部门。

(二) 11P 策略

到 20 世纪 90 年代，又有学者认为，包括产品、价格、销售渠道、促销、政治力量和公共关系的 6P 组合是战术性组合，企业要有效地开展营销活动，首先要有为人们(people)服务的正确的指导思想，又要有正确的战略性营销组合(市场调研 probing、市场细分 partitioning、市场择优 prioritizing、市场定位 positioning)的指导。这种战略的 4P 营销组合与正确的指导思想(people)和战术性的 6P 组合就形成了市场营销的 11P 组合，如图 2-12 所示。

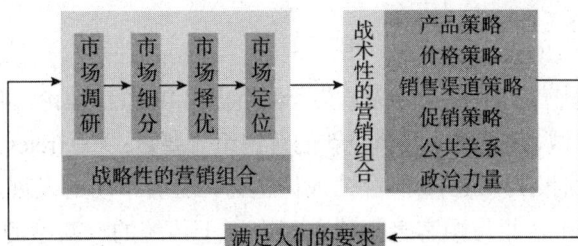

图 2-12　市场营销的 11P 组合

(三) 4C 策略

4C 营销组合策略是 1990 年由美国营销专家劳特朋教授提出，它以消费者需求为导向，重新设定了市场营销组合的四个基本要素：消费者(customer)、成本(cost)、便利(convenience)和沟通(communication)。即针对产品策略，提出应更关注顾客的需求与欲望；针对价格策略，提出应重点考虑顾客为得到某项商品或服务所愿意付出的代价；并强调促销过程应用是一个与顾客保持双向沟通的过程。

1. 消费者(customer)

消费者主要指顾客的需求。企业必须首先了解和研究顾客，根据顾客的需求来提供产品。同时，企业提供的不仅仅是产品和服务，更重要的是由此产生的客户价值。

2. 成本(cost)

成本不单是企业的生产成本，它还包括顾客的购买成本，同时也意味着产品定价的理想情况，应该是既低于顾客的心理价格，亦能够让企业有所盈利。此外，这中间的顾客购买成本不仅包括其货币支出，还包括其为此耗费的时间、体力和精力，以及购买风险。

3. 便利(convenience)

便利即所谓为顾客提供最大的购物和使用便利。4C 营销理论强调企业在制定分销策略时，要更多考虑顾客的方便，而不是企业自己方便。要通过好的售前、售中和售后服务来让顾客在购物的同时，也享受到了便利。便利是客户价值不可或缺的一部分。

4. 沟通(communication)

沟通则被用以取代 4P 中对应的促销(promotion)。4C 营销理论认为，企业应通过同顾客进行积极有效的双向沟通，建立基于共同利益的新型企业/顾客关系。这不再是企业单向的促销和劝导顾客，而是在双方的沟通中找到能同时实现各自目标的通途。

4C 营销组合策略强调企业首先应该把追求顾客满意放在第一位，其次是努力降低顾客的购买成本，然后要充分注意到顾客购买过程中的便利性，而不是从企业的角度来决定销售渠道策略，最后还应以消费者为中心实施有效的营销沟通。与产品导向的 4P 理论相比，4C 理论有了很大的进步和发展，它重视顾客导向，以追求顾客满意为目标，这实际上是当今消费者在营销中越来越居主动地位的市场对企业的必然要求。

(四) 4R 策略

21 世纪伊始，美国营销学者艾略特·艾登伯格提出4R 营销理论。4R 理论以关系营销为核心，重在建立顾客忠诚。它阐述了四个全新的营销组合要素：关联(relevancy)、反应(reaction)、关系(relation ship)和回报(reward)。该营销理论认为，随着市场的发展，企业需要从更高层次上以更有效的方式在企业与顾客之间建立起有别于传统的、新型的主动性关系。

1. 关联(relevancy)

通过某些有效的方式在业务、需求等方面与顾客建立关联，形成一种互助、互求、互需的关系，把顾客与企业联系在一起，减少顾客的流失，以此来提高顾客的忠诚度，赢得长期而稳定的市场。

2. 反应(reaction)

及时倾听顾客的希望、渴望和需求，并及时做出反应来满足顾客的需求。

3. 关系(relationship)

与顾客建立长期而稳固的关系，把交易转变成一种责任，建立起和顾客的互动关系。而沟通是建立这种互动关系的重要手段。

4. 回报(reward)

要满足客户需求，为客户提供价值，不能做无用的事情。一方面，回报是维持市场关系的必要条件；另一方面，追求回报是营销发展的动力，营销的最终价值在于其是否给企业带来短期或长期的收入能力。

4R 理论强调企业与顾客在市场变化的动态中应建立长久互动的关系，以防止顾客流失，赢得长期而稳定的市场；其次，面对迅速变化的顾客需求，企业应学会倾听顾客的意见，及时寻找、发现和挖掘顾客的渴望与不满及其可能发生的演变，同时建立快速反应机制以对市场变化快速作出反应；企业与顾客之间应建立长期而稳定的朋友关系，从实现销售转变为实现对顾客的责任与承诺，以维持顾客再次购买和顾客忠诚；企业应追求市场回报，并将市场回报当作企业进一步发展和保持与市场建立关系的动力与源泉。

(五) 4S 策略

2002 年，康斯汀奈德斯(E. Constantinides)针对电子网络营销的特殊性，提出了 4S 营销组合。4S 的营销战略强调从消费者需求出发，打破企业传统的市场占有率推销模式，建立起一种全新的"消费者占有"的营销导向。要求企业对产品、服务、品牌不断进行定期、定量以及综合性消费者满意指数和消费者满意级度的测评与改进，以服务品质最优化，使消费者满意度最大化，进而达到消费者忠诚的"指名度"，同时强化了企业抵御市场风险、经营管理创新和持续稳定增效的"三大能力"。

1. 满意(satisfaction)

顾客满意强调企业以顾客需求为导向，以顾客满意为中心。企业要站在顾客立场上考虑和解决问题，要把顾客的需要和满意放在一切考虑因素之首，要有以他人利益为重的真诚。要想赢得顾客的人，必先投之以情，用真情服务感化顾客，以有情服务赢得无情的竞争。

2. 微笑服务待客(service)

随时以笑脸相迎客人，因为微笑是诚意最好的象征。微笑服务包括以下几个内容:

(1) 速度(speed)，指不让顾客久等，而能迅速地接待、办理。

(2) 诚意(sincerity)，指以具体化的微笑与迅速的行动来服务客人。

总之，4S 要求企业营销人员实行"温馨人情"的用户管理策略，用体贴入微的服务来感动用户，向用户提供"售前服务"敬献诚心，提供"现场服务"表示爱心，提供"事后服务"以送谢心。

(六) 4V 策略

21 世纪以来，高科技产业迅速崛起，高科技企业、高技术产品与服务不断涌现，互联网、移动通信工具、发达交通工具和先进的信息技术使整个世界的面貌焕然一新，原来那种企业和消费者之间信息不对称的状态得到改善。沟通的渠道多元化，越来越多的跨国公司开始在全球范围进行资源整合。在这种背景下，4V 营销理论应运而生。

4V 是指差异化(variation)、功能化(versatility)、附加价值(value)、共鸣(vibration)的营销理论。4V 营销理论首先强调企业要实施差异化营销，一方面使自己与竞争对手区别开来，树立自己独特的形象，另一方面也使消费者相互区别，满足消费者个性化的需求。其次，4V 营销理论要求产品或服务有更大的柔性，能够针对消费者的具体需求进行组合。最后，4V 营销理论更加重视产品或服务中的无形要素，通过品牌、文化等来满足消费者的情感需求。

从整体上来分析，4V 营销组合理念不仅是典型的系统和社会营销论，即它既兼顾社会和消费者的利益，又兼顾资本家、企业与员工的利益；更为重要的是，通过 4V 营销的开展，可以培养和构建企业的核心竞争力。这一点既可以从企业核心竞争能力的判断基准与 4V 营销组合论的关系中得到证明，也可以从我国企业由"顾客导向(CO)"到"顾客满意(CS)"再到"顾客忠诚(CL)"的 3C 实践转变中得到印证。

(七) 4I 营销理论

网络时代，传统的营销理论已经难以适用。在传统媒体时代，信息传播形式为"教堂式"，信息自上而下，单向线性流动，消费者们只能被动接受；在网络媒体时代，信息传播为"集市式"，信息多向、互动式流动。

4I 理论适用于当下网络时代的整合营销。

1. 趣味原则(interesting)

在互联网时代，广告、营销也必须是娱乐化、趣味性的。制造一些趣味、娱乐的"糖衣"，将营销信息巧妙包裹在趣味的情节当中，是吸引消费者的有效方式。

2. 利益原则(interests)

营销活动不能为目标受众提供利益，必然寸步难行。企业可尝试将自己变为消费者，设身处地思考参加一场营销活动的意义和得到的价值。

3. 互动原则(interaction)

消费者亲自参与互动与创造的营销过程，会刻下更深的品牌印记。

4. 个性原则(individuality)

个性化的营销，让消费者心理产生"焦点关注"的满足感，个性化营销更能投消费者所好，更容易引发互动与购买行为。

复习思考题

1. 为什么要进行营销环境分析？
2. 有效的市场细分具备什么特点？
3. 简述目标市场的基本营销战略。
4. 应该根据什么条件确定目标市场营销战略的选择？
5. 什么是市场定位？常见的市场定位策略有哪些？
6. 简述什么是营销组合的4C策略？它有什么优缺点？
7. 简述4R策略及其优缺点。
8. 简述4V策略的基本内容。

第三章

营销战略管理

著名管理大师彼得·德鲁克曾告诫管理者:相对于"正确地做事",管理者更应该思考"做正确的事"。只要方向正确,选择走哪条路可以慢慢比较;但如果方向一开始就选择错误,无论对选取的路径如何深思熟虑,都将是南辕北辙,事倍功半。"没有战略的企业,就像流浪汉一样无家可归"。

战略是企业根据内外环境及可取得资源的情况,为求得企业生存和长期稳定地发展,对企业发展目标、达到目标的途径和手段的总体谋划。它是企业经营思想的集中体现,是一系列战略决策的结果,同时又是制定企业规划和计划的基础。美国的一项调查显示,90%以上的企业家认为企业经营过程中最占时间、最重要、最困难的就是制定战略规划。战略已经成为企业取得成功的重要因素,成为任何企业都不可忽视的课题。企业成功的关键首先是解决"怎样做正确的事"(策略决策要对)。

2016 年 4 月 25 日,中国 IT 界迎来空前盛事——龙芯中科公司正式发布了"龙芯二代"全系列产品,国产 CPU 代表"龙芯"在产品开发与产业化进程方面取得进展。龙芯中科公司起源于中科院计算所,是计算所下属的公司。无独有偶,计算所还有另外一家下属公司从事过芯片研发并在当年实现产业化——它就是起源于中科院计算所的联想集团。然而,联想早年的技术创新成果却没有发扬光大,更没有在技术创新的道路上坚持下来,令人不胜惋惜。

2016 年,联想控股合并下属公司收入 3 070 亿元,净利润 49.85 亿元,但联想控股曾出售下属融科智地房地产板块,收入 136 亿元,子公司联想集团卖掉办公楼收入 17.8 亿元,联想的业绩引起"全球诧异"。

比联想晚三年创办的华为,与联想一样,都是在创业四年后开始芯片研发的,坚持一条路走到底,以实业发展至今。2016 年,华为实现销售收入 5 200 亿元,净利润 371 亿元,成为 ICT(信息技术+通信技术)领域的全球领先者,华为的业绩引起全球震惊。

当然,企业发展与原来战略背道而驰的不乏其例,远有巨人、爱多、秦池、飞龙、三鹿的前车之鉴,近有悟空单车、搜狐社区、德尔惠、新飞和乐视的重蹈覆辙,无一不是战略失误造成的。

第一节　营销战略概述

一、营销战略释义

战略是企业制定目标、部署资源的基本形式，也是企业对市场、竞争者和其他环境因素的变动所做的反应。战略具有全局性和长远性，每个企业都必须根据自身行业地位、目标资源和机会确定一个最有意义的战略。营销战略，顾名思义就是把营销和战略有机地结合起来。

菲利普·科特勒认为，营销战略是业务单位期望达到它的各种营销目标的营销逻辑。营销战略是由在预期的环境和竞争条件下的企业营销支出、营销组合和营销分配等决策所构成的。由此可以这样理解：营销战略首先需要确定一个营销战略目标，根据这个目标来决定合理的营销预算，有效地分派各种营销资源及安排各种营销活动，以此来达到营销目标的过程。

营销战略的核心是把消费者的需求转化为企业的赢利机会。如何来实现这一转化，则需要企业设定正确的营销目标，选择正确的营销战略措施，并通过营销战略管理过程来实现营销战略目标。实际上，这就是营销战略的谋划和实施过程。

营销战略目标是营销战略的目的与任务。营销战略措施是实现营销战略的方法与手段。而企业的营销战略目标包括企业营销目标和顾客选择目标，只有把这两个目标统一才能实现企业的营销战略目标。能够统一这两个目标的途径是产品和服务。营销的核心是"以消费者的需求为核心"，所以营销战略的核心就是把消费者的需求转化为公司赢利的机会。企业只有研究分析消费者的需求(包括潜在需求)，根据这个需求生产出产品和劳务来满足消费者，才能使顾客的选择目标和企业的营销目标达成一致，从而实现企业的营销目标。因此，营销战略包括分析和研究消费者的需求；选择目标市场并设定企业的经营目标；生产出能够满足市场选择目标和企业经营目标的产品或服务；以最适当的方式、最强有力的计划组织推介给顾客。

二、营销战略与营销策略的关系

营销战略与营销策略相互联系、相互依存，前者是后者的基础，后者是前者的延伸和细化。在制定和实施时二者的重点和内涵不同。

(一) 制定营销战略应考虑的问题

在制定营销战略时要考虑以下三个问题：

(1) 企业目前的真实情况，包括企业的人员、管理、资金、生产、销售、研发等，还包括企业在行业内、在市场中、在顾客心中的真实位置。

(2) 企业要发展到的目标，包括量化的"企业目前的真实情况"中的每一项。

(3) 企业从目前的位置到达目标的最佳捷径。

总之，营销战略就是要确定企业营销活动的起点、终点与两点间的线段。

(二) 制定营销策略应考虑的问题

在制定营销策略时要考虑如下三个问题：

(1) 将到达目标的最佳捷径合理地划分为小项目，各个项目既可独立又可合理链接。

(2) 细化每个小项目的具体运作。

(3) 制定严密的工作计划及合理的人、财、物的调配计划。

三、市场营销战略的类型

市场营销活动贯穿于企业整个生产经营活动过程，包含的内容相当广泛，与之相对应的市场营销战略也就有多种类型。常见的战略类型有如下几种。

(一) 目标市场战略

1. 市场界定战略

不同的消费者有不同的欲望和需要，因而具有不同的购买习惯和购买行为。企业可以按照这种差异将广阔而复杂的整体市场划分为具有不同特点的子市场，并从中确定本企业的目标市场。市场界定战略有三种不同的选择：

(1) 无差异性市场战略。企业经过市场细分后，认识到虽然同一类产品有不同的细分市场，但权衡利弊得失，不去考虑细分市场的特性，而注重细分市场的共性，只以单一产品，运用单一的市场营销组合，力求迎合整个市场的需求。

(2) 差异性市场战略。企业在市场细分后认识到各细分市场需求的差异性，决定同时为几个分市场服务，以不同的市场营销组合适应每个分市场的需要。

(3) 密集性市场战略。企业认识到市场需求的差异性，但自身的资源又受到限制，因此寻求在较少的子市场上有较大的市场占有率。

2. 市场定位战略

1972 年美国营销学者里斯和特劳特提出定位学说。中外营销案例分析表明，定位的结果直接影响着品牌的成败。例如，七喜的"非可乐"定位、脑白金的"健康礼品"定位等都成功地帮助企业达到了攻城略地的目的。

(二) 市场发展战略

实行发展战略方案的企业，其主要特征为产品销售量和利润的增长超过市场平均速度，企业经常开发新产品、新市场和老产品的新用途，不断扩大企业的规模，并且不是消极被动地适应外界环境的变化，而是积极地行动起来，通过提供新产品和新服务项目等来满足消费者的新需求或培植新的消费需求，使企业牢固地拥有消费者，从而改变企业所处的环境。

发展战略会明显改善企业的经营效果。采用它需具备三个条件：有比较充裕的资金；即使企业在短期内终止这一策略，仍然能够维持企业所处的竞争地位；企业的外部环境，尤其是政府支持的方向与企业发展战略的方向是一致的。这一战略具体包括市场渗透战略、市场开发战略与产品开发战略三种类型。

1. 市场渗透战略

企业采取种种更为积极的措施在现有的市场上扩大现有产品的销售。例如，美国墨西凯尔公司就成功地运用了市场渗透战略，它鼓励现有的顾客多买，在一定时间内使用更多的盒式录音带；或向偶尔购买者显示多买录音带用来录制音乐或听写的好处。公司还注意到竞争者的产品及营销方案上的一些不足之处，并对其展开攻势，把竞争者的顾客都吸引到自己这边来。公司还尽力说服那些目前不用录音带的人使用录音带，使市场占有率得到进一步扩大。

2. 市场开发战略

企业通过扩大市场、进入新的市场来扩大现有产品的销售。例如，海尔公司就成功地运用了这一战略，其产品从地区性的销售扩展到全国的销售，从本国的销售扩展到国际市场的销售。海尔还开发了"小小神童洗衣机""小小王子电冰箱"等产品，其体积小、价格低，非常适合单身人士。这是海尔进入新的细分市场的成功案例。

3. 产品开发战略

企业通过向市场提供新产品或增加现有产品的吸引力，在规格、型号、花色、品种等方面满足消费者需求，达到企业销售增长的目的。

(三) 多角化战略

随着经济的发展和消费的多样化，市场需求越来越明显地呈现出多样化的趋势；而随着科技的发展，新技术应用的速度越来越快，产品周期越来越短，也使得每个企业面临着越来越大的风险。企业为了降低风险，同时也为了满足多样化的需求，就会采取多角化战略。

多角化战略是指企业通过涉足不同的经营范围，开发多个方向的新产品，服务于多个市场，以达到扩大市场、增加销售的市场营销战略。具体有以下四种类型。

1. 同心型发展战略

同时生产工艺相似的几种产品或几个规格品种，以充分利用企业的同一工艺技术设备，达到扩大批量、降低成本的目的。

同心型发展战略，一方面，可以利用企业同一工艺技术生产不同系列的产品；另一方面，可以利用企业同一工艺技术生产非(同一)系列的不同产品。例如，海尔集团原来以生产电冰箱为主，后来又不断地开发出空调、微波炉等家电产品。

2. 水平型发展战略

利用原有市场，但为之服务的产品类别有所发展，即利用企业不同的工艺技术开发生产不同的产品，为同一市场服务。例如，原来生产化肥的企业，又通过引进技术，开发生产农药和农业器械等。尽管仍立足于农林市场，但由于产品品种增加，企业的市场实际上得到了扩展。

采用水平型发展战略，可以充分利用企业原有销售渠道和行之有效的营销组合方式，但它意味着想向其他行业进行投资，有一定的风险。因此，企业必须具备一定的实力。

3. 纵向型发展战略

企业立足于原业务单位，用其产品生产其他产品，进行产品的深度加工，以提高产品的附加值。如原来进行粮食加工的企业，后来利用麦皮加工饲料，或开发生产速冻食品等。三全、思念食品集团就属于这种类型。

采用纵向型发展战略，具有可以充分利用企业自身所生产的原料，节省有关资源，减少公关、广告、运输等费用的优点。而且，由于提高了产品的附加值，可以使企业获得更丰厚的利润。

4. 集团型发展战略

大企业通过收购、兼并其他行业的企业，或者在其他行业投资，把业务范围扩展到其他领域，开展与现有技术、产品、市场没有联系的经营活动。这一战略，从经营范围看，由于业务范围广，可以互补，能够降低风险。但从技术和市场角度看，由于开展新业务需要新技术，而掌握新技术不仅有一定的难度，而且有一定的风险，对新的业务领域、新的市场，很难像在原有市场那样得心应手。一般来说，中小企业很难采用集团型多角化战略。

对财力雄厚、技术力量强大且声望很高的大企业，采用集团型多角化战略，可以充分利用自身的人、财、物、技术、时间、信息等资源，最大限度地开拓市场，提高企业的竞争能力。另外，还可寻求具有更优经济特征、更好发展前途的行业，以提高企业的整体营利能力、灵活性及应变能力，力求企业的长远发展。

(四) 竞争战略

竞争是买方市场的基本特点，优胜劣汰是竞争的必然结果。竞争战略是研究如何使企业应对竞争对手的挑战，争取有利的营销条件，克敌制胜，立于不败之地的市场营销战略。竞争战略是一种综合性战略，具体表现为市场竞争、产品竞争、价格竞争和服务竞争等多个方面。由于企业面临的市场环境不同，竞争对手的实力和营销策略不同，企业自身所处的市场地位不同，所采取的竞争战略也是不同的。

案 例

新飞的荣光和衰败

对于大多数经历 20 世纪八九十年代的人来说，一句传唱南北的广告词大家一定都不陌生，那就是"新飞广告做得好，不如新飞冰箱好"。这句广告词体现了新飞作为一家冰箱生产企业的自信。

新飞的兴起

这家成立于 1964 年的新乡市无线电设备厂，主要配套生产军用通信设备。改革开放的春风吹过之后，无线电设备厂濒临破产，最终全厂决定开始制造冰箱，并且取名新飞，这就是后来新飞冰箱的前身。在 1989 年，国内的家电企业经历了一轮小寒春，新飞率先研发出中国第一台大冷冻室冰箱，从而在冰箱市场中脱颖而出。

到了 1996 年，新飞就大批量推出了双绿色无氟冰箱，成功拿下了中国冰箱品牌的前三强，市场份额直逼 20%，也就是这个时间大名鼎鼎的中国冰箱产业四朵金花出炉，新飞与海尔、容声、美菱一起成为中国冰箱企业的代表。之后的十年可谓是新飞辉煌的十年，1996—2005 年的十年时间里，新飞冰箱销量长期位居全国前三，2005 年的时候市场销量高达 300 万台。

当年的中国以买得起新飞冰箱为荣，在农村有些姑娘嫁老公的标准就是家里有没有新飞冰箱，当时的新飞工人也可谓是抢手职业，每次新飞发工资当地菜场都涨价，公司福利好到员工因为吃不完要求领导不要再发了，在当年的新乡能穿上新飞的工服绝对比西装革履更有面子。

新飞的衰落

然而，有句话叫作花无百日红，2011 年新飞第一次出现了业绩的整体下滑，之后就一发不可收拾，据中怡康市场监测数据显示，2017 年前 9 个月，新飞冰箱市场零售量、零售额分别为 2.83%、1.7%，已被挤出行业前十强。

据媒体报道，由河南新飞制冷器具有限公司、河南新飞电器有限公司、河南新飞家电有限公司在 2017 年 11 月 1 日时联合发布的一份重整说明称：以上 3 家公司已于 2017 年 10 月 30 日向河南新乡中级人民法院递交重整申请，在人民法院监督下，依法进行重整。

新飞衰败的原因

冰冻三尺非一日之寒。新飞电器落到如此地步，背后的经验教训值得深思。

首先，盲目引进外资，新飞战略转型失败是最关键的原因。2002 年，新飞电器在地方政府主导下，同新加坡企业丰隆集团实现合资。2005 年，新飞电器国有股权再次转让，39%的股权再度落入外资公司手中，丰隆集团持股比例高达 90%，并拿走了新飞电器经营管理权。在外资全面接管的几年间，新飞的业绩急转直下，关闭了空调线、新飞九厂、小冰箱生产线。丰隆集团本身不做制造业务，对中国家电市场不大了解，致使新飞错过了多元化发展的机遇。

其次，"一女多嫁"，名牌变杂牌。在 2017 年 3 月召开的全国小家电展销会上，有三家公司同时代表新飞公司前来参展，宣称各自均持有新飞商标的使用权。而其背后正是新飞公司对"新飞"品牌做出"一女多嫁"的经营决策导致的。据悉，当时新飞品牌所有权归河南新乡市政府所有，新飞冰箱这家企业并不具有品牌所有权，除冰箱外，其他家电品类的新飞品牌使用权都对外租赁，用于赚取品牌使用费。

此外，新飞草率进军小家电。新飞向来以冰箱、冰柜等大家电出名，但被外资收购后，它便开始了走下坡路的节奏：摸索进入小家电行业的道路。果然，新飞的小家电上市后一直负面不断，比如山西电视台和质监局就曾曝一款新飞电饭煲存在严重质量问题。在不具备小家电技术、工艺和人才的前提下，盲目跟随进入小家电行业，自此负面新闻不断，质量安全事故频发，透支品牌诚信。

逆水行舟不进则退，在新飞一系列问题出现的同时，市场却在飞速发展之中，作为行业领军的海尔、西门子、美的等企业纷纷抓住消费升级的大潮改进产品、提升品质、吸引消费者的时候，新飞却少有改进，由于工资水平竞争力有限，根据中国新闻报的报道，新飞的研发部门形同虚设，核心技术人员流失严重。四五百人的技术研发人员走了一大半，其中九成进入了竞争对手的企业。而研发人员流失直接导致新飞产品"落伍"，最终新飞只能不断地从大中型城市退出，转战三四线城市等一些较小的市场。

第二节　市场营销战略

由于市场营销战略是对未来较长时期内市场营销活动的规划，同时又关系到企业的全局和存亡，因此，企业市场营销战略的制定是企业高层领导普遍认为最重要也最为困难的事情。市场营销战略的制定，一般可分为三个阶段，即调查分析阶段、战略制定阶段及实施评价阶段。

一、战略环境及内部条件分析

战略环境及内部条件分析是谋划和制定市场营销战略的前提。其内容包括如下几个方面。

(一) 战略环境分析

战略环境分析指对宏观环境因素和产业环境因素的分析。宏观环境分析是对可能影响战略制定与实施的政治因素、经济因素、技术因素、社会因素和资源因素的状况及其变动趋势做出分析。产业环境分析是对市场因素和产业因素的分析。

(二) 产品状况分析

产品状况分析包括本企业产品的性能、质量、价格、信誉、服务等基本情况及其消费者、用户的反映；本企业产品的竞争能力及其所处的生命周期阶段；本企业老产品改进和新产品开发情况等。

(三) 市场竞争分析

市场竞争分析主要分析竞争对手的情况及其所采取的竞争行为，进而找出本企业的优势和劣势，以便扬长避短或取长补短。

(四) 企业营销能力分析

企业营销能力分析主要包括本企业的市场占有率、销售增长率、销售渠道的选择、广告宣传现状以及营销人员的素质等。

案 例

江小白的准确定位：将红海变成蓝海

白酒市场可以简单分为三类：高端有茅台、五粮液等品牌；中端有梦之蓝；低端有双沟大曲等。而江小白将自己定位在了低端市场。与高端品牌不同，现有的低端白酒对于品牌管理方面比较薄弱，这就使得"江小白"的营销优势变得事半功倍。

在低端市场中，江小白又将自己的目光盯上了 80、90 后。双沟大曲等低端白酒都是老品牌，包装设计陈旧，难以符合现代年轻人的审美。在"江小白"出现之前，年轻的低端白酒市场简直可以用空白来形容。

江小白将自己定位在了 80、90 后低端白酒市场中，而这个白酒领域的细分市场竞争就很小了，因此可以说，准确的定位帮助江小白从红海领域中找到了一片蓝海。

二、市场营销战略的制定

市场营销战略的制定主要包括如下几个方面。

(一) 确定市场营销战略目标

在对企业战略环境和内部条件分析的基础上，按照企业的市场营销战略思想及其战略方针，制定出一定时期应达到的总体营销战略目标。具体包括：市场开拓目标、利润目标、销售增长率目标和市场占有率目标等。企业的总体战略目标，还必须按照战略阶段的划分明确阶段性目标，以保证战略目标的分阶段实施和最终实现。

确定战略目标是制定市场营销战略的重要环节，因此应注意以下几个问题。

1. 要使目标既具有先进性又具有可行性

战略目标应有所超越，使之具有吸引力和号召力，以振奋员工精神。如果目标定得较低，将失去战略目标的指导意义。反之，战略目标又必须切实可行，不能超越企业内部条件和外部环境因素的限定。

2. 要使战略目标明确、具体

市场营销战略目标规定了企业一定时期内市场营销活动的内容和任务，同时又是制定企业市场营销战略计划的依据和前提。因此，战略目标必须明确、具体，尽可能量化，避免空洞抽象和含糊不清。

3. 要处理好多目标之间的关系

企业的市场营销战略目标，实际上是由多个单项目标构成的目标体系，各单项目标应相互一致，否则将给战略方案的选择和战略实施计划的制定造成困难。具体方法是，首先，确定战略重点及其重点目标，并据此确定相关目标；其次，尽可能减少战略目标的数量，删除那些有可能造成互相矛盾的次要目标；再次，借助数学模型和手段，将战略目标体系进行综合平衡，对必须保留而又与主要目标有矛盾的次要目标进行适当调整。

（二）编制市场营销战略计划

战略计划是实现战略目标的具体安排，是战略目标及战略对策的展开。战略对策，即为实现战略目标所采取的重要措施和手段。战略目标还需要分解为阶段性目标，并采取相应的措施，确保取得阶段性成果。

（三）进行战略方案的选择

不论战略目标、战略计划还是战略对策，在其拟订过程中，都应有几套备选方案，然后综合各种因素，进行对比评价，选择最佳方案，即所谓的战略决策。

对备选方案的对比评价，一般从以下几个方面着手。

(1) 战略方案是否符合宏观环境因素的变化与发展。

(2) 战略方案是否适应企业目标市场的需要。

(3) 战略方案是否具有资源条件。

(4) 战略方案拟采取的技术手段是否可行。

(5) 战略目标实现的概率有多大。

(6) 战略对策是否符合企业的实际而切实可行。

(7) 战略方案在未来实施过程中的风险有多大及相应的防范措施等。

三、市场营销战略的实施和评估

市场营销战略实施的过程，就是战略目标落实、战略计划执行、战略对策运用的过程。战略方案一旦选定，就应着手战略方案的实施、监督、控制及调整。对战略实施结果的评估，主要是看是否达到了营销战略目标。

案 例

HTC 从代工厂回到代工厂：在最关键时期错失大陆市场

HTC(宏达电子)看着三星、华为、OPPO 和 vivo 席卷世界的时候，一定会想起曾经那段以安卓为枪、比肩苹果，把三星挤到墙角的日子。在安卓手机增速最快的近 5 年时间，HTC 一再错过机会，漠视周围汹涌而过的变革浪潮，直到自己被时代潮流所吞噬。

2017 年 9 月 21 日，谷歌与 HTC 签署了收购协议，协议的核心内容为谷歌以 11 亿美元收购参与打造 Pixel 手机的 HTC 团队，以及获得 HTC 知识产权授权(非排他性)。将核心资产剥离之后，HTC 仍将继续开发手机和 VR(虚拟现实)业务，这对市值只有 19 亿美元的 HTC 来说可能是足够好的一个选择。

拥有最大移动操作平台的谷歌在移动终端方面屡次尝试，推出包括 Google Glass(谷歌眼镜)、VR 眼镜、Google Home 智能音箱等终端产品。但收购 HTC 业务之后，谷歌移动终端的发展或许将聚焦到智能手机，谷歌横扫天下棋手的 AlphaGo 终于有了用武之地。

从代工厂回到代工厂

从 1997 年到 2017 年，中间以 2011 年为拐点，HTC 走出一条快速上升，又迅速下坠的抛物线。回首 HTC 的发家史，1997 年成立的 HTC 是一家谦卑且上进的代工厂，直到 2000 年与康柏(已并入惠普)合作生产的搭载 Windows CE 系统的掌上电脑 iPAQ，才在千篇一律的代工企业中脱颖而出。

借着微软在移动时代的发力，抓住机会的 HTC 成为 Windows 手机的顶级生产商，最高占到微软系统手机 80%的份额。与微软的合作，帮助 HTC 赢得了全球声誉，HTC 也以极低的代价将版图扩张到全球。

2006 年，HTC 从手机代工厂转型自主品牌。而在 2005 年，谷歌收购了安卓公司，继续研发基于 Linux 并且适用移动设备的开源操作系统。HTC 加入了谷歌主导的安卓联盟，并于 2008 年联合电信运营商 T-Mobile 推出了世界上第一款安卓手机 T-Mobile G1。

跳上谷歌的大船，HTC 开始了自己最为辉煌的一段时期。根据咨询公司尼尔森的报告，HTC 在 2011 年曾以 21%的市场份额位居全球智能手机厂商第二名，仅次于占据 29%市场份额的苹果公司。而在美国市场，2011 年第三季度 HTC 市场占有率超过了苹果。2011 年 4 月 6 日，HTC 市值暴增至逾 335 亿美元，超越诺基亚与 RIM，成为市值仅次于苹果的全球第二大手机厂商，到达历史巅峰。

但此后，HTC 的命运骤然逆转。2011 年下半年，作为安卓阵营代表的 HTC 被苹果以专利侵权为名告上法庭，重点产品被美国实施进口禁令。这场官司被视为是 HTC 在欧美市场衰败的转折。但事实上，苹果同时期也对三星 Galaxy 系列发起诉讼，HTC 却没能像三星一样再站起来。

没有重新拾起辉煌，和 HTC 推出的产品不无关系。2012 年 HTC 发布旗舰产品 One 系列采用英伟达芯片出现诸多问题，惨败于同年竞品三星 S3 和苹果 iPhone 4S；2013 年 HTC 效仿苹果，孤注一掷只推出一款高端手机 M7，主打概念 400w 像素摄像头，但良品率出现问题，同样不敌竞品 S4 与 iPhone 5；2014 年，HTC 推出 M8，依然缺乏创新却价格高冷，市场反应惨淡。

"HTC 能做的，华为一样能做出来，而且价格还便宜，大陆品牌的创新速度远比 HTC 快。在高端市场，相比三星、苹果，HTC 在供应链能力上差距太大。市场策略屡次失误，在最重要的时间里错失了大陆市场。"手机中国联盟秘书长王艳辉分析。

2015 年，小米、华为、OPPO、vivo 等品牌已经强势崛起，牢牢占领了中、低端市场，开始向高端市场发力，HTC 驻守高价产品，却始终没有拿出能够与苹果、三星、华为竞争的产品。这一年，HTC 旗舰手机 M9 大崩盘，同年 8 月公司宣布裁员。2016 年，HTC 开始拍卖在上海的土地，弥补业绩的亏空。走到这一步，已经注定了 HTC 手机业务要出售。

IDC 于 2016 年 9 月 20 日发布的世界智能手机市场排名，HTC 的手机市场份额已经不足 1%，仅为 0.68%。业绩上，HTC 连续 9 个季度亏损。交易宣布前，母公司宏达国际市值仅为 19 亿美元。风流总被雨打风吹去，核心资产卖给谷歌后，HTC 将回归 OEM(代工生产)定位。20 年时间，HTC 转了个大圈又兜回原地。

硬件试错成本高昂

外面的世界早已风云变幻、时过境迁，有些企业还活在静止的历史里不肯醒来。有这样境遇的还有诺基亚、摩托罗拉、黑莓等。但是相比诺基亚和摩托罗拉在系统方向上押注失误以致尾大不掉，在安卓时代拥有美妙开局的 HTC，一把好牌也打成输家，不禁让人唏嘘。

从近年失败的大厂看，有一个规律就是硬件厂商居多，软件公司春风得意少有失蹄，即便是错过了移动时代的微软，市值也在连续创新高。这与硬件公司高昂的试错成本密不可分，三星 S7 爆炸事件估算损失了近 170 亿美元，如果放在苹果和三星之外任何一家硬件企业，都可能是灭顶之灾。一款手机产品从立项到销售跨度可能在一年以上，HTC、黑莓连续几款产品失败，投入成本巨大，以致难以回头。

此外，纯硬件产品的溢价在降低，互联网时代用户流量成为重要的价值判断标准，而用户和流量多被软件企业掌握，硬件公司"做嫁衣裳"。因为 iOS 系统的互联网属性，苹果成为唯一通过封闭系统平台掌握用户的手机公司，这也给苹果带来了更高的收入和谈判权利。反观诺基亚、HTC 乃至今天的华为，投入巨大研发费用之后，对用户的掌控能力极弱，甚至于"零交互"，对软件平台谈判权利处于弱势。

很多硬件企业似乎看到了这一点，开始重视对用户的接触。根据华为应用市场 2016 年度数据，当年用户累计达到 6 亿人，应用下载量达到 450 亿次，全年累计分发应用 450 亿。对巨大流量的开发，有望带来更高的附加值。

谷歌的野心

手机相对计算机，是演进的新一代计算平台，下一个计算平台是什么呢？此前大多企业认为是 VR，但现在包括苹果、谷歌、华为都在聚焦人工智能。挽救 HTC 的谷歌是人工智能时代的弄潮儿，无论是大数据分析还是人工智能算法都走在全球前列。谷歌旗下开放的安卓系统已是移动端最大操作系统。在 2017 年 3 月初，安卓正式超越微软 Windows，成为用户最活跃的操作系统。

但相比 Windows 和 iOS 系统为微软和苹果带来的巨额收入，开放式的安卓并没有给谷歌带来直接收入，谷歌也试图在移动操作平台上有所斩获，2016 年曾几次传出谷歌欲重返中国市场，要求与中国手机企业就应用分成。

得益于对封闭系统的掌控力，苹果公司还有重要的"苹果税"收入，所有厂商通过 iOS 软件实现的内部消费和购买，都必须给苹果公司提供三成的收入分成。2017 年上半年，苹果收入分成高达 50 亿美元，成为苹果最重要的服务收入来源之一。如果谷歌能够在安卓系统取得分成，其地位可比微软。

从对 Google Glass、VR 眼镜、AlphaGo、Google Home 智能音箱的投入上看，谷歌是在人工智能领域布局长远且愿意不断试错的科技公司，但在手机外的移动终端所做研发并没有取得可喜的成绩，无论是眼镜还是音响，都没有显示出成为下一个计算平台的实力。除了下棋，AlphaGo 毫无用武之地。收购 HTC，谷歌或许将手机作为人工智能下一个重要平台。

Pixel 也是首款搭载谷歌助理(Google Assistant)的手机，意味着谷歌将人工智能优势实现在终端上。此外，Pixel 还是首款支持谷歌 Daydream 计划的智能手机。Daydream 是谷歌打造的 VR 标准平台，可以理解为 VR 里的安卓。可见，谷歌对新一代智能手机寄予厚望。

在此次对 HTC 的收购中，谷歌并没有把 HTC 手机业务、VR 全部囊括其中，而是仅收编了原参与打造 Pixel 手机的 HTC 团队成员及相关员工。Pixel 是谷歌 2016 年 10 月 5 日正式推出的系列手机，与 Nexus 系列手机利用代工模式，硬件生产能力全部交由硬件制造商处理的方式不同，谷歌加大了对 Pixel 手机的掌控，除了硬件代工由 HTC 完成，谷歌掌控了软、硬件融合。

此前，谷歌在系统上始终坚持开放性，而 Pixel 手机体现了谷歌在策略上的改变，对 HTC 收购完成之后，谷歌将从只拥有一个完全开放的安卓平台，到拥有移动终端的软件、硬件和人工智能计算平台。

谷歌或许会效仿苹果的 iPhone，推出集成人工智能能力的爆款手机。毕竟手机在短期内仍是最适合大量计算的移动终端，无论是 VR 还是人工智能，短时间内手机都是核心环节。而且苹果和华为已经开始在人工智能方向上布局，谷歌更是不甘人后。

(资料来源：孟庆建. HTC 从代工厂回到代工厂：在最关键时期错失大陆市场. 证券时报网. 2017(9).)

第三节　市场竞争战略

在艾·里斯、杰克·特劳特所著的《营销战》一书中，把营销比喻成一场战争。营销竞争是市场经济的产物，企业在分析主要竞争对手之后，就要依据分析的结果制定相应的竞争战略。每个企业由于自身营销目标、经营实力以及所处市场环境、针对的竞争对手不同，竞争战略亦应有所不同。此外，即使同一企业，在发展的不同时期或者经营不同类型的产品，也需要分别制定不同的竞争战略。

美国哈佛大学教授迈克尔·波特在其所著的《竞争战略》一书中把竞争战略描述为：采取进攻性或防守性行动，在产业中建立起进退有据的地位，成功地对付五种竞争力，从而为公司赢得超常的投资收益。为了达到这一目的，各个企业采用的方法是不同的，对每个具体的企业来说，其最佳战略是最终反映公司所处的内外部环境的独特产物。波特归纳总结了三种基本竞争战略，即成本领先战略、差异化战略和集中化战略。其中，每一种战略都有自己的特色，参与竞争的途径也与其他战略有着明显的区别，其关系如图 3-1 所示。

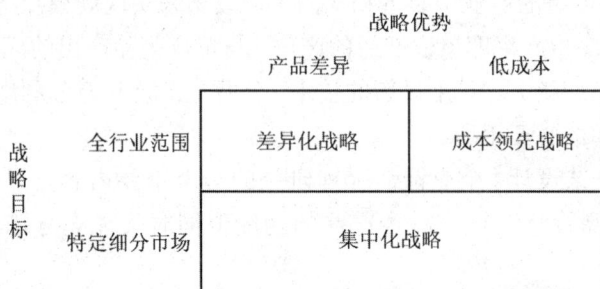

图 3-1　基本竞争战略分析图

一、成本领先战略

（一）成本领先战略概述

成本领先战略是指企业通过在内部加强成本控制，在研究开发、生产、销售、服务和广告等方面把成本降到最低限度，成为产业中的成本领先者的战略。按照波特的思想，成本领先战略应该体现为产品相对于竞争对手而言的低价格。但是，成本领先战略并不意味着仅仅获得短期成本优势或是仅仅削减成本，而是一个"可持续成本领先"的概念，即企业通过其低成本地位来获得持久的竞争优势。

采取该战略，企业决定成为所在产业中实行低成本生产的厂家。企业经营范围广泛，为多个产业部门服务甚至可能经营属于其他有关产业的生意。企业的经营面往往对其成本优势举足轻重。成本优势的来源因产业结构不同而异，包括追求规模经济、原材料的优惠待遇、专利技术和其他因素。如果一个企业能够取得并保持全面的成本领先地位，那么它只要能使价格等于或接近于该产业的平均价格水平就会成为所在产业的超群之辈。当成本领先的企业的价格接近或低于其竞争厂商时，它的低成本地位就会转化为高收益。

(二) 成本领先战略的实施条件

1. 市场情况
从市场情况考察，成本领先战略主要适用于以下几种情况：

(1) 产品具有较高的价格弹性，市场中存在大量价格敏感用户。

(2) 产业中所有企业的产品都是标准化的产品，产品难以实现差异化。

(3) 价格竞争是市场竞争的主要手段，消费者的转换成本较低。

(4) 购买者不太注重品牌，大多数购买者以同样的方式使用产品。

2. 资源和能力
实现成本领先战略的资源和能力包括：

(1) 降低各种要素成本。各种投入包括资金、原材料、劳动力和零部件等生产要素都是企业成本的直接来源，力求以最优惠的供给价格获得各种要素。

(2) 在规模经济显著的产业中装备相应的生产设施来实现规模经济。

(3) 提高生产率。生产率即单位产品的产出，与单位产品产出的成本互为倒数。因此，提高生产率与成本密切相关。采用最新的技术、流程、工艺和充分利用学习曲线来降低成本，都是提高生产率的必要手段。

(4) 改进产品工艺设计。企业价值工程研究的一个重要内容是寻找物美价廉的替代品。采用简单的产品设计，通过减少产品的功能但同时又能充分满足消费者需求来降低成本。

(5) 提高生产能力利用程度。生产能力利用程度决定分摊在单位产品上的固定成本有多少。

(6) 重点集聚。企业集中相关资源用于某一经营领域，如某一类型产品、某一顾客群体、某一特定市场、某一特定技术等，可能会比分散地使用资源获得更高的效率。

(7) 选择合适的交易组织形式。在不同的情况下，是采取内部化生产，还是从市场购买，成本会有很大的不同。

(三) 采取成本领先战略的优势

1. 形成进入障碍
企业生产经营成本低，便为产业的潜在进入者设置了较高的进入障碍。那些对生产技术不熟练、经营上缺乏经验的企业，或缺乏规模经济的企业都很难进入该产业。

2. 增强讨价还价的能力
企业成本低，可以增强自身应付投入费用增长的能力，提高企业与供应商讨价还价的能力，降低投入要素变化所引起的影响。同时，企业成本较低，可以提高自己对购买者讨价还价的能力，对抗强有力的购买者。

3. 降低替代品的威胁

企业的成本低,在与替代品竞争时,可以凭借其低价格的产品和服务吸引大量的顾客,降低或缓解替代品的威胁。

4. 保持领先的竞争地位

当企业与产业内的竞争对手进行价格战时,企业由于成本低,可以在对手毫无利润的低价格水平上保持盈利,从而扩大市场份额,保持绝对的竞争优势。

(四) 采取成本领先战略的风险

技术的变化可能使企业曾经用于降低成本的投资(如工艺革新、扩大规模等)与积累的经验一笔勾销;产业的新进入者或追随者通过模仿或者以更高技术水平设施的投资能力,达到同样的甚至更低的产品成本;市场需求从注重价格转向注重产品的品牌形象,使得企业原有的优势变为劣势。企业在采用成本领先战略时,应注重这些风险,及早采取防范措施。

案 例

TL 公司实施的成本领先战略

TL 厨具有限公司创办于 1996 年。二十多年来,TL 公司运用成本领先战略,迅速扩大市场占有率,在国内外享有较高的知名度。

TL 公司集中全部资源,重点发展厨具行业,与发达国家企业采取 OEM 合作方式,采用其提供的设备进行大批量生产,从而获得规模经济优势。此外,TL 公司多次主动大幅度降低产品价格,在市场上既淘汰了高成本的企业,又淘汰了劣质企业,也令新进入者望而却步。

国内家电行业每亿元资产占有的劳动力比国外同类企业高 3~6 倍,但是由于 TL 公司实行 24 小时轮班制,使得设备的利用率很高,因而其劳动生产率与国外企业的基本持平。同时,由于国内劳动力成本低,公司销售收入中的劳动报酬比例大大低于国外制造业的平均水平。

对于一些成本高且 TL 公司自身有生产能力的上游资源,如集成电路等,TL 公司通过多种形式进行后向一体化。通过自行配套生产,一方面可以大幅度降低成本、确保质量、降低经营风险,另一方面公司还可以获得核心元器件的生产和研发技术。而对于一些成本高、自身还不具备生产能力的上游资源,由于公司在其他各环节上成本低于竞争对手,也能够应付和消化这些高成本投入物的价格。

近年来,国内厨具小家电的销售数量以每年增加 30% 的速度惊人地上升,吸引了众多国内外大型家电企业的加入。这些企业放弃了原先在大家电市场走的高端产品路线,大都以中低端的价格进入市场。这些企业认为,在厨具小家电市场,企业的产品都是标准化的产品，消费者对价格比较敏感，价格竞争仍然是市场竞争的主要手段。

本案例中，TL 公司在厨具小家电市场实施成本领先战略的条件如下。

1. 市场情况

- 产品具有较高的价格弹性，市场中存在大量价格敏感用户："消费者对价格比较敏感"。

- 产业中所有企业的产品都是标准化的产品，产品难以实现差异化："在厨具小家电市场，企业的产品都是标准化的产品"。

- 价格竞争是市场竞争的主要手段，消费者的转换成本较低："价格竞争仍然是市场竞争的主要手段"。

2. 资源和能力

- 降低各种要素成本："由于国内劳动力成本低，公司销售收入中的劳动报酬比例大大低于国外制造业的平均水平""TL 公司通过多种形式进行后向一体化，通过自行配套生产，可以大幅度降低成本"。

- 在规模经济显著的产业中装备相应的生产设施来实现规模经济："利用与发达国家企业采取 OEM 合作方式，采用其提供设备，进行大批量生产，从而获得规模经济优势"。

- 提高生产率："TL 公司实行 24 小时轮班制，因而其劳动生产率与国外企业的基本持平"。

- 提高生产能力利用程度："TL 公司实行 24 小时轮班制，使得设备的利用率很高"。

- 选择合适的交易组织形式："对于一些成本高且 TL 公司自身有生产能力的上游资源，如集成电路等，TL 公司通过多种形式进行后向一体化"。

- 重点集聚："TL 公司集中全部资源，重点发展厨具行业"。

本案例中，TL 公司在厨具小家电市场采用成本领先战略的优势如下。

- 形成进入障碍："TL 公司多次主动大幅度降低产品价格，在市场上既淘汰了劣质企业，也令新进入者望而却步"。

- 增强讨价还价的能力："对于一些成本高、自身还不具备生产能力的上游资源，由于公司在其他各环节上成本低于竞争对手，也能够应付和消化这些高成本投入物的价格"。

- 保持领先的竞争地位："在市场上既淘汰了高成本的企业，又淘汰了劣质企业"。

二、差异化战略

(一) 差异化战略概述

差异化战略也称别具一格战略、差别化战略，是指企业提供的产品或服务在全产业范围内独具特色，这种特色可以给产品带来额外的加价。企业通过大力发展别具一格的产品线或营销项目，并形成对顾客具有极大吸引力的产品特色，以争取在产品或服务等方面比竞争对手有独到之处，通过取得差异优势形成独家经营的市场，以获得市场竞争优势。

差异化战略中的差异，不仅是指产品本身功能、构造等有形的差异，还包括品牌形象、技术特点、客户服务、经销网络、促销方式及加工工艺等其他方面的独特性。最理想的情况是企业使自己在几个方面都具备差异化。差异化战略也是产业内企业在竞争中获得超常收益的可行战略，它同样能建立起对五种竞争作用力的防御力量，虽然其形式与成本领先战略有所不同。差异化战略利用客户对品牌的忠诚以及由此产生的对价格的敏感性下降使企业得以避开竞争，它使企业可获得相当利润却不必追求低成本。

(二) 差异化战略的实施条件

1. 市场情况

(1) 产品能够充分实现差异化，且为顾客所认可；

(2) 顾客对产品的需求和使用要求是多样化的，即顾客需求有差异；

(3) 企业所在的产业技术变革较快，创新成为竞争的焦点。

2. 资源和能力

实现差异化战略应具备的资源和能力包括：

(1) 具有强大的研发能力和产品设计能力，研究人员要有创造性的眼光；

(2) 具有很强的市场营销能力；

(3) 具有从总体上提高某项经营业务质量、树立产品形象、保持先进技术和建立完善分销渠道的能力；

(4) 企业具有产品质量或技术领先的声望；

(5) 有能够确保激励员工创造性的激励体制、管理体制和良好的创新性文化。

(三) 采取差异化战略的优势

1. 形成进入障碍

由于产品特色，顾客对该产品或服务具有很高的忠诚度，从而使该产品或服务具有强有力的进入障碍。潜在进入者要与该企业竞争，就需要克服由这种产品独特性造成的进入障碍。

2. 降低顾客的敏感程度

由于顾客对企业产品或服务有很高的忠实性，所以当这种产品或服务的价格发生变化时，顾客对价格的敏感程度并不高。生产该产品或提供该服务的企业便可以运用差异化战略，在产业竞争中形成一个隔离带，避免与竞争对手的直接对抗。

3. 增强讨价还价的能力

差异化战略可以为企业带来较高的边际收益，降低企业的总成本，可增强企业与供应商讨价还价的能力。同时，由于购买者别无其他的选择，对价格的敏感度较低，所以企业又可以运用这一战略削弱购买者讨价还价的能力。

4. 降低替代品的威胁

替代品能否取代老产品，主要取决于两种产品的性能和价格的比较。差异化战略通过提高产品的性能，来提高产品的性能—价格比，有助于抵御替代品的威胁。

(四) 采取差异化战略的风险

1. 企业形成产品差别化的成本过高

企业为建立"差异"需要投入的资金过高，从而与实施成本领先战略的竞争对手的产品价格差距过大，而购买者不愿意为获得这种差异化的产品支付过高的价格，这种"差异"就成了"无效差异"，成了企业经营中的包袱。

2. 市场需求发生变化

一旦市场需求发生变化，顾客需要的产品差异化程度下降，企业便失去了竞争优势。这一风险在我国家电产品的竞争中表现得十分明显。

3. 竞争对手的模仿和进攻使已建立的差异缩小甚至转向

当企业费尽心力建立的"差异"取得市场成功并获得较高经济效益时，往往会有一些竞争对手效仿这种"差异"，从而使企业建立的"差异"缩小或转向，使企业的差异化优势丧失或削弱。

▶ 案 例

保时捷的制胜法宝：差异化战略

在汽车制造业内，有的以生产豪华、高贵型轿车为主；有的以生产经济、适用型轿车为主；有的以生产强悍、有力型的越野车为主；有的以制造载重汽车为主；有的以制造宽敞客车为主……保时捷有意避开生产通用领域的车辆，而选择了跑车作为主产品。制造跑车的厂家中还有意大利的法拉利，于是保时捷创造了具有不同风格特点的跑车，与法拉利分别代表着跑车领域的两大流派。

差异化战略是中小型企业打造核心竞争力，在激烈的市场竞争中制胜的法宝。差异化战略就是创造差异性，即有目的地选择一整套不同的运营活动，以创造一种独特的价值组合。保时捷公司实施的差异化战略掌握了五个基本要点：

(1) 要有一个独特的价值诉求。价值诉求主要有三个重要的方面：一是企业服务于什么类型的客户？二是满足客户什么样的需求？三是企业寻求什么样的相应价格？这三点构成了企业的价值诉求。保时捷公司依据这三点价值诉求，形成了独特的产品定位，独特的客户定位，独特的价格定位，与竞争对手相比产生了很大差异。

(2) 要有一个与众不同的、为客户精心设计的价值链。营销、制造和物流都必须和对手不一样，这样才能形成特色。保时捷公司坚持"911"型跑车的手工制作就是一大特色。

（3）要做清晰的取舍，并且确定哪些事不去做。凡是有利于彰显"狂飙驰骋"风格的事情，例如发动机是跑车的"心脏"，保时捷公司一概不惜工本，在这方面进行了大量投资；凡是消费者不肯花钱的地方保时捷公司就想方设法省钱，例如对于仪表盘的设计和转换装置的安排等就不太在意。制定战略的时候要考虑取舍的问题，这样可以使竞争对手很难模仿。取舍非常重要，企业应该有所为、有所不为。

（4）在价值链上的各项活动，必须是相互匹配并彼此促进的。保时捷公司的实践证明，技术创新是实施差异化战略的重要基础，客户满意是差异化战略的根本。没有保时捷"911"的研发和不断更新，保时捷公司难以维系"保时捷"车迷的追捧。保时捷公司的优势不是某一项活动，而是整个价值链一起作用，这正是竞争对手难以模仿的要害之处。

（5）战略要有连续性。任何一个战略至少要实施三至四年，否则就不算是战略。如果每年都对战略进行改变的话，就等于是没有战略，而是跟时髦。保时捷公司的差异化战略并不是一成不变的，根据经济形势的变化适当调整差异化战略是非常必要的。保时捷公司向运动型多用途车进军，并在跻身 SUV 行列之中继续寻求与竞争对手的差异，这也正是保时捷公司与时俱进的明智之举。

（资料来源：EMBA 时代. 保时捷的制胜法宝：差异化战略[EB/OL]. [2012-01-04].
http://roll.sohu.com/20120104/n331062124.shtml.）

三、集中化战略

（一）集中化战略概述

集中化战略是指企业针对某一特定的购买群体、产品细分市场或区域市场，建立成本优势或差异化优势，更好地为某一特定目标服务，满足其特殊需要，从而争取市场局部的竞争优势。这一战略的前提是，企业能够以更高的效率、更好的效果为某一特定的战略对象服务，从而在这一特定目标市场内超过在更广阔范围内竞争的行业内对手。

集中化战略追求的目标不是在较大的市场上占有较小的市场份额，而是在一个或几个市场上有较大的甚至领先的市场份额。该战略比较适合于中小型企业，中小企业竞争实力相对较弱，针对整个市场实现低成本或差异化比较困难。采用集中化战略可以使其集中力量，充分发挥相对优势，通过在较狭窄的市场上为特定的目标顾客提供优质服务、提高顾客忠诚，从而达到长期占有市场，获得市场竞争地位的目标。

（二）集中化战略的实施条件

（1）目标市场在市场容量、成长速度、获利能力、竞争强度等方面具有相对的吸引力。

（2）企业资源和能力有限，难以在整个产业实现成本领先或差异化，只能选定个别细分市场。

（3）在目标市场上，没有其他竞争对手采用类似的战略。

（4）购买者群体之间在需求上存在差异。

(三) 采取集中化战略的优势

由于集中化战略是企业在一个特定的目标市场上实施成本领先或差异化战略，所以成本领先和差异化战略抵御产业五种竞争力的优势也都能在集中化战略中体现出来。集中化战略适应了企业资源有限这一特点，可以集中力量向某一特定的子市场提供最好的服务，而且经营目标集中，管理简单方便，使企业经营成本得以降低，有利于集中使用企业资源，实现生产的专业化，实现规模经济效益。此外，采用集中化战略避开了在大范围内与竞争对手的直接正面冲突，使企业处于一个竞争的缓冲地带。

(四) 采取集中化战略的风险

1. 狭小的目标市场导致的风险
由于目标市场狭小，难以支撑必要的生产规模，所以集中化战略可能带来高成本的风险，从而会导致在较宽范围经营的竞争对手与采取集中化战略的企业之间在成本差别上日益扩大，抵消了企业在目标市场上的成本优势或差异化优势，使企业集中化战略失败。

2. 目标市场突变或购买群体之间需求差异变小
如果目标市场突然变化，如价格猛跌、购买者兴趣转移，或由于技术进步、替代品的出现、价值观念更新等多方面原因，目标市场与总体市场之间在产品或服务的需求差别变小，企业原来赖以形成的集中化战略的基础也就消失了，可能陷入困境。

3. 竞争对手的进入与竞争
原来以较宽的市场为目标的竞争对手转而采取同样的集中化战略，或者竞争对手从企业的目标市场中找到了可以再细分的市场，并以此为目标来实施集中化战略，从而使原来实施集中化战略的企业失去了优势。

基本竞争战略是可供选择的抗衡竞争作用力的可行方案。综上所述，三种竞争战略各有利弊。由于各种基本战略的差异非常大，企业要成功地实施它们也就需要不同的资源和技能。基本战略也意味着在组织形式、管理方式、控制等程序和创新体制上的差异。一个企业若不能结合自身产品特点和企业实力确定一种适合的竞争战略，则这个企业将成为所谓的夹缝企业，处于被夹在中间的地位。所以，保持采用其中一种战略作为首要目标对赢得成功是十分必要的。

企业在考虑应该采取何种基本竞争战略时，通常需要根据自身独有的资源状况来确定，进而采取相应的营销策略。当然，战略的选择对一个企业来说并非是一成不变的，在企业进入一个行业的初期，取得一个立足点非常重要，但由于新进入企业实力的限制，他们很可能会采取聚集战略，从而将有限的资源用在一个特定的市场，从而奠定自己在行业内的某一细分市场的地位。但是，当积累了足够的实力后，他们可能就不再满足于做某一细分市场的领导者，而显示出挑战行业领导者的野心。这时，他们可能转而将自己的基本战略调整为差异化或成本领先战略，以便能取得更大的市场份额，以最终取代行业原先的领导者而成为新的行业领袖。在各个产业中，都有一些企业因为缺乏适合自身资源状况和企业特点的基本战略，处于微利甚至无法维持生存的境地。

复习思考题

1. 简述营销战略和营销策略的关系。
2. 简述多角化战略的基本类型。
3. 无差异策略的实施条件有哪些？
4. 简述成本领先战略的风险。
5. 简述差异化战略的实施条件。

第四章

营销计划的制定与管理

工欲善其事，必先利其器。对企业而言，最大的"器"莫过于制定一整套科学、合理的营销计划。

企业营销计划是企业在上个计划执行的基础上全面分析营销影响因素和各个环节之后提出的解决办法，是对营销工作的全面反省和提高，是对自身营销理论与实践最深刻的认识。

第一节　年度营销计划的内容

一、年度营销工作总结

（一）销售业绩的回顾及分析

销售业绩的回顾是对即将结束年度的一个盘点，使企业相关部门和人员对整个企业的运营情况有一个直观的了解，同时对完成目标的情况也做一个对比，反映企业的发展程度。

（1）销售业绩回顾的内容包括年度累计销售额、月度销售曲线、各季度销售额的对比、区域销售额及对比、各销售办事处的销售对比、年度销售额完成率、年度销售额增减率、与历史同期销售额对比等。

（2）对销售业绩进行回顾的目的是为了进行系统的分析，找出企业销售增减的因素，为下一步的营销策略规划提供依据。销售分析的内容主要包括月度销售的趋势状况、各季度销售差异的原因、各区域销售差异的原因、各销售办事处销售差异的原因、年度销售增减的原因等，从整体上对销售业绩变化的因素做简要的描述。

（二）费用投入的回顾及分析

（1）对营销费用投入的回顾，重点是了解企业资金的使用状况，与年初的费用预算进行对比，由此来判断资金的使用效率，并计算出企业经营的销售成本。

（2）营销费用投入回顾的内容包括营销整体费用投入、营销分类费用投入(广告费、业务费、经销商奖励、宣传品费、运输费等)、各区域的营销费用对比、各销售办事处的营销费用对比、各类产品的营销费用对比、总部与办事处分别投入的费用、媒体广告的投入费用等。

(3) 通过对营销费用投入的回顾，可以分析出费用的使用效率和合理性，主要指标有营销总费用增减率、营销费用与销售额比率、各分类营销费用的增减率等，这些指标可以用来评价费用的使用效率，同时还可以进一步分析出造成各类营销费用增减的原因。

(三) 产品的销售回顾及分析

(1) 当企业拥有多个产品的时候，就有必要对每个(类)产品的销售情况给予关注和了解，以掌握不同产品在销售额和利润中所占的比例，以及各自对资源的利用效率，通过这样的分析可以淘汰缺乏竞争力的产品，将资源集中于可以带来最大效益或者最大发展的产品。

(2) 产品销售回顾的内容包括不同产品的总体销售状况、各区域不同产品的销售情况对比、各月份不同产品的销售情况对比、各办事处不同产品的销售情况对比、与历史同期销售情况对比、不同产品的费用比率等。

(3) 根据不同产品的销售数据可以进行以下分析：产品销售的 ABC 分析、产品的费用效率分析、各产品的发展趋势、产品在不同区域的差异化分析、各办事处产品销售的差异化分析、产品品质的优劣定性分析等。

(四) 内部管理运作的回顾及分析

(1) 内部管理运作主要是指对营销各部门之间的协作情况进行总结，如市场部与销售部的协作、总部与办事处的协作等，其中最关键的就是对主要业务流程的评估。

(2) 对内部管理运作的回顾总结，主要包括销售办事处执行营销计划的情况、市场部对销售办事处的专业支持情况、销售计划部门与供应生产部门的协作情况、物流部门与办事处的协作情况、总部与分部之间的信息沟通情况等。

(3) 根据以上情况可以对营销管理系统的运作效率进行分析，主要包括关键业务流程的时间和环节长短、不同部门沟通环节的多少、营销政策执行的速度、市场推广开展的时间、对市场变化的反应速度、市场信息流动的速度等。

(五) 上年度营销计划主要内容的执行情况

(1) 对上年度营销计划执行情况的总结，主要是对产品、价格、渠道和促销四个方面所开展的工作进行回顾，重点是掌握整体营销活动对相关营销指标的影响情况。

(2) 评估上年度营销计划成效的内容，包括产品对市场的渗透程度和扩张程度，新产品的投放效果，价格上涨、下降或维持对销售带来的影响，分销网络的建设情况，对经销商进行管理的效果，开展渠道促销对销售的影响，媒体广告投放对销售产生的影响，消费者促销活动对销售产生的影响等。

(3) 在评估营销计划的基础上，重要的是在竞争形势不断变化的环境中，挖掘出影响销售的根本因素，为未来营销策略规划的制定提供坚实的依据。分析的重点是竞争对手，通过与竞争者在产品、价格、渠道、促销各环节的详细对比，找出彼此之间的差异，确定导致销售差异的原因，并进行必要的调整。

（六）存在的问题描述及分析

（1）这是对企业整体营销活动中产生问题的综合描述，问题本身有可能就隐藏着解决方法，因此，要了解每个问题的来龙去脉和问题之间的相互关系，从中发现最根本的原因。

（2）营销活动中产生的问题，主要包括营销人员问题、营销推广方法问题、营销资源问题、营销后勤问题、营销部门协作问题、营销组织体系问题等。

（3）每个问题可能都是互相牵连的，因此，在进行分析时不能仅仅是"头疼医头"，而是要从整体的角度系统分析，在整个经营链中找到最根本的解决方法。

二、年度营销形势分析及预测

（一）宏观经营环境分析

1. 宏观经营环境分析的含义

宏观经营环境对企业营销策略规划的作用因行业不同而有较大的区别，受宏观环境影响，较大的消费品行业有家电业、IT 业、制药业、保健品业和零售业等，而一般食品行业、化妆品业所受的影响要小于前几类行业，但是宏观政策的变化对企业决策依然举足轻重。

2. 宏观经营环境分析的内容

宏观经营环境分析的内容主要包括国内生产总值 GDP 的增长、金融政策的宏观调控、国家刺激消费增长的政策、国家鼓励行业发展的政策、失业率和居民收入增减状况以及某些重大事件的发生等。

（二）行业发展趋势分析

1. 行业发展趋势分析的含义

行业发展趋势分析用于判断企业目前可赢利多少和未来发展潜力，分析结果有助于科学地确定企业的资源投入方向。

2. 行业发展趋势分析的内容

行业发展趋势分析包括行业市场容量和市场特征两大要素。在进行市场容量分析时，要列出行业历年市场容量的变化曲线，同时说明这个变化产生的背景，并且在一定数据支持下对未来两三年的发展趋势做出预测；在对市场特征进行分析时，首先要从宏观层面上确定本行业的性质和特点，然后对微观的行业竞争特点进行简要描述，勾勒出一个简单而又清晰的局面。

（三）产品发展趋势分析

1. 产品发展趋势分析的含义

对产品发展趋势的分析，实质是对消费需求趋势的分析，与企业的整体营销策略规划有着最直接的关系，是企业制定具体营销计划的基础，但是这个部分并不是直接对消费者心理和行为进行调研，而是对产品内部性质、外部形态和市场表现形式进行描述，反映着产品发展状态最直观的特点。

2. 产品发展趋势分析的内容

产品发展趋势分析包括产品内部性质、外部形态和市场表现形式三个方面的发展特点。产品内部性质主要是品种、构造、内容、功能等核心要素，也是消费者最本质的需求；产品外部形态主要是包装、规格、形状等辅助要素，是消费者核心需求的外在表现；产品市场表现形式主要是产品进行售卖的方式，如销售渠道、陈列方式、流通特点等内容，售卖方式取决于产品内部性质和外部形态，不同产品的售卖方式是不同的，这对于企业制定营销计划是非常重要的考虑因素。

(四) 竞争形势分析

1. 竞争形式分析的含义

竞争形势分析的作用是树立企业标杆，通过与竞争品牌企业营销活动各环节的详细对比，发现自己与竞争品牌企业之间本质的差异，对本企业的营销活动进行有针对性的调整，最终赢得竞争优势。

2. 竞争形式分析的内容

竞争形势分析首先是对竞争形势的描述，包括市场的总体竞争特点、竞争品牌企业的界定、主要品牌的市场份额表现、主要品牌的区域表现、主要品牌的年度销售趋势、主要品牌的销售对比、主要品牌的广告费用对比等。其次是从整体策略、产品、价格、渠道、促销和费用等各方面对竞争品牌进行直接描述，力争全方位地展现竞争品牌的营销活动，对竞争品牌的策略意图做简要分析，并且对竞争品牌的营销推广方式可能产生的变化做出预测。

(五) 企业发展状况分析(SWOT 分析)

1. 强势分析

强势分析(strength)主要是从营销组织、管理、资源、产品、价格、渠道、促销和品牌等各方面来分析企业自身具备哪些强项，可以与竞争品牌的弱项或者强项抗衡，不过从许多企业实际的分析中，对优势的判断主观性很强，往往缺乏足够的数据支持。强势分析取决于一种实事求是的态度，而不是自我取悦。

2. 弱势分析

弱势分析(weakness)主要是从营销组织、管理、资源、产品、价格、渠道、促销和品牌等各方面来分析企业自身具备哪些弱项，对弱项一般可以分析得较为清楚，但关键在于企业决策层是否能够真正下决心对弱项进行改造。

3. 机会分析

机会分析(opportunity)主要是从行业环境的变化和竞争品牌的市场盲点中挖掘，机会分析的难点是企业往往很难将自己认为的机会转化为实实在在的竞争优势或者利益，很多时候这种分析只是给自己鼓舞士气,这时候对企业高层而言需要的是冷静的心态和客观的判断。

4. 威胁分析

威胁分析(threat)更多的是分析竞争品牌给自己造成的巨大压力,很多时候企业可以为自己面临的威胁举出一大堆事实,但真正有用的还是需要与竞争品牌在各个环节进行细致的对比,这样才能从威胁中发现竞争品牌的弱势,把握住改变局势的机会。

三、年度营销整体策略

(一) 企业的总体发展目标

(1) 企业的总体发展目标是对未来一年内企业发展的一个具体描述,包括销售目标、利润目标、市场占有目标、市场扩张目标和品牌发展目标。

(2) 在企业总体目标下,还有根据不同标准划分的分类目标,包括月季度销售目标、区域销售目标和分产品销售目标等,以确保能按步骤最大可能地完成目标。

(3) 制定目标的难点在于如何做到既不遥不可及又不唾手可得,要符合企业客观的发展规律,再结合一定程度的激励因素来考虑。因此,一个有效的目标需要对市场环境、竞争品牌、行业规律、资源投入、管理水平等因素进行综合评估,最终制定出一个现实的、真正具有指导意义的总体发展目标。

(二) 年度营销费用预算

(1) 将费用总体预算放在这个部分,是因为费用作为企业最重要的财务资源,将在很大程度上影响着企业整体策略的制定,而企业的任何营销活动,都要在有限的资源条件下开展。

(2) 营销费用的来源是企业的流动资金,它的多少取决于企业整体资金投入的计划,最关键的也就是企业的战略业务方向,具体而言是由企业高层确定的费用投入比率来决定的。

(3) 营销费用项目主要包括广告制作费、媒体投放费、宣传品费、业务费、促销费和运输费等,对于各项费用应该占总费用的比例要合理分配,具体分配将依据整体营销策略来安排,这部分是放在营销计划制定内容中的。

(三) 整体营销策略思想

(1) 整体营销策略思想是一种对如何达成目标的方向性描述,是站在整体的高度所做的系统性概括,它对各项分类策略起着整合、指导的作用。

(2) 整体营销策略思想的产生,是基于之前企业通过年度营销形势的深刻分析,对如何开展营销活动赢得竞争优势的一个最终结论,它的准确性和有效性取决于前期基础工作是否严谨、专业和客观。

(四) 市场定位策略

(1) 对市场的有效细分。这是市场定位策略的基础,市场细分的合理性决定着市场定位是否成功。所谓市场细分的有效性,指的是被划分的市场既能体现出某一相同性质的市场类别，又具备必要的市场消费容量，同时还能通过一定的渠道进行接触，这样的细分市场才是有效和有意义的。目前最常使用的市场细分标准是人口统计数据，但是更有效的市场机会总是隐藏在消费者的购买心理和购买行为中，这需要对消费者进行深入的观察和了解。

(2) 对目标市场的界定。从细分的市场中选出企业的目标市场是一件很难的事情，很多企业总是想把同样的产品贩卖给所有的消费者，即便做了市场细分，也总是要多选择几个细分市场才满足。这里的关键在于企业需要对资源状况有清晰的认识，更重要的是要在市场渗透和扩张策略中抑制住产品延伸的冲动。在制定营销规划时，市场专业人员应该向公司老总提供有说服力的数据支持。

(五) 产品策略

(1) 产品定位。这是在市场定位前提下对产品策略方向的界定，也是产品对市场定位的具体表现，需要做到的是产品与目标市场的一体化，最常用的是以高、中、低三类不同档次的标准加以区分。

(2) 产品类别组合。为满足目标消费者的不同需求而开发出相应类别的产品种类，具体的区别形式可以通过包装、规格、品牌等来表现。产品组合的关键是一定要以市场定位来确定产品线的长度和宽度，同时确立主导产品，并形成系列产品特色，合理控制产品种类和规格的数量。

(3) 产品线扩张。产品线扩张是指不同产品种类的增加，这往往是企业满足不同消费者的需求或者追求多元化发展的结果，企业在做这类决策时，一定要考虑资源条件、市场定位和品牌管理的问题，避免损害企业的经营核心和品牌价值。

(4) 产品线延伸。产品线延伸是指同类产品规格、包装、品牌的增加，这是企业力图用一种产品来满足更多消费者需求的策略，产品线的延伸仍然是在专业化经营的领域，其关键在于以不同的品牌加以区分，将产品的价值转化到不同的品牌上，形成一个完整的产品和品牌系列。

(5) 在营销规划报告中需要对以上产品策略做出具体的描述，必须强调整体营销策略思想是决定产品策略的唯一指导原则。

(六) 价格策略

(1) 价格定位。这是依附于市场定位和产品定位的，作为整个价格策略的核心思想，它是制定价格策略的指导原则。在对价格定位时，最关键的因素是必须考虑竞争品牌的价格定位，以此作为一个重要的调整标准。

(2) 价格组合。根据产品的种类、规格、包装、品牌等要素，可以制定出一套价格系列，这是为了满足市场区隔的需求。对于消费者而言，购买同一种产品的目的是不同的，价格组合可以为他们提供多样化的选择，更重要的是可以为企业带来不同的赢利水平。

(3) 定价策略。需要对企业的价格策略做一个总体的描述，是一个解释性的纲要性内容，作为整体营销策略的一个重要部分。

(4) 赢利空间。根据已有的价格组合体系，详细分析出每个产品、规格、包装或品牌的毛利水平，并汇总出综合的毛利水平，这样将为决策层提供一个非常直观的判断依据。

(七) 渠道策略

(1) 渠道策略思想。这是对渠道策略的一种方向性描述，反应的是最核心的策略原则，以对具体的措施进行指导和解释。

(2) 分销网络建设。从分销网络体系的组合、层次、覆盖面等几个要素分析企业的渠道建设重点，并考虑分销网络建设的成本和效率，是整个渠道体系的基础和目标，决定着企业一系列渠道政策的制定方向。

(3) 分销网络管理。对如何管理中间商做出描述，包括经销商的经营模式、对经销商实施的管理方法、对经销商进行整合等内容，其最终实施的成效取决于对分销网络特点的了解，也就是说，不同层次的分销体系需要恰当的管理模式，对于这一点应该予以清晰的表述。

(4) 区域市场管理。这是对企业区域市场发展和扩张方向的描述，当然它要符合分销网络建设的目标，其作用在于更好地推动分销网络的建设和管理，因此主要是对企业自身销售分支机构和销售队伍的管理要求，要制定出规范化的职能要求。

(5) 分销网络推广。主要指针对中间商开展的推广活动，其目的是通过利益的激励来达成分销网络的建设和销售业绩的提升，要对推广策略思路和主要推广手段进行描述，作为渠道策略的战术支持部分。

(八) 促销策略

(1) 整体促销策略。主要是确定促销推广重点和促销项目整合的策略思想，由于促销手段多样化，整合性便成为非常关键的因素，而整合的有效完成则必须抓住重点，因此需要明确地对此做出描述。

(2) 促销推广形式。主要包括媒体广告投放、消费者促销、主题推广活动和终端推广活动等。具体需要解决的是如何确定不同促销推广形式开展的阶段，各项内容在总体推广活动中所占的比重，以及不同市场拓展阶段的促销重点。

(3) 推广内容整合。最关键的就是确定市场的拓展阶段和具体目标，然后确定各阶段的推广重点，再确定各阶段的推广主题，在主题下选择主要的促销推广方式，并以其为中心对其他促销形式进行整合，由此形成一套整体的促销推广方案。

四、年度营销实施计划

(一) 营销计划的目标

(1) 目标的制定，包括营销计划的总体目标和分类目标。在分类目标中，其实是对总体目标的分解，包括阶段性目标、区域性目标、分产品目标、硬性目标和软性目标等项目，需要进行细致的描述。

(2) 目标的考核。这是非常关键的要素，关系着目标的完成程度，需要将各项目标分配到相应的部门和人员，确定职责要求和权限分配，并制定严格的责任制度和考核标准，以此来保证目标的顺利实现。

(二) 营销计划的具体方案

(1) 产品部分。制定具体的如新产品开发、新产品上市、产品延伸、包装调整、增加品种规格等计划方案，准确落实产品策略。

(2) 价格部分。制定具体的产品价格策略、确定何时涨价或降价、对市场上的价格体系进行调整等计划方案，使价格策略能配合市场的拓展。

(3) 渠道部分。制定具体的市场网络扩展、对经销商的管理制度、重点区域市场的拓展、对经销商的促销方式等计划方案，完善渠道网络的建设。

(4) 促销部分。制定具体的广告制作方案、媒体投放计划、消费者促销方式、整体推广活动主题和形式、终端促销形式等计划方案，并形成单独的执行文本。

(三) 营销计划的实施步骤

(1) 确定市场拓展的阶段性目标和要求，提出营销计划的重点。

(2) 确定营销计划各部分的实施进度，根据进度，将计划方案的内容融入相应的市场拓展阶段。

(3) 对不同市场拓展阶段中的各项营销计划方案进行整合，使它们都能在统一的目标和主题下协调开展。

(4) 按照市场拓展阶段制定出整个营销计划方案实施的时间、重点、主题、进度、评估、相关政策、执行部门等各个环节的内容。

(四) 营销计划的实施保障

(1) 对营销计划执行内容的分配。由市场部门将整体营销计划传达给各相关部门，对各部门应负责的内容做出详细规定，并报各部门领导审批确定。

(2) 对营销计划执行效果的考核。市场部门根据营销规划报告中确定的考核依据，定期对营销计划的执行情况进行评估，同时负责与各相关部门进行沟通协调，及时解决执行过程中出现的各种问题，确保营销计划的顺利进行。

(五) 营销计划的费用分配

(1) 营销总费用额和费用率的确定，作为整个营销活动可支配的资金来源。

(2) 营销各项目费用的分配比例，包括产品研发、市场调研、媒体广告、消费者促销、渠道促销、主题推广活动、终端推广活动、业务费和运输费等。

(3) 营销总部和办事处之间的费用比例，确定分别由总部执行和由办事处执行的费用项目和比例。

(4) 市场拓展各阶段的费用分配比例，根据营销策略重点做到对资源利用效率的最大化。

五、年度营销计划的财务分析

年度营销计划的财务分析包括营销规划的成本分析、营销计划的销售分析、营销计划的盈亏分析等几个方面，通过设计和填写相关表格加以实施。

(一) 营销规划的成本分析

营销规划的成本分析如表 4-1 所示。

表 4-1　营销规划的成本分析

项　　目	金　　额	比　　例
生产成本		
变动制造费用		
固定制造费用		
销售成本		
广告费		
促销费		
业务费		
运输费		
其他		
管理费用		
财务费用		
总成本		

(二) 营销计划的销售分析

营销计划的销售分析如表 4-2 所示。

表 4-2　营销计划的销售分析

产品种类	预计含税销售额	总成本	总毛利	毛利率	总变动成本	边际利润总额	变动销售费用总额
A							
B							
C							
D							
合计							

(三) 营销计划的盈亏分析

1. 盈亏分析

营销计划的盈亏分析如表 4-3 所示。

表 4-3 营销计划的盈亏分析

项　　目	金　　额	比　　例
产品含税销售收入		
一、产品净销售收入		
减：产品销售成本		
二、产品毛利		
减：产品销售费用		
减：产品销售税金及附加		
三、产品销售利润		
减：管理费用		
减：财务费用		
四、营业利润		

2. 盈亏平衡分析

营销计划的盈亏平衡分析如表 4-4 所示。

表 4-4 营销计划的盈亏平衡分析

项　　目	金　　额
含税单价	
净单价	
单位变动成本	
单位边际利润	
固定成本	
保本点产销量	
保本点含税销售额	
预计含税销售额	

第二节　年度营销计划的基础和保障

一、年度营销计划该由谁来做

年度营销计划该由谁来做？在很多企业的眼里，这肯定是老总的事情，包括老总自己也这样认为，但实际上这是一个误区。企业老总该做的其实只是营销决策，而营销计划应该交给专业的市场部门和人员来做，如此方能确保营销计划的专业性和有效性。

(1) 年度营销计划的专业性。体现在数据收集和分析的专业性、对具体问题处理的专业性、工作流程的专业性以及不同部门整合的专业性，这些工作只有通过不同部门的专业人员共同协作才能完成。

(2) 年度营销计划是市场部的核心职能。很多企业在发展初期没有设置市场部，但随着企业规模的膨胀，单纯依靠销售部是不能建立核心竞争优势的，企业的竞争终究会上升到策略的竞争，市场部的职能就是确保企业能够具备专业的营销战略和规划能力。

(3) 必须建立相适应的组织体系。没有设置市场部的企业，年度营销计划职能由老总自己制定，因此要做到专业的营销计划，就必须重组企业的组织架构，其中最核心的内容就是设置市场部门，或者设立专业的市场策略规划人员，赋予专业的职能，承担起制定整体营销计划并且推动营销计划实施的责任。

(4) 组织体系的动态发展。在企业由小到大的过程中，营销计划的制定随着企业规模的扩展，应该维持一种动态的发展，以适应企业竞争形势的要求。具体而言，在企业发展初期，由于老总的精力放在市场一线，对市场也比较熟悉，营销计划主要是其自己制定，必要时可以配备一个助理；当企业的规模扩大，老总的角色定位相应发生转变，此时应该至少设立一个专门的市场职能人员，负责营销策略计划的制定和营销计划的推动；而当企业进入到成长阶段，企业应该设置专业的市场部门，在市场研究、传播、促销、品牌管理、策略计划等方面配备具有丰富经验的专业职能人员，负责为企业制定专业、系统的营销策略规划，并且有效推动计划的实施。

二、制定营销计划前的基础工作

(一) 一份有效的营销规划的要求

1. 系统、完整的结构

一份专业的营销规划应该包括对以往营销工作的总结、对营销问题的反应和分析、对宏观经营环境的分析、对行业发展趋势的分析、对产品发展态势的分析、对竞争对手的分析、对企业自身发展状况的分析、总体营销策略思路和目标的确定、系统的市场分析和市场定位、具体的营销策略、将策略转换成具体的营销计划、对营销计划的财务分析、对营销规划执行的评估和监控。

2. 充足的数据支持

硬性数据支持包括总体销售额(量)、区域销售额、分产品销售额、市场占有率、销售增长率、营销费用额(率)、市场铺货率、品牌知名度(忠诚度等)；软性数据支持包括消费者购买心理和行为特点、产品在市场上的发展趋势、竞争对手状况(营销政策、费用投入、销售状况、产品结构等)。拥有这些数据，企业就能够对市场形势和企业形势进行细致的分析，制定出针对性强的营销策略和计划。

3. 清晰的策略思路和目标

有效的营销策略一定是单一的，只有单一才可能易于理解和操作，利于抓住事情发展的重点，同时也才有可能合理分配所有的资源，强化针对性，提高资源的利用效率；策略的清晰性具体表现在市场的定位，不要妄想满足所有消费者的需求，而是只满足能给企业带来最大利益的消费者的需求，并在清晰的市场定位的基础上，制定出具体的细分策略和营销计划。

4. 整合的策略系统

清晰的策略和有限的资源需要通过整合来加以保障，也就是在整体营销策略思路指导之下，对产品策略、价格策略、渠道策略和促销策略进行整合，同时在具体的营销推广方面也要进行相应的整合，使各项资源围绕统一的策略和目标进行合理安排，并且强化企业的推广力量和效果，提升品牌的渗透力度。

5. 有效的战术转换

营销策略为企业的成功提供了一个方向性的保障，而要使策略真正发挥效果，必须将其转化为具体可操作的方法，重点在于通过富有创意的手段使企业达到策略所要求的效果，其关键要求是正确地做事，否则再优秀的策略也无法使企业赢得优势。

6. 有条理的实施步骤

营销计划的实施也是一个系统的运作过程，一方面通过对各环节的合理安排使资源得到最大限度的利用，另一方面可以有效应付突发事件的产生，做到有计划地应对变化，不至于丧失机会或者遭受风险；同时也利于企业对营销策略和计划的实施进行有效监控和评估，及时发现问题并予以调整。

（二）如何达到这些要求

1. 系统、完整的结构

要求专业人员必须按规定的格式来制定年度营销策略规划，同时企业领导也必须按照要求来审核营销规划报告。

2. 充足的数据支持

要求专业人员在营销规划中的每个结论或计划都要有相应的硬性或软性数据来加以支持，而最关键的是企业领导更应该用以数据说话的要求对营销规划报告做出恰当的评估。有很多企业领导一方面要求下属做结论要有数据，但另一方面做决策时却只是按照自己的经验和判断来进行，没有考虑专业人员或部门提供的有利依据，这样往往就在企业内部留下了一种消极的情绪：市场专业人员认为自己做出再好的营销规划也没用，除非刚好符合老总的想法，否则还是老总自己说了算。因此在做营销规划时只是敷衍了事，从而使营销规划失去了严谨性和专业性。

3. 清晰的策略思路和目标

这是一个战略方向问题，往往取决于企业老总的意识，在现实中表现为专业化和多元化之争、品牌渗透和品牌延伸之争，其中最本质的因素是企业赢利的时效性和最大化，只要目前有最快、最大限度挣钱的方法，企业往往做出有悖于原有营销策略目标的决策，使未来的发展规划模糊化，特别容易造成经营方向以及品牌管理的混乱。

4. 整合的策略系统

企业要设立恰当的组织形式来加以保障，市场部与销售部、总部与分部、各部门内部或部门之间都有着不同的利益冲突和评估标准，要使营销策略规划正确执行，就必须先整合各部门之间的职能、业务流程和沟通要求，然后才能保证营销计划在实施中的整合效果。

5. 有效的战术转换

关键是要求市场专业人员充分考虑营销策略的可操作性，对市场的具体细节必须清楚，充分征求其他相关部门的意见，使营销计划容易被了解和实施。

6. 有条理的实施步骤

要做到这一点，一是需要对具体实施营销计划的各部门制定责任和权力要求，二是市场专业人员必须密切关注营销计划的进程，同步对相关执行部门进行指导和协助，对营销效果及时评估和调整，并及时向企业决策层汇报计划实施进度和状况，以此来确保营销策略目标的顺利达成。

(三) 如何确保市场专业人员可以做出有效的营销计划

评估一个市场专业人员的标准和评估销售人员的标准截然不同，销售人员有非常明确的指标——销售额，而市场人员的评估则很难用硬性指标来评估，基本上是采取上级主观判断的方法，但是对于整个企业而言，如何评估、激励和保证市场专业人员做出一份有效的营销策略规划报告呢？

1. 建立年度营销计划制定的流程

通过必要的流程来确保一份有效的营销计划报告包含必须提供的内容，使营销规划至少在数据提供和整体策略方向上没有大的出入；一个良好的规划流程主要包含数据收集和分析(销售数据、财务数据、市场数据、竞争数据等)、与相关部门的沟通、对现有运作状况的描述、对现有问题的分析、以往营销工作的系统总结、对市场形势的描述和分析、对竞争形势的描述和分析、营销总体思路和目标的确定、营销 4P 策略的制定、营销计划的制定、营销财务分析和控制、营销计划的执行配合等。

2. 建立营销计划制定和实施的沟通规范

营销策略计划报告的制定过程中，市场专业人员需要得到各个部门的支持，如市场调研部、广告部、销售部、销售办事处、产品研发部、财务部以及企业高层领导等多个部门和人员，这个过程的效率高低对企业的整体运作有相当的影响；要保证这个过程的高效，除了在企业内部营造团队协作的文化外，更重要的是在各部门的协作之间建立责任制度，在业务流程的串联中使各部门能够正确完成自己的工作，避免企业内部经常出现扯皮的现象，降低内部交易成本，提高市场反应速度。

第三节　年度营销计划制定过程中的问题

企业无论规模大小，年度营销计划都是经营活动中必不可少的重要环节，但如何使营销计划真正为企业的经营带来效益，并不是每个企业都能掌握其中的关键。

根据对企业的深入研究发现，企业制定年度营销规划时普遍存在以下缺陷。

(一) 缺乏实效性

很多企业年度营销计划的制定是"自上而下"的，由高层"规划"的。往往是增加了程序但是没能解决问题，实效性不强。企业的计划只是一些整体的渠道管理、价格管理、促销管理、产品策略等，这些对于一线的销售人员来讲还是很空泛的。

实际上，计划的制定是为了更好地实施，强调对实施过程的一个管理和指导。这往往是很多企业忽略的事情，他们大多数只是制定了最终考核的目标。

实施的工作最终是由基层一线销售人员去做的。营销计划的制定应该是"自下而上"的，是各个区域、渠道销售计划的总和。公司的营销目标出来以后，应该将目标分解到各个区域或各个渠道经理，各区域经理或渠道经理和下面的销售人员共同围绕目标制定本部门的销售计划。总公司再根据提交上来的计划，整合出公司整体的年度营销计划。

一个好的年度营销计划同时一定也是一个全体员工共同参与制定的计划。如果没有基层销售人员的支持，就会失去市场真实的资料和许多很好的建议。而且一个很重要的问题是，如果缺乏销售人员的普遍共识，这个计划只是公司高层的计划，而不是公司整体的营销计划。我国的管理者普遍存在和公司员工沟通不充分的问题。他们总是自以为是地认为：公司的员工当然知道公司的营销计划。因此，大多数时候即使高层下达了很明确的目标，下面的实施者也不理解他们的观点。

(二) 缺乏系统性

目前国内企业存在一个很普遍的问题，所谓的年度营销计划，就是销售指标数字的制定，而制定完这个指标的后续工作没做计划，也就是对于如何达到这个指标，该怎样做，需要分配多少资源，这些关键的问题没有下文。就算有些公司会做产品策略、渠道策略、促销策略、价格策略等，但这些所谓的策略往往是与实际工作相脱节，对于那些常年在一线拼杀的区域经理、销售经理来讲，与他们的关系不大，理论性太强。销售经理还是按照以往的方式办事，也许有的只是多加班，多请经销商吃顿饭，对下属的脾气更大点而已。

在保证有足够时间的基础上，我们又该怎样来达到系统性呢？实际上，有一种有效地解决这个问题的方法——鱼刺图。这很容易操作，就是先列出目标，然后围绕这个目标找出各种达成目标的方案，再把每个方案当作目标，找出实现目标的方案，最终不断地细化，真正使其达到可实际操作。只要按照这个方法不断地深入下去，就会对要开展的工作做到心中有数。

(三) 缺乏风险应对措施

缺乏风险应对措施，没有一套应付突发事件的系统。许多企业，在年度营销计划的制定中，没有涉及风险应对措施，好像市场发展一定能100%地按照计划实施下去。

市场总是在不断变化,不变的只有"变化"。我们应该对各种突发事件做好充分的分析、预测,并制定应对防范措施。

对于营销部门来讲,风险一般可以分为行业风险和企业内风险。

行业风险主要有政治形势的变化、政府政策的调整、社会关注的转变、行业变化、消费者购买偏好转移、物资的短缺等。

企业内风险分为经营风险和财务风险。经营风险主要有决策失误、质量下降、成本上升、管理水平低下和高层人事变动等。财务风险包括现金流风险、融资失败、投资失误和大量呆坏账等。除此之外,还有一些负面的媒体报道危机等。

这些都构成了企业风险,在制定企业营销计划中,要考虑到这些问题出现的可能性,做好积极的预防和应对。特别是针对一些关键的部分,我们要做好预防工作。

(四)缺乏主次之分

如果想要计划真正地做到可操作,必须对各项工作有主次之分,要清楚地界定出关键行动措施。所谓的"企业重组""过程管理"也是对关键的部门、关键的流程进行掌控和优化。原理是一样的,当然这里有一个前提就是能很好地找出关键部门、关键流程所在。实际上,一个战略规划或者年度营销计划,只要能找出关键的地方,对其进行关键点控制,就可以把计划变成行动方案,使计划流程发挥作用。例如,对销售主管来说,假设他的关键点是销售量的问题,针对这个问题,就可以制定出具体的提高销售量的计划,而这个计划当中具体的时间安排、实际实施的负责人是其关键点。企业只要抓住具体的时间安排和负责人就可以了。

(五)缺乏长期规划性

很多企业没有自己长期的发展计划,十年规划、五年规划,他们总是会用"谁知道到时候会出现什么情况"轻易打发了。而那些成功的公司对计划的理解是:三年战略计划和一年营销计划的分解实施。

(六)缺乏和其他部门的沟通

将营销目标转换成具体的策略,这就需要对企业现有的资源进行综合考虑,如此才能更加全面、详细地制定出一套完整的营销计划。一般来讲,需要考虑的资源是信贷能力、生产能力、营销费用、人力资源、客户忠诚度、销售能力与分销能力。

具体地讲,必须与财务沟通、与人力资源沟通、与采购沟通、与生产部门沟通、与销售部门沟通、与物流部门沟通。营销计划不仅仅是对目标进行量化的数字图表,还要能够使实现目标的资源相互配合。

需要与财务部门沟通,如明年的计划执行需要多少费用,各项费用的分配是否合理,是否符合公司的整体预算,是否需要融资,或是否应该简化一些不是很重要的计划措施。

需要与人力资源部门沟通,如为了实施明年的计划,现在的人员数量是否合理,多了淘汰谁、少了增加多少;现在的人员能力是否能满足明年的工作开展要求,如果不行,是通过公司内部培训还是外聘专家培训，培训的方案又是怎样的。

需要与生产部门沟通，充分做好产销协调。生产部门要为营销计划服务，不同的时期，主推什么品项的产品，计划的销量是多少，渠道政策、力度多大，这些都要在生产计划中反映出来，一方面是配合营销计划提供充足的货源，另一方面是合理地安排生产计划，什么时期生产什么品项的产品，才能降低库存，降低成本。

需要与销售部门沟通。通常，营销计划是老总或市场部门制定的，而销售部门，只是在计划制定好以后，才知道自己明年的目标和计划，即使有的企业集合销售经理进行讨论，也是形式而已。没有"自下而上"的战略制定思想，一切的讨论都是白费的。

(七) 缺乏专业性

营销规划的专业性体现在专业的部门、职能、人员和流程，但是很多企业往往都是老板"拍脑袋"定目标，销售经理"拍胸脯"保证完成任务，可是到了实际工作才"拍大腿"，知道了这样的任务没法完成，最后只能"拍屁股"走人了。由老总根据自己的经验和认识来做公司的营销规划，区域经理做区域的营销规划，这种做法的成功取决于老总对市场的了解程度、判断能力以及必备的专业素质，风险很大，往往成败寄于一人身上。

(八) 缺乏总结性

年度营销计划的制定始于对需求、机会和问题的评估。可是我们的年度营销计划往往过多地注重下一年的工作计划，而忽视了当年的工作总结，往往使两年间的工作开展上出现了"空隙"，首尾不相连，无法形成严密的体系。应该说下一年的工作是建立在当年的工作基础上的。要想制定出真正有发展性的计划，一定要总结出当年的问题和差距。从计划制定来讲，一定要从问题和差距出发，各个层次的经理要把当年面临的所有问题列出来，按照不同的特点分门别类，对其做出细致的分析。发现问题、勇敢地承认问题的存在，细致地分析问题，并提出问题的解决方案才是年度计划的真正意义所在。

(1) 对上年度营销计划执行情况的总结，主要是对产品、价格、渠道和促销四个方面所开展的工作进行回顾，重点是掌握整体营销活动对相关营销指标的影响情况。

(2) 评估上年度营销计划成效的内容包括产品对市场的渗透程度和扩张程度，新产品的投放效果，价格上涨、下降或维持对销售带来的影响，分销网络的建设情况，对经销商进行管理的效果，开展渠道促销对销售的影响，媒体广告投放对销售产生的影响，消费者促销活动对销售产生的影响等。

(3) 在评估营销计划的基础上，重要的是在竞争形势不断变化的环境中，挖掘出影响销售的根本因素，为未来营销策略规划的制定提供坚实的依据；分析的重点是竞争对手，通过与竞争者在产品、价格、渠道、促销各环节的详细对比，找出彼此之间的差异点，确定导致销售差异的原因，并进行必要的调整。

(九) 缺乏考核性

也许很多人会奇怪，销售指标不是都落实到每个人了吗？怎么会缺乏考核性？但是值得注意：往往是指标落实，计划没有落实。往往只是销售额指标落实到每个具体的人身上，每个人各自为政，为了完成这个销售额想方设法地工作。而公司整体的营销计划并没有落实下去，这样就造成了许多短视的行为，以牺牲品牌形象和品牌建设来换取短期的"虚假"销量的增加。

因此，实施计划一定要有具体的时间表、阶段性成果报告、落实责任人，这样以便跟踪考核，确保计划的贯彻执行。

(十) 缺乏考虑经销商的年度计划

很多企业在做年度营销计划的时候，不知是无意还是有心，对经销商的考虑不是很多，或不在这里讨论，或在渠道策略中简单地说明一下就行了。实际上，厂家的销量一半来自厂家的努力，一半来自经销商的支持。在做第二年的营销计划时，一定要与经销商一起制定《年度销售合作说明书》《单项协议书》。在这里制定经销商的年度计划，主要目的不是评价经销商，而是清晰其潜力和目前存在的一些问题，搞清楚这些问题，定出贯穿始终的经销商政策，这样也可以为区域经理制定出区域年度营销计划做基础。

以上这些问题使企业的营销计划无法真正产生有效的指导作用，反而被有的企业认为营销计划没用。因此，有必要为企业提供一个如何做好营销计划的思路，使大家认识到营销计划对企业的发展起着举足轻重的作用。

第四节 营销计划的有效执行

一、营销计划无法落实的原因

(一) 营销计划缺乏制度的保障

营销计划被企业当作纸上的内容，在实际实施的过程中缺乏具体的要求。营销计划不仅是一种方法体系，同时也应该是一种制度体系。也就是说，营销计划一旦执行，就必须按照相应的要求来加以保障。现实中很多企业在实施营销计划时，并没有落实到具体的制度上，一方面营销人员找不到开展工作的规范，无法衡量自身业绩的好坏，另一方面部分人员只是满足于现状，不能按照要求开展工作。

(二) 营销计划执行缺乏绩效考核的约束

在企业的实际运作过程中，绩效考核制度是企业的基本管理制度，其他职能性的管理制度都要在此基础上发挥作用。在营销计划执行过程中，都是营销管理职能在起作用，而要充分发挥这些职能，使营销计划有效执行，就必须将绩效考核制度与营销计划的完成效果结合起来，这样才能使营销人员可以对自己的绩效进行评估，否则营销计划的执行将缺乏规范性。在实际运作中往往发生绩效考核制度与营销计划目标有差异的情况，使营销计划形同虚设。

(三) 营销计划缺乏过程管理

营销计划执行时只重视结果，而不重视达成结果的过程。在营销计划的执行过程中，往往最受关注的是一些硬指标，如销售额、铺货率、知名度等，但是还有一些软指标，如市场价格体系、市场秩序、与竞争对手的对比等，往往会受到忽视。也就是说，在营销计划执行时，缺乏对执行过程进行系统的管理，就算达到了硬指标，但软指标中存在的问题将会对企业造成根本性的伤害。

(四) 营销计划执行过程中缺乏整合和协调

(1) 营销计划执行的各部门各自为战。主要表现在各个职能部门之间，如市场部门和销售部门、销售一线和销售后勤部门等，这在很大程度上依赖于营销组织架构的合理。如果组织架构落后于企业发展的要求，就会限制营销计划的有效执行。

(2) 不同部门对营销计划的理解不同。造成这个问题主要在于企业内部的沟通渠道不通畅，对于营销计划实施效果的衡量标准不统一。

(3) 执行过程中缺乏统一的协调。这主要是在营销计划执行过程中，缺乏一个领导部门来推动整个计划的进行，各部门的本位主义比较严重，职能性的部门结构影响到了企业整体业绩的实现。例如，对于多产品结构的企业而言，对于不同种类的产品总是缺乏管理的，各个部门只是注重各自职能工作的完成，而对于一个产品的发展过程却缺乏综合的管理，从而造成各个部门的专业优势并没有转化为企业的整体优势，有可能还会造成企业资源的损耗和业绩的衰退。

(五) 企业业务流程不合理

(1) 营销计划执行过程中的业务流程过于复杂。造成企业的反应速度降低，整个业务运作过程效率低下，使营销计划的时效性不能体现。

(2) 执行过程中的审批环节过多。一方面造成对市场机会的丢失，另一方面影响了营销人员积极性的发挥，不利于发挥主动性和灵活性，对营销计划执行的有效性也不能充分保证。

(3) 执行过程中各部门的业务分配不合理。这主要是指部门之间的职能分配模糊，没有贯彻最大化提高效率的原则，在营销计划执行过程中出现专业技能不够或者承揽了过多的职能，无法使营销计划得以有效执行。

(六) 企业分支机构对区域营销计划缺乏系统性

(1) 区域营销人员的专业技能有欠缺。对总部下达的营销计划无法进行进一步规划，对整个区域市场缺乏整体性的计划，对各个小区域之间也缺乏系统的拓展计划，造成整体营销计划一到下面就开始变形，无法真正落实。

(2) 区域人员注重结果而不注重过程。由于部分企业的销售政策导向是以销量为核心，因此区域人员只注重结果而不关心过程，他们采取的措施都是短期内提高销量，但是否能满足营销计划的战略要求则不在考虑之中。

二、营销计划有效执行的保障

(一) 制度保障

1. 基础性管理制度

(1) 绩效考核制度。将营销计划要达到的目标，与营销人员的绩效考核联系起来，由此来规范营销人员的行为围绕营销目标开展工作，使营销计划落到实处。例如，营销计划要开展深度分销，可以制定一个铺货率的考核要求，使营销人员的工作重点放到提高铺货率上。

(2) 部门协作制度。围绕营销计划的重点，解决好各部门之间的协作关系，在部门之间确立合同关系，明确责权利。另外也可以采取项目小组的形式开展工作，提高营销计划的运作效率。例如，在营销计划中的新产品开发业务，关系着企业持续竞争力的提升，其参与的部门涉及市场、生产、技术、供应等，要提高新产品开发的速度和效率，一方面要确立市场部在新产品开发过程中的领导关系，另一方面又可以通过责任书的确认，使其他部门都能按照要求完成新产品开发各环节的工作。

2. 职能性管理制度

职能性管理制度重点是提高营销计划实施效率的管理制度，如营销推广管理制度、区域管理制度、渠道管理制度、销售业务管理制度等，这些制度一方面是为销售人员提供了开展工作的规范，另一方面则是为衡量销售人员的工作成效提供了标准。另外，管理制度还影响销售人员的思想意识和行为模式，其根本点都是围绕营销计划的有效执行而进行的。

(二) 流程保障

1. 围绕营销计划的关键业务内容优化运作流程

营销关键业务流程的优化甚至重组，将对营销计划的有效实施产生重要的作用，往往一份营销计划是好的，但在实际运作过程中，由于业务流程的运作不合理，造成营销计划实施的效率低下，直接影响到营销目标的实现。

2. 通过重组业务流程调整部门结构

在一些关键性的业务流程中，如产品研发流程、营销推广流程、营销计划流程、订单处理流程等，其运作效率的高低，反映着整个组织结构和部门职能是否合理。因此要真正做到业务流程重组后企业能够高效运转，就要根据业务流程的要求，从组织和职能上加以保障，确保业务流程能为企业带来根本性的利益。

(三) 权限保障

1. 权限保障是对各部门业务职能的落实

营销计划的有效执行在很大程度上取决于各部门能否充分发挥各自的职能，营销计划在实施时，一定要赋予各职能部门相应的权限，否则将会影响到营销计划执行的效率。

2．总部和分部之间的权限分配

总部对于营销计划应该强化专业方面的权限，而分部对于执行营销计划则应该加强针对性方面的权限，使营销计划在执行过程中可以得到很好的整体配合。

3．营销计划各项业务活动的权限分配

对营销计划中的业务内容进行合理分配，使各个职能部门都能找到相对应的工作内容，主要是解决业务活动开展过程中的决策权限，如新产品研发由哪个部门领导和推动，销售计划由哪个部门分析、整合和落实等。

(四) 资源保障

1．为达成营销计划的目标所必需配备的资源

营销计划的制定是一回事，而在执行中对计划的资源保障又是一回事，虽然营销计划中包含了费用预算，但往往有些项目所分配到的资源并不能保障计划的实现，而且有的企业在面对销量下滑的状况时，往往不能坚持按计划进行，总是会把费用倾斜到能立即提升销量的项目上。例如渠道返利促销，但这只是一种短期行为，并不会对企业的长期发展带来根本的帮助。

2．对关键项目的资源保障

在营销计划实施中，一定要通过制度对关键项目进行确定，并与绩效考核结合起来，通过政策来加以保障，使营销目标能够得以顺利实现。例如，有的企业在营销计划中准备开发大型超市和卖场，但是在开发费用上却没有相应的分配，如进场费、条码费、陈列费、堆头费、促销费等，只能使终端的开发工作举步维艰；又如，有的企业在营销计划中准备实施深度分销，但在区域市场只派驻了少量的人员(如一省一人或数人)，根本无法做到深度分销，只能采用依靠经销商的粗放经营模式。

三、营销计划的分解

(一) 营销计划的分解是使计划得以有效执行的最佳方法

1．把握营销业务重点

营销计划中对业务内容的要求是总体性的，只有对其进行分解，才能找到其中包含的重点，才有助于营销计划实施的正确性。例如，一份加强零售终端推广的营销计划，如果能从不同终端的种类、开发不同终端的进度、可选择的推广方式等进行细分，就可以在不同阶段都能把握业务的工作重点。

2．看到营销计划实施的效果

要能持续推动营销计划的执行，就要使营销人员能及时看到效果。将营销计划进行分解，就是将目标进行分解，使营销人员看到通过自身努力达到的成绩，从而提高工作的积极性，而不是长久都看不到营销计划实施的效果，影响工作的心态。

3. 使营销计划可以落实到最基层

营销计划分解可以使一线销售代表容易领会其重点，使他们在不同推广阶段能按照单一的目标进行努力，而不是面对众多目标分散工作精力。

4. 便于对营销计划效果进行评估

经验表明，对营销计划的评估不能过长，否则就无法把握工作开展的过程，也无法及时衡量销售人员工作的成效，有可能销售人员已经认真按照营销计划在实施，但由于竞争对手的攻势而造成销售目标未能达成，如果不能通过对营销计划的分解进行评估，将会认为销售人员的工作不到位，但这是不符合实际情况的。

(二) 营销计划按时间分解

1. 周计划

周计划执行到销售代表层面，对最基层的销售问题进行反映。这个层面的营销计划由各区域的销售主管把握，主要是反映营销计划在执行过程中最直接的效果。

2. 月计划

月计划执行到销售主管和地区经理层面，主要是对各区域以及整个地区的销售状况进行反映。一方面便于地区经理对本地区销售态势的掌控，另一方面便于总部对地区分部执行营销计划状况的掌控。

3. 季计划

季计划执行到地区经理和总部层面，主要是对营销计划执行成效的阶段性反映。对营销计划做一个阶段的整体性评估，避免营销重点过于集中在短期内，同时对整个市场形势进行整体判断，并对销售人员的工作成效进行指导。

(三) 营销计划按区域分解

1. 按省级区域分解

掌握全国各大区域市场的总体分布情况，对营销计划在各区域的实施重点进行把握，对营销计划在各区域之间的分配状况进行评估，掌握各区域可能产出的效益。

2. 按地市级区域分解

按地市级区域分解使地区经理掌握本区域的市场状况，并在区域之间对营销计划进行合理分配，掌控各区域的营销计划实施重点。

(四) 营销计划按阶段分解

1. 市场发展阶段

市场发展阶段分为导入期、成长期、成熟期和衰退期，这是借鉴了产品生命周期的概念，这些阶段在市场中仍然存在，而营销计划要有效执行，必须考虑到市场的不同发展阶段，同样的计划在不同的市场阶段，应该采取不同的对应方式。例如，一份加强批发商管理的营销计划，在市场导入期应该是通过经销商进行间接管理，而在成熟期则应该由企业直接管理，这应该是进行区别对待的。

2. 销售季节阶段

在淡季、旺季两个销售时段中，消费者和经销商的行为方式都是不同的。例如，经销商在旺季会忙于出货，而在淡季可能会加强送货，这些都要求企业在执行营销计划时，必须考虑这种区别。例如，对于一份铺货的营销计划，淡季应该是工作重点，而在旺季则以维持为主，这样才能提高营销计划的实施效率。

(五) 营销计划按项目分解

1. 按营销项目种类分解

广告、促销、铺货等，都包含在一份营销计划的实施内容当中，而营销计划最终也要落实在这些项目上，因此按项目分解营销计划十分必要。例如，广告计划可以分解为媒体广告和广告活动，促销可以分解为消费者促销和渠道促销，这样将有助于把握营销计划的实施重点。

2. 按项目重点分解

就是将营销计划中的重点项目和常规项目分离出来。例如，对于终端推广而言，货架陈列是常规工作，而堆头陈列和特价销售则是关键性的推广，这样将有助于营销费用的有效使用。

(六) 营销计划按产品分解

1. 按产品类别分解

营销计划按产品类别分解十分重要，尤其对于实施品类管理模式的企业，每一类产品的营销计划重点都不同。因此，同样的要求在具体实施时的差异性可能很大。例如，同样是实施深度分销计划，功能性食品的分销可以直接深入到零售终端，而饮料类产品则适合通过覆盖批发商来间接达到对零售终端的辐射，因此在具体操作方式上是不同的。

2. 按产品销量比例分解

把握80/20原则对各类产品在销量上的贡献甚至利润上的贡献进行衡量，在有限的资源条件下，尽量倾斜于能产生更大效益的产品类别上，这种区别也有助于企业把握推广的重点。

3. 按新老产品分解

这种方式的关键在于区别产品延伸的问题，一般而言，老产品总是占据最大的销售比例，也许最赚钱，但是其发展趋势是逐渐下滑的，而竞争环境又特别恶劣，这种情况下企业必须扶持有市场潜力的新产品。因此在营销计划执行时要分别确定新老产品的推广重点，在维护老产品市场份额的同时，尽量迅速将新产品推入市场并站稳脚跟。例如，不少彩电企业在行业环境恶劣的状况下，纷纷推出其他类别的消费类电子产品，如手机、空调等，这些新产品在营销计划中都得到了不同程度的特别扶持。

(七) 营销计划按渠道分解

1. 按渠道类别分解

批发渠道、零售渠道，这两种渠道有很大的区别，营销计划执行过程中对其的利用也不同。对批发渠道注重经销商利益，而对零售渠道则注重消费者利益。因此对营销计划的实施重点，要对这两种渠道进行区分，来满足对不同营销目标的实现。例如，同样是渠道促销，批发渠道可以采取实物返利形式，而零售渠道则可以采取特价销售形式。

2. 按渠道性质分解

专业渠道、商业渠道、特殊渠道，不同特性的渠道具有不同的市场地位。例如，啤酒行业，既有大众类的批发渠道，又有专业类的餐饮渠道，这两者的营销工作重点是不同的，前者要借助于庞大的分销网络，而后者则要借助于为餐饮店提供利益。那么什么渠道应该成为营销计划的重点，应该在具体执行过程中，根据市场竞争形势和资源状况做出合理的安排。

四、营销计划的动态调整

(一) 滚动式营销计划

(1) 营销计划制定后，并不意味着就一成不变，而要根据市场的变化主动对营销计划进行调整。这就需要对营销计划进行分解，包括月度分解和区域分解，这样才能既保证营销计划的稳定性，又能保证营销计划的适应性。

(2) 滚动式营销计划需要从部门和制度上加以保障，要有专门的职能部门对营销计划的执行状况进行评估，并对各区域的营销计划进行综合平衡，这样才能使营销计划可以保持整体性的动态发展。

(3) 滚动式营销计划执行的核心就是先"由大到小"，再"由小到大"。也就是先从年计划、季计划、月计划到周计划，然后从周计划、月计划、季计划到年计划，前一个阶段是对营销计划的整体性进行掌控，后一个阶段就是通过富有层次的滚动执行和调整，来达到对整个营销计划在适应性方面的保障。

(二) 对市场态势的判断

1. 竞争环境判断

竞争环境判断既包括整个大环境，又包括各区域的小环境，由于不同企业的市场重点不同，资源的投入也有差异，造成不同区域之间的竞争环境各有特点。因此，营销计划的执行也不能一刀切，应该根据不同区域市场竞争环境的差异进行相应调整，使营销计划符合实际状况。

2. 行业趋势判断

某些行业的发展趋势变化很快，而各区域之间行业的发展是不平衡的。因此，营销计划在执行过程中，应根据行业发展状况的分析，提出相应的应对措施，使营销计划能符合行业在不同发展阶段的特点。例如彩电行业，可能营销计划的目标是加强网络建设，但由于价格战导致整个行业的利润率降低，将迫使各企业不得不加强技术创新和产品创新，这就使整个行业发生了迅速的变化，相应地也就促使营销计划在实施过程中进行调整。

3. 消费趋势判断

消费趋势指的是消费心理和消费行为模式的变化趋势。例如，超市和卖场等现代零售业态的迅速发展，使消费者的行为模式发生了很大的变化，以前买东西是在批发市场、批发点和百货商场，而现在买东西大多数都是在超市和卖场。因此，一份加强批发通路建设的营销计划，就只能用于以传统业态为主的市场，而在发达城市，就需要调整这份营销计划，使之适应当地零售业态发展的现状。

(三) 对区域性营销计划的强化

企业的区域性组织是营销计划实施的基础部门，其关系着营销计划能否真正执行到位，而且这又是最接近市场变化的层面，因此，只有强化区域营销计划的执行效果，才能使营销计划真正达到动态的调整。

强化区域营销计划的执行效果，也就是提高分支机构对营销计划实施的系统性，一定要规定区域做好营销计划的分解工作，真正发挥区域执行营销计划的能动性，使营销计划在实施过程中提高针对性。

(四) 营销计划动态调整的稳定性

1. 动态调整在不同层次上各有不同

营销计划强调适应性和针对性，并不是说就可以任意对营销计划进行调整，而应该在不同层次上进行不同程度的调整。对全国性计划而言，要体现全国市场的特点；对省级计划而言，要体现省级市场的共同特点；对地区计划而言，要体现地市级市场的共同特点。因此，动态调整通过在不同层次上的差异，其实是一种共同性基础上的调整，既考虑了各区域市场的特点，又保持了统一的共性。

2. 动态调整是在稳定性基础上的调整

动态调整除了上面提到的层次性，还有时间性的问题，而时间性就构成了营销计划的稳定性。也就是说，动态调整并不是可以随时对营销计划进行调整，同样，也要反映一年、一季、一月和一周的共性，同时还要兼顾各种共性之间的协调，从而在整体上保持一种动态、平衡的发展。

(五) 营销计划执行的目标管理

1. 目标管理是营销计划有效执行的良好工具

(1) 使营销计划评估具体可行。营销计划执行的效果如何，营销计划是否应该调整，这些问题的答案涉及对营销计划的评估，而评估的一个重要标准就是营销计划的目标，将目标与结果进行比较就能客观准确地评估营销计划的实施效果。

(2) 使营销计划执行成效得以控制。其要点在于透过对目标的管理，把握营销计划执行的重点，并掌握评估的依据，使目标可以成为指导营销计划执行或者调整的方向。目标管理作为有效的工具，将与营销计划的分解结合起来，配合对营销分解计划的评估，使营销计划的执行过程能够得到控制。

2. 目标的分类管理

(1) 硬性目标。硬性目标是指销量目标、占有率目标、费用目标、利润目标和铺货率目标等。对硬性目标的管理容易衡量，在这些目标中，有的能反映结果(如销量目标和利润目标)，有的能反映过程(如铺货率目标和费用目标)。良好的目标管理，其关键在于对目标进行综合评估，但在实际过程中，很多企业只关心销量目标，也相应地引导销售人员只看重销量，而忽视了其他目标的实现，最终也无法体现营销计划的效果。

(2) 软性目标。软性目标是指管理制度、客情关系、价格体系、市场秩序和信息分析等，这些目标可以说是为了达成硬性目标的保障。如果说硬性目标是结果，那么软性目标就是过程，只有将过程管理起来，才能确保结果的有效达成。

3. 目标的绩效管理

(1) 对目标结果的绩效管理。衡量绩效的重点是将结果与目标对比，通过这种差异性来判断营销目标的完成程度。如果企业的营销目标包含结果型和过程型两种，那么这种结果与目标的差异，可以反映出一定的原因，但是如果只采用结果型的目标，那么绩效考核就无法反映真实的状况。

(2) 对目标过程的绩效管理。其衡量绩效的重点是将过程与目标对比，考核营销计划所要求的工作是否做到位，有什么因素影响到了硬性目标的实现，这种软性目标的绩效考核，能够比较真实地反映实际状况，但是它在促进销售人员动力方面不如硬性目标直接。因此，最好是将其与硬性目标绩效考核结合起来，更全面地反映销售人员的业绩。

4. 目标的细分管理

(1) 分阶段目标管理。根据营销计划的阶段分解实施过程，根据营销计划的要求设置相应的营销目标，并规定完成的时间进度。阶段可以按照市场发展阶段来分解，也可以按照市场推广的阶段来分解。例如，淡季目标和旺季目标，其目的在于使各个阶段的衡量标准能够统一。

(2) 分时期目标管理。将营销计划目标的完成分成不同的时期，在每个时期设定相应的标准。例如，月度目标和季度目标，然后对这些目标进行管理和评估。

(3) 分项目目标管理。分项目是指设置一些项目类型，如广告和促销，将每类项目的目标完成状况进行整理统计，分析各项目在整个营销计划中所占的比例是否合理，是否满足了营销计划的要求。

(4) 分产品目标管理。对产品实行类别目标管理，衡量每类产品为企业带来的利益，可以按新老产品分类，也可以按产品性质分类，衡量的目标有销量、利润、费用、时间和完成率等。

(5) 分渠道目标管理。对不同性质的渠道实行分类管理，衡量不同渠道为企业带来的效益，如批发渠道和零售渠道、商业渠道和特殊渠道、超市和杂货店等，评估各种渠道的价值，为企业制定渠道开发策略和管理政策提供依据，同时也为营销计划的有效实施提供工作指导。

(六) 营销计划执行的过程管理

1. 营销计划过程管理的内容

(1) 销售报表。销售报表可以反映营销计划执行过程的详细情况，通过报表可以看出销售人员有无抓住营销计划实施的重点，在实施过程中存在的问题，同时还可以通过报表了解营销目标的完成情况，掌控营销计划实施的进度。

(2) 销售工作程序。销售工作程序是正确执行营销计划的保障。例如，要完成既定的终端铺货计划和铺货率目标，就要提高拜访客户的效果，如果对销售人员的铺货工作建立一个规范的程序或步骤，就可以在不用增加任何资源的情况下达成目标。例如，规定销售人员必须按照以下程序开展工作：整理客户资料、选择客户目标、选择拜访路线、做好拜访准备工作、拜访客户、检查客户卡、检查海报张贴、整理仓库和货架、收集竞争信息、填写客户卡、建议客户订货量、道谢离开等一系列步骤，将会为销售人员提供一个良好的工作规范，增强他们的信心，提高营销计划的实施效率。

(3) 销售会议。这项内容将会对营销计划的执行状况进行双向沟通，及时发现销售人员工作中出现的问题，并提供帮助和指导，同时也教给销售人员一些销售技巧和方法，提高他们的应变能力。另外，对于营销计划在实际过程中遇到的困难，也要通过销售人员的反馈信息给予重新审视，对营销计划进行动态调整。

(4) 销售培训。销售培训是激励销售队伍、提高工作效率的最佳方法，包括对执行营销计划所需要的技能进行培训，同时对营销计划的核心思想、营销策略进行灌输，使销售人员能充分领会营销计划的要求，把握营销工作的重点。

2. 确定营销计划执行的业务流程

(1) 对营销计划重点目标的确定。重点目标决定着业务开展的重点倾向，这是确定关键业务流程的前提，一方面给出了核心业务的方向，另一方面则为衡量业务流程的优劣提供了一个标准。

(2) 对关键营销业务流程的界定。关键营销业务流程是关系着营销计划目标能否实现的核心流程，如营销推广流程、订单处理流程、销售储运流程等，都会直接影响到营销计划目标的实现。当然不同的行业和产品有不同的业务流程，但是在一些关键环节上是有共同性的。因此企业一定要重点抓住这些关键业务流程。

3. 对营销计划执行过程的评估

(1) 目标评估。目标评估是对营销计划执行过程的综合目标、硬性目标和软性目标的完成程度进行评估，随时掌握营销计划的实施进度。

(2) 过程评估。过程评估是对销售人员的工作方式和效率进行评估，了解销售工作中存在的问题，为销售人员提供销售指导。

(3) 投入产出评估。投入产出评估是对营销计划执行的效率进行评估，同时衡量营销计划对企业带来的效益，并且对这种效益所体现的价值程度进行判断。

(4) 推广效果评估。推广效果评估是对实际执行过程中销售人员在营销战术的创造性方面进行评估，衡量现行推广方式对营销计划所起的作用，并且评估推广方式的价值，有无可能在更大范围内进行推广。

(5) 执行政策评估。执行政策评估是对销售人员执行营销计划的到位程度进行评估，一方面是了解销售人员对营销计划的认同程度，另一方面则是了解销售人员对营销计划的重点有无把握，同时也评估政策是否有助于营销业务活动的开展。

(6) 竞争对比评估。竞争对比评估是对竞争对手的营销工作进行评估，重点是树立标杆，对营销计划的各个环节与竞争对手进行对比，找到真正的差异或差距，进一步提高营销计划的针对性。

(七) 区域营销计划的有效执行

1. 区域营销计划的主要业务内容

(1) 营销推广。营销推广主要是由分支机构实施的区域性营销推广活动，如区域性的消费者促销、广告宣传、终端促销等推广活动，这是分支机构提高销售额或者品牌影响力的重要工作，在区域营销计划中是非常重要的内容。

(2) 客户开发。客户开发是分支机构的基础性工作，包括与经销商建立合作关系，向批发商和零售商铺货，这些都是客户开发的重要工作，目的就是使产品拥有最广泛的市场覆盖面，营销计划中可以用重点客户档案和铺货率来予以要求。

(3) 渠道管理。渠道管理是指通过建立管理制度对经销客户进行管理，客户开发是将产品推入市场，而渠道管理则是通过管理提高产品的流通速度，其关键在于提高经销客户的管理水平，引导他们的行为模式，与他们建立战略联盟关系，充分调动他们的积极性，取得他们的认同和支持，从而确保产品的顺畅流通。

2. 区域营销计划执行的管理要求

(1) 编制区域营销计划书。要提高营销计划的整体执行效果，必须要求区域对营销活动进行系统的考虑，要在整体营销计划目标下，结合本区域的特点，制定出更具体的营销计划，以此提高营销活动的系统性，并推动整个销售队伍的销售效率；同时这也能提高区域的营销推广技能，加强销售人员的营销素质。

(2) 定期提交市场评估报告。定期提交市场评估报告的目的在于将营销计划的实施过程管理起来，对营销计划的执行效果、对营销目标的完成状况综合地进行评估，了解计划与实际的差异，把握营销推广的重点，并保持对市场的动态反应。

3. 区域对营销计划的分解

(1) 对下一级区域的计划分解。一般区域分支机构的设置都是在省级市场设一个点，负责对全省市场进行开发和管理。因此公司总部的营销计划传达到这个层面，还必须继续在各地市级区域甚至县级区域做进一步分解，直至分解到每一个销售人员身上，这样才能使营销计划落到实处，而且在分解过程中，每个层面的销售人员都能清楚地了解各自的工作重点，从而使营销计划的核心思想真正得以贯彻。

(2) 对下一级区域的目标分解。目标分解是为了配合对计划分解后的有效执行，对于每个层面、每个阶段、每个时期，都应该设置相应的目标体系来对整个营销计划完成的情况进行总结分析，掌握目标与实际运作状况之间的差异程度，然后进一步分析造成这种差异的原因，商讨对策并加以改进。

4. 区域对营销计划实施的过程监控

(1) 对目标的监控。对目标的监控包括对整体目标、硬性目标和软性目标的监控，使整个营销计划能够平衡开展，而不是仅仅为了提高销量而采取短期的推广方式。通过对目标体系的综合评估，可以掌握营销计划落实的程度，并可以通过调整目标结构来引导销售人员的行为模式。

(2) 对工作方式的监控。工作方式也可以理解为行为模式，就是销售人员为了达到目标而采取的方式。在实际运作过程中，每个销售人员对营销计划的理解和认同程度是不同的，对营销计划的执行方法也各异，这样就很容易造成营销计划在执行过程中的效果得不到统一。因此对销售人员工作方式的监控，就是要尽量形成一种规范化的工作程序和步骤，增加营销计划执行的效果。

(3) 对销售信息的监控。销售信息是对市场实际状况的最直观反映，能够表现出营销计划在执行过程中的各种症状。因此必须将销售信息纳入统一的管理规范，通过整理分析，使其成为分析问题、发现问题乃至解决问题的切入点，从而对营销计划执行的效果进行动态跟踪，保障营销计划与市场现状的适应程度。

(4) 对工作重点的监控。对工作重点的监控是对营销计划中核心思想和关键内容有无真正落实的监控。一方面是由于销售人员对营销计划的认同度不同，另一方面则是由于不同区域之间存在较大的差异，造成营销计划在执行过程中会出现不同。那么要判断这种不同或者调整是否合理，是销售人员在意识上有问题还是营销计划本身存在问题，通过这种动态的监控，不至于当问题已经很严重时才感觉出来。

(5) 对市场分析的监控。市场分析是对营销计划进行检验的重要环节，营销计划产生或者执行的背景就是来自于市场分析，在执行过程中对计划的调整也要依靠市场分析。因此，必须要求销售人员加强这一工作环节，同时也是要求销售人员在进行判断时要有可靠的依据。而通过强化市场分析，更可以提高销售一线对市场的掌控程度，使营销计划的执行更加有效，从而有可能实现从完美的战术上升到战略。例如在保健品行业，一些分支机构发明的战术就成功上升到了战略，如曾经盛行的"报纸投递到户""专家义诊"和"病例宣传"等方式，成了不少保健品企业普遍的营销战略。

第五节　销售计划管理

销售计划是企业为取得销售收入而进行的一系列对销售工作的安排，包括确定销售目标、分配销售指标和制定销售方案等。

销售计划是销售管理的基础，销售管理过程就是销售计划的制定、执行和评价过程。销售计划可以与营销计划一并制定，也可单独制定。

一、销售计划的重要性

(一) 销售计划是企业人财物合理安排的基础

当代企业的销售不再是几个人到市场将产品销售给批发商或终端客户这么简单。规模稍大的公司都会制定一年的销售战略。这个战略包括人员架构、广告、促销、渠道策略、物流支持、费用预算等方面。所有的销售工作都会围绕销售计划展开，人财物的分配和安排也会依据销售计划进行。

(二) 销售计划是考核销售人员工作的依据

销售计划基本上都是在前一年销售数据的基础上制定的，企业也是通过销售人员对计划完成的情况来对其进行评价的。绩效考评对于销售人员有自我管理作用，而其中大部分的销售指标都取自于销售计划。这些计划的合理制定有助于企业目标的达成，更有助于对销售人员的考核、管理和激励。

(三) 销售计划是企业业绩好坏衡量的参照

企业经营的好坏如何衡量，除了要与前一年各项数据比较，看各项业绩的增长情况，还要将销售数据与年初的销售计划相比，以反映企业销售部门的管理水平和控制能力。如前所述，企业会按照销售计划安排人财物，若企业最终的销售业绩和销售计划偏差较大，可能会造成人、财、物的浪费。

二、销售计划的层次

企业的销售部门可以分为三层：高层、中层和基层。相应地，销售计划也分为三个层级：销售战略、销售规划和销售目标。

(一) 销售战略

销售战略是企业高层在综合考虑了公司的资源，对市场进行分析和预估之后所做出的宏观计划。这个计划是一个导向性计划，是其他各个计划的基础。销售战略要与企业的生产、供应计划相匹配。

(二) 销售规划

在企业高层将销售战略方案公布后，各销售分支机构根据自己区域市场的情况进行区域规划，包括人力资源安排计划、促销资源投放计划、市场政策、产品分品类与分区域销售计划。区域规划具有很强的指导性，是基层销售单位一切工作的参照。

(三) 销售目标

基层主管根据区域下达的销售计划会做出销售人员每月、每周和每日的销售计划，即销售目标。销售目标是基层主管管理员工的一个强有力的工具。每日目标制定以后，销售主管可用目标达成情况评价销售人员的工作表现，及时发现市场上出现的问题，并及早纠正工作中可能出现的偏差。

三、销售指标体系

(一) 基本指标

(1) 销量。各种产品按最小送货单位计算销售量。

(2) 销售额。各产品销量与其出厂价的乘积的总和。

(3) 销售毛利(销售毛利率)。

$$销售毛利 = 销售收入 - 销售成本$$

$$顺加毛利率 = \frac{销售毛利}{销售成本} \times 100\%$$

$$倒扣毛利率 = \frac{销售毛利}{销售收入} \times 100\%$$

(4) 拜访客户数。实际拜访洽商客户的数量。

(5) 交易订单数。达成交易的订单数量。

(6) 销售成长率。

$$销售成长率 = \frac{当期销售业绩}{基期销售业绩} \times 100\%$$

(7) 市场占有率。

$$市场占有率 = \frac{企业销售额}{行业总销售额} \times 100\%$$

(8) 企业实质销售成长率。

$$企业实质销售成长率 = \frac{企业成长率}{行业成长率} \times 100\%$$

(9) 铺市率。

$$铺市率 = \frac{已进终端客户数}{总终端客户数} \times 100\%$$

(二) 销售指标的确定

1. 历史数据确定法

对于产品比较成熟，销售比较稳定的企业来讲，可以根据历史销售数据乘以一定比例的方法来确定下年度的销售指标。例如，当年销售为 100 万元、企业历史平均增长为 20%，则企业在制定下年度销售指标时可按不低于 120 万元制定。

2. 战略成长确定法

对于新开办企业或企业开发的新产品，采集不到历史数据，可根据市场同行业销售状况及企业的发展战略确定销售指标。

(三) 销售指标的分配方法

1. 销售地区分配法

销售地区分配法指根据销售人员所在的地区与顾客的购买能力来分配目标销售定额。销售地区分配法的优点在于可以对区域市场进行充分的挖掘，使产品在当地市场的占有率逐渐提高，因此，比较容易为销售人员所接受；其缺点在于很难判断某地区所需产品的实际数量以及该地区潜在的消费能力。所以该方法必须考虑该地区的社会经济发展水平、购买力水平、人口数量和消费习惯等因素。

2. 时间段分配法

时间段分配法可以将指标按年、季、月度进行分配。时间段分配法的优点在于简便易行，容易操作。目前有许多企业采用季度或月度分配法分配销售指标；其缺点是忽略了销售人员所在地区的大小以及顾客的多少，可能会影响销售人员的积极性。如果将月度分配法与其他分配方法结合起来，效果更好。

3. 产品类别分配法

企业生产有不同的产品，各种产品的销售数量并不一致，企业会根据销售战略对不同产品分配不同的销售目标。该方法可以使企业整合自身的资源，发挥部分主力品牌的优势，带动整个企业产品的销售。该分配方法的前提是对市场的充分了解和分析，对消费者行为有充分把握以及对竞争对手品牌战略有一定了解。按产品类别分配基本上体现了企业上层对产品结构的调整动向，在实施之前一定要召开动员大会，取得销售团队的认可方能执行到位。

4. 销售单位分配法

销售单位分配法就是以某一销售单位为对象来分配销售定额。销售单位分配法的优点在于强调销售单位的团结合作，利用销售单位的整体力量来实现销售目标。目前大部分企业的分支机构都采用这种分配方法。例如，某饼干企业北京分公司在制定销售目标时，会将各指标按业务团队分配：KA 团队 200 万元、批发团队 300 万元、分销团队 150 万元。指标卜到各业务团队时，其内部可以调配资源和人力确保指标的完成。

5. 客户分配法

客户分配法是将公司的销售目标按经营公司产品的客户进行分配。该分配的指向性比较强，一般都会伴随有相应的渠道支持政策，以保障客户目标的完成，这将有利于客户的深度开发和忠诚客户的培养。但该方法容易使销售人员懈于新客户的开发，所以也要追加一些新客户开发的指标。

6. 销售人员分配法

销售人员分配法是将销售任务分配到销售人员个人。该方法有利于形成对销售人员的激励，使有能力的销售人员很容易完成销售任务，与奖金挂钩，体现出能力和效率优先。但该方法也有一定的负面影响，会使能力强的销售人员产生骄傲自满情绪，使能力较差或新进业务不熟的销售人员产生挫折感，从而形成内部矛盾，销售团队产生离心力，不利于团队的合作和总体目标的达成。

以上六种方法不是独立的，企业可以根据需要同时采用一种或几种分配方法，目的都是有利于企业总体目标的实现，有利于对团队和销售人员的激励。

(四) 销售指标的分配程序

销售指标的分配是一个复杂的过程，不仅要考虑公司资源，而且要征求执行人的同意，只有企业和销售团队达成一致，才能确保各项销售指标的顺利完成。销售指标的分配程序如下。

1. 准备阶段

高层管理者每年年底都会对当年销售数据进行分析，总结一年销售工作的得失，并找出机会增长点，制定出下年度的营销战略。营销战略中一个主要内容就是制定各项销售指标，各项销售指标的数量为多少，如何保障各项指标的完成。

如前所述，确定销售指标有两种方法：历史数据确定法和战略成长确定法。一般在大部分情况下应综合运用这两种方法。高层将企业的总体目标确定后，进行各区域、各品类、各客户、各团队的细分，为了保证这些任务的完成，配合相应的品牌战略、渠道促销方案、市场政策、销售人员激励政策等。所以这些准备工作准备完毕后，将召集各区域销售主管进行沟通。

2. 沟通会议

销售计划沟通会议一般都是在年底进行，一般分以下几个步骤进行。

第一步，各区域销售工作的负责人首先总结当年的销售工作，指出本区域指标达成或没有达成的原因。

第二步，提出自己下年度所在区域的销售目标，并提出完成该区域销售目标的方法和对策及所需要企业总部相应的支持。

第三步，企业总部管理层收集各区域数据汇总，并与所制定的计划相比，分析差异。

第四步，找差异较大的区域负责人进行个别沟通，修正目标。

第五步，企业高层介绍下年度品牌战略、渠道促销方案、市场政策、销售人员激励政策等。

第六步，再次收集各区域的销售计划，并和原制定计划比对，征求主要区域负责人的意见，并对指标进行修正。

3. 确定指标

将修正后的指标向全体区域销售负责人公布，征求意见，达成一致后，将各项指标确定。

4. 再次沟通

各项指标确定后，要求各区域负责人根据公司的战略和本区域的销售目标做出区域年度规划，高层管理者对各区域的规划方案进行审批验收，并再次对各区域的销售指标进行沟通确认。一般都会要求销售负责人签订责任状，若区域负责人有异议，可进行人事调动或政策调整。

5. 指标公示

中层沟通结束并将指标确定后，企业总部会将指标进行公示。各区域再进行本区域指标的细分，这些指标将成为企业管理和员工考核的基础。

四、销售计划的制定

(一) 销售计划的类别

(1) 区域(团队)销售计划，即按照区域或销售团队制定销售计划。

(2) 品类销售计划，即将总目标分解为各品类并制定相应销售计划。

(3) 月别销售计划，即将总目标分解到各个月份制定销售计划。

(4) 客户销售计划，即将总目标分解到各个客户制定销售计划。

(二) 销售计划的编制流程

销售计划的编制，是指企业在进行销售预测的基础上，制定销售目标、销售策略、激励措施和实施方案的过程。企业所属各部门、各销售单位必须按年度、季度、月度，分产品类别、客户类别编制切实可行的销售计划，由企业进行汇总，形成企业的销售计划，然后层层下达执行。

编制销售计划的程序如图 4-1 所示。

1. 历史销售及经营环境分析

历史销售是对销售潜力的最主要参考，历史销售与当期销售计划对比分析可以发现企业原来销售计划的偏差、销售策略的执行效果及其他影响销售的因素。通过一些主要指标(如品类达成率、订单满足率、缺货率、库存天数等指标)可以发现企业经营管理方面的问题，这些问题直接或间接影响了销量的达成。这些因素的分析不仅有助于改善企业的经营管理，也有助于找到影响企业销售的真正原因，以便制定出更加准确的销售计划。经营环境分析包括社会环境分析、消费者购买行为分析、竞争分析和市场分析。

| 历史销售及经营环境分析 | → | 社会环境分析、消费者购买行为分析、竞争分析、市场分析 |

| SWOT 分析 | → | 公司优势、劣势、机会、威胁分析 |

| 增长点分析 | → | 公司产品、渠道等主要增长点分析 |

| 设定营销目标 | → | 明确事业领域、市场范围、可运用资源、需求量、机会及威胁、考虑企业的一些限制因素、设定可能的营销目标、找出决定优先顺序的方法、选择及设定企业的营销目标 |

| 设定销售指标 | → | 设定公司定量、定性指标体系 |

| 制定基本销售策略 | → | 设定企业的策略领域、决定竞争地位及竞争策略 |

| 制定营销组合策略 | → | 产品策略：产品组合策略、品牌策略、定位策略、差异化策略、包装策略、产品生命周期策略
价格策略：成本导向定价策略、需求导向定价策略、竞争导向定价策略、市场取脂油/渗透定价策略、牺牲品定价策略、声望定价策略
促销策略：对消费者的促销策略、对中间商的促销策略、对内部员工的促销策略
营销渠道策略：渠道促销策略、渠道细分策略、渠道客户整合策略、渠道拓展策略 |

| 营销活动方案计划及进度 | → | 广告计划方案、新产品上市方案、经销商辅导方案、对消费者年度促销方案、对经销商年度促销方案、对销售人员年度促销方案、大型展示会方案、消费者购买行为调查方案 |

| 销售预算 | → | 销售目标预算、销售人力计划、营销费用预算 |

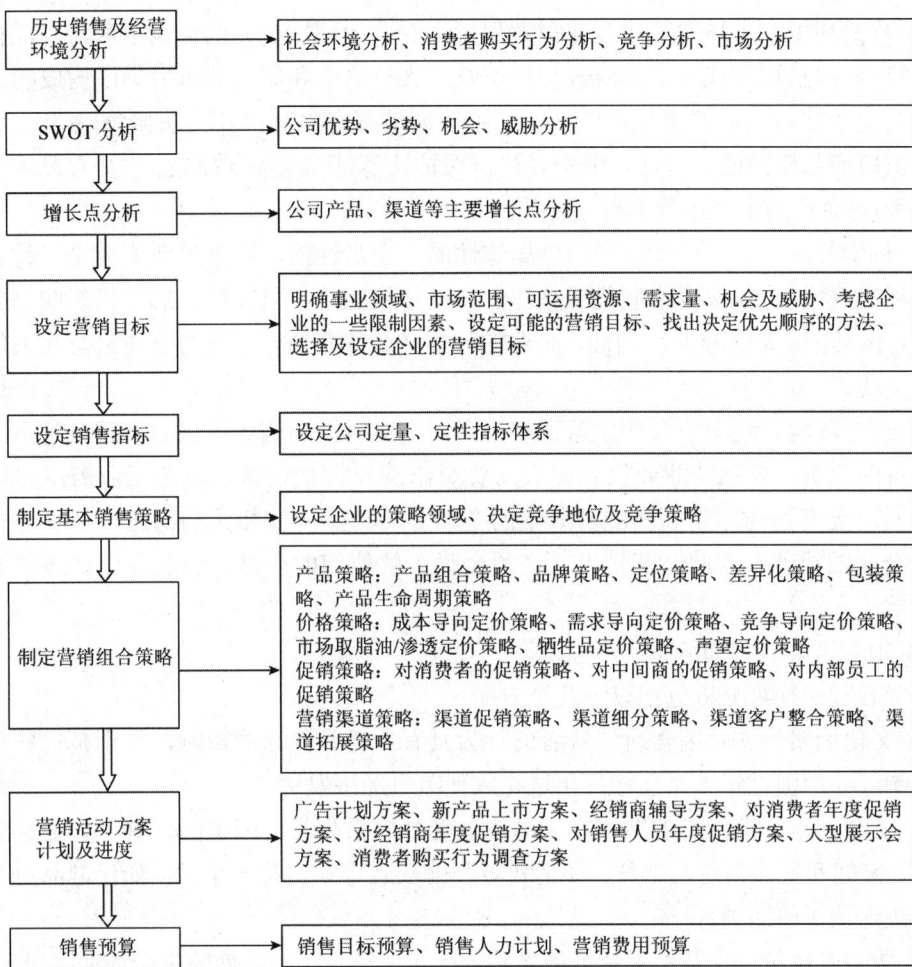

图 4-1　销售计划编制流程图

(1) 社会环境分析

社会环境分析包括以下几个方面：

① 人口。市场是由人汇集而成的，因此人口的多寡、性别、出生率、死亡率、年龄结构、家庭人数、地区人口数等变化，对企业的短期和长期营销企划来说，都具有深远的意义。例如，独身、分居、丧偶、离婚者群体(SSWD)需要较小的公寓，便宜和小型的器具、家具和设备以及小包装食品。营销者应当考虑非传统家庭的特殊需要，因为非传统家庭住户数的增长速度远远快于传统家庭的增长速度。

② 经济状况。经济状况的好坏，关系着消费者的购买力，实际经济购买力取决于现行收入、价格、储蓄、负债及信贷。在物价上升，实际收入相对减少的状况下，一般消费者购物时，将变得十分谨慎。例如，利率居高不下，会直接影响到购房借款成本，将带给房地产空前的不景气。收入分配也是决定消费者购买力的重要因素。

③ 社会文化。"嬉皮""雅痞""单身贵族""新新人类"等族群的出现，是受社会文化演变的影响。社会文化反映着个人的基本信念、价值观和行为规范的变动，它会影响到企业的目标市场定位，营销活动必须符合社会文化的潮流，才能顺应消费者的需求。

④ 政治环境。市场营销决策在很大程度上受政治环境变化的影响。政治与法律环境是由法律、政府机构和在社会上对各种组织及个人有影响和制约的压力集团构成的。例如，反不正当竞争法对企业的定价、广告、促销等活动都有限制；其他法律(如专利法、商标法、进出口商品检验法、税法、消费者权益保护法等)及特定行业的法律(如食品安全法、建筑法等)对企业的生产运营都有一定的约束。

⑤ 科学技术。科技环境的影响是爆炸性的、全盘性的，它带给我们的是一种"创造性的破坏"。例如，集成电路取代了晶体管，复印机扼杀了复写纸，影碟机影响到电视的收视率，传真机正取代电传。因此，企业的营销员必须密切地注意与公司息息相关的各种技术的变动。

⑥ 自然环境。随着公众环保意识的提高，企业所面临的环保压力将越来越重，而对环保设备的投资，如钢铁业要投入庞大的资金添购反污染设备，汽车工业需用昂贵的排气控制器。废弃物的回收以及能源成本的变动等与自然环境相关的问题，都会逐日加重并影响企业的经营。因此，营销人员必须全盘了解他们的产品、包装、生产步骤等对环境的影响。

(2) 消费者购买行为分析

消费者购买行为分析包括以下几个方面：

① 文化因素。文化因素对消费者的行为具有广泛和深远的影响，特别是一些传统文化的影响，如中国过年大家互相拜年送礼致使节日经济发达。

② 社会因素。消费者的购买行为同样也受到一系列社会因素的影响，如消费者的参考群体、家庭和社会角色与地位。如消费者和购买者不一定是一个人，如保健品更多是由购买者决定购买的品类。

③ 购买者决策也受其个人特征的影响，特别是受其年龄所处的生命周期阶段、职业、经济环境、生活方式、个性以及自我概念的影响。

④ 一个人的购买选择也受四种主要心理因素的影响，即动机、知觉、学习以及信念和态度。

(3) 竞争分析

竞争分析包括以下几个方面：

① 竞争者的市场地位。竞争者在市场上的市场份额、公司历史、实力等。

② 竞争者的品牌策略。包括产品线的调整(新品牌推出或老产品的淘汰)、品牌推广策略(广告、促销活动)。

③ 竞争者的渠道策略。经销渠道的整合策略、经销商的拓展及整合策略、渠道价格和促销策略、渠道其他投入策略。

(4) 市场分析

市场分析包括以下几个方面：

① 行业整体的发展情况，即行业所处的生命周期阶段、行业的整体利润、行业新的规范。

② 销售市场新的变化，如零售商的分布、零售商新的商业规则等。

2. SWOT 分析

目前对于企业经营环境分析最常用的是 SWOT 分析法，即从企业的优势(strength)、劣势(weakness)、机会(opportunity)、威胁(threat)四个方面进行分析。内容包括企业所面临行业发展状况及企业在行业中的位置、主要竞争对手对本企业的影响、本企业自身的经营管理情况，然后由市场营销部门进行销售预测。

优势和劣势，即本企业与竞争对手相比的相对地位。主要从社会资源，品牌、价格、渠道等经营管理策略，人力资源等方面进行分析。

机会和威胁主要是从企业的经营环境进行分析，从市场上寻找机会，从竞争对手和行业发展方面找到潜在的威胁。

3. 增长点分析

这里的增长点分析是对市场机会的进一步细化。针对企业所能够寻找的机会，制定相应的策略，预估可能达成的目标，并对可行性进行分析。

4. 设定营销目标

明确事业领域、市场范围、可运用资源、需求量、机会及威胁、考虑企业的一些限制因素、设定可能的营销目标、找出决定优先顺序的方法、选择及设定企业的营销目标。营销目标按相应层次细分，如图 4-2 所示。

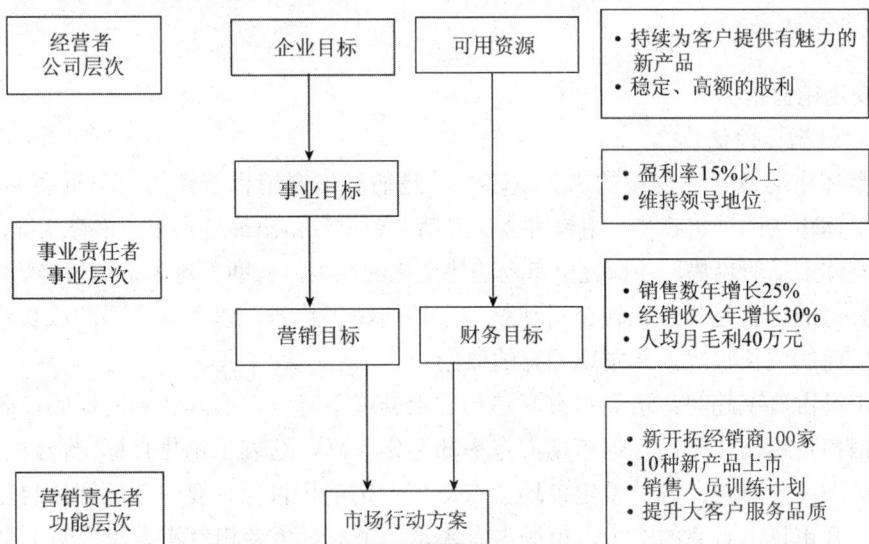

图 4-2　营销目标按相应层次细分

设定营销目标的方法有以下几种。

(1) 从中、长期目标的达成状况评估

年度策略性营销目标是为了达成企业的任务、实现企业远景的一个短期目标。因此，目标的设立必须和企业中、长期目标紧密衔接，如此方能保证企业中、长期目标的达成。

● 评估企业的任务及事业范围有无改变。

● 评估中、长期目标的达成度，如产品开发目标、市场目标、成长率目标、市场占有率目标、利益目标、投资报酬率目标的完成情况。

上述中、长期目标截至最近一个年度的达成状况，势必影响到新年度目标的设定，因为年度目标是为了达成中、长期目标。因此，为了确保企业中、长期目标的达成，在可能、合理的范围内，企业会调整年度目标以确保中、长期目标的达成。

所以在设定年度策略性营销目标时，需要先评估企业中、长期目标的达成状况。

(2) 从 SWOT 分析

SWOT 分析能了解以下状况：

● 通过外在环境的分析，把握现实环境中有哪些关键因素会影响到企业在营销上的机会与风险。

● 通过优点及弱点的分析，能客观地分析企业的实力。

● 由对以上两种状况的相关性分析能指出企业的发展方向。

事实上，我们花了大量的时间及精力做 SWOT 分析，它的目的就是通过这项分析，为企业设定策略性营销目标提供依据。

(3) 从上年度的评估分析

上年度业绩及策略执行评估后，所留下来的残余课题及悬念事项，都可能成为新年度继续要解决的目标。因此，上年度的评估结果也会影响到新年度的目标设定。

(4) 从市场总需求分析

各细分市场及区域市场的潜力大小、市场成长率、市场占有率的趋势都是设定新年度市场目标的重要参考指标。

5. 设定销售指标

(1) 定量指标评估

① 整体市场及自己公司的销售量趋势，是估算年度销售金额的一个重要参考条件。

● 整体市场的销售趋势：用销售金额及销售单位数做出最近几年的销售状况，以掌握整体市场的趋势，并探究出市场趋势变化的原因，有助于对未来销售趋势的把握。

● 公司的销售趋势：比较公司和整体市场的销售趋势，以了解公司的成长状况及其厂商的成长状况，并发现差异的原因。

● 市场占有率趋势：市场占有率趋势的上升或下降一定有其特别的原因，若设定的销售目标比往年高，但市场占有率却逐年下降，这表示销售目标定得过于盲目，必须注意修正；若先设定市场占有率再设定销售目标，要理性地评估自己是否有提升市场占有率的实力，市场占有率是一个与竞争者相对实力较量的结果。

② 估计目标市场的大小。预估销售目标的准确度，在于是否能把握目标市场的规模大小及成长率。新公司或新事业所遭遇的最大失败，往往是错估了市场的大小。因此，估计目标市场的大小与趋势一定要找到可依据的资料，千万不可凭直觉。

③ 考虑年度企业利润。要使企业达成一定的利润目标，销售目标的达成与否占有关键性的因素，因此必须站在利润的角度，定出企业最低销售量的参考值，以保证企业能持续生存。

(2) 定性指标评估

① 经济因素。经济的景气、萧条、衰退或复苏的程度，利率的高低，通货膨胀的程

度，汇率的起伏等经济因素都会影响到市场的整个销售状况。因此，企业做销售预测时，要评估这些经济因素可能的变化以调整年度的销售目标。

② 竞争。成长的市场，必然会有竞争者蜂拥而至。设定销售目标前，要依据竞争分析的资料，评估是否有新的企业加入市场竞争，现有的竞争者是否有采取扩充策略的实力，是否会有独特的新产品上市，是否会增加营销渠道及代理商的数目。

③ 产品生命周期。若能了解企业销售的产品处于哪一个生命周期阶段，如成长期、成熟期或衰退期，将能更好地判断企业的销售趋势。

④ 公司的企业文化。一个有着非常积极进取、鼓励冒险的企业文化的公司，对企业各种可能的机会都不会轻易放过，对销售目标设定必然是朝乐观的方向估计。相反，若经营作风缺乏创新和开拓性，销售目标的设定必将倾向于保守。

6. 制定基本销售策略

公司有三个层次的策略选择。

(1) 公司层次策略

公司层次策略的目的在于提出如何完成公司任务、目标，决定各事业部的资源分配及发展什么新事业。公司的任务在于明确回答：

- 企业存在的理由是什么？
- 企业现在所处的业务领域是什么？
- 企业应该处于何种业务领域？
- 企业创造什么价值给客户？

公司层次策略主要以上述内容为目标范围。

(2) 事业层次策略

顾客对象、顾客的需要以及提供这些需要的具体工具或技术。该层次策略要解决的主要问题是操作控制。

例如，一家超级市场的事业范围如下。

- 顾客对象：职业妇女、家庭主妇等。
- 顾客需要：一次购妥的方便性、提供厨房食物、生鲜食品保持良好的品质及鲜度、多样化的商品。
- 工具或技术：鲜度管理系统、人才管理系统、商品供应计划和促销等专业技能。

事业层次的主要策略在于厂商竞争，常使用的策略有低成本策略、差异化策略和集中策略。

(3) 功能层次策略

功能层次策略有营销策略、制造策略、人事策略、研究发展策略和财务策略等，该层次策略要解决的问题是执行。

以上提出策略层级化的观念，策略除了有层级外，同时各层间的策略彼此具有目标与策略(手段)的关联性，往往上层的策略会成为下层的目标，彼此犹如锁链般地连接在一起。

了解了策略的层次关联性，将对年度策略性营销规划的另一个重点——制定基本营销策略的说明有很大的帮助。

策略性营销规划强调的是以市场导向为中心，制定企业的策略，策略必须能适应环境的变动以及能充分让各项资源(人、物、财、专有技术)配合市场导向投入，并设计出能配合策略执行的组织，以实现企业的使命，达成企业存续、成长的目标。因此，营销策略的层次及重点绝不是仅限于一般的营销组合策略。

解决了三个层次的策略问题之后，应从战略角度考虑公司竞争和市场管理策略问题，如表 4-5 所示。

表 4-5　公司竞争和市场管理策略比较分析表

(相对的经营资源) 竞争地位		领 导 型	挑 战 型	专 攻 型	跟 随 型
竞争策略	市场目标	市场占有率、利润、名声	市场占有率	利润、名声	利润
	基本方针	全方位化	差别化	集中化	模拟化
	竞争对抗领域	事业概念 经营理念 (what)	需求及经营资源的差别化 (what、how)	需求及经营资源、对象市场的集中化	低价位导向的市场
市场管理策略	政策准则	周边需要扩大 同质化 非价格对应	差别方法	特定市场内的小型领袖	低价格对应
	战略目标	所有市场	选择性的差异化市场	需求的特定化焦点市场	低层次的市场
	市场组合	全面促销 全线产品 中高价格 中高品质	与领导型不同的差别化市场组合	特定需求的市场组合	临机应变型的市场组合

基本营销策略明确以后，需要有相应的组织去执行，组织架构的设计或重组是保证营销策略得以实现的基础。组织架构的设计或重组视企业的实力、营销战略而定。组织架构没有最优的，只有最合适的，它不是一成不变的，而是随着公司战略、市场环境的变化而变化。

7. 制定营销组合策略

营销组合策略包括产品策略、价格策略、促销策略和营销渠道策略。

(1) 产品策略细分为产品组合策略、品牌策略、定位策略、差异化策略、包装策略、产品生命周期策略。

(2) 价格策略细分为领导品牌定价策略、牺牲品定价策略、渠道定价策略。

(3) 促销策略细分为对消费者的促销策略、对中间商的促销策略、对内部员工的促销策略。促销策略比较灵活，它带有很强的时效性，常常是根据市场情况、竞争对手情况和企业自身资源决定。最常见的促销是针对消费者的，随着广告效应的降低，厂商将许多费用投入到终端做消费拉动。

(4) 营销渠道策略细分为渠道促销策略、渠道细分策略、渠道客户整合策略、渠道拓展策略。

8. 营销活动方案计划及进度

营销活动方案包括广告计划方案、新产品上市方案、经销商辅导方案、对消费者年度促销方案、对经销商年度促销方案、对销售人员年度促销方案、大型展示会方案、消费者购买行为调查方案。以上的这些方案都是在企业营销战略制定以后由各相关部门制定的。这些方案都必须具有很强的执行性和操作性。

9. 销售预算

销售计划编制的最后一个流程是销售预算，即销售目标预算、销售人力计划、营销费用预算。所有的销售工作都必须有一个目标，工作的执行也必须有足够的经费和人力做保证。预算一方面确保各项营销活动的正常运行，另一方面又对营销活动进行控制，实现投入产出比的最大化。销售预算一般采用的是逆向申报、高层定制的方法。基层单位根据公司的战略目标确定本单位的销售目标、人力计划和费用预算，上报到企业总部，总部汇总和进行修正后确定下达。销售预算一经确定就要严格执行，否则将会使目标偏离，销售预算执行的准确性反应了一个职业经理人的管理能力。

▶ 案　例

海信变频空调 20××年营销活动策划案(纲要)

一、20××年营销推广战略规划

根据 20××年的空调市场分析、预测和企业自身的实际情况，以时间顺序划分三个阶段，进行市场营销，推广商品，扩大市场的占有率。

第一阶段

20××年3月1日至4月15日，以20××年新品 KFR-×××、KF-×××变频空调为尖兵，以低于 4 000 元的零售价为市场突破口，以北京市场为主战场，紧接着扩大到全国市场。用价格这个业界、新闻界和消费者敏感的话题为导火索，率先引爆20××年的中国空调市场，制造新闻界、商业界及消费者的关注点，从而形成注意力经济，使海信空调在20××年的空调市场中抢得先机，为20××年海信空调全年销售奠定一个坚实的基础，使海信空调一线销售人员鼓足精神与勇气。

第二阶段

20××年4月16日至5月中旬，在全国10～15个市场基础较好的城市，举办"海信空调20××年高科技新品推介会"，在第一阶段已形成注意力的基础上，高举海信是中国家电业"高技术、高质量、高水平服务"先锋的大旗,进一步强化提高海信空调的品牌形象,用"技术、质量、服务"所形成的品牌形象力推动市场,用灵活的销售手段抢占阵地。

第三阶段

借助前期工作的影响,在全国市场趁热打铁,加强对经销商和消费者市场的销售促进力度,实现扩大市场占有率的目标。

二、20××年营销推广战术组合

以新闻炒作、公关活动造势贯穿三个阶段,为全年销售提供空中掩护;以国家级和各地方媒体广告宣传为各市场提供炮火支援;以促销活动为突击队,形成大规模立体攻势。

三、战役组织

1. 目的

(1) 大量吸纳商家的货款,为全年×亿元回款任务的完成营造铺垫。

(2) 制造变频空调首家低于 4 000 元价格大关的新闻热点,进行大量新闻炒作,制造注意力经济,提高品牌的知名度,营造市场攻势。

(3) 刺激我公司产品销售旺季的提前到来,提高销量,延长旺季周期,为完成全年产销空调×万套的任务打下基础。

2. 宣传主题

工薪变频海信制造。

副题一:让科技贴近百姓,让变频走进万家。

副题二:3 880 元,海信变频空调搬回家。

3. 活动地点

(1) 首站北京。

(2) 次站南京、杭州、长沙、成都、济南。

(3) 全国各一级办事处。

4. 活动时间

(1) 北京:20××年 3 月 1、2、3、4、11、12 日至 6 月底前所有的周六、周日。

(2) 次站顺延一周,3 月 11、12 日,要求与上同。

(3) 所有一级办事处再顺延一周,要求与上同。

5. 活动内容

(1) 新闻通气会(见附件 1)。

(2) 厂商座谈会(见附件 2)。

(3) 广告宣传(见附件 3)。

(4) 新品推介会(见附件 4)。

(5) 促销活动(见附件 5)。

(6) "工薪变频 海信制造"活动促销员培训课程(提纲)(见附件 6)。

【附件1】 新闻通气会

(此活动仅适用于北京地区)

1. 活动目的

(1) 利用新闻通气会介绍新产品及其价格信息。

(2) 组织媒体记者发稿。

2. 活动时间

20××年2月28日下午。

3. 与会人员

××、××、××、××、××、北京各大媒体记者。与会人员登记表如表4-6所示。

表4-6 与会人员登记表

姓　　名	所 属 单 位	职　　务	电　话

4. 会议地点

由××负责,选取一个能容纳150人的小型会议室。

5. 新闻宣传点(建议)

1997年3月4日,海信空调建成全国最大的变频空调生产基地,三年中,海信空调一直坚持"高科技、高质量、高水平服务"的发展战略。海信现有42位博士、286位硕士,从集团领导、科研人员到普通员工,一直为广大消费者创造蔚蓝生活空间而不断努力。海信空调由于其技术的领先性赢得了广大消费者的信任。

但其居高不下的价格,令消费者可望而不可即。三年后的今天,海信变频空调首次以低于4 000元的价格推向市场。

海信空调全新推出的"工薪"变频空调是变频技术成熟的必然结果,只有技术更成熟,才会使更多的消费者享受到高科技带来的舒适生活。

海信空调无意在空调领域挑起价格战,请注意我们这次是新品的低价而不是降价。成熟变频技术,生产规模的扩大,带来了生产成本的降低,从而使产品价格降低。

6. 相关物品准备及注意事项

相关物品准备及注意事项如表4-7所示。

表 4-7 相关物品准备及注意事项表

序号	内 容	主办人	协办人	日期
1	确定会场、举办时间			
2	会场所用横幅的设计制作			
3	名牌、胸牌、邀请函的设计制作			
4	与会嘉宾的礼品准备(是否需要分类准备),数量为与会嘉宾的人数			
5	准备签到本和笔各两个、名片收集盒一个			
6	会间饮料(茶、矿泉水、软饮料)及数量			
7	背景音乐的确定、准备			
8	主持人、礼仪小姐的聘请			
9	明确会议的起始时间及详细的时间进度表(整个会议时间不超过 90 分钟)			
10	明确礼品发放的时间(会议开始或结束)及形式(在签到台领取)			
11	相关稿件的准备(给记者的新闻通稿、领导讲话稿、主持人讲稿、工薪变频空调的相关问题解答)			
12	落实是否需要准备会后宴会,宴会的形式(冷餐或酒会)、地点			
13	会场布置(背板布置、座次的布置、姓名牌的放置、饮料的放置、电源、音响、签到处、礼品的保管与发放、新闻通稿的发放)			

[附件 2] 海信空调"工薪变频"上市厂商座谈会

1. 活动目的

(1) 上海、南京、长沙、成都、济南为 20×× 年 3 月 9 日下午 3 点。

(2) 其他各一级办事处为 20×× 年 3 月 16 日下午。

2. 参会人员

公司参加领导、办事处经理、市场主管、各大活动商场家电部经理、分管副总或总经理 1~2 名。参会人员登记表如表 4-8 所示。

表 4-8 参会人员登记表

姓 名	所 属 单 位	职 务	电 话

3. 会议地点

由办事处经理负责,联系一家能容纳 60 人左右的小型会议厅或多功能厅。

4. 会议宣传点

(1) 海信空调推出新品"工薪"变频空调,××冷暖型售价仅 3 880 元,×××单冷型售价仅 3 680 元,在行业首家率先推出低于 4 000 元的变频空调机,比现在的市场价低了几乎 1 500 元左右。

(2) 海信本次上市空调是低价推出,而不是降价,海信无意引发行业价格战。

(3) 海信空调首家把变频空调推向市场,引发了空调行业的第一次技术革命:短短三年时间,变频空调已占到空调市场 30%的份额。买空调买变频已成为消费者的消费理念,然而由于变频空调技术上的限制,其价格一直居高不下,成为变频空调发展的新的瓶颈。

(4) 作为首家把变频空调推向市场的企业,海信空调建立了中国最大的变频空调生产基地,拥有 40 多个博士、286 个硕士,拥有国家级的技术开发中心,科技一直在行业领先。由于技术的不断创新,规模的不断扩大,成本的不断降低,海信空调已成功地实现了价格的降低。本次新品的推出,海信的目的就是让工薪阶层也买得起、用得起变频空调,让更多的工薪阶层也能享受到高新科技产品的服务。

5. 会议步骤

(1) 某日下午 2:30 参会人员持请柬陆续报到,贵宾大厅设礼仪小姐两名,礼仪小姐身披绶带,内容前为"海信空调",后为"工薪变频"。

(2) 在礼仪小姐或指示牌的指引下,参会人员持请柬在会议入口处交请柬、签到、领礼品及会议材料(在会议入口处设签到处)。

(3) 会议会场布置为长椭圆形,最里面挂条幅:海信空调"工薪变频"上市厂商座谈会。会场布置图略。

(4) 会议进程对策如表 4-9 所示。

表 4-9 海信"工薪"变频空调上市厂商座谈会对策表

序号	内　　容	责任人	协办人	时间
1	与会记者名单确定(并提前电话联系确定)	办事处经理	业务员	待定
2	确定会场	办事处经理	业务主管	待定
3	发请柬	办事处经理	业务员	待定
4	绶带条幅制作,名牌、指示牌、礼品券打印,盖章确认	办事处经理	业务员	
5	准备签到本、笔,名片收集盒	办事处经理	业务主管	待定
6	礼仪小姐确认	办事处经理	业务主管	待定
7	公司领导、办事处经理发言稿,主持人串联词组织	办事处经理	业务主管	待定
8	会场布置	办事处经理	业务主管	
9	会议开始,会议程序附后	办事处经理	业务主管	

(5) 会议程序如表 4-10 所示。

表 4-10   海信空调"工薪变频"上市厂商座谈会程序表

主持人：市场主管

序号	时间	会议程序	发言人	备注
1	15:00	主持人发言，介绍到会人员，致欢迎词	市场主管	
2	15:05	公司领导发言 办事处经理发言	公司主管 办事处经理	
3	15:45	厂商座谈会		
4	17:00	座谈会结束用晚餐		

[附件3] 广告宣传

1. 目的

发布海信空调首家以低于 4 000 元价格大关入市，以引起新闻界、商界、市民的关注，制造注意力经济。

2. 媒体选择

电视、报纸为主，户外广告、直投广告为辅。

1) 电视广告

(1) 媒体选择

各地省电视台、市电视台。

(2) 主题

工薪变频   海信制造。

(3) 形式

15 秒、30 秒硬广告各一条。

(4) 相关工作

① 广告片创意制作。

② 广告投放媒体的联系：价格、时间段、播放计划。

选择省台、市台经济生活类节目为佳，应在当地"工薪"变频空调上市活动前一天或当天及其后几天内投放。

2) 报纸广告

选择各地晚报和其他发行量较大的报纸，如都市报、生活服务类报纸等。

(1) 宣传主题

主题：变频空调   海信制造。

副题一：让科技贴近百姓，让变频走进万家。

副题二：3 880 元，海信变频空调搬回家。

(2) 报纸稿

① 感情诉求：贴近普通大众，提高亲和力(活动广告)。

② 理性诉求：突出高科技，产品质量过硬(产品功能广告)。

设计稿见附件。

(3) 报纸、内容、日期、版式、价格

在当地"工薪"变频空调上市前一天(晚报)或当天(日报)投放。以 1/2 版为佳。

(4) 注意事项

① 确定广告发布时间。

② ××负责报纸样稿的设计和光盘的刻录。

③ 联系当地广告公司，将进行活动的广告定稿，制作印刷文件。

④ 与报社联系，确定印刷文件的最后交稿时间。在最后定稿日期前，将印刷文件指派专人送到报社。

⑤ 所提供的报纸广告样稿，各办事处可根据自己的情况进行细微的尺寸调节，不得改变原版式(版式只限 1/2 横版及 1/4 整版)。

3) 户外广告

① 形式：拱门、横幅、海信氦气球。

② 主题：工薪空调　海信制造。

副题：3 880 元，海信变频空调搬回家。

副题：让科技贴近百姓，让变频走进万家。

③ 发布

横幅、竖幅——促销活动现场，跨街横幅、交通护栏横幅等，视各地具体情况而定。

海信氦气球——促销活动现场。

④ 实施细则，如表 4-11 所示。

表 4-11　户外广告实施细则

编号	内　　容	主办人	协办人	日期
1	户外广告设计定稿，注明图形比例、色彩构成	市场部	×××	2 月 22 日
2	办理发布审批手续与公安、城管、交通等部门联系			
3	确定发布时间、发布周期			
4	选择发布地点			
5	落实发布的价格、费用			
6	落实户外宣传品的样式、尺寸			
7	户外宣传品的制作(联系北京的公司)			
8	宣传品的发布			

4) 直投广告(备选)

随着人们生活节奏的不断加快，信息量的不断增加，越来越多的广告传递方式也随之产生。直投广告作为一种新的广告传播方式，具有达到率高、受众层次高的特点，为很多商家所欢迎。

① 主题：工薪变频　海信制造。
② 形式："工薪变频　海信制造"产品功能介绍及价位说明。
③ 时间：当地工薪变频空调上市日发布。
④ 相关事宜，如表4-12所示。

表4-12　直投广告相关事宜

序号	内　　容	主办人	协办人	日期
1	了解当地现有直投广告公司，确定版面与尺寸	各地办事处		
2	与所选择的直投广告公司联系，确定版面与尺寸	各地办事处		
3	确定发布时间、周期			
4	落实发布所需费用			
5	与直投广告公司确定最后交稿时间			
6	设计直投广告样稿		市场部	×××
7	将设计稿送交直投广告公司			

[附件4]　新品推介会

1. 活动目的

通过在商场门口举办产品推介活动，推介"工薪"变频空调的新品，吸引消费者积极参与，拉近海信空调与消费者的情感距离，增强品牌亲和力，提高海信空调的知名度和美誉度，使"工薪变频　海信制造"这一观念深入人心，最终带动市场销售。

2. 活动地点

主会场所为当地一家大型商场，分会场由各地办事处负责选定几家大型商场。

3. 活动时间

20××年3月，其中以星期六、星期日为佳。

4. 活动前期准备

新品推介会活动前期准备如表4-13所示。

表4-13　新品推介会活动前期准备表

序号	项　　目	责任人	协办人	日期
1	联系活动场地	城管等部门审批	办事处经理	
2	确定活动总策划人和策划人、参加人、主持人、礼仪小姐、促销员	办事处经理		
3	活动宣传品设计印刷，拱门、条幅、竖幅、彩旗、升空气球、背景板、绶带、大转盘、有奖答卷	××	××	
4	活动宣传品制作	办事处经理	当地广告公司	
5	准备活动用品：户外工作台、台布、工作椅、饮料、音响、话筒、声音测试器、户外产品展台	办事处经理		

（续表）

序号	项　　目	责　任　人	协　办　人	日期
6	准备活动礼品：负离子发生器、厨房三件套、圆珠笔、小气球			
7	活动现场布置	办事处经理	当地广告公司	

5. 户外活动内容及程序

户外活动内容及程序如表4-14所示。

表4-14　户外活动内容及程序表

序号	活　动　内　容	备　　注
1	背景音乐中，主持人宣布活动开始	
2	海信空调领导发表讲话，时间在5分钟左右	
3	邀请观众4人一组进行大声说话比赛，说话内容为"3 880元，海信变频空调搬回家"。4人分别对着声音测试器讲话，以测出的声音大小分贝数决定比赛名次 一等奖：负离子发生器 二等奖：厨房三件套用具 三等奖：圆珠笔 四等奖：小气球	活动宜在当地工薪变频空调上市日上午9:30开始，10:30结束，活动时间为1小时； 小游戏根据具体情况，由主持人决定进行一组比赛或多组比赛。注意维持现场秩序，避免发生人流混乱等局面
4	由两名礼仪小姐缓缓地掀开覆盖在"工薪"变频空调新品上的红色天鹅绒布，空调新品展露真容	
5	技术人员推介新品，对其主要功能做重点介绍。与主持人密切配合，采用一问一答式，其中穿插幽默话语，活跃气氛	
6	邀请观众4人一组进行快速说话比赛，说话内容为"工薪变频，海信制造""让科技贴近百姓，让变频走进万家""3 880元，海信变频空调搬回家"。用秒表分别计测说话时间，以时间长短决定获奖名次，时间短者获胜 一等奖：负离子发生器 二等奖：厨房三件套用具 三等奖：圆珠笔 四等奖：小气球	

[附件5] 促销活动

1. 活动目的

通过系列促销活动吸引消费者购买海信空调，拉动销售。

2. 活动地点

主会场为当地一家大型商场，分会场由各地办事处负责选定几家大型商场。

3. 活动时间

20××年3月，其中以星期六、星期日为佳。

4. 活动内容

(1) 凡持本次活动的报纸广告者均可以到主会场领取海信精美礼品一份。

(2) 凡参加本次活动，填写海信答题卡者均可参加海信空调大转盘抽奖活动，100%中奖，奖品从价值几元到几百元不等。

(3) 凡参加本次活动，填写海信答题卡者均可参加每天下午4:00的抽奖活动，奖品分为一等奖海信空调 KFR-×××一台(1名)；二等奖海信21寸彩电一台(1名)；三等奖海信无绳电话一部(1名)。

(4) 凡于当天购买海信空调者，均可参加海信空调在主会场下午4:00的抽奖活动，一等奖全额返回购机款(1名，100%返回购机款，超过5 000元以5 000元计算)；二等奖50%返回购机款(1名)；三等奖30%返回购机款(1名)。

5. 相关事宜

(1) "工薪变频"的培训教程，统一口径，减少失误。

(2) 促销员需全面了解"工薪变频"活动的全部内容、活动细则。

(3) 办事处促销员的集中培训。

(4) 售后服务的跟进措施。

(5) 新款机器的备货和销售高峰期的应对措施。

(6) 代理批发商统一口径，了解事件(培训或召开相应的会议)。

(7) 活动正式"启动前"，产品的到货情况：生产、运输。

(8) 出现断货现象的解释和对应策略。

6. 售场内活动内容及程序

售场内活动的内容及程序见表4-15。

表4-15　售场内活动内容及程序表

序号	项　　目	责任人	协办人	日期
1	联系活动场地	城管等部门审批	办事处经理	
2	确定活动具体负责人、参加人、主持人、礼仪小姐、促销员	办事处经理		
3	活动宣传品设计印刷，拱门、条幅、竖幅、彩旗、升空气球、背景板、绶带、大转盘、有奖答卷	××	××	
4	活动宣传品制作	办事处经理	当地广告公司	
5	准备活动用品：户外工作台、台布、工作椅、饮料、音响、话筒、声音测试器、户外产品展台	办事处经理		
6	准备活动礼品：负离子发生器、厨房三件套、圆珠笔、小气球			
7	活动现场布置	办事处经理	当地广告公司	

7. 户外活动内容及程序

促销活动户外活动内容及程序如表4-16所示。

表4-16 促销活动户外活动内容及程序表

序号	活 动 内 容	备 注
1	活动当天,在各商场门口由礼仪小姐向进入商场的消费者发放有奖问卷	
2	消费者现场填写答卷	
3	消费者将有奖答卷交给商场内的海信空调展区促销员,报纸广告读者持报纸广告上的有奖答卷填写正确后,到商场内的海信空调展区交给促销员	① 活动时间为当地工薪变频上市日,星期六、星期日全天进行
4	促销员仔细检查答卷,确认无误后,投入抽奖箱内,让消费者有秩序地转动大转盘	② 活动前一天,布置好活动售场,大转盘摆放到位,礼品准备充足。大转盘设计器由市场部负责提供
5	指针指在何等奖区,消费者即可获得何等奖品 一等奖:负离子发生器 二等奖:厨房三件套用具 三等奖:圆珠笔 纪念奖:小气球	③ 控制人流量,避免出现混乱无序的局面。建议每隔半小时发放一次有奖答卷,每次发放视人流状况约30~50份
6	当场发放奖品并进行登记,一份答卷一份奖品,避免虚报	④ 分公司负责人应在活动当天到各商场巡回检查,及时调整
7	促销员在消费者转动转盘时,不失时机地向消费者介绍海信空调	
8	下午4点在公证员公证下,对当天所收集的答卷进行抽奖,一等奖、二等奖、三等奖各一名,奖品分别为 一等奖:价值3 880元的变频空调一台 二等奖:海信21寸彩电一台 三等奖:海信无绳电话一部	
9	当天所有的购机用户,均发放一张幸运奖券,消费者按要求填写后,投入商场抽奖箱内,于下午3:50分集中在主活动场抽奖	
10	上述抽奖活动结束后,抽出当日幸运消费者3名(一等奖、二等奖、三等奖各一名),奖品分别为 一等奖:返回购机款,价值超过5 000元按5 000元计算 二等奖:返还购机款的50% 三等奖:返还购机款的30%	

[附件6] "工薪变频 海信制造"活动促销员培训课程(提纲)

(1) 何谓"工薪"变频空调?海信公司为什么要推出"工薪"变频空调?

(2) 海信空调推出的"工薪"变频空调现有哪些机型与型号?

(3) 与一般的变频空调相比,功能有何差别?"工薪"变频空调主要有哪些功能?

(4) 价格低了,是否意味着选用劣质元器件?质量是否有保证?

(5) 与其他变频空调相比,"工薪"变频空调有何不同?为什么价格便宜?(为什么工薪变频空调与一般的变频空调在价格上相差那么大？)

(6) 购买"工薪"变频空调后，是否仍然享受海信空调的超级服务措施？(购买此款空调后，售后服务是否会受到影响？)

(7) "工薪"变频空调能否再降价？其他的变频空调是否也会降到这个价位？

(资料来源：徐育斐. 市场营销策划[M]. 大连：东北财经大学出版社，2003.)

复习思考题

1. 企业为什么需要营销计划？
2. 营销计划应该包括哪些基本内容？
3. 有效的营销计划是什么样的？
4. 营销计划的实施需要哪些基本保障？
5. 简述销售计划的编制流程。

第五章

产品策略

产品策略是市场营销战略的核心，其他策略(价格策略、渠道策略和促销策略等)都要围绕产品策略展开。

第一节 产品整体概念

何为产品？传统观念认为，产品是指通过劳动而创造的有形物品。这是狭义的产品概念。按照市场营销观念，产品是指能提供给市场，用于满足人们某种需要和欲望的任何事物，包括实物、服务、场所、组织、思想和观点等。可见，产品概念已经远远超越传统有形实物的范畴，思想、观点等作为产品的重要形式也能进入市场交换。国际营销大师菲利普·科特勒认为产品整体概念包括五个层次，如图 5-1 所示。

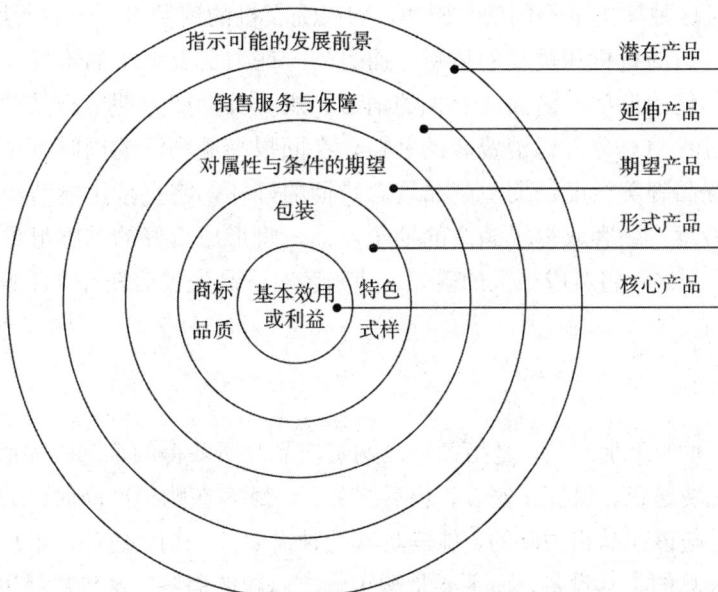

图 5-1 产品整体概念的五个层次

(一) 核心产品

核心产品也叫实质产品，是指消费者购买某种产品所追求的利益，是顾客所要购买的实质性东西。例如，对于空调来说，顾客购买的是"凉爽"；而对于化妆品来说，顾客购买的则是"美貌"。可见，消费者购买某种产品，并不是为了占有或获得产品本身，而是为了获得能满足某种需要的效用或利益。市场营销人员应善于发现消费者购买产品时所追求的利益，积极开发、生产和销售消费者所需要的"东西"，努力满足其需求。

(二) 形式产品

核心产品虽然是产品整体概念中最基本、最重要的部分，但是，对于消费者来说，它只是一个抽象的概念，它必须借助一定的形式才能具体地被消费者所把握。形式产品是核心产品得以实现的形式，即向市场提供的能满足某种需要的产品实体或服务的外观，包括品质、式样、特征、商标及包装。例如，对于洗衣机，其形式产品就是其产品质量、外观式样、品牌名称和包装；对于电影院，则指其是一个包含有很多座椅及放映设施的建筑物。

如果是实体物品，它在市场上通常表现为产品质量水平、外观特色、款式、品牌名称和包装等内容；作为服务的有形产品，也具有类似的特征。这些特征是购买者选购时的依据。市场营销者应从满足消费者所追求的利益出发进行产品设计，将核心产品转变成有形的东西，以便更好地满足顾客的需求。

(三) 期望产品

期望产品是指购买者在购买产品时期望得到的与产品密切相关的一整套属性和条件。不同的人对这种期望是不同的，例如，购买洗衣机的消费者，一般所期望的是洗涤、甩干功能以及合适的价格和优良的质量，而另外一些消费者追求的不仅仅是以上的属性和条件，还有其他的期望，诸如洗衣机的消毒、烘干等功能。期望产品理念要求企业在生产设计销售过程中充分考虑消费者的利益，在回报高额利润的同时，企业应尽可能让顾客满意，增强品牌美誉度。期望产品理念贯彻的好坏，将直接影响消费者对产品的信任度与品牌忠诚度。顾客取得了满意的期望产品，将形成良好的品牌形象，从而真正认知并认可品牌；反之，将造成极大的落差，使顾客对产品失去信任并产生怀疑，继而转向其他产品。

(四) 延伸产品

延伸产品，也叫附加产品，是指顾客在购买产品时所获得的全部附加服务和利益，包括提供信贷、免费送货、保证、安装、售后服务等。顾客在购买产品时，需要的不仅仅是产品本身，而是与该产品相关联的、能满足其某种需要的一切。例如，用户购买计算机不仅是购买进行计算的工具设备，而主要是购买解决问题的服务，这包括使用说明、软件程序、安装、调试和简便的维修方法等。市场营销人员必须正视这种基于产品附加内容的整体消费体系进行"系统销售"，不仅要提供适应消费者需要的形式产品和核心产品，还要提供更多的延伸产品。事实上，如今的竞争更多体现在延伸产品层次，只有向购买者提供更多实际利益的延伸产品，才能在激烈的市场竞争中取胜。

(五) 潜在产品

潜在产品是指产品最终可能的所有增加和改变的利益，它是在核心产品、形式产品、期望产品、附加产品之外，能满足消费者潜在需求的，尚未被消费者意识到，或者已经被意识到但尚未被消费者重视或消费者不敢奢望的一些产品价值。潜在产品指出了现有产品可能的演变趋势和前景，如彩色电视机可发展成为录放映机、电脑终端机等。

产品整体概念的五个层次比以往的核心产品、形式产品、附加产品三个层次更能深刻而准确地表述产品整体概念，更能体现以顾客为中心的现代营销理念。因为这一概念的内涵和外延都是以消费者需求为标准的，是由消费者的需求来决定的。对产品整体概念的理解是真正贯彻现代营销观念的开始。

第二节　产品生命周期策略

产品生命周期(product life cycle，PLC)是指产品的市场寿命。一种产品进入市场后，它的销售量和利润都会随时间推移而改变，呈现出由少到多、由多到少的过程，就如同人的生命一样，由诞生、成长到成熟，最终走向衰亡，这就是产品的生命周期现象。所谓产品生命周期，是指产品从进入市场开始，直到最终退出市场为止所经历的市场生命循环过程。产品只有经过研究开发、试销，然后进入市场，它的市场生命周期才算开始。产品退出市场，则标志着生命周期的结束。

典型的产品生命周期的四个阶段呈现出不同的市场特征，企业的营销策略也就以各阶段的特征为基点来制定和实施。

一、介绍期的营销策略

(一) 介绍期的特点

介绍期的特征是产品销量少，促销费用高，制造成本高，销售利润很低甚至为负值。根据这一阶段的特点，企业应努力做到：投入市场的产品要有针对性；进入市场的时机要合适；设法把销售力量直接投向最有可能的购买者，使市场尽快接受该产品，以缩短介绍期，更快地进入成长期。

(二) 介绍期的策略

在产品的介绍期，一般可以由产品、分销、价格、促销四个基本要素组合成各种不同的市场营销策略。仅将价格高低与促销费用高低结合起来考虑，就有以下四种策略：

1. 快速撇脂策略

快速撇脂策略是指以高价格、高促销费用推出新产品。实行高价策略可在每单位销售额中获取最大利润，尽快收回投资；高促销费用能够快速建立知名度，占领市场。实施这一策略须具备以下条件：产品有较大的需求潜力；目标顾客求新心理强，急于购买新产品；企业面临潜在竞争者的威胁，需要及早树立品牌形象。一般而言，在产品引入阶段，只要新产品比替代的产品有明显的优势，市场对其价格就不会那么计较。

2. 缓慢撇脂策略

缓慢撇脂策略是指以高价格、低促销费用推出新产品，目的是以尽可能低的费用开支求得更多的利润。实施这一策略的条件是：市场规模较小；产品已有一定的知名度；目标顾客愿意支付高价；潜在竞争的威胁不大。

3. 快速渗透策略

快速渗透策略是指以低价格、高促销费用推出新产品。目的在于先发制人，以最快的速度打入市场，取得尽可能大的市场占有率。然后再随着销量和产量的扩大，使单位成本降低，取得规模效益。实施这一策略的条件是：该产品的市场容量相当大；潜在消费者对产品不了解，且对价格十分敏感；潜在竞争较为激烈；产品的单位制造成本可随生产规模和销售量的扩大迅速降低。

4. 缓慢渗透策略

缓慢渗透策略是指以低价格、低促销费用推出新产品。低价可扩大销售，低促销费用可降低营销成本，增加利润。这种策略的适用条件是：市场容量很大；市场上该产品的知名度较高；市场对价格十分敏感；存在某些潜在的竞争者，但威胁不大。

二、成长期市场营销策略

(一) 成长期的特点

新产品经过市场介绍期以后，消费者对该产品已经熟悉，消费习惯也已形成，销售量迅速增长，这种新产品就进入了成长期。进入成长期以后，老顾客重复购买，并且带来了新的顾客，产品的销售量激增，企业利润迅速增长，在这一阶段利润达到高峰。随着销售量的增大，企业生产规模也逐步扩大，产品成本逐步降低，新的竞争者会投入竞争。随着竞争的加剧，新的产品特性开始出现，产品市场开始细分，分销渠道增加。

(二) 成长期的策略

针对成长期的特点，企业为维持其市场增长率，延长获取最大利润的时间，可以采取以下几种策略：

1. 改善产品品质

如改变产品款式，增加新功能，发展新型号，开发新用途等。对产品进行改进，可以提高产品的竞争能力，满足顾客更广泛的需求，吸引更多的顾客。

2．寻找新的细分市场

通过市场细分，找到新的尚未满足的细分市场，根据其需要组织生产，迅速进入这一新的市场。

3．改变广告宣传的重点

把广告宣传的重心从介绍产品转到树立产品形象上来，打造产品名牌，维系老顾客，吸引新顾客。

4．适时降价

在适当的时机，可以采取降价策略，以激发那些对价格比较敏感的消费者产生购买动机和采取购买行动。

三、成熟期市场营销策略

(一) 成熟期的特点

产品进入成熟期以后，销售量增长缓慢，逐步达到最高峰，然后缓慢下降；销售利润也从成长期的最高点开始下降；市场竞争非常激烈，各种品牌、各种款式的同类产品不断出现。

(二) 成熟期的策略

对成熟期的产品，企业宜采取主动出击的策略，使成熟期延长，或使产品生命周期出现再循环。为此，可以采取以下三种策略：

1．市场调整

这种策略不是要调整产品本身，而是发现产品的新用途、寻求新的用户或改变推销方式等，以使产品销售量得以扩大。

2．产品调整

通过产品自身的调整来满足顾客的不同需要，吸引有不同需求的顾客。整体产品概念的任何一个层次的调整都可视为产品再推出。

3．市场营销组合调整

通过对产品、定价、渠道、促销等营销组合因素加以综合调整，刺激销售量的回升。常用的方法包括降价、提高促销水平、扩展分销渠道和提高服务质量等。

四、衰退期市场营销策略

(一) 衰退期的特点

衰退期的主要特点是：产品销售量急剧下降；企业从这种产品中获得的利润很低甚至为零；大量的竞争者退出市场；消费者的消费习惯已发生改变等。

(二) 衰退期的策略

面对处于衰退期的产品，企业需要进行认真研究，谨慎决策，决定采取恰当的策略。通常有以下几种策略可供选择：

1. 继续策略

继续沿用过去的策略，按照原来的细分市场，使用相同的分销渠道、定价及促销方式，直到这种产品完全退出市场为止。

2. 集中策略

把企业能力和资源集中在最有利的细分市场和分销渠道上，从中获取利润。这样有利于缩短产品退出市场的时间，同时又能为企业创造更多的利润。

3. 收缩策略

抛弃无希望的顾客群体，大幅度降低促销水平，尽量减少促销费用，以增加利润。这样可能导致产品在市场上的衰退加速，但也能从忠实于这种产品的顾客中得到利润。

4. 放弃策略

对于衰退比较迅速的产品，应该当机立断，放弃经营。可以采取完全放弃的形式，如把产品完全转移出去或立即停止生产；也可采取逐步放弃的方式，使其所占用的资源逐步转向其他的产品。

第三节 产品组合策略

一、产品组合的含义

产品组合是指一个企业在一定时期内生产经营的各种不同产品的全部产品、产品项目的组合。产品好比人一样，都有其由成长到衰退的过程。因此，企业不能仅仅经营单一的产品，世界上很多企业经营的产品往往种类繁多，如美国光学公司生产的产品超过 3 万种，美国通用电气公司经营的产品多达 25 万种。当然，并不是经营的产品越多越好，一个企业应该生产和经营哪些产品才是有利的，这些产品之间应该有些什么配合关系，这就是产品组合问题。

二、产品组合的构成因素

产品组合包括四个因素：产品系列的宽度、长度、深度和关联性。

(一) 产品组合的宽度

产品组合的宽度是指企业的产品线总数。产品线也称产品大类、产品系列，是指一组密切相关的产品项目。这里的密切相关可以是使用相同的生产技术，产品有类似的功能，同类的顾客群，或同属于一个价格幅度。对于一个家电生产企业来说，可以有电视机生产线、电冰箱生产线。产品组合的宽度说明了企业的经营范围大小、跨行业经营，甚至实行多角化经营程度。增加产品组合的宽度，可以充分发挥企业的特长，使企业的资源得到充分利用，提高经营效益。此外，多角化经营还可以降低风险。

(二) 产品组合的长度

产品组合的长度是指一个企业的产品项目总数。产品项目指列入企业产品线中具有不同规格、型号、式样或价格的最基本产品单位。通常，每一产品线中包括多个产品项目，企业各产品线的产品项目总数就是企业产品组合长度。

(三) 产品组合的深度

产品组合的深度是指产品线中每一产品有多少品种。如 M 牙膏产品线下的产品项目有三种，a 牙膏是其中一种，而 a 牙膏有三种规格和两种配方，因此 a 牙膏的深度是 6。产品组合的长度和深度反映了企业满足各个不同细分子市场的程度。增加产品项目，如增加产品的规格、型号、式样、花色，可以迎合不同细分市场消费者的不同需要和爱好，招徕、吸引更多顾客。

(四) 产品组合的关联性

产品组合的关联性指一个企业的各产品线在最终用途、生产条件、分销渠道等方面的相关联程度。较高的产品关联能为企业带来规模效益和企业的范围效益，提高企业在某一地区、行业的声誉。

四个要素与促进产品销售、增加利润都有密切的关系。一般来说，拓宽、增加产品线有利于发挥企业的潜力、开拓新的市场；延长或加深产品线可以适合更多的特殊需要；加强产品线之间的一致性，可以增强企业的市场地位，发挥和提高企业在有关专业上的能力。

三、产品组合的基本策略

根据以上产品线分析，针对市场的变化，调整现有产品结构，从而寻求和保持产品结构最优化，这就是产品组合策略，具体包括如下策略：

(一) 扩大产品组合策略

扩大产品组合策略是开拓产品组合的广度和加强产品组合的深度的一种策略。开拓产品组合广度是指增添一条或几条产品线，扩展产品经营范围；加强产品组合深度是指在原有的产品线内增加新的产品项目。具体方式有：

(1) 企业在维持原产品品质和价格的前提下，增加同一产品的规格、型号和款式。

(2) 企业增加不同品质和不同价格的同一种产品。

(3) 企业增加与原产品相类似的产品。

(4) 企业增加与原产品毫不相关的产品。

扩大产品组合的优点包括：满足不同偏好的消费者多方面的需求，提高产品的市场占有率；充分利用企业信誉和商标知名度，完善产品系列，扩大经营规模；充分利用企业资源和剩余生产能力，提高经济效益；降低市场需求变动性的影响，分散市场风险，降低损失程度。

(二) 缩减产品组合策略

缩减产品组合策略是削减产品线或产品项目，特别是要取消那些获利小的产品，以便集中力量经营获利大的产品线和产品项目。缩减产品组合的方式有：

(1) 减少产品线数量，实现专业化生产经营。

(2) 保留原产品线，削减产品项目，停止生产某类产品，外购同类产品继续销售。

缩减产品组合的优点有：集中资源和技术力量改进保留产品的品质，提高产品商标的知名度；生产经营专业化，提高生产效率，降低生产成本；有利于企业向市场的纵深发展，寻求合适的目标市场；减少资金占用，加速资金周转。

(三) 高档产品策略

高档产品策略，就是在原有的产品线内增加高档次、高价格的产品项目。

实行高档产品策略主要有这样一些益处：高档产品的生产经营容易为企业带来丰厚的利润；可以提高企业现有产品声望，提高企业产品的市场地位；有利于带动企业生产技术水平和管理水平的提高。

采用这一策略的企业也要承担一定风险。因为，企业惯以生产廉价产品的形象在消费者心目中不可能立即转变，使得高档产品不容易很快打开销路，从而影响新产品项目研制费用的迅速收回。

(四) 低档产品策略

低档产品策略，就是在原有的产品线中增加低档次、低价格的产品项目。

实行低档产品策略的好处是：借高档名牌产品的声誉，吸引消费水平较低的顾客慕名购买该产品线中的低档廉价产品；充分利用企业现有生产能力，补充产品项目空白，形成产品系列；增加销售总额，扩大市场占有率。

与高档产品策略一样，低档产品策略的实行能够迅速为企业寻求新的市场机会，同时也会带来一定的风险。如果处理不当，可能会影响企业原有产品的市场声誉和名牌产品的市场形象。

第四节 新产品开发策略

新产品开发策略是指企业通过改进原有产品或增加新产品而达到扩大销售目的的一种策略。新产品开发策略在企业市场营销决策中占有非常重要的地位。

一、防卫型策略

防卫型策略，就是在企业对其经营状况基本上感到满意的情况下，维持和强化企业现有产品的策略。这种策略的着眼点是控制风险的出现，确定有限的最高目标，尽可能减少因开发失败而造成的损失。

在防卫型策略指导下制定的任何新产品计划都表现为保住市场份额，防止利润下降，维持原有经营状况。所谓维持是在环境动态变化中的相对维持，因为社会经济发展的总趋势是向前的。这种策略所利用的革新手段主要是在市场营销方面，降低产品成本、提高质量等。其革新的程度通常是很有限的，开发的多为市场型新产品。技术上以应用适用技术或仿制为主。与这种策略相适应的投放产品的时机，一般不采取领先或抢先进入市场，但也不愿成为落伍者。

二、进攻型策略

进攻型策略，就是主动出击，进攻的目标是市场，要求掌握市场投放时机，要么最先投放，要么紧跟第一家，以便取得足够的市场份额。

采用这种策略，在产品开发过程中会伴有更多的创造性活动。同时风险也更大。这种策略的目标就是通过增加销量和提高市场占有率实现企业的较快发展。有的企业进攻型策略的实现完全依附于一两个技术方面的革新成果，而大多数企业则将市场营销和技术改革相结合。

总的来说，进攻型策略要承担更大的风险以换取高额利润，但与风险型策略相比，仍然属于有节制的冒险。无风险的改革是没有的，关键要看企业有多大的承受能力。

三、风险型策略

当进攻型策略不完全满足企业希望达到的经营目标，或不适应企业希望达到的经营目标，或企业确认不采取更冒险的策略就无法提高市场占有率时，可以选择风险型开发策略。采取这种策略需要有雄厚的资金，投放市场时机往往是抢先占领市场或者紧跟第一家投放者。

风险型策略以迅速成长为目标，通常不仅强调产品的最终用途的新颖性，而且强调技术的进步作用，并常常以技术的重大突破作为开发工作的中心。以这种策略为指导所开发的新产品，在技术性能、结构特征、品牌与包装等方面的异样化程度应当具有相当的独特性，否则不可能实现企业所确定的大步向前的目标。这样的新产品一旦开发成功，风险即转变为巨大的盈利机会。这正是采取这种冒险策略的企业家所追逐的目标。

四、反应型策略

反应型策略的目的是对前期所产生的各种问题进行处理。对于风险承担能力有限的企业来说，比较适合于采取反应型策略，来应对以下五种问题。

(1) 需要对现有产品或市场投入更多的资源；

(2) 新产品革新成果不易保护；

(3) 新产品市场太小，难以弥补开发费用的支出；

(4) 有可能因为竞争者的模仿而被挤垮；

(5) 其他新产品有可能抢走本企业的分销渠道。

五、预测型策略

采用预测型策略的企业需积极准备，明确将资源分配到将来准备夺取的领域。有些企业处于非常有利于革新的地位，可以采取预测型策略开发新产品。这些企业的条件包括：①总体战略目标是成长；②敢于进入新的领域或市场；③拥有开发新产品所需要的资源和时机；④取得保护专利或有保护市场的能力；⑤有进入高销量或高增值市场的能力；⑥分销渠道稳定而畅通；⑦难以被竞争者模仿。

另外，制定正确的新产品开发策略，要遵循以下三个原则：

(1) 服从企业总体经营战略的要求。新产品开发策略的产品决策是企业经营决策的一个部分，而战略性的经营决策应当并已经在企业资源与外部环境之间做出了最佳选择。所以制定新产品开发策略首先应该服从总体经营战略的要求。

(2) 准确定义新产品开发的目标。只有准确定义新产品开发目标，才能约束和限定开发工作的方向，并有助于在开发过程中对执行情况做自身评价，制定正确的新产品营销计划。

(3) 对开发过程中所需的协调、控制和决策给予原则性的指导。这样做的目的是为了避免在具体开发中出现过多的争执和冲突。

第五节　品牌策略

一、品牌概述

(一) 品牌的含义

要真正认识品牌，就要先了解品牌的定义。

哈金森和柯金认为品牌为如下六个方面的综合：视觉印象和效果、可感知性、市场定位、附加价值、形象、个性化。

广告专家约翰·菲利普·琼斯把品牌定义为：品牌是指能为顾客提供其认为值得购买的功能利益及附加价值的产品。

国际营销界最具权威的机构——美国市场营销学会所给出的品牌定义为：品牌是一种名称、术语、标记、符号或设计，或它们的组合运用，其目的是借以辨认某个销售者或某群销售者的产品及服务，并使之与竞争对手的产品和服务区别开来。

综上可知，品牌是制造商或经销商加在商品上的标志，由名称、名词、符号、象征、设计或它们的组合构成，目的是识别某个销售者或某群销售者的产品或劳务，并使之同竞争对手的产品和劳务区别开来，一般包括两个部分：品牌名称和品牌标志。

品牌是通过以上这些要素及一系列市场活动而表现出来的结果所形成的一种形象认知度、感觉、品质认知，以及通过这些而表现出来的客户忠诚度，总体来讲它属于一种无形资产。

品牌创建是一个系统工程，需要激情、智慧与信念。品牌的强大取决于品牌领导力，其中，定位是方向，平衡是方略；平衡中蕴含定位，定位使平衡具有力量。

品牌是企业或品牌主体(包括城市、个人等)一切无形资产总和的全息浓缩，而"这一浓缩"又可以以特定的"符号"来识别。它是主体与客体、主体与社会、企业与消费者相互作用的产物。

品牌是用以识别某个销售者或某群销售者的产品或服务，并使之与竞争对手的产品或服务区别开来的商业名称及其标志，通常由文字、标记、符号、图案和颜色等要素或这些要素的组合构成。

(二) 品牌的本质

质量是品牌的本质、基础，也是品牌的生命，名牌的显著特征就是能提供更高的可感觉的质量。世界上的知名品牌如奔驰、IBM、摩托罗拉、麦当劳等无不体现着高质量，质量历来被视作名牌的生命，这是由质量的重要性决定的。

质量是品牌的灵魂，为什么顾客青睐名牌，甚至不惜以高价购买？因为名牌所体现的质量优势，名牌从来都是以优质为基础的。品质是企业创名牌的根本，是使顾客产生信任感和追随度的最直接原因，是品牌大厦的根基。没有高品质，不可能成为真正的名牌，甚至可能会导致企业经营失败。

(三) 品牌支持

服务是产品整体不可分割的一部分，在当今市场竞争中已成为市场竞争的焦点。为顾客提供优质、完善的服务是企业接近消费者，打动消费者的捷径，也是企业品牌树立的途径。世界上知名企业在创名牌时，无不把为用户尽善尽美的服务作为他们成功的标志。正如美国著名的管理学家托马斯·彼得斯和罗伯特·沃特曼调查研究了全美最杰出的 43 家企业后指出的：这些公司不管属于机械制造业，或高科技工业，或卖汉堡的食品业，他们都以服务业自居。

服务可以减少或避免顾客的购买风险，为顾客提供超值的满足，服务是创品牌的利器，也是品牌组成不可缺少的重要部分。我们在了解品牌、树立品牌时，一定要看到品牌背后的企业服务。这些服务包括：售前调研、收集资料、征询意见；售中咨询、提供样品、试用；售后维修、安装、培训等。这些服务作为品牌的强力后盾，推动着品牌的成长。

(四) 品牌形象

品牌形象是指企业或其某个品牌在市场上、社会公众心中所表现出的个性特征，它体现公众特别是顾客对品牌的评价与认知。品牌形象与品牌不可分割，形象是品牌表现出来的特征，反映了品牌实力与品牌实质。品牌形象由顾客评价，使之成为赢得顾客忠诚的重要途径。另外，品牌形象直接影响着企业内职工的凝聚力，影响着企业的生存环境。

俗话说：产品是企业的，品牌却在消费者的心里。要想在消费者心里建立起一定的品牌，没有良好的企业形象很难在消费者心目中占有位置。因此，如果说品牌背后是文化，则品牌的脸面就是形象。

(五) 品牌依托

品牌的背后是文化，那么究竟什么是文化？有文化就一定能锻造出品牌吗？文化是打造出来的，还是一夜之间冥思苦想出来的呢？

在说明品牌与文化之前，先了解几个概念：文化、品牌文化。文化一词从广义上讲，指人类社会历史实践过程中所创造的物质财富和精神财富的总和。从狭义上讲，主要指人类意识形态，以及与之相适应的制度和组织机构，也是指特定的运作方式。所谓品牌文化，是指文化特质在品牌中的沉积，是指品牌活动中的一切文化现象。

文化与品牌联系密切，品牌的一半是文化，品牌的内涵是文化，品牌也属于文化价值的范畴，是社会物质形态和精神形态的统一体，是现代社会的消费心理和文化价值取向的结合。同时，品牌包含着文化，品牌以文化来增强品牌附加值。品牌文化与社会文化、企业文化、包装文化、设计文化、服务文化等相关联。

文化支撑着品牌的丰富内涵，品牌展示着其代表的独特文化魅力，文化与品牌相辅相成，相映生辉，没有文化就不可能创造品牌，更不可能成就名牌。世界著名品牌无不以独特的文化魅力吸引着消费者，没有这些文化就不会有这样的世界名牌。

文化内涵给予品牌的充实常使品牌充满生机，具有无穷的生命力。曾经的南方黑芝麻糊与孔府家酒在短短几年名震全国，得益于其"想家"与"故里"的中国"叶落归根"及传统守家观念等文化内涵的影响。红豆集团在文化运用方面也表现不俗，它把王维的《红豆》一诗演绎到衬衣产品中，把中国诗文化与思念的情文化赋予产品中，给产品深厚的文化底蕴。在服装中，还有中国的旗袍、印度的沙丽、欧美的西装均因文化气质鲜明而走向世界，为不同国家的消费者所喜爱。

品牌与文化是一个值得深入研究的课题，在处理这一问题时注意品牌文化与社会文化、企业文化、广告文化等的结合，合理地为品牌注入文化内涵，增加其附加值。品牌尤其名牌不是一个单一的事物，质量、管理、创新、服务、广告、公关、形象、文化均是其要件，品牌只有综合运用这些因素，成功地进行运作才有可能成功，而世界上众多的著名品牌无不在这些方面有杰出表现。

二、品牌战略管理

企业要打造强势品牌，必须进行品牌战略管理。一个完整的品牌战略管理系统包括品牌调研诊断、规划品牌愿景、提炼品牌核心价值、制定品牌宪法、设置品牌机构、品牌传播推广、理性品牌延伸等内容。

(一) 品牌调研诊断

品牌调研是指对企业的品牌现状进行了解，或者对企业计划树立的品牌相关内容的资料进行搜集。对品牌把脉体检，是决定品牌战略规划成功与否的第一步。

品牌体检调研的内容包括品牌所在市场环境、品牌与消费者的关系、品牌与竞争品牌的关系、品牌的资产情况以及品牌的战略目标、品牌架构、品牌组织等。

品牌体检从调研问卷设计、质量控制到统计分析、得出结论，为品牌战略管理的后序步骤奠定基础。

市场优劣更迭的法则告诉我们，弱势品牌同样可以发展成强势品牌，而强势品牌的地位有时候并非想象的那样牢固——品牌诊断是企业发现自身品牌和竞争品牌之优劣的必要法门，企业如果要挑战强势品牌，就是要在这个环节找到突破口，它可能比想象的更重要。概括起来，品牌诊断的基本要求如下。

(1) 找寻本品牌在消费者心中识别性的驱动元素。消费者如何识别你的品牌?一个简单而有冲击力的"品牌识别"策略是品牌竞争的"准入证"，企业需要让自己的品牌更具有个性，更容易与竞争对手区别开来，使它在消费者心目中更具有识别性。例如，提到宝马就会想到汽车，提到 IBM 就会想到电脑，提到喜之郎就会想到果冻。这些都是品牌识别在起作用。

(2) 找寻本品牌在消费者心中引燃的情感元素。有什么东西可以牢牢地吸引消费者?是情感! 假如品牌无法让人在情感上得到深入心灵的体验，品牌营销就是失败的。

(3) 了解本品牌引发的记忆和联想。润肤产品要让人联想到光滑细腻的肌肤;健康食品要让人联想到活力充沛的生活。你的产品让人联想到什么?

(4) 明确品牌在消费者的生命里到底扮演什么角色。品牌是社会生活的一部分，你的品牌属于哪一部分? 一个健康使者? 一个快乐的伙伴? 一个解决问题的得力助手? 你的品牌应当成为其中的某一个。

(5) 明确是否需要改变，要怎么改变。事实上，你可以现在不改变，但你迟早需要改变。所以，你最好为将来做好充分的准备。

而对于企业计划树立的品牌除考虑以上因素外，还应了解企业声誉、品牌产品或服务的质量性能、同行业中的地位，目标受众对品牌的关注，何种因素对目标受众的品牌意识最具影响等。总之，品牌调研是发现品牌系统存在的问题或影响因素并对其进行全面了解。

经过品牌调研而发现市场先机的不乏成功案例。例如，红色罐装饮料王老吉在默默无闻7年之后，经过成美公司细致的市场调查，发现消费者在饮食时特别希望能够预防上火，而目前市场上的可乐、茶饮料、矿泉水、果汁等显然不具备这一功能，于是找准了"预防上火"的品牌诉求点，使王老吉脱颖而出，迅速飙红。相反，可口可乐也曾跌入品牌调研陷阱，1982年可口可乐花费两年时间和数百万美元进行市场调查，结果得出错误结论，改变了100年历史的传统配方。在消费者眼里，放弃传统配方就等于放弃美国精神，结果使公司产品受到了强烈的抵制，最终不得不再次启用原配方。

▶ 案 例

华润怡宝"语音码"：全民互动时代下的营销迭代

快消品行业的营销，正随着移动互联网以及Z世代的消费族群发生巨变。近日，英敏特发布了2018年全球食品饮料行业的五大趋势：消费者需要完全透明度、平衡饮食助力自我保健、食物的质感风味最关键、个性化时代的曙光来临、技术革命助力全球食品供应。

在个性化时代来临的阐述中，英敏特指出，为节省时间和资金，消费者正在试用各种渠道和技术去购买食品饮料。移动应用程序、语音控制以及其他在线和移动选项等有利于帮助消费者节省时间。值得注意的是，移动大潮已经全面左右时局——20～49岁的中国消费者，65%更喜爱移动端。这也意味着在个性化时代，移动端是重要的入口和切入点。

"语音码"划时代的意义："一花一世界"的个性化营销终于到来

全球食品饮料行业个性化时代的趋势，自然不能远离中国这个巨大市场。近日，华润怡宝旗下的魔力、火咖、午后奶茶等饮料产品，在中国市场推出"语音码"系列活动，华润怡宝的每瓶饮料都有一个独特的二维码供消费者扫码，然后通过语音许愿抽取大奖。

"语音码"的独特之处在于，它遵循了华润怡宝"一瓶一码"的逻辑。在营销上，它坚持"一物一码"，即将每瓶饮料都视为一个独立的个体，再通过"语音互动"，将饮料的个体与消费者的个体挂钩，由此打造出从物到人的独到体验。

"语音码"从瓶装饮料的独特二维码出发，融入了消费者的个性化语音，变成了"一瓶一码一体验"。整个过程都变得独一无二。并且，每位消费者独一无二的声音，都成为幸运中奖的筹码。这也意味着，传统意义上数量庞大的快消品，开始摆脱"大一统"营销模式的桎梏，真正步入"一花一世界"的个性化营销时代。

语音码：让营销立起来

传统饮料的营销，几乎都是单纯的文字与图片互动，这种二维的互动方式，在如今移动互联网大行其道、音声互动正潮的时代，正在逐步失去新鲜感。在饮料新品层出不穷的背景下，不论是品牌还是消费者，都期待一种更加有趣、更有新鲜感的营销方式创新。

如何破局？不妨剖析一下传统饮料的互动方式。以抽奖为例，要么是打开瓶盖，看到"再来一瓶""赢得大奖"或"谢谢参与"；要么是通过瓶身的二维码或者数字串，通过 APP 输入来抽奖。总归来说，瓶盖式抽奖，还是工业化大规模批量生产的产品，是属于约束选择；而二维码或数字转盘，则是通过文字方式参与互动，虽然有点个性化，但程度有限，都是视觉和触觉消费。

而华润怡宝"语音码"营销的有趣之处在于，它不仅仅需要消费者通过眼睛、手指参与互动，更需要消费者通过发出自己的声音，输入一段许愿的语音作为抽奖要素，这使得营销顿时"立起来"——它打造的是一种多维度、立体式的营销体验，这种过程，对于每一位消费者都是全然不同、独一无二的，能够在消费者脑中留下深刻印象，同时也为品牌直接加分。

华润怡宝语音码：唱响"一瓶一码"的禅

华润怡宝的"语音码"，系通过扫描二维码音声许愿，获得不同奖品。华润怡宝为此次活动设置了虚拟与现实结合兑奖模式，从网游道具到微信红包，再到"语音心愿"大奖，可以说是穿越虚拟与现实两个世界，全面、准确命中年轻消费者内心。

关注快消品营销的朋友们，可能都对华润怡宝的"一瓶一码"并不陌生。2016 年 7 月，华润怡宝推出"一瓶一码"促销装活动，凡是购买印有"码力全开，'金'喜连连"字样的魔力、火咖、午后奶茶等五款产品，消费者均可以通过扫描瓶盖内二维码抽取大奖，100%中奖的承诺告别套路。大众点评券、微信红包、流量包等广受移动平台欢迎的奖品，降低了领取门槛，拿来即用，真正让利消费者。而据华润集团官方微信数据，2016 年怡宝营业额取得双位数增长，华润形容"业绩行业领先"。这与华润怡宝注重营销创新的态度休戚相关。

此次"语音码"的推出，可以视为华润怡宝"一瓶一码"营销策略持续推进。"语音码"在"个性化族群营销"的基础上再进一步，实现了"个性化用户营销"，在节奏上承接得非常到位，唱响了"一瓶一码"的禅。

不难想象，随着"一瓶一码"策略的持续深入，华润怡宝极有可能在个性化营销上面不断开发出新的玩法，发展空间巨大。

点评：经典品质的新营销力量，前所未有的爆发

品质，始终是快消品的保障。而营销力量，则是加速器。

从品质着手，独创了怡宝自己的 SPM 质量管理体系：S—供应商、P—生产、M—市场，即贯穿整个供应链的全过程质量管理体系。而这也成了怡宝"值得信赖"的独门秘籍。对品质的坚守和对渠道的深耕，使怡宝在水饮市场迅速崛起。

2007 年，怡宝销量突破百万吨，进入了国内饮用水行业的第一阵营；2013 年进入中国饮料企业前十位，包装水市场份额突破 10%；2014 年跻身国内包装水生产企业三甲；2015 年"百亿梦想"实现，怡宝成为中国消费者触及数增长最快的品牌，成为龙头老大；2016 年，华润怡宝的营业额比 2015 年增长了两位数。

品质上的良好基础，正是华润怡宝饮料"营销发力"的后劲所在。华润怡宝的可靠经典品质，一旦与创意十足、创新十分的新营销力量结合，其爆发出来的潜质是令人惊讶与敬畏的。

在华润怡宝饮料的营销动作中，我们看到，怡宝饮料正在和年轻的消费族群建立起紧密的"情感链接"，不论是"一瓶一码""语音码"，华润怡宝的瓶装饮料都在成为年轻消费群的情感符号，是他/她们生活中的重要组成部分，也是抒怀的平台，成为Z时代的谈资和情感纽带。

或许，华润怡宝饮料，正通过其创新体系，以"一花一世界"的个性化营销力量，向SoLoMo时代致敬，也为之注入全新力量，引领中国快消品营销的再一次升级。

(资料来源：佚名. 华润怡宝语音码：全民互动时代下的营销迭代 [EB/OL]. [2017-12-18]. money.fisen.com/2017-12/18/content_20509276.htm.)

(二) 规划品牌愿景

品牌愿景就像迷雾中的灯塔，为航船指明前进的方向。简单地说，品牌愿景就是告诉消费者、股东及员工：品牌未来发展的方向是什么，品牌未来要达到什么目标。

例如，三星的品牌愿景是"成为数字融合革命的领导者"；索尼的品牌愿景是"娱乐全人类——成为全球娱乐电子消费品的领导品牌"；海信的品牌愿景是"中国的索尼"。这些品牌愿景都清晰地传递着品牌未来方向和目标的信息。

那么，如何制定品牌愿景呢？我们应该认真思索下面这些问题：

(1) 企业想进入什么市场，市场环境怎样。

(2) 企业可以投入的有效资源是什么。

(3) 企业的财务目标是什么，品牌又在这些目标里扮演什么角色。

(4) 品牌现在地位怎样，未来预期目标又如何。

(5) 现在的品牌能够达到未来目标吗。

(三) 提炼品牌核心价值

品牌核心价值是品牌的灵魂和精髓，是企业一切营销传播活动围绕的中心。提炼品牌核心价值应遵循以下原则：

(1) 品牌核心价值应有鲜明的个性。当今需求愈发呈现多元化性质，没有一个品牌能成为通吃的"万金油"，只有高度差异化、个性鲜明的品牌核心价值才能"万绿丛中一点红"，以低成本吸引消费者眼球。例如，宁波大红鹰集团的"胜利"、深圳海王的"健康成就未来"、海尔的"真诚到永远"、格兰仕的"真诚，让顾客感动"等。

(2) 品牌核心价值要能拨动消费者心弦。提炼品牌核心价值，一定要揣摩透消费者的价值观、审美观、喜好、渴望等，打动他们的内心。

(3) 品牌核心价值要有包容性，为今后品牌延伸预埋管线。如果随着企业发展，品牌需要延伸，发现原来的品牌核心价值不能包容新产品，再去伤筋动骨地改造，则将造成巨大的浪费。

(四) 制定品牌宪法

品牌核心价值确定后，应该围绕品牌核心价值制定品牌宪法，使其具有可操作性。品牌宪法是统帅企业一切营销传播活动的大法，它使企业一切营销传播活动有法可依，有章可循。品牌宪法由品牌战略架构和品牌识别系统构成。

1. 品牌战略架构

品牌战略架构主要确定以下问题：

(1) 企业是采取单一品牌战略，还是多品牌战略、担保品牌战略等。

(2) 企业品牌与产品品牌的关系如何处理，是采用"宝洁——潘婷"，还是像 SMH 公司那样，根本就不希望消费者知道雷达、浪琴是 SMH 公司的品牌。

(3) 企业发展新产品，是用新品牌，还是用老品牌来延伸，还是采用副品牌来彰显新产品个性。

(4) 新品牌、副品牌的数量多少合适。

(5) 如何发挥副品牌反作用于主品牌的作用等。

品牌战略架构是事关企业发展的大事，战略架构决策的正确与否会导致企业成千上亿资产的得失，甚至企业的命运。例如，雀巢公司曾经推出"飘蓝"矿泉水，但投入巨大，收效甚微，2001 年改用"雀巢"作为矿泉水的品牌，结果未做多大的广告投入，产品便很快占领市场。如果雀巢公司没有及时、果断采取措施，那么，成千上亿的费用就会白白流走。

2. 品牌识别系统

品牌识别系统包括品牌的产品识别、理念识别、视觉识别、气质识别、行为识别、责任识别等。在这些识别系统中，具体界定规范了一个品牌的企业理念文化、价值观和使命、品牌的产品品质、特色、用途、档次、品牌的产品包装、VI 系统、影视广告、海报、品牌的气质特点、品牌在同行业中的地位、品牌的企业社会责任感、品牌的企业行为制度、员工行为制度等。

这些品牌识别系统具体界定了企业营销传播活动的标准和方向，使品牌核心价值这个抽象的概念能和企业日常活动有效对接，具有可操作性。把品牌战略的文字性东西，分解到产品的研发、生产、品质、特色、渠道、广告、促销、服务等方面，甚至每个员工的行为上。

(五) 设置品牌机构

目前，我国许多企业非常重视品牌管理，但品牌管理的组织机构设置并不科学。许多企业品牌经理设置在市场部中，等同于一般意义的广告经理，他们的作用也只是广告宣传、视觉设计等，还没有在品牌战略管理层面发挥作用。

而像宝洁这样真正的品牌管理型公司，品牌经理几乎就是某个品牌的"小总经理"，他们要负责解决有关品牌的一切问题，通过交流、说服调动公司所有的资源，为品牌建设服务。这种定位使他们成为品牌真正的主人。

当然，品牌管理组织机构的设置没有放之四海而皆准的法则，生搬硬套"宝洁"的做法也并非可取之策，企业更应该结合自身情况。对于实力雄厚、品牌较多的企业可以借鉴宝洁的经验。例如，上海家化实施品牌经理制度就取得了成功。对于其他多数以品牌为核心竞争力的企业，建议成立一个由精通品牌的公司副总挂帅，市场部或公关企划部主要负责，其他部门参与的品牌管理组织，从而有效组织调动公司各部门资源为品牌建设服务。品牌管理组织应拥有产品开发制造权、市场费用支配权、产品价格制定权等，从而把握品牌发展的大方向。

(六) 品牌传播推广

品牌战略一旦确定，就应该进行全方位、多角度的品牌传播与推广，使品牌深入人心。

品牌传播与推广没有一成不变的模式，脑白金的广告轰炸脱颖而出，星巴克的无广告经营照样一枝独秀，企业应该结合自身情况制定相应的传播与推广策略。

品牌传播与推广应把握以下原则：

(1) 合理布局运用广告、公关赞助、新闻炒作、市场生动化、关系营销、销售促进等多种手段。例如，可口可乐在中国捐建了 50 多所希望小学和 100 多个希望书库，使 6 万多名儿童重返校园。单一的广告往往只能提高品牌知名度，难以形成品牌美誉度，更难积淀成品牌文化。

(2) 根据目标消费群的触媒习惯选择合适的媒体，确定媒体沟通策略。媒体不一定必须是央视、卫视，但一定要适合产品阶段与市场阶段。

(3) 品牌传播要遵守聚焦原则。千万不可将有限的资源"撒胡椒面"似的盲目乱投，而应进行合理规划与聚焦，在某一区域市场"集中兵力打歼灭战"。例如，脑白金刚问世时，史玉柱向朋友借了 50 万元，投入 10 万元在无锡江阴这个小县城做广告宣传，很快便在当地产生了市场效应，为其进军全国市场走好了第一步。

(4) 品牌传播要持久、持续。品牌的提升是一项系统工程，需要长久的投入与坚持，"老鼠啃仓"的结果只能是前功尽弃、半途而废。

(七) 理性品牌延伸

所谓品牌延伸，就是指一个品牌从原有的业务或产品延伸到新业务或产品上，多项业务或产品共享同一品牌。一个品牌发展到一定阶段推出新产品，是用原有品牌还是推出新品牌，这时就应打好品牌延伸这张牌。

在竞争日趋激烈的市场上，要完全打造一个新品牌将耗费巨大的人力、物力、财力。据统计，新品牌的失败率高达 80%，在美国开发一个新品牌需要 3 500 万～5 000 万美元，而品牌延伸只需 50 万美元，这不失为一条快速占领市场的"绿色通道"。随着企业经营规模的扩大，多种经营和品牌延伸成为更多企业的选择。例如，雀巢经过品牌延伸后，产品拓展到咖啡、婴儿奶粉、炼乳、冰淇淋、柠檬茶等，结果每种产品都卖得不错。海尔集团将"海尔"这个品牌从电冰箱，延伸至洗衣机、微波炉、热水器、电脑等众多产品。

然而，品牌延伸是把双刃剑，它可以是企业发展的加速器，也可以是企业发展的滑铁卢。所以品牌延伸应该谨慎决策,一定应遵循品牌延伸的原则。

(1) 延伸的新产品应与原产品符合同一品牌核心价值。例如,金利来品牌核心价值是"男人的世界",但也曾一度推出女装皮具,结果收效甚微。

(2) 新老产品的产品属性应具有相关性。例如,"活力 28"由洗衣粉延伸出纯净水,结果惨败而归,"三九胃泰"延伸出"三九啤酒"引发顾客不悦感觉。

(3) 延伸的新产品必须具有较好的市场前景。例如,海尔公司遵循的原则是,延伸产品发展到一定规模后,必须能在同类产品中位居前三名。

一个品牌能否成功地延伸出新的产品,首先是看该品牌的资产能否转移到新产品中去。这种品牌可以延伸的能力称为品牌的可延伸性。一个品牌能延伸到多大的范围主要是由品牌的身份,即品牌识别(brand identity)来决定的。所谓品牌识别,就是品牌保持其市场独特性的属性,包括品牌无形的精神内涵和有形的视觉形象。对这种属性分析和界定应该从目标消费群体的认识来进行,也就是说,品牌识别应当建立在消费群体对品牌独特性的认识上。

三、品牌塑造

成功品牌的塑造,方法各异,但是都离不开系统的策划与推广,而不能仅仅靠一次广告、一次公关活动,期待产生一劳永逸之效。

(一) 品牌塑造的原则

品牌塑造既是一项艰巨的工程,也是一项复杂的工程,必须采用多学科、多角度、多层次的方法,在科学的原则指导下开展。

1. 科学性原则

品牌的塑造不是盲目的,只有用科学的方法、程序才可能成功。例如,品牌设计应注重市场调研、了解公众、了解品牌树立的对象,并及时反馈。

2. 个性原则

每个品牌,每个企业都有其不同的情况、要求,如企业的人员素质、目标消费者、规模实力、社会声誉等不尽相同,品牌的外形、内涵、气质、个性等也不一样,在这种条件下就要求品牌策划者能具体问题具体分析,走出一个个性化品牌道路。

3. 全面性原则

品牌设计涉及企业、广告公司、媒介、竞争对手、政府、消费者、其他社会公众、企业合作者,打造品牌时应充分考虑到各种关系的涉及者,并进行综合衡量,其中最主要的是企业及合作者、媒介、竞争对手、消费者。

4. 持之以恒的原则

品牌的培育绝不是权宜之计,品牌的打造也不是一蹴而就的,而是一项艰巨而复杂的系统工程，需要全体员工长期不懈的努力。为此，企业经营者必须树立全局观念，从长远考虑，统筹安排，有计划、坚持不懈地进行。

(二) 品牌策划

品牌策划主要是从品牌定位、品牌命名等处着手，重在突出品牌个性。

1. 定位策划

企业在确定的目标市场上，将面临竞争对手的挑战。在买方市场条件下，目标顾客在购买他所需要的产品和服务时，具有较大的选择性。市场定位则是要在目标顾客心目中树立独特的形象，使顾客产生特殊的偏爱，是顾客在竞争品中做出选择的理由。准确的市场定位，有助于企业获得稳定的销路和市场占有率。

(1) 定位是品牌打造成功的关键

有人认为广告是品牌成功的关键，有人认为质量是品牌成功的关键，有人说低价(相对低价)是品牌成功的关键，等等，他们甚至会举出一些典型的事例予以说明。但我们认为，以上这些因素对品牌的打造都是至关重要的，但决定性的还是定位。有人说掌上电脑商务通是用 2 亿元炒出的市场，其他如脑白金、雅克 V9 也都是赢在广告，其实只说对了一半，这些成功的品牌都是正确的定位，然后加上成功的推广。商务通定位在"商务"上，突出商务人士的选择；脑白金定位到年轻态，送礼送健康；雅克 V9 定位到维生素糖果，迎合时代养生需要。

(2) 如何准确定位

市场定位最早是由美国的艾·里斯和杰克·特劳斯提出来的。他们认为：定位始于一件产品、一件商品、一次服务、一家公司、一个机构、甚至一个人……然而，定位并不是对一件产品本身做什么，而是在有可能成为顾客的人的心目中确定一个适当的位置。

市场定位(marketing position)，也被称为产品定位或竞争性定位，是根据竞争者现有产品在细分市场上所处的地位和顾客对产品某些属性的重视程度，塑造出本企业产品与众不同的鲜明个性或形象并传递给目标顾客，使该产品在细分市场上占有强有力的竞争位置。亦即，市场定位是塑造一种产品在细分市场的位置。产品的特色或个性可以从产品实体上表现出来，如形状、成分、构造、性能等；也可以从消费者心理上反映出来，如豪华、朴素、时髦、典雅等；还可以表现为价格水平、质量水准等。

从以上定义可归纳定位的核心理论、主张是创造心理位置，强调第一。

企业在市场定位过程中，一方面要了解竞争者的产品的市场地位，另一方面要研究目标顾客对该产品的各种属性的重视程度，然后选定本企业产品的特色和独特形象，从而完成产品的市场定位。也就是为顾客创一个新的产品门类，即类的独特性。人的大脑中对某类产品的品牌认知，就像一个梯子，不同的品牌处于不同的层次，而不同层次在消费者选购时几率是递减的。以可乐为例，可口可乐位于第一层、百事可乐位于第二层，如果再有其他可乐就只能排第三、第四层了，与其排在后面垫底，不如另立一个类别，在消费者心目中另树一个梯子，排在第一的位置，如七喜推出的非可乐。

具体来说，品牌定位的方法主要有：

① 特色定位，即从企业和产品的特色上加以定位。如 IBM 公司强调"IBM 就是服务"，迪士尼乐园把自己定位于"世界上最大的主题公园"，海尔重点突出"真诚到永远"的服务承诺。

② 功效定位，即从产品的功效上加以定位。如日本精工手表定位于功能齐全，强调"具有 27 种功能，能人之所不能"；海飞丝则定位于"去头屑"；创维电视定位于"健康电视"。

③ 质量定位，即从产品的质量加以定位。如"雀巢咖啡，味道好极了""玉柴机器，王牌动力"。

④ 利益定位，即从顾客获得的主要利益上加以定位。如娃哈哈强调"喝了娃哈哈，吃饭就是香"；海霸手表突出宣传"戴海霸，添身价"。

⑤ 使用者定位，即根据使用者的不同加以定位。如"吉列刀片，男士的选择""金利来领带，男人的世界""百事可乐，年轻一代的选择"。

⑥ 竞争定位，即根据企业所处的竞争位置和竞争态势加以定位。如光大银行强调"不求最大，但求最好"；美国阿维斯公司将自己定位在汽车出租行业的第二位，强调"我们是老二，但我们要迎头赶上"。

⑦ 价格定位，即从产品的价格上加以定位。如日本大荣公司定位于"以最低的价格出售最好的产品"；某旅游公司则强调"最贵的价格，最好的享受"。

2. 品牌设计

品牌设计的主要内容应包括品牌名称、LOGO、包装、品牌 CI 设计、品牌预期目标设定等。

(1) 命名

名称对于品牌的重要性有时是绝对的。长沙"活力 28"洗衣粉是畅销全国的品牌，该公司推出"活力 28"纯净水，包括五粮液公司推出的"五粮液"矿泉水，都是一种不当命名或品牌延伸。最令人匪夷所思的是成都"恩威"(妇科洗液品牌)竟然贴牌"恩威"干红葡萄酒。但法国推出的一种名为"毒气(Poison)"的香水品牌却令该品牌一夜成名，迅速热销；"小糊涂仙"的命名巧借郑板桥脍炙人口的"难得糊涂"，开白酒文化营销的先河，打破传统白酒吆喝"年头久"的单调局面。

(2) 包装

包装的趣味性体现在构图、色彩、材质与产品特性的一致上。可口可乐早期对其玻璃瓶形曲线的大肆渲染。百事可乐在 20 世纪 90 年代改变红、白、蓝的三色包装，转而用单色蓝与可口可乐的单色红对抗，有效地配合了百事新定位，树立了百事品牌自己而不是追随者的独特风格。包装材质上，"水井坊"在酒瓶的底部烙上古代市井生活的片段画面，使酒瓶成为一件具有欣赏价值的物件，与水井坊"穿越历史、见证文明"的定位一脉相承。

(3) 品牌诉求

从 M&M 巧克力豆"只溶在口、不溶在手"，20 世纪 80 年代中期一个叫"来福灵"

的农药品牌用一群害虫高唱"我们是害虫",到赵本山演绎的"北极人"保暖内衣"地球人都知道",农夫山泉的"课堂上不要发出这种声音"对其独特瓶盖的渲染,无不体现品牌"趣味性"这一核心精神。

品牌诉求是对品牌价值的倡导和表达,它依靠有效的传播手段对品牌进行深度的解说,以期获得消费者的共鸣和认可。

品牌诉求包含两大类型:一种是理性诉求;另一种是感性诉求。采取感性诉求策略的品牌,通常处于同质化程度较高的竞争环境中,产品本身的差异化通常很难带来竞争优势,因此,很多品牌着眼于依靠独特的个性或文化进行品牌推广。如果张扬品牌文化或个性能够使顾客感动,无疑是有效的传播手段。而理性诉求定位于诉求对象的认知,真实、准确地传达企业、产品和服务的功能性利益,为诉求对象提供分析判断的信息,或明确提出观点并进行论证,促使消费者经过思考,理智地做出判断。理性诉求可以做正面说服,传达产品、服务的优势和购买产品、接受服务的利益,也可以做负面表现,说明或者展现不购买的影响或危险。

品牌诉求的基本思路是:明确传递信息,以信息本身和具有逻辑性的说服加强诉求对象的认知,引导诉求对象进行分析判断。

无论感性诉求还是理性诉求,实际上都需要做到企业品牌的一贯精神与市场需求紧密结合。关于品牌诉求的思考要从以下几方面着手:

① 企业品牌的一贯精神是什么?这是品牌诉求的基本参照。脱离品牌核心精神的诉求往往导致糟糕的市场反应。

② 某一产品品牌的目标市场需求、研发目的是什么?必须明确某一产品品牌立足的目标市场以及市场特征。

③ 通过何种方式可以将品牌的理念、倡导的生活方式与价值观有效地传播给目标受众?品牌诉求最终要做到品牌理念的一致性、诉求的有效性,既能够清晰地传达品牌精神,又能够最大限度地引起目标受众的注意,这是品牌诉求的基本出发点。

(4) 制定正确的品牌传播策略

加强品牌和消费者的关系需要进行品牌传播推广策划。它的首要任务是了解消费者,以不同的策略来吸引消费者。品牌传播以消费者为主导,它促使企业针对品牌与消费者接触的各种层面,进行持续性的投资与强化,从广告、促销、包装到销售展示、公关及企业识别与设计等各种领域,综合各种传播工具,使消费者处于多元化、目标一致的信息包围中。

如果说品牌有什么奥秘,那么这些奥秘就是人的奥秘。品牌体现了商品社会中人的一切追求、一切理想与一切个性。品牌的最终裁判员是消费者,而不是品牌评估机构。每个品牌后面都一定有产品,但不是所有的产品都有资格成为品牌。如果这个产品无法和消费者建立起强韧而亲密的关系,它就不能成为品牌。成功的品牌从来就是内涵与外表的协调统一体,这就需要从产品设计开始,管理好与消费者沟通的各种要素。

随着社会的发展,消费者信息导向正朝着个性化和多样化方向发展。人们的自我意识越来越强烈,试图通过品牌消费来表现出自己独特的个性和品位,展示自己的魅力,而消费行为也向多样化发展，更多地向多变和感性的生活发展。因此，企业对品牌的投资，必须注重消费者不断发展变化的差异，而非长久同质地对待消费者。成功品牌的活力生生不息，这就需要在历史的长河中把握时代的脉搏，让品牌表现时刻反映消费者变化的心声。

有效的品牌传播策略所遵循的原则包括以下几个：

① 将品牌价值的各种表现元素充分整合，形成整体传播策略。要使任何消费者都能接触品牌的各层面。

② 突出品牌的核心价值及品牌的精神内涵。

③ 选择有效的传播渠道。

④ 传播的方式要多样化，突出与消费者的互动关系，做到与消费者的深度沟通。

从根本上说，品牌是属于消费者的，只有消费者才是品牌真正的主人。要在把握品牌与消费者的互动中培育品牌的价值，扩大品牌资产。只有这样，企业的产品才能有效地占领市场。

(5) 选择合适的代言人

请明星做品牌代言人已成为一个广告惯性。对于低知名度或新上市的产品而言，明星代言可以起到迅速提高社会认知的作用，但对于追求自己品牌核心价值的企业来说，选择明星应较为慎重。

在代言人的选择上要注意：消费者特点、产品特点与代言人的特点必须吻合。例如果粒橙请出香港影星刘青云代言。刘青云健康、搞笑、好男人的形象与果粒橙的品牌定位一致。刘青云品尝果粒橙时说出的"身体喜欢，嘴巴喜欢"令美汁源果粒橙的知名度和品牌形象迅速攀升。

▶ 案 例

从五粮液中秋营销，看传统品牌如何迸发新"势"能

作为中国高端白酒的代表，五粮液近年来突破自我的动作频繁。近段时间，围绕"中秋和美之约"主题迸发的系列新"势"能，更使其在中秋营销大战中出奇制胜，令行业瞩目。

破势：不走寻常套路，而是走新更走心

据了解，此次中秋营销，五粮液以互联平台为主阵地，将众多年轻消费者视为第一层级的沟通对象，力求改变受众印象中的传统高端品牌形象，打动新一代的意见领袖。利用区别于脸谱化的情感营销套路，以两支微电影(父子篇、对手篇)作为先行军，传递"五粮液，让世界更和美"的理念。无论是立意的高度，还是沟通的力度，都突破了常规，达到了走新更走心的效果。业界内外反馈强烈，短时间内，其视频播放总量即突破6 100万次。

蓄势：不是单向传播，社交才是真核心

伴随两支微电影的上线，五粮液同步推出"中秋和美之约"线上约酒活动，并预设999份价值1 500元的和美酒礼，掀起全民参与热潮。业内相关人士分析，此举为用户创

造了 UGC(内容自造)激励体系,可促使用户在各大社交平台自发性扩散,让整个中秋营销的内容势能一再积蓄。

在文化圈等社会各界名人的带动下,整个约酒活动呈现刷屏之势。最终使得#让世界更和美#话题曝光量突破 2 亿次,登上新浪微博热门话题社会榜 Top3,约酒活动访问人数超过 130 万人次,生成约酒令多达 48 万张。

驱势:不只生产内容,更需要驱动内容

据五粮液内部人员介绍,999 份和美酒礼是专为活动定制,是送给参与者的惊喜礼遇。酒礼的丰盛,驱动获奖者自造内容,逐渐形成全民晒酒局的势头。五粮液亦根据 999 场定制酒局改编纪录短片(恩师篇和家宴篇),让"五粮液"化身情感纽带,串联起消费者的真实生活,引发全国目标消费者的情感共鸣。充满人情味的真实故事纪录短片,也让五粮液中秋营销再一次达到传播高潮。

造势:不做空中楼阁,更要能触手可及

深谙品牌传播必须"落地"的五粮液,为配合约酒活动的顺利延展,联合京东、酒仙网、天猫、1919、苏宁和工行融 e 购六大电商平台,启动"和美中秋"五粮液专场,形成有效引流,让"中秋和美之约"不仅是口号,更能触手可及。据悉,五粮液在六大电商平台总销售额与去年同期相比增长了 90.9%,其中天猫旗舰店更同比增长 363.9%。

同时,在全国七大营销中心城市——郑州、成都、苏州、沈阳、北京、广州和西安,相继开启"和美盛宴·万店浓香"活动,加快推进"百城千县万店"工程建设,有效助力"中秋和美之约",形成"线上+线下"全民共赴中秋和美酒局氛围,充分传递了"让世界更和美"的品牌理念。

立势:不能忽视责任,而是传递正能量

作为中国"酒王"的五粮液,本次"中秋和美之约",不仅让业内外看到了传统品牌如何迸发新"势"能,更证明了在互联网时代,品牌传播正向价值的重要性。

透过上述一系列充满打动力的传播内容,不难看出,五粮液希望凭借这杯酒,让人们彼此了解,相互认同,创造出更积极沟通的可能性,真正实现让世界更和美。五粮液以身作则,实践责任感的行为,不仅为其中秋营销良性传播创造了基础,更在消费者心中建立了美好的品牌印记。

(三) 品牌推广

品牌目标确立,品牌设计完毕之后,就要对品牌加以推广。品牌推广是指综合运用广告、公关、媒介、名人、营销人员、品牌质量等多种要素,结合目标市场进行综合推广传播,以树立品牌形象。

品牌推广中善于利用广告、公关等宣传手段,也要善于利用名人、事件等推动因素,把握品牌质量、品牌服务,树立长远发展战略。

品牌的市场推广,其实就是企业品牌定位主张的推广。品牌推广的过程也就是让消费者接受产品消费主张的过程——消费者接受你的卖点或定位。

四、品牌效果评估

品牌效果评估与品牌调研工作有相同之处，要利用市场调研搜集资料、获取信息，并且这两个阶段的工作首尾相接，品牌效果评估的主要工作内容是了解品牌打造工作是否按期、保质地完成，是否达到了预期的效果。经过评估工作，还要确定工作中的问题，是否需要对品牌进行二次锻造，是否开展二期工程。

案 例

从外表到内涵，OPPO 如何华丽转身

纵观中国的手机市场，消费者们对于手机的性能要求越来越高，以至于手机产品的更新换代也日新月异。从一开始风靡中国市场的诺基亚、摩托罗拉等，到今天中国手机市场销量排名前三的华为、OPPO、vivo，这一系列快速的市场变革都说明了产品的更新换代需要不断地迎合消费者的需求，需要紧跟时代的发展不断创新。

"充电五分钟，通话两小时"，这句深入人心的广告词不知道已经给大众洗了多少遍脑。OPPO(即广东欧珀移动通信有限公司)，作为一家成立于 2004 年，全球性的智能终端制造商和移动互联网服务提供商，致力于为客户提供最先进和最精致的智能手机、高端影音设备和移动互联网产品与服务，业务覆盖中国、美国、俄罗斯、欧洲、东南亚等广大市场。因创新的功能配置和精致的产品设计而广受欢迎，并在手机拍照领域拥有突出表现。

近几年来，OPPO 凭借其强大的创新实力和独特的销售手段，在手机市场闯出了自己的天地。据中国权威市场调研机构赛诺统计，2014 年中国智能手机市场销售额排行中，OPPO 排名第四。自从 2015 年 OPPO r7 系列上市，OPPO 手机凭借极致美颜和 vooc 闪充两大特点，在国产手机市场上站稳了脚跟，2016 年 OPPO r9 系列上市，迅速在国内市场掀起一股抢购热潮，在 2016 年上半年的市场排名中位居国产 TOP3，也连续多个季度站稳了国产第一集团的地位。而在第三季度的中国手机市场报告中，OPPO、vivo、华为也力压苹果、三星。那么，OPPO 集团是如何在短短的 12 年之间迅速发展，一跃赶超小米成为中国第二大智能手机厂商的呢？除了 OPPO 在技术上充分发挥其极致美颜、vooc 闪充的特点之外，其独特的销售手段也可圈可点。

打造线下门店的核心竞争力

OPPO 手机一开始能给消费者留下印象的一个最大的原因就在于广泛分布于二、三线城市的线下门店，其亮绿色的品牌标识很容易让人对其留下深刻的印象。这也是 OPPO 手机不同于其他国产手机的一大特点，重视线下销售，线上销售次之。据统计，截至 2015 年，OPPO 线下门店已经有 20 多万家，同比约为魅族的 10 倍。

除了门店数量众多，OPPO 的线下渠道主要还是采用"代理商—经销商"的模式。另

一方面，为了控制线下渠道成本，代理的路径已经被缩短，做到尽量扁平化。而 OPPO 与代理商之间都是极度信任的关系。

OPPO 的众多门店是消费者熟悉了解品牌并提高 OPPO 手机销量的重要因素，在稍微偏远的三、四、五线城市，满大街的 OPPO 门店甚至给人一种手机品牌只有 OPPO 的错觉，虽然很多人说 OPPO 通过门店销售的途径比较单一化，但不得不说，OPPO 还是成功了。

分布广泛的线下门店虽然让 OPPO 取得了极大的成功，但是在网络销售快速发展的今天，仅靠单一的线下销售并不是长久之计，当然 OPPO 集团也认识到了这一点，逐渐地在拓宽产品的线上销售渠道，目前在很多的销售客户端上可以看到 OPPO 产品的身影，相信这一举措会对 OPPO 的发展产生更为有利的影响。

与消费者共成长的品牌定位

准确地找到自己的消费群体，并对消费人群的喜好、经济水平、消费特征、媒介接触习惯等特点做出合理的分析，在准确地把握了这一切之后再去设计产品，制定宣传策略是品牌取得巨大成功的基础。而在此基础上，品牌形象的塑造要伴随自己的品牌拥护群共同成长，给他们留下来的理由。

OPPO 的创始人陈明永在一开始推出 OPPO 系列手机时，就准确地把品牌的消费者定位为"追求时尚的年轻人"。找到自己的准确定位后，OPPO 在产品的设计上下了很大的功夫，为了契合年轻人的审美和对时尚的追求，OPPO 推出的每一款产品都很大方、简洁、时尚，符合年轻人的审美观念。据统计，OPPO 的消费者中所占比例最大的是 20～29 岁的年轻人，这类年轻人的消费水平在社会上并不算高，所以 OPPO 手机的价钱也属于中等层次，在其目标受众所能接受的范围之内。

当然 OPPO 的消费者定位并不是一成不变的，它是随着消费者的成长而成长的，当时追求年轻时尚的青年人群随着时间的变化慢慢进入消费成熟期，对手机的性能和品质有了不一样的要求，他们不再是仅仅在乎手机的外表是否简约大方，他们更关注产品的发展理念是否注重质的改变。这一点也体现在 OPPO 手机代言人的前后变化上，从之前人气十足、颜值爆表的李易峰、杨洋、杨幂、TFBOYS 升级为实力派硬汉张震，并拍摄了以"美因苛求"为主题的视频广告。张震在人物刻画上的投入和精益求精一直被大众所推崇，从年少成名到现在，张震一直坚持着自己的苛影之路。这和 OPPO "美因苛求"的理念不谋而合。而且张震的影响人群较之李易峰等当红偶像的粉丝年龄稍大一点，再加上张震本身给人成熟稳重的直观印象，这样 OPPO 便把自己的目标消费人群逐渐往中青年阶层扩展。同时该广告视频的拍摄风格不同以往，并没有提到手机的性能和某一特点，视频全程都在突出张震拍戏时对自己的严格要求，直到最后才打出了 OPPO "美因苛求"的理念，是一则典型的品牌形象广告。这则广告不管是在代言人的选择还是拍摄风格上，都显示了 OPPO 由注重外表向注重内涵的转变。粉丝经济虽然能在短时间内给品牌带来极大的效益和知名度，但想要长久地站稳市场，单靠粉丝经济的刺激是不可取的。不得不说，OPPO 是很聪明的，利用粉丝经济为品牌打开知名度，在手机市场上开拓出自己的一片天地，又恰到好处地适可而止，走成熟稳重的内涵路线，所以 OPPO 的成功绝不是偶然。

情感与理智共同发力

1. 借势当红明星构建品牌时尚性格

OPPO 集团除利用粉丝追星，邀请当红偶像做代言人外，还为其代言人打造了专属定制机，这自然引发了代言人粉丝购买的消费行为，明星定制机是塑造 OPPO 品牌形象的一种途径，事实也证明 OPPO 的选择是正确的，粉丝经济在极大的程度上促进了 OPPO 飞速上涨的销量和知名度。

另外，借助明星帮助 OPPO 打开知名度的重要途径是新浪微博，OPPO 的官方微博会在 OPPO 集团发出新品，或者举办活动等的时候实时发送相关消息，签约的艺人会跟着转发评论等，而艺人本身在微博就拥有数量不少的粉丝，粉丝自然也会进行第二次、第三次转载。这样一来，一条微博的传播效果往往比预期的要大得多，当然这也为 OPPO 打造知名度，打开市场做了很好的铺垫。

总之，OPPO 对代言人的选择和制作偶像定制机都充分地利用了粉丝经济的特点和手段，短期内高涨的知名度和销量，也用事实证明了该手段所取得的不菲成绩。

2. 功能性广告语增加品牌内涵

虽然 OPPO 一直把重心放在产品的设计和销售渠道上，但是对消费者的直接吸引应该是其简洁到位又容易让人记住的广告词，"充电五分钟，通话两小时"这句耳熟能详的广告词似乎已经变成 OPPO 的代名词，不管对这个品牌是否了解，听到这句广告词都能让人一下想到 OPPO。广告词除了简单易记的特点之外，也能直接地把产品最大的特点和能吸引消费者的地方摆出来，r9 手机最大的特点就是它的 vooc 闪充技术，当然在推出 r7 系列的时候 OPPO 也打出了臻美自拍的广告，突出产品极致美颜的拍照功能。除了这个，OPPO 的广告词在产品之间的衔接也很明显，r9s 的广告词为"电充满了，这次我们来聊聊拍照"，完美地衔接了 r9 "充电五分钟，通话两小时"突出闪充技能的广告词，这不仅是广告上的策略，也让其粉丝和消费者看到，OPPO 是一个不断进步的品牌，在手机制造行业，OPPO 从未停下其发展的脚步。

不得不说 OPPO 近几年来的迅速发展，除了技术上的不断创新，独特的广告销售也为其加分不少。店铺的广泛分布在很大程度上提高了其知名度，让品牌更大范围地走进大众视野；对品牌准确的定位一直是 OPPO 取胜的关键原因，为了契合 OPPO 的主要消费人群是追求时尚的年轻人，OPPO 邀请当红偶像做代言人，有力地利用了粉丝经济的特点，并推出偶像定制机，把销量再一次推上高峰；简洁易记的广告词遍布大街小巷，即使大众不去主动接收，也会耳濡目染地去了解这个品牌。所以说，OPPO 的成功并不是偶然。我们的确看到了很多独特的理念和销售方式，但想要长期站稳市场，单靠遍布在三、四、五线城市的店铺和粉丝经济带来的短期效益是远远不够的，所以 OPPO 在广告和销售方面做出改革迫在眉睫。

在未来，我们希望 OPPO 能着力打开一、二线城市的市场，继续扩大自己的消费群体，并进一步加强自己的线上销售，既然决定要从以外表取胜过渡到靠实力内涵说话，其广告策略也要随之进行很大的调整。当然，OPPO 的发展历程也让我们看到，一个企业想要在自己所在的行业站稳脚跟，除了在技术上领先，更多的是要准确地找到自己的市场和消费者定位，并以此来制定自己的销售策略。当然销售策略也不是一成不变的，一个成功的企业，一定要随着市场的变化不断调整自己，不断进步。希望我国品牌能够秉承匠心精神，精益求精，不断进步，走出国门，走向世界！

（资料来源：李帆，张笑. 从外表到内涵，OPPO 如何华丽转身[J]. 销售与市场，2017(6).)

第六节　产品商标、包装策略

一、产品商标策略

商标是商品的生产者、经营者在其生产、制造、加工、拣选或者经销的商品上或者服务的提供者在其提供的服务上采用的，用于区别商品或服务来源的，由文字、图形、字母、数字、三维标志、声音、颜色组合，或上述要素的组合，具有显著特征的标志，是现代经济的产物。在商业领域而言，商标包括文字、图形、字母、数字、三维标志和颜色组合，以及上述要素的组合，均可作为商标申请注册。经国家核准注册的商标为"注册商标"，受法律保护。商标通过确保商标注册人享有用以标明商品或服务，或者许可他人使用以获取报酬的专用权，而使商标注册人受到保护。

（一）统一商标与个别商标策略

统一商标策略，是指企业生产经营的商品均使用同一商标。如青岛海尔集团的电冰箱，用的都是"琴岛海尔"商标。实行统一商标策略的优点：是在推广新商品时，可节省商标设计费、注册费、续展费等有关费用；一次性广告宣传，能使所有的商品受惠；若老商品在消费者中具有较高的信誉，则可带动新商品很快打开销路。采用统一商标策略，其商品必须是同类或类似，且档次基本一致；否则，不宜使用。

个别商标策略，是指企业根据商品的不同情况而采用不同的商标。它主要适用于四种商品：

第一，不同类别的商品。如美国通用汽车公司生产的不同种类的汽车，就分别使用了"凯迪拉克""别克""雪佛兰"等多个商标。

第二，不同档次的商品。一般来讲，当生产经营的商品档次不同时，应分别设计商标。

第三，不同品种的商品。即品种不同，使用不同的商标。

第四，新商品。使用个别商标策略，可使企业的整体声誉不受个别商品声誉降低的影响；分散商标使用过程中对企业的风险威胁；有利于提高生产经营的灵活性。

（二）单一商标与多种商标策略

单一商标策略就是商品只使用一种商标。它的好处是成本费用低，便于管理。

多种商标策略就是同一种商品使用两种以上的商标。企业采用多种商标策略的目的在于是两种商标彼此比较，自我构成一种竞争态势，以吸引消费者注意。如一家化工厂生产的洗衣粉，先以"美佳"商标投放市场，之后又以"快乐"商标同时投放。结果，虽然"快乐"抢走了"美佳"的一部分市场，但洗衣粉总的销售量却大大提高了。

（三）保留与更换商标策略

一般来说，只要商标在市场上还有一定声誉，还能使商品销售获得满意的经济效益，就应保留继续使用，采用保留商标策略。

当商标或由于设计上的原因、或由于管理上的原因、或由于消费者爱好转移等在消费者心目中形象不佳，声誉受损，致使商品销路受到严重影响时，可考虑采用更换商标策略。更换商标有四种途径：一是骤然改变，即重新设计，以产生令人耳目一新的效果；二是缓慢改变，即新商标在一定时间内保留旧商标的某些特点，随着时间的推移，逐步过渡到新商标上来。这一途径费用低、风险小，但效果不如前一种显著。

二、产品包装策略

产品包装是指在流通过程中保护产品，方便运输，促进销售，按一定的技术方法而采用的容器、材料及辅助等的总体名称；也指为了上述目的而在采用容器材料和辅助物的过程中施加一定技术方法的操作活动。理解产品包装的含义，包括两方面意思：一方面是指盛装产品的容器，通常称作包装物，如箱、袋、筐、桶、瓶等；另一方面是指包装产品的过程，如装箱、打包等。产品包装具有从属性和商品性等两种特性。包装是其内装物的附属品；产品包装是附属于内装产品的特殊产品，具有价值和使用价值；同时又是实现内装产品价值和使用价值的重要手段。常见的包装策略有以下几种：

（一）类似包装

企业所有产品的包装，在图案、色彩等方面，均采用同一种形式。这种方法，可以降低包装的成本，扩大企业的影响，特别是在推出新产品时，可以利用企业的声誉，使顾客首先从包装上辨认出产品，迅速打开市场。

（二）组合包装

把若干有关联的产品，包装在同一容器中。如化妆品的组合包装、节日礼品盒包装等，都属于这种包装方法。组合包装不仅能促进消费者的购买，也有利于企业推销产品，特别是推销新产品时，可将其与老产品组合出售，创造条件，使消费者接受、试用。

（三）附赠品包装

这种包装的主要方法是在包装物中附赠一些物品，从而引起消费者的购买兴趣，有时，还能造成顾客重复购买的意愿。例如在珍珠霜盒里放一颗珍珠，顾客买了一定数量之后就能串成一根项链。

(四) 再使用包装

这种包装物在产品使用完后,还可做别的用处。这样,购买者可以得到一种额外的满足,从而激发其购买产品的欲望。如设计精巧的果酱瓶,在果酱吃完后可以做茶杯。包装物在继续使用过程中,实际还起了经常性的广告作用,增加了顾客重复购买的可能。

(五) 分组包装

对同一种产品,可以根据顾客的不同需要,采用不同级别的包装。如用作礼品,则可以精致地包装;若自己使用,则只需简单包装。此外,对不同等级的产品,也可采用不同包装。高档产品,包装精致些,表示产品的身份;中低档产品,包装简略些,以减少产品成本。

(六) 改变包装

当由于某种原因使产品销量下降,市场声誉跌落时,企业可以在改进产品质量的同时,改变包装的形式,从而以新的产品形象出现在市场上,改变产品在消费者心目中的不良地位。这种做法,有利于迅速恢复企业声誉,重新扩大市场份额。

复习思考题

1. 简述产品整体概念的基本内容。
2. 简述快速撇脂策略的使用条件。
3. 分别举例说明什么是产品组合的长度、宽度和深度。
4. 简述产品组合的基本策略。
5. 什么是品牌定位?品牌定位有哪些基本方法?
6. 什么是产品包装策略?产品包装有什么作用?

第六章

定价策略

价格，是商品价值的货币表现。企业定价，就是企业依据产品成本、市场需求以及市场竞争状况等影响因素，为其产品制定适宜的价格，使其产品在保证企业利益的前提下，最大限度地为市场接受的过程。产品定价是一门科学，也是一门艺术，为自己的产品制定一个合适的价格，是当今每一个企业都必须面对的问题。虽然随着经济的发展和人民生活水平的提高，价格已不是市场接受程度的主要因素。但是，它仍然是关系企业产品和企业命运的一个重要筹码，在营销组合中，价格是唯一能创造利润的变数。价格策略的成功与否，关系着企业产品的销量、企业的盈利，决定着企业和产品的形象。因此，企业经营者必须掌握定价的原理、方法和技巧。

第一节　产品定价的影响因素

消费者对于商品价格的接受程度是由多方面因素决定的，企业为了使自己的产品为消费者所接受，实现其经营目标，需要制定合适的价格。影响企业产品定价决策的因素很多，其中既有产品本身的价值，也有企业目标、市场需求和客观经济环境、国家政策等。影响企业产品价格的因素主要有以下几个方面：

一、定价目标

任何企业制定价格，都必须按照企业的目标市场战略及市场定位的要求来进行。定价所应考虑的因素较多，定价目标也多种多样，不同企业可能有不同的定价目标，同一企业在不同时期也可能有不同的定价目标，企业应权衡各个目标的利弊，慎重选择。具体来看，常见的企业定价目标主要有以下几种：

(一) 维持生存

如果企业产量过剩，或面临激烈竞争，或试图改变消费者需求，则需要把维持生存作为主要目标。为了确保工厂继续开工、存货出手，利润比起生存来要次要得多，企业必须制定较低的价格。例如许多企业通过大规模的价格折扣来保持企业活力，只要其销售收入能弥补可变成本和一些固定成本，企业的生存便可得以维持。一般来说，企业不会经常使用这种定价目标，只有在社会产能过剩，竞争十分激烈或某些特殊情况下，企业才会选择这一定价目标。

(二) 以获取最大利润为定价目标

最大利润定价目标是指企业追求在一定时期内获得最高利润额的一种定价目标。利润最大化取决于合理价格所推动的销售规模，因而追求最大利润的定价目标并不意味着企业要制定最高单价。最大利润既有长期和短期之分，又有企业全部产品和单个产品之别。有远见的企业经营者，都着眼于追求长期利润的最大化。当然并不排除在某种特定时期及情况下，对其产品制定高价以获取短期最大利润。还有一些多品种经营的企业，经常使用组合定价策略，即有些产品的价格定得比较低，有时甚至低于成本招徕顾客，借以带动其他产品的销售；而有些产品的价格定得会比较高，企业会利用这种产品组合定价方法达到整体利润最大化。

(三) 市场份额最大化

市场份额占有率也称市场份额目标。即把保持和提高企业的市场占有率(或市场份额)作为一定时期的定价目标。市场占有率是一个企业经营状况和企业产品在市场上竞争能力的直接反映，关系到企业的兴衰存亡。较高的市场占有率，可以保证企业产品的销路，巩固企业的市场地位，从而使企业的利润稳步增长。所以，企业希望用低价策略来尽量提高企业的市场占有率。

(四) 以应付和防止竞争为目标

企业对竞争者的行为都十分敏感，尤其是价格的变动状况更甚。在市场竞争日趋激烈的形势下，企业在实际定价前，都要广泛收集资料，仔细研究竞争对手产品价格情况，通过自己的定价目标去对付竞争对手。根据企业的不同条件，一般有以下决策：低于、高于或等于竞争者的价格出售商品。该目标主要适合中小企业，或在竞争中处于追随者地位的企业。

(五) 产品质量领先目标

企业希望提供市场上质量最好的产品，这就意味着需要通过高价来弥补与高质量对应的高费用，实行优质优价，这类企业一般都是市场的主导者。如金利来领带一上市就以优质、高价定位，对有质量问题的金利来领带他们决不上市销售，更不会降价处理。给消费者这样的信息，即金利来领带绝不会有质量问题，低价销售的金利来绝非真正的金利来产品，从而极好地维护了金利来的形象和地位。

二、产品成本

产品成本是决定价格的重要因素，只有当产品价格超过成本时，企业才能获利。如果说，某种产品的最高价格取决于市场需求，则最低价格取决于这种产品的成本费用。从长远看，任何产品的销售价格都必须高于成本费用，才能以销售收入来抵偿生产成本和经营费用，否则就无法经营。因此，企业制定价格时必须估算成本。企业产品的成本包括：生产成本、销售成本、研发成本以及开发产品可能造成的环境污染而引起的社会成本，这四个方面构成企业产品成本的基础，也是供应市场要求的最低限价。一般来说，企业产品成本影响市场需求，而市场需求又反过来影响企业产品的成本，所以企业应努力降低经营成本，制定有竞争力的价格，巩固产品在市场上的地位。

成本的分类方法有很多。在管理决策中常把成本分为固定成本和变动成本。固定成本是指企业在固定投入要素上的支出，不受产量变化的影响，如折旧费、房租、借款利息和管理费用等。变动成本是指企业在可变投入要素上的支出，是随着产量的变化而变化的成本，如生产工人的计件工资、直接材料费和直接营销费用。大多数的企业产品，都存在高固定成本和低变动成本的现象，因此，在企业产品的定价中，往往具有较大的浮动空间。高固定成本使得企业有理由对没有售出的易折损的产品实行短期大幅度削价，这也导致企业广泛采用以获得边际收益为主的大幅度价格折扣。

三、市场特性

产品价格是由市场上的需求和供给决定的。需求受产品价格、消费者的购买力、消费偏好、消费观、生活方式和价格预期等因素的影响。在其他因素不变的情况下，需求量随着价格的上升而减小，随着价格的下降而增加，两者之间呈现一种负相关的关系。这样，需求强度大、需求层次高、价格弹性小的产品，价格可以定得高一些，较高的价格可以使企业获得较高的利润；反之，需求层次低、价格弹性大的产品一般可以制定较低的价格，这样有利于企业获得更多的市场份额。

此外，还要结合产品供给状况进行综合分析。在卖方市场条件下，厂商拥有市场的主动权，采取高价格策略能提高企业的利润；而在买方市场条件下，消费者拥有市场的主动权，企业产品的价格应具有市场竞争能力，以保证和扩大市场份额，实现其营销目标。另外，购买频率高的日用品，有很高的存货周转率，适宜薄利多销；购买频率低的特殊品，由于存货周转率低，价格和利润应比较高。同时，价格也会影响市场需求。在正常情况下，市场需求会按照与价格相反的方向变动。价格上升，需求减少；价格降低，需求增加，所以需求曲线是向下倾斜的。但就威望高的商品来说，需求曲线有时呈正斜率。例如高端品牌香水提价后，其销售量却有可能增加。当然，如果提得太高，需求将会减少。

企业定价时必须依据需求的价格弹性，即了解市场需求对价格变动的反应。价格变动对需求影响小，这种情况称为需求缺乏弹性，缺乏弹性的商品一般降价不会大幅度提高销量；对缺乏需求弹性的商品，一般不适合大幅降价。在以下条件下，需求可能缺乏弹性：

①代用品很少或没有，没有竞争者；②买者对价格不敏感；③买者改变购买习惯较慢和寻找较低价格时表现迟缓；④买者认为产品质量有所提高，或认为存在通货膨胀等，价格较高是应该的。价格变动对需求影响大，则为需求弹性大，如果某产品不具备上述条件，那么产品的需求弹性就较大，在这种情况下，企业应采取适当降价，以刺激需求，促进销售，增加销售收入。

四、竞争状况

企业定价要受竞争状况的影响。在不完全竞争市场中，竞争的强度对企业的价格策略有重要影响。因此，企业应首先了解竞争的强度，它主要取决于产品制作技术的难易、是否有专利保护、供求形势及具体的竞争格局；其次，要了解竞争对手的价格策略及竞争对手的实力。产品的成本决定了价格的下限，产品的市场需求决定了价格的上限，而在这个幅度内的具体价格，则取决于竞争对手同类产品的价格水平及竞争的激烈程度。所以，企业要了解竞争对手的产品状况、品牌、企业形象、竞争优势，再和企业自己的状况进行对比分析，找到产品在市场上的准确定位，以此制定相应的价格。同时，竞争对手的状况不是静止的，而是处于不断变化的过程中，企业必须对这种变化非常敏感，并及时调整自己的产品定价。

五、消费者对价格的态度

消费者把价格看作是他们为购买某种产品或劳务所需花费的劳动所得。这部分支出在他们的总收入中占了一定的比重，因而他们会根据其产品的价格占其总收入的比重情况认定价格是否合理和是否接受。

从理论上讲，消费者在分配其收入时，总是希望从他们购买的产品和劳务中得到最大限度的满足。这种满足既有有形的部分，也有无形的部分。当消费同样的产品而花销增大时，其满足程度就趋于下降，这就使得日用品和日常服务必须采用低廉的价格才能对消费者更具有吸引力。但是就特殊品来说，高价格能提高产品的档次，能使产品更有市场声誉，因而可以使消费者通过购买产品获得更大的心理满足感。这些都是企业在定价时应予以考虑的因素。

六、政府的政策法规

各个国家都有自己的经济政策和相应的法律法规，由于许多产品的价格水平会直接影响到民众的生存状况，因而各国的政府对市场物价都会有各种各样的限制和规定。企业在制定价格时必须遵守相关的法律法规，任何违反这些规则的行为都将受到法律的惩处。

价格也是销售者借以进行竞争的一个主要武器，但市场竞争并不能完全阻止滥定价格的现象。在市场竞争的压力下，寡头企业之间可以共谋价格欺行霸市；有些销售者还会以低价取得竞争优势；还有一些企业会以欺骗性价格从中渔利。对于这些现象，都必须由政府通过法律来加以阻止。此外，对于一些关系国计民生的产品和对民众影响较大的产品也需要政府对其价格进行干预。

第二节 产品定价方法

定价方法是企业在特定的定价目标指导下，依据对成本、需求及竞争等状况的研究，运用价格决策理论，对产品价格进行计算的具体方法。定价方法主要包括成本导向、竞争导向和顾客导向三种类型。

一、成本导向定价法

以产品单位成本为基本依据，再加上预期利润来确定价格的成本导向定价法，是中外企业最常用、最基本的定价方法。成本导向定价法又衍生出了总成本加成定价法、目标收益定价法、边际成本定价法、盈亏平衡定价法等几种具体的定价方法。

(一) 总成本加成定价法

这种定价方法把所有为生产某种产品而发生的耗费均计入成本的范围，计算单位产品的变动成本，合理分摊相应的固定成本，再按一定的目标利润率来决定价格。其计算公式为：

$$单位产品价格=单位产品总成本 \times (1+目标利润率)$$

采用成本加成定价法，确定合理的成本利润率是一个关键问题，而成本利润率的确定，必须考虑市场环境、行业特点等多种因素。某一行业的某一产品在特定市场以相同的价格出售时，成本低的企业能够获得较高的利润率，并且在进行价格竞争时可以拥有更大的回旋空间。成本加成定价法的优点在于：首先，这种方法简化了定价工作，便于企业开展经济核算。其次，若某个行业的所有企业都使用这种定价方法，他们的价格就会趋于相似，因而价格竞争就会减到最少。再次，在成本加成的基础上制定出来的价格对买方和卖方来说都比较公平，卖方能得到正常利润，买方也不会觉得受到了额外压榨。

(二) 目标收益定价法

目标收益定价法又称投资收益率定价法，是根据企业的投资总额、预期销量和投资回收期等因素来确定价格。采用目标收益定价法确定价格的基本步骤为：

(1) 确定目标收益率

$$目标收益率=1/投资回收期 \times 100\%$$

(2) 确定单位产品目标利润额

$$单位产品目标利润额=总投资额 \times 目标收益率 \div 预期销量$$

(3) 计算单位产品价格

单位产品价格=企业固定成本÷预期销量+单位变动成本+单位产品目标利润额

与成本加成定价法相类似,目标收益定价法很少考虑到市场竞争和需求的实际情况,只是从保证生产者的利益出发制定价格。另外,先确定产品销量,再计算产品价格的做法完全颠倒了价格与销量的因果关系,把销量看成是价格的决定因素,在实际上很难行得通。尤其是对于那些需求价格弹性较大的产品,用这种方法制定出来的价格,无法保证销量的必然实现。不过,对于需求比较稳定的大型制造业、供不应求且价格弹性小的商品、市场占有率高、具有垄断性的商品,以及大型公用事业、劳务工程和服务项目等,在科学预测价格、销量、成本和利润四要素的基础上,目标收益法仍不失为一种有效的定价方法。

(三) 边际成本定价法

边际成本是指每增加或减少单位产品所引起的总成本变化量。由于边际成本与变动成本比较接近,而变动成本的计算更容易一些,所以在定价实务中多用变动成本替代边际成本,而将边际成本定价法称为变动成本定价法。采用边际成本定价法时,是以单位产品变动成本作为定价依据和可接受价格的最低界限。在价格高于变动成本的情况下,企业出售产品的收入除完全补偿变动成本外,尚可用来补偿一部分固定成本,甚至可能提供利润。边际成本定价法改变了售价低于总成本便拒绝交易的传统做法,在竞争激烈的市场条件下具有极大的定价灵活性,对于有效地应对竞争、开拓新市场、调节需求的季节差异、形成最优产品组合可以发挥巨大的作用。但是,过低的成本有可能被指控为从事不正当竞争,并招致竞争者的报复,在国际市场则易被进口国认定为"倾销",产品价格会因"反倾销税"的征收而畸形上升,使结果适得其反。

(四) 盈亏平衡定价法

在销量既定的条件下,企业产品的价格必须达到一定的水平才能做到盈亏平衡、收支相抵。既定的销量就称为盈亏平衡点,这种制定价格的方法就称为盈亏平衡定价法。科学地预测销量和已知固定成本、变动成本是盈亏平衡定价的前提。以盈亏平衡点确定价格只能使企业的生产耗费得以补偿,而不能取得收益。因此,在实际中均将盈亏平衡点价格作为价格的最低限度,通常在加上单位产品目标利润后才作为最终市场价格。有时,为了开展价格竞争或应付供过于求的市场状况,企业通常采用这种定价方式以取得市场竞争的主动权。

二、竞争导向定价法

在竞争激烈的市场上,企业通过研究竞争对手的生产条件、服务状况、价格水平等因素,依据自身的竞争实力,参考成本和供求状况来确定商品价格。这种定价方法就是通常所说的竞争导向定价法。竞争导向定价主要包括:

（一）随行就市定价法

在垄断竞争和完全竞争的市场结构条件下，任何一家企业都无法凭借自己的实力而在市场上取得绝对的优势，为了避免竞争特别是价格竞争带来的损失，大多数企业都采用随行就市定价法，即将本企业某产品价格保持在市场平均价格水平上，利用这样的价格来获得平均报酬。此外，采用随行就市定价法，企业就不必去全面了解消费者对不同价差的反应，也不会引起价格波动。

（二）产品差别定价法

产品差别定价法是指企业通过不同营销路径，使同种同质的产品在消费者心目中树立起不同的产品形象，进而根据自身特点，选取低于或高于竞争者的价格作为本企业产品价格。因此，产品差别定价法是一种进攻型的定价方法。产品差别定价法的运用：首先要求企业必须具备一定的实力，在某一行业或某一区域市场占有较大的市场份额，消费者能够将企业产品与企业本身联系起来；其次，在质量大体相同的条件下实行差别定价是有限的，尤其对于定位为"质优价高"形象的企业来说，必须支付较大的广告、包装和售后服务方面的费用。因此，从长远来看，企业只有通过提高产品质量，才能真正赢得消费者的信任，才能在竞争中立于不败之地。

（三）密封投标定价法

在国内外，许多大宗商品、原材料、成套设备和建筑工程项目的买卖和承包，以及出售小型企业等，往往采用发包人招标、承包人投标的方式来选择承包者，确定最终承包价格。一般来说，招标方只有一个，处于相对垄断地位，而投标方有多个，处于相互竞争地位。标的物的价格由参与投标的各个企业在相互独立的条件下来确定。在买方招标的所有投标者中，报价最低的投标者通常中标，它的报价就是承包价格。这样一种竞争性的定价方法就称为密封投标定价法。在招投标方式下，投标价格是企业能否中标的关键性因素。高价格固然能带来较高的利润，但中标机会相对减少；反之，低价格、低利润，虽然中标机会大，但其机会成本高、利润少。

三、顾客导向定价法

顾客导向定价法，是以市场需求为导向的定价方法，价格随市场需求的变化而变化，不与成本因素发生直接关系，符合现代市场营销观念的要求，企业的一切生产经营以消费者需求为中心。需求导向定价法主要包括理解价值定价法、需求差异定价法和逆向定价法。

（一）理解价值定价法

所谓"理解价值"，是指消费者对某种商品价值的主观评判。理解价值定价法是指企业以消费者对商品价值的理解度为定价依据，运用各种营销策略和手段，影响消费者对商品价值的认知,形成对企业有利的价值观念,再根据商品在消费者心目中的价值来制定价格。理解价值定价法的关键和难点,是获得消费者对有关商品价值理解的准确资料。企业如果过高估计消费者的理解价值,其价格就可能过高,难以达到应有的销量;反之,若企业低估了消费者的理解价值,其定价就可能低于应有水平,使企业收入减少。因此,企业必须通过广泛的市场调研,了解消费者的需求偏好,根据产品的性能、用途、质量、品牌、服务等要素,判定消费者对商品的理解价值,制定商品的初始价格。然后,在初始价格条件下,预测可能的销量,分析目标成本和销售收入,在比较成本与收入、销量与价格的基础上,确定该定价方案的可行性,并制定最终价格。

(二) 需求差异定价法

所谓需求差异定价法,是指产品价格的确定以需求为依据,首先强调适应消费者需求的不同特性,而将成本补偿放在次要的地位。这种定价方法,是对同一商品在同一市场上制定两个或两个以上的价格,或使不同商品价格之间的差额大于其成本之间的差额。其好处是可以使企业定价最大限度地符合市场需求,促进商品销售,有利于企业获取最佳的经济效益。

(三) 逆向定价法

这种定价方法主要不是考虑产品成本,而是重点考虑需求状况。依据消费者能够接受的最终销售价格,逆向推算出中间商的批发价和生产企业的出厂价格。逆向定价法的特点是:价格能反映市场需求情况,有利于加强与中间商的良好关系,保证中间商的正常利润,使产品迅速向市场渗透,并可根据市场供求情况及时调整,定价比较灵活。

案 例

逆向定价控成本

浙江某一次性打火机生产企业,一反由成本、利润推算出打火机市场价格的传统思维方式,首先给产品制定了极富市场竞争力的价格,即 1 元/只。当时的决策者考虑,一次性打火机作为低值易耗品,价位不宜过高,否则便没有竞争力。定价1元/只也便于交易。于是,确定一元市场价格之后,在除去让给中间商的价值和企业所应获得的既定利润,反向推算出打火机的目标成本。既然目标成本已定,接下来便是比照这一总目标成本分解到每个部件。因此,从某种意义上说,从一次性打火机的打火石、导管到外壳,每一个项目都被看作产品成本的一个组成部分,都事先制定一个目标成本。在层层分解之后进行产品设计,预算出成本。最初的成本预算结果高出目标成本许多,但经过成本计划人员、工程设计人员以及营销专家之间妥协和利益权衡后,最终选出与最初制定的目标成本最为接近的计划成本,从而达到成本最小化开发产品的目的。

这是一起典型的逆向思维控制成本的案例。打破传统的成本管理模式,一切以市场的价格为依据,通过目标利润的预计,反向得出目标成本或可容许成本。即在兼顾质量、性能等方面的前提下,以极富市场竞争力的价格开发新产品。这些企业制定成本的顺序是:市场价格—利润预算—目标成本—产品设计—成本预算—计划成本。

正如日本许多企业所采纳的理念,即"先将某种新产品的成本或售价确定为 x,然后回过头去努力实现这一目标"。如日本的电子表、石英表生产企业就曾经运用过这种方式。

(资料来源: 文捷. 逆向定价控成本[J]. 企业管理,2012(3).)

第三节　产品定价策略

一、新产品定价策略

新产品是指企业或者行业内具有新特征、新功能、新应用,或者面对新的细分市场,新的目标客户的产品,这种新产品的范围包括基于已有产品的改进、完善、延伸而形成的产品,和完全全新的产品。

如果企业生产的产品是市场中没有出现过的新产品,可采取撇脂定价、渗透定价和满意定价策略三种方式。

(一) 撇脂定价法

新产品上市之初,将价格定得较高,在短期内获取厚利,尽快收回投资和获取高利润,就像从牛奶中撇取所含的奶油一样,取其精华,称之为"撇脂定价"法。

其适用条件为:①市场上存在一批购买力强、对价格不敏感的消费者,且需求缺乏弹性;②暂时没有竞争对手推出同样的产品,本企业的产品具有明显的差别化优势;③新产品属于寿命周期短的时尚型新产品;④本企业的品牌在市场上有传统的影响力。在上述条件具备的情况下,企业就可以采取撇脂定价法。

新产品定价采用这种方法的优点很明显:①新产品上市,顾客对其无理性认识,利用较高价格可以提高身价,适应顾客求新心理,有助于开拓市场;②主动性大,产品进入成熟期后,价格可分阶段逐步下降,有利于吸引新的购买者;③价格高有利于快速收回研发成本,获得较高利润,为新产品的开发提供了资金支持,易实现以新养新的良性循环。但其缺点是:获利大,不利于扩大市场占有率,并很快招来竞争者,会迫使价格下降,好景不长。

(二) 渗透定价法

渗透定价是指在新产品投放市场时,价格定的尽可能低一些,以吸引大量顾客,其目的是获得高销售量和取得较大的市场占有率。

渗透定价法的适用条件是:①市场需求对价格极为敏感,市场容量大,低价会刺激市场需求迅速增长；②企业的生产成本和经营费用会随着生产经营经验的增加而下降；③采用低价能有效地阻止实际和潜在的竞争。

渗透定价法的优点是：①产品能迅速为市场所接受，打开销路，增加产量，使成本随生产增加而下降；②低价薄利，使竞争者望而却步、减缓竞争，获得一定的市场优势。但渗透定价也存在利润回收慢、调价困难等缺点。

对于企业来说，新产品采取撇脂定价还是渗透定价，需要考虑市场需求、竞争、供给、市场潜力、价格弹性、产品特性、企业发展战略等因素，权衡利弊，综合决策。

(三) 满意定价法

满意定价策略是介于撇脂定价和渗透定价之间的定价策略，是一种中间价格，它是指产品销售以稳定价格和预期销售额的稳定增长为目标，力求将价格定在一个适中水平上，所以也称为稳定价格策略。主要适用于大批量生产、大量销售、市场稳定的日用工业品和部分生产资料产品。由于它能使生产者和消费者都满意，所以称为满意定价。此种定价前提是该产品比较成熟，消费者熟悉该产品，信息对称，消费者是否购买完全凭个人喜好。

通用汽车公司的雪佛兰科迈罗汽车(Chevrolet Camaro)的定价水平是相当大一部分市场都承受得起的，市场规模远远大于愿意支付高价购买它的"运动型"外形的细分市场。这种适中的定价策略，甚至当这种汽车的样式十分流行，供不应求时仍数年不变。为什么呢？因为通用汽车跑车生产线上已经有一种采取撇脂策略定价的产品——克尔维特，再增加一种产品是多余的，会影响原来高价产品的销售。将大量购买者吸引到展示厅尝试驾驶科迈罗的意义远比高价销售科迈罗能获得的短期利益要大得多。

二、心理定价

心理定价策略是运用心理学原理，根据不同类型的消费者在购买商品时的不同心理的要求来制定价格，以诱导消费者增加购买，扩大企业销量。具体策略如下：

(一) 整数定价策略

整数定价策略，即顾名思义是把有的商品价格定位成整数。这种价格往往运用于价格特别高或特别低的商品。高价格商品定位成整数会在消费者心中树立高档、优质的形象，低价格商品主要是为了消费者付款方便。

(二) 尾数定价策略

尾数定价策略，即在确定零售价格时，以零头数结尾，使用户在心理上有一种便宜的感觉，或是按照风俗习惯的要求，价格尾数取吉利数字，以扩大销售。这会使顾客产生大为便宜的感觉，已被商家广泛应用，从国外的家乐福、沃尔玛到国内的华联、大型百货商场，从生活日用品到家电、汽车都可以采用尾数定价策略。

(三) 分级定价策略

分级定价策略,即把同类商品分为几个等级,不同等级商品价格不同。这种定价能使消费者产生货真价实、按质论价的感觉,能满足不同消费者的消费习惯。例如,统一品牌的烟、酒会有很多种不同的价格,价格的跨度比较大,云南玉溪牌的香烟,价位就从20多元一直到100元不等,这就是典型的分级定价。

(四) 声望定价策略

一个包为什么可以卖到一万多元?因为它是 LV;为什么一块表能卖好几十万?因为它是劳力士。很多消费者其实买的并不是包,也不是表,而是一种身份、地位、名望,这就是声望定价的原因。如果你的商品在业界的形象是高质量、高价格、高名望,则宜采取此种定价策略,利用名牌的声望,制定出能使消费者在精神上得到高度满足的价格。

(五) 招徕定价策略

招徕定价策略是对某些商品定非常低的价格,目的在于吸引消费者的目光。如很多店门前张贴标签:5元起。当然这个"起"字写得非常小,而5元对于消费者来说实在是低得不能再低的价格。先入为主的感觉,会让人认为这家店里的商品都很便宜。其实未必,这种策略的目的就是吸引消费者在来购买该商品时也购买其他商品,从而带动其他商品的销售;当然我们也可以反其道而行之,把价格定得很高来吸引眼球。

(六) 习惯性定价

由于市场上某商品一直维持在某一水平,并在消费者心中形成一个习惯性标准。如果价格稍有变动都会让消费者产生抵触心理,因此,对这类商品企业可采取消费者习惯的定价。日常生活用品几乎都采取这种定价模式。

三、折扣与折让定价法

很多企业都会调整其基本价格用于报答顾客的某些行为,并在特定条件下,为了鼓励消费者及早付清贷款、大量购买或淡季购买,以低于原定价格的优惠价格销售给消费者。消费者经常会在节假日看到各大商场的促销广告,如劳动节、国庆、元旦等大促销,买多少送多少。再如之前京东商城、苏宁易购和国美电器搅动的"电商促销大战"。我们先不谈其目的何在、结果如何。但这种价格战往往都是以折让折扣的形式存在。折让折扣有如下多种形式:

(1) 现金折扣。是对及时付清的一种减让,其目的是为了改善销售的现金流通,降低回收欠款和减少坏账。

(2) 批量折扣。是给予大批量买主的价格减让。往往购买的数量越多,折扣越多。

(3) 功能折扣。指如果交易渠道的成员愿意发挥某些功能，如销售、储存、记账等，生产商向他们提供的折扣。

(4) 季节性折扣。购买过季商品或服务的买主提供的价格减让。例如：中秋前月饼价格很高，但过完中秋了这样的商品几乎就无人问津了，必须通过价格杠杆来调节。

(5) 折让。降价的另一种形式，主要有以旧换新和促销折让两种形式。金融危机期间国家为了保持增长，就提出过家电以旧换新、家电下乡等政策。

四、地理位置定价策略

这是一种根据商品销售地理位置不同而规定差别价格的策略。地理差别价格又分为产地交货价格和买主所在地交货价格。地理定价策略的主要形式包括：

(一) 产地交货价格

产地交货价格是卖方按出厂价格交货或将货物送到买方指定的某种运输工具上交货的价格。在国际贸易术语中，这种价格称为离岸价格或船上交货价格。交货后的产品所有权归买方所有，运输过程中的一切费用和保险费均由买方承担。产地交货价格对卖方来说较为便利，费用最省，风险最小，但对扩大销售有一定影响。

(二) 目的地交货价格

目的地交货价格，是由卖方承担从产地到目的地的运费及保险费的价格。在国际贸易术语中，这种价格称为到岸价格或成本加运费和保险费价格。还可分为目的地船上交货价格、目的地码头交货价格以及买方指定地点交货价格。目的地交货价格由出厂价格加上产地至目的地的手续费、运费和保险费等构成，虽然手续较烦琐，卖方承担的费用和风险较大，但有利于扩大产品销售。

(三) 统一交货价格

统一交货价格，也称送货制价格，即卖方将产品送到买方所在地，不分路途远近，统一制定同样的价格。这种价格类似于到岸价格，其运费按平均运输成本核算，这样，可减轻较远地区顾客的价格负担，使买方认为运送产品是一项免费的附加服务，从而乐意购买，有利于扩大市场占有率。同时，能使企业维持一个全国性的广告价格，易于管理。该策略适用于体积小、重量轻、运费低或运费占成本比例较小的产品。

(四) 分区运送价格

分区运送价格，也称区域价格，指卖方根据顾客所在地区距离的远近，将产品覆盖的整个市场分成若干个区域，在每个区域内实行统一价格。这种价格介于产地交货价格和统一交货价格之间。实行这种办法，处于同一价格区域内的顾客，就得不到来自卖方的价格优惠；而处于两个价格区域交界地的顾客之间就得承受不同的价格负担。

（五）运费津贴价格

运费津贴价格，是指为弥补产地交货价格策略的不足，减轻买方的运杂费、保险费等负担，由卖方补贴其部分或全部运费。该策略有利于减轻边远地区顾客的运费负担，使企业保持市场占有率，并不断开拓新市场。

五、转移价格策略

转移价格策略是指跨国企业在母子公司之间、各子公司之间相互交易商品与劳务时使用的一种内部交易价格，以实现其全球战略目标和谋求最大利润。转移价格的最大特点是随意性与机密性，它在一定程度上不受市场供求规律、价值规律的影响，由跨国公司上层决策者密谋制定，外人难以对价格的合理性做出判断。

转移价格策略的具体做法是：公司内部互相提供零配件、固定资产，或提供专利、专有技术、咨询、管理、租赁、商标、运输、保险、货源等，或处理呆账、赔偿损失时，人为地提高或降低成本、费用、利息等，使转移价格高于或低于相应的市场价格，造成跨国公司某一子公司取得超额利润而另一子公司相应亏损，以达到调整利润、转移资金、逃避税收和减少风险等目的，归根结底是为了获取最大利润。

六、产品组合的定价策略

产品组合定价指企业为了实现整个产品组合(或整体)的利润最大化，在充分考虑不同产品之间的关系，以及个别产品定价高低对企业总利润的影响等因素基础上，系统地调整产品组合中相关产品的价格。主要的策略有：

（一）产品线定价策略

企业为追求整体收益的最大化，为同一产品线中不同的产品确立不同的角色，制定高低不等的价格。有的产品充当招徕品，定价很低，以吸引顾客购买产品线中的其他产品。而定价高的则为企业的获利产品。产品线定价策略的关键在于合理确定价格差距。

（二）互补品定价策略

有些产品需要互相配合在一起使用，才能发挥出某种使用价值。如相机与胶卷，隐形眼镜与消毒液，饮水机与桶装水等。企业经常为主要产品(价值量高的产品)制定较低的价格，而为附属产品(价值量较低的产品)制定较高的价格，这样有利于整体销量的增加，提高企业利润。

（三）成套优惠定价策略

对于成套设备，服务性产品等，为鼓励顾客成套购买，以扩大企业销售，加快资金周转，可以使成套购买的价格低于单独购买其中每一产品的费用总和。

![案例图标] **案 例**

宜家产品策略：先定价，再设计

2012年9月以来，宜家有近300个产品大幅降价，热销的原价49元的思库布储物盒降到29.9元。而17件套的普塔食品保鲜盒，价格仅19元。《第一财经日报》研究了宜家货品的低价策略。

宜家中国地区(零售业务)总裁吉丽安说："我们的优势在于，控制了供应链的所有环节，能使每个环节都有效地降低成本，使其贯穿于从产品设计到(造型、选材等)、OEM厂商的选择/管理、物流设计、卖场管理的整个流程。"

宜家宣称自己"最先设计的是价签"，即先定价，再由设计师进行产品设计。

从成本反推设计

宜家的邦格杯子，为了保持低价格，设计师必须充分考虑材料、颜色和设计等因素，如杯子的颜色选为绿色、蓝色、黄色或者白色，因为这些色料与其他颜色(如红色)的色料相比，成本更低；为了在储运、生产等方面降低成本，设计师把邦格杯子设计成了一种特殊的锥形，因为这种形状使邦格杯子能够在尽可能短的时间内通过机器，从而更能节省成本。后来宜家再次将这种杯子高度、杯把儿的形状作了改进，可以更有效地进行叠放，从而节省了杯子在运输、仓储、商场展示以及在顾客家中碗橱内占用的空间。

宜家的设计师采用奥格拉椅子复合塑料替代木材；后来，为了进一步降低成本，宜家将一种新技术引入了家具行业——通过将气体注入复合塑料，节省材料并降低重量，并且能够更快地生产产品。

宜家还发明了"模块"式家具设计方法(宜家的家具都是拆分的组装货，产品分成不同模块，分块设计。不同的模块可根据成本在不同地区生产；同时，有些模块在不同家具间也可通用)，这样不仅设计的成本得以降低，而且产品的总成本也能得到降低。

从成本反推储运

在储运方面，宜家采用平板包装，以降低家具在储运过程中的损坏率及占用仓库的空间；更主要的，平板包装大大降低了产品的运输成本，使得在全世界范围内进行生产的规模化布局生产成为可能。

宜家把顾客也看作合作伙伴，顾客翻看产品目录，挑选家具并可以亲自体验，然后自己在自选仓库提货。由于大多数货品采用平板包装，顾客可方便将其运送回家并独立进行组装。这样，顾客节省了部分费用(提货、组装、运输)，享受了低价格；宜家则节省了成本，保持了产品的低价格优势。

宜家中国正打造一个全方位、整合的商业模式。包括新建了宜家工业集团，致力于研发和打造中国市场的产品；在上海建立研发中心，与中国供应商一起开发适合当地的产品；优化目前的供应链，比如目前58%的产品直接从供应商到商场或者终端消费者，宜家亚太区物流服务总裁高博扬表示："到 2020 年，这个数据将达到 75%。"要知道，物流成本占到宜家产品成本的 1/3。

从消费者中寻找低成本灵感

宜家发现，哪些产品卖得好、量越大，供应商越有动力进行工业化、机械化生产改造，这会形成一个"正循环"。于是正准备帮助供货商进行信息系统改造，使其能根据宜家商场每天的卖货动态，规划其发货计划和生产计划。

宜家一套名为 Trysil 的卧室五件套，就是中国零售商了解到当地消费者的需求，并参考市场上同类竞争产品的价格，设计出有竞争力的销售价格，有时宜家销售部门还需要参考所有宜家商店的销售记录，按照"价格矩阵"确定价格从而保证某类产品利于销售，比如低于市场价格 10%。然后，研发部门再与供货商一起，结合市场需求设计出满足当地消费者需求的产品，就是说，在设计之前，宜家就确定这种五件套的价格必须能够真正击倒所有竞争对手。

(资料来源：刘琼. 宜家产品策略：先定价，再设计[J]. 第一财经日报，2012(10).)

第四节 价格变动策略

一、产品提价策略

提价确实能够增加企业的利润率，但却会引起竞争力下降、消费者不满、经销商抱怨，甚至还会受到政府的干预和同行的指责，从而对企业产生不利影响。虽然如此，在实际中仍然存在着较多的提价现象。其主要原因是：

(1) 应付产品成本增加，减少成本压力。这是所有产品价格上涨的主要原因。成本的增加或者是由于原材料价格上涨，或者是由于生产或管理费用提高而引起的。企业为了保证利润率不致因此而降低，便采取提价策略。

(2) 为了适应通货膨胀，减少企业损失。在通货膨胀条件下，即使企业仍能维持原价，但随着时间的推移，其利润的实际价值也呈下降趋势。为了减少损失，企业只好提价，将通货膨胀的压力转嫁给中间商和消费者。

(3) 产品供不应求，遏制过度消费。对于某些产品来说，在需求旺盛而生产规模又不能及时扩大而出现供不应求的情况下，可以通过提价来遏制需求，同时又可以取得高额利润，在缓解市场压力、使供求趋于平衡的同时，为扩大生产准备了条件。

(4) 利用顾客心理，创造优质效应。作为一种策略，企业可以利用涨价营造名牌形象，使消费者产生价高质优的心理定式，以提高企业知名度和产品声望。对于那些革新产品、贵重商品、生产规模受到限制而难以扩大的产品，这种效应表现得尤为明显。

(5) 为保证提价策略的顺利实现，提价时机可选择在这样几种情况下：①产品在市场上处于优势地位；②产品进入成长期；③季节性商品达到销售旺季；④竞争对手产品提价。

此外，在方式选择上，企业应尽可能多采用间接提价，把提价的不利因素减到最低程度，使提价不影响销量和利润，而且能被潜在消费者普遍接受。同时，企业提价时应采取各种渠道向顾客说明提价的原因，配之以产品策略和促销策略，并帮助顾客寻找节约途径，以减少顾客不满，维护企业形象，提高消费者信心，刺激消费者的需求和购买行为。至于价格调整的幅度，最重要的考虑因素是消费者的反应，因为调整产品价格是为了促进销售，实质上是要促使消费者购买产品。忽视了消费者的反应，销售就会受挫，只有根据消费者的反应调价，才能收到好的效果。

二、产品降价策略

企业降价的原因很多，有企业外部需求及竞争等因素的变化，也有企业内部的战略转变、成本变化等，还有国家政策、法令的制约和干预等。这些原因具体表现在以下几个方面：

(1) 企业急需回笼大量现金。对现金产生迫切需求的原因既可能是其他产品销售不畅，也可能是为了筹集资金进行某些新活动，而资金借贷来源中断。此时，企业可以通过对某些需求的价格弹性大的产品予以大幅度削价，从而增加销售额，获取现金。

(2) 企业通过削价来开拓新市场。一种产品的潜在顾客往往由于其消费水平的限制而阻碍了其转向现实顾客的可行性。在削价不会对原顾客产生影响的前提下，企业可以通过削价方式来扩大市场份额。不过，为了保证这一策略的成功，有时需要以产品改进策略相配合。

(3) 企业决策者决定排斥现有市场的边际生产者。对于某些产品来说，各个企业的生产条件、生产成本不同，最低价格也会有所差异。那些以目前价格销售产品仅能保本的企业，在别的企业主动削价以后，会因为价格的被迫降低而得不到利润，只好停止生产。这无疑有利于主动削价的企业。

(4) 企业生产能力过剩，产品供过于求，但是企业又无法通过产品改进和加强促销等工作来扩大销售。在这种情况下，企业必须考虑削价。

(5) 企业决策者预期削价会扩大销售，由此可望获得更大的生产规模。特别是进入成熟期的产品，削价可以大幅度增进销售，从而在价格和生产规模之间形成良性循环，为企业获取更多的市场份额奠定基础。

(6) 由于成本降低，费用减少，使企业削价成为可能。随着科学技术的进步和企业经营管理水平的提高，许多产品的单位产品成本和费用在不断下降，因此，企业拥有条件适当削价。

(7) 企业决策者出于对中间商要求的考虑。以较低的价格购进货物不仅可以减少中间商的资金占用，而且为产品大量销售提供了一定的条件。因此，企业削价有利于同中间商建立较良好的关系。

(8) 政治法律环境及经济形势的变化，迫使企业降价。政府为了实现物价总水平的下调，保护需求，鼓励消费，遏制垄断利润，往往通过政策和法令，采用规定毛利率和最高价格、限制价格变化方式、参与市场竞争等形式，使企业的价格水平下调。在紧缩通货的经济形势下或者在市场疲软、经济萧条时期，由于币值上升，价格总水平下降，企业产品价格也应随之降低，以适应消费者的购买力水平。此外，消费者运动的兴起也往往迫使产品价格下调。

降价最直截了当的方式是将企业产品的目录价格或标价绝对下降，但企业更多的是采用各种折扣形式来降低价格。如数量折扣、现金折扣、回扣和津贴等形式。此外，变相的削价形式有：赠送样品和优惠券，实行有奖销售；给中间商提取推销奖金；允许顾客分期付款；赊销；免费或优惠送货上门、技术培训、维修咨询；提高产品质量，改进产品性能，增加产品用途。由于这些方式具有较强的灵活性，在市场环境变化的时候，即使取消也不会引起消费者太大的反感，同时又是一种促销策略，因此在现代经营活动中运用越来越广泛。确定何时削价是调价策略的一个难点，通常要综合考虑企业实力、产品在市场生命周期所处的阶段、销售季节、消费者对产品的态度等因素。比如，进入衰退期的产品，由于消费者失去了消费兴趣，需求弹性变大、产品逐渐被市场淘汰，为了吸引对价格比较敏感的购买者和低收入需求者，维持一定的销量，削价就可能是唯一的选择。由于影响削价的因素较多，企业决策者必须审慎分析和判断，并根据削价的原因选择适当的方式和时机，制定最优的削价策略。

三、企业对竞争者价格变动的反应

竞争对手在实施价格调整策略之前，一般都要经过长时间的深思得失，仔细权衡调价的利害，但是，一旦调价成为现实，则这个过程相当迅速，并且在调价之前大多要采取保密措施，以保证发动价格竞争的突然性。企业在这种情况下，贸然跟进或无动于衷都是不对的，正确的做法是尽快迅速地对以下问题进行调查研究：①竞争者调价的目的是什么？②竞争者调价是长期的还是短期的？③竞争者调价将对本企业的市场占有率、销售量、利润、声誉等方面有何影响？④同行业的其他企业对竞争者的调价行动有何反应？⑤企业有几种反应方案？竞争者对企业每一个可能的方案又会有何反应？

在回答以上问题的基础上，企业还必须结合所经营的产品特性确定对策。一般来说，在同质产品市场上，如果竞争者削价，企业必须随之削价，否则大部分顾客将转向价格较低的竞争者；但是，面对竞争者的提价，本企业既可以跟进，也可以暂且观望。如果大多数企业都维持原价，最终迫使竞争者把价格降低，使竞争者涨价失败。

在异质产品市场上，由于每个企业的产品在质量、品牌、服务、包装、消费者偏好等方面有着明显的不同，所以面对竞争者的调价策略，企业有着较大的选择余地：第一，价格不变，任顾客随价格变化而变化，靠顾客对产品的偏爱和忠诚度来抵御竞争者的价格进攻，待市场环境发生变化或出现某种有利时机，企业再做行动。第二，价格不变，加强非价格竞争。比如，企业加强广告攻势，增加销售网点，强化售后服务，提高产品质量，或者在包装、功能、用途等方面对产品进行改进。第三，部分或完全跟随竞争者的价格变动，采取较稳妥的策略，维持原来的市场格局，巩固取得的市场地位，在价格上与竞争对手一较高低。第四，以优越于竞争者的价格跟进，并结合非价格手段进行反击。比竞争者更大的幅度削价，比竞争者更小的幅度提价，强化非价格竞争，形成产品差异，利用较强的经济实力或优越的市场地位，居高临下，给竞争者以毁灭性的打击。

复习思考题

1. 简述产品定价的基本目标。
2. 产品定价的主要营销因素有哪些？
3. 举例说明什么是边际成本定价法？
4. 渗透定价有哪些优缺点？
5. 简述产品组合的定价策略。
6. 什么是转移价格策略？跨国公司为什么会使用转移价格策略？
7. 竞争对手产品降价，将给企业带来什么影响？企业将如何应对竞争对手的降价策略？

第七章

渠道设计与管理

　　营销活动的核心是使产品或服务被使用或被消费，从而为企业带来经济利益。而营销渠道正是促使产品或服务顺利地被使用或被消费的一整套相互依存的环节或组织。营销渠道也通常被称为分销渠道、通路、销售网络等。在市场竞争加剧的环境下，通路建设已成为企业克敌制胜、稳操胜券的关键。

第一节　渠道设计

　　营销渠道设计要围绕公司营销目标和中长期发展目标进行，要有利于提高企业产品的竞争力和市场占有率，要有效覆盖市场和满足顾客需求，还要有利于企业抵御市场风险。在此基础上形成能够充分履行渠道功能，长期稳固而又能适应市场变化的渠道系统或销售网络，不断地为企业开辟稳定的消费群体或区域市场。

一、营销渠道的基本含义

(一) 营销渠道的内涵

　　市场营销渠道是指促使产品或服务顺利地被使用或被消费的一整套相互依存的体系。市场营销渠道又称为分销渠道、营销网络、通路等。

　　菲利普·科特勒认为："营销渠道是指某种货物或劳务从生产者向消费者转移时，取得这种货物或劳务的所有权或帮助转移其所有权的所有企业和个人。因此，营销渠道主要包括商业中间商(因为他们取得所有权)和代理中间商(因为他们帮助转移所有权)。此外，它还包括处于营销渠道的起点和终点的生产者和消费者。"

(二) 营销渠道的功能

　　营销渠道的作用是把产品从生产领域转移到消费领域，通过对这一过程的有效组织，目的在于调节产品、服务与其使用者之间的差异，包括时间差异、地点差异和所有权差异等。

营销渠道的主要功能表现为：①研究，即收集制定计划和进行交换所必需的信息；②促销，即为了吸引和说服消费者购买产品和服务而进行的沟通活动；③谈判，即达成有关产品的价格和其他条件的最终协议，以实现所有权的转移；④接洽，即寻找可能的购买者并与其进行沟通；⑤融资，即收集和分配资金，供分销渠道的不同层次工作之所需；⑥风险，即承担与渠道工作有关的风险；⑦物流，即从事商品实体的运输和储存；⑧配合，即使所供应的货物符合购买者需要，包括制造、分等、包装等活动。

通过以上功能，营销渠道将为目标顾客提供他们所需要的产品组合。

(三) 营销渠道的结构类型

营销渠道有各种不同的形式，按其有无中间环节和中间环节的多少，也就是按渠道长度的不同，可分为以下四种基本类型。

1. 直接渠道

直接渠道也叫零渠道，指产品不经任何中间环节，直接由生产者供应给消费者。它是一种最简便、最短的渠道，主要形式有上门推销、邮购、电话订购、电视直销和自开门市等。

2. 一层渠道

一层渠道是指仅有一个中间机构的渠道。这个中间机构，在消费者市场上通常是零售商，在产业市场上通常是代理商或经纪人。采用这种分销渠道的企业通常生产耐用消费品和高级选购品。

3. 二层渠道

二层渠道是指包括两个中间环节的渠道。这两个环节，在消费者市场是批发商和零售商，在产业市场则可能是代理商与批发商。这种分销渠道是传统的渠道模式。

4. 三层渠道

三层渠道是指包含三个中间环节的渠道。除了批发商和零售商之外，中间环节应再加一个代理商或一个更大的批发商。有些消费品技术性很强，又需广泛推销时，多采用这种分销渠道。另外，肉类食品及包装类产品的生产企业通常也采用这种渠道。

以上四种类型是就营销渠道的长度不同而言的，也可概括为直接渠道和间接渠道两大类。直接渠道也称"零层渠道"，即产品从生产者流向最终消费者或用户的过程中不经过任何中间环节；间接渠道则是在产品从生产者流向消费者或用户的过程中经过一层或一层以上的中间环节。消费者市场多采用间接渠道。

营销渠道按同一层次使用中间商个数的多少，即渠道宽度的不同，有以下三种基本类型。

1. 密集型分销

密集型分销是指制造商尽可能地通过许多负责任的、适当的批发商、零售商推销其产品，即运用尽可能多的分销点，使渠道尽可能加宽。这种策略可以使产品在更广阔的市场上广泛销售，使消费者随时随地能买到产品。通常，消费品中的便利品和工业品中的标准件或易耗品适合采用这种渠道形式。

2. 选择性分销

选择性分销，即生产企业在某一地区仅通过少数几家经过精心挑选的、比较合适的中间商来经营其产品。这种渠道形式理论上适合于任何产品，尤其是消费品中的选购品、工业品中的零配件，更适宜采取选择性渠道策略。

3. 独家分销

独家分销是指制造商在某一地区只选定一家中间商经销或代销，实行独家经营。独家分销是最极端的形式，通常适合于消费品中的特殊品和生产生活用品中技术要求高、价值高、售后服务要求高的产品。

二、影响营销渠道选择的因素

企业在渠道选择中，要综合考虑渠道目标和各种限制因素或影响因素，主要有以下几种因素。

(一) 市场因素

(1) 目标市场的大小。如果目标市场范围大，渠道则较长；反之，渠道则短些。

(2) 目标顾客的集中程度。如果顾客分散，宜采用长而宽的渠道；反之，宜用短而窄的渠道。

(二) 产品因素

(1) 产品的易毁性或易腐性。如果产品易毁或易腐，则采用直接或较短的分销渠道。

(2) 产品单价。如果产品单价高，可采用短渠道或直接渠道；反之，则采用间接渠道。

(3) 产品的体积与重量。体积大而重的产品应选择短渠道；体积小而轻的产品可采用间接销售。

(4) 产品的技术性。产品技术性复杂，需要安装及维修服务的产品，可采用直接销售；反之，则选择间接销售。

(三) 生产企业本身的因素

(1) 企业实力强弱。主要包括人力、物力、财力，如果企业实力强可建立自己的分销网络，实行直接销售；反之，应选择中间商推销产品。

(2) 企业的管理能力强弱。如果企业管理能力强，又有丰富的营销经验，可选择直接销售渠道；反之，应采用中间商。

(3) 企业控制渠道的能力。企业为了有效地控制分销渠道，多半选择短渠道；反之，如果企业不希望控制渠道，则可选择长渠道。

（四）政府有关立法及政策规定

政府颁布的法律及有关政策，如专卖制度、反垄断法、进出口规定、税法税收政策、价格政策等因素都影响企业对分销渠道的选择。例如，烟酒实行专卖制度时，这些企业就应当依法选择分销渠道。

（五）中间商特性

各类中间商实力、特点不同，如广告、运输、储存、信用、训练人员、送货频率方面具有不同的特点，从而影响生产企业对分销渠道的选择。

三、确定渠道目标

渠道目标也就是在企业营销目标总体要求下，选择合适的渠道来实现企业的营销目标。这种目标一般要求建立的渠道达到总营销目标规定的服务产出水平，同时把渠道费用减少到最低程度。如营销渠道要达到什么分销效果、铺货率指标等。

四、确定渠道模式

(1) 直销模式。厂家不利用中间环节，直接面对最终消费者。

(2) 直营模式。厂家只利用终端环节，减少渠道层次，加强对终端的掌控。

(3) 分销模式。厂家通过分销商将产品分销出去，是一种较长的渠道模式。

(4) 复合通路模式。利用以上三种模式的优势，可以是直销与直营的复合，也可以是直营与分销的结合，还可以是分销与直销的结合，或者直销、直营与分销的复合。

五、选择渠道方案

渠道选择方案由中间商类型、中间商数目以及每一渠道参与者的条件和相互责任等因素构成。

(1) 选择中间商类型。中间商大致可分为批发商和零售商。企业制定间接渠道的备选方案一般先考虑短渠道方案，然后考虑长渠道方案。此外，企业还应设法寻求更多创新的分销渠道方案。

(2) 确定中间商数目。公司必须确定每一渠道层次利用中间商的数目。由此形成所选择分销网络的宽度类型，即密集性分销、选择性分销或独家经销。

(3) 规定渠道成员的条件与责任。生产企业与中间商结成一定关系，共同完成营销任务必须确定渠道成员的参与条件和应负责任。

六、评估选择营销方案

营销渠道方案确定后，生产厂家就要根据各种备选方案进行评价，找出最优的渠道路线。通常渠道评估的标准有三个，即经济性、可控性和适应性，其中最重要的是经济性标准。

(一) 经济性标准评估

经济性标准评估主要是比较每个方案可能达到的销售额及费用水平；比较由本企业推销人员直接推销与使用销售代理商哪种方式销售额水平更高；比较由本企业设立销售网点直接销售所花费用与使用销售代理商所花费用，看哪种方式支出的费用大。企业对上述情况进行权衡，从中选择最佳分销方式。

(二) 可控性标准评估

一般来说，采用中间商可控性小，企业直接销售可控性大；分销渠道长，可控性难度大；渠道短，可控性较容易些。企业必须进行全面比较、权衡，选择最优方案。

(三) 适应性标准评估

如果生产企业同所选择的中间商的合约时间长，而在此期间，其他销售方法(如直接邮购)更有效，但生产企业不能随便解除合同，这样企业选择营销渠道便缺乏灵活性。因此，生产企业必须考虑选择策略的灵活性，不签订时间过长的合约，除非在经济或控制方面具有十分优越的条件。

案 例

蓝月亮高端新品以价换市失宠 自建渠道谋求转变

高端产品"机洗至尊"本被蓝月亮视为渠道变革的重磅产品，但换不来高销量，也让蓝月亮的高端系列走向失意。北京商报记者走访看到，在多个大卖场中，以套装形式销售的"机洗至尊"分拆售卖，并有买一送一的大力促销。作为日化系渠道变革第一个吃螃蟹的人，在直销＋O2O的销售与服务新模式"月亮小屋"的发展停滞后，蓝月亮试图通过新品挽回市场的方式并没有奏效。

明星产品以价换市

北京商报记者在物美超市发现，过去一直以套装形式出售的蓝月亮机洗至尊开始拆开进行单瓶售卖。此前，"机洗至尊"套装在超市的售价维持在139元左右，天猫旗舰店上售价相对较低，为99元一箱。现在，配合端午节促销的尾声，"机洗至尊"正在进行买一送一的促销活动。更为重要的是，套装也不再是"机洗至尊"的唯一销售形式。

物美超市销售人员透露，近两个月前，超市上架"机洗至尊"单瓶装。虽然原先套装包含一瓶 660g 瓶装机洗至尊洗衣液、两袋 600g 替换装和一瓶 500g 手洗洗衣液，但价格较高，外包装看起来像礼品，这款套装产品销量并不好。新上架的单瓶装"机洗至尊"洗衣液售价为 58 元，虽然价格相对其他品牌来说不低，但却为一些希望"尝鲜"的消费者提供更多选择。

单瓶装"机洗至尊"上市，打破了这一产品一度维系的高端形象。北京商报记者发现，在电商渠道上，"机洗至尊"依然只有套装出售。一度看好互联网和电商平台、力推新模式的蓝月亮，却在重返商超卖场后表现出了对传统渠道前所未有的重视。

在超市渠道"二进宫"的蓝月亮，用更多促销手法打动消费者的同时，也被业内解读为是在向传统渠道"示好"。继两年前与大润发、家乐福等大卖场决裂的消息在业内炸开锅后，蓝月亮的渠道变革一直备受业内关注和争议。在重返商超卖场后，蓝月亮需要动用更多的筹码来收复失地。毕竟，在与商超渠道的谈判破裂后，蓝月亮在洗衣液市场所让出的份额一度被立白、绿伞等竞品吞噬。目前，蓝月亮已经在家乐福、物美等多家超市配备了身着"蓝月亮"字样衣服的促销员。对于产品所覆盖的"浓缩""用量节省"等卖点，这些地面促销员将进行大力度的宣传推广。

月亮小屋转型

在产品线进行多样化促销的同时，蓝月亮在自建渠道上也开始谋求转变。虽然蓝月亮品牌官方并未对自建渠道月亮小屋的未来发展发表官方评论，但北京商报记者从蓝月亮品牌负责人处获悉，月亮小屋正在从最初设想的集销售、配送、服务于一体的理想状态，转型为只负责产品配送和提供水洗服务的"社区浓缩示范店"。超市的一名销售人员向北京商报记者透露，这样的"社区浓缩示范店"在北京目前只有两家，未来可能还要再开两家，但选址尚不清楚。

目前，蓝月亮"社区浓缩示范店"能够提供的是水洗服务，不能提供干洗，且不一定是在指定的月亮小屋内进行清洗。月亮小屋配置的服务人员"月亮天使"可以上门取走用户的衣服，并在清洗后送回。月亮小屋内也有蓝月亮的指定洗衣产品进行售卖。

同时，顾客可以在天猫、京东、苏宁等网购平台的蓝月亮官方旗舰店下单，合作的社区浓缩示范店可通过蓝月亮公司的派单接单配送系统，24 小时为自己服务区域内的客户配送货物，而有直营店的浓缩示范店也可以自己引流销售，按销售额返点获取相应的佣金。

虽然"社区浓缩示范店"所提供的服务种类也不少，但是和最初的设想还是有着一段距离。2015 年"月亮小屋"始建时，蓝月亮总裁罗秋平曾透露，月亮小屋社区专营店主打的是服务，而不是销售。"以后如果在派对上衣服染上红酒，蓝月亮能提供两个小时内把衣服洗干净的服务。"但目前来看，这种高级别的服务水平在落地过程中短期内难以完成。

吃螃蟹的成本

对于蓝月亮"月亮小屋"社区店的探索，尽管业内人士也普遍表示，从创新意识上来讲，蓝月亮的这种突破是值得鼓励的，是业内第一个吃螃蟹的人，但其中也确实存在操之过急的部分。至少从社区服务站这个角度看，蓝月亮走得有点快了。从社区月亮小屋的数量和月亮天使的辐射范围来看，蓝月亮还远没有在社区建立起成体系的客户群。

同时，由于脱离商超渠道后才推出新产品，蓝月亮的"机洗至尊"在市场培育初期并没有建立起与消费者的紧密关系。这一试图实现互联网化营销的产品在电商渠道上最终也没有占据非常具有优势的地位。在天猫超市上，按照销量，排名第一位的洗衣液是售价18.8元的超能洗衣液，月均销量达17万笔。蓝月亮的产品排在第二位，但不是"机洗至尊"，而是早期推出的"亮白洗衣液"，售价为39.9元。现在，蓝月亮不得不在各大超市加重推出这一产品的筹码。

更值得关注的是，由于产品是在依托于O2O服务的基础上推出的。因此，"机洗至尊"的高定价在超市便显得十分另类。在家乐福超市一处标示着"省更多"的货架上，蓝月亮3kg/39.9元的薰衣草洁净洗衣液与立白3kg/38.9元的全效馨香洗衣液紧挨着，其中，立白馨香洗衣液还捆绑着一袋1kg用以附赠的立白皂液。也就是说，同样花不到40元，消费者就可以买到3kg的蓝月亮或4kg的立白洗衣液，相比之下，蓝月亮的实惠无从凸显。普通产品尚且如此，高端产品所承受的价格压力也就更大。业内认为，蓝月亮既然已经走出了第一步棋。未来只有将月亮小屋的模式继续推演下去。不然，"吃螃蟹"所付出的成本可能远远高于最终收获的价值。

(资料来源：孙麟翔，王潇立. 蓝月亮高端新品以价换市失宠 自建渠道谋求转变[J]. 北京商报，2017(3).)

第二节 渠道运作

一、选择分销商的原则

许多成功企业的经验都说明了这样一个基本道理，明确选择分销商的目标和原则，并且做好深入细致的调查研究工作，全面了解每一个将被选择的分销商的情况，是选择分销商的起点和前提条件，明确目标是选择分销商的前提之一。这里有两个层次的目标要加以区分：第一个层次为基本目标，即选择中间商，建立分销渠道要达到什么分销效果；第二个层次为手段目标，即要建立怎样的分销渠道，它在实现第一层次目标的过程中应当发挥什么作用。建立分销渠道的目标明确之后，这些目标就被转换成选择分销商的原则，成为指导分销商选择工作的纲领。一般来说，应遵循的原则如下。

(一) 把分销渠道延伸至目标市场原则

这是建立分销渠道的基本目标，也是选择分销商的基本原则。企业选择分销商，建立分销渠道，就是要把自己的产品打入目标市场，让那些需要企业产品的最终用户或消费者能够就近、方便地购买，随意消费。根据这个原则，分销管理人员应当注意所选择的分销商是否在目标市场拥有其分销通路(如是否有分店、子公司、会员单位或忠诚的二级分销商)，是否在那里拥有销售场所(如店铺、营业机构)。

(二) 分工合作原则

所选择的中间商应当在经营方向和专业能力方面符合所建立的分销渠道功能的要求。尤其在建立短分销渠道时，需要严格掌握中间商的经营特点及其能够承担的分销功能。一般来说，专业性的连锁销售公司对于那些价值高、技术性强、品牌吸引力大、售后服务较多的商品，具有较强的分销能力。各种中小百货商店、杂货商店在经营便利品、中低档次的选购品方面力量很强。只有那些在经营方向和专业能力方面符合所建分销渠道要求的分销商，才能承担相应的分销功能，组成一条完整的分销通路。

(三) 树立形象的原则

在一个具体的局部市场上，显然应当选择那些目标消费者或二级分销商愿意光顾，甚至愿意在那里出较高价格购买商品的分销商。这样的分销商在消费者的心目中具有较好的形象，能够烘托并帮助企业建立品牌形象。

(四) 共同愿望和共同抱负原则

联合分销商进行商品分销，不单是对生产厂商、对消费者有利，对分销商也有利。分销渠道作为一个整体，每个成员的利益来自于成员之间的彼此合作和共同的利益创造活动。从这个角度上讲，联合分销商进行商品分销就是把彼此之间的利益"捆绑"在一起，只有所有成员具有共同愿望、共同抱负，具有合作精神，才有可能真正建立一个有效运转的分销渠道。在选择分销商时，要注意分析有关分销商分销合作的意愿、与其他渠道成员的合作关系，以便选择到良好的合作者。

上述原则是从实现建立分销渠道的目标提出的。它们是一个有机整体，反映着建立商品分销系统、厂商共同合作、共享繁荣的要求。按照这些原则来选择分销商，将可以保证所建立的分销渠道成员的素质和合作质量，提高分销渠道的运行效率，这些原则也是分销渠道成员达成合作协议的基础。

二、评价分销商

在具体选择分销商之前，要根据上述原则对各个可选择的分销商进行全面调查和认真分析。大量的资料应当来自于企业的市场调查而不是对方的自我介绍。尤其对于长期合作伙伴，必须彻底弄清楚他是谁、他是如何经营的、发展潜力究竟有多大。不了解分销商，就谈不上选择。有的分销商长期从事某类产品的市场销售，熟悉该类产品市场特点和营销要点，但是对于超出该类别范围的其他产品，就可能缺乏市场知识和营销经验，因而难以承担分销功能；有的分销商诚实经营，有良好的商业信誉，但是也有一些不法之徒打着"中间商"的旗帜，骗人钱财。不少生产厂商急于销售产品，以"饥不择食"的方式寻找分销商，结果上当受骗，落得人财两空，要害问题在于不了解对方，这些应当成为前车之鉴。对分销商不仅要彼此面熟，而且要"知根知底"，全面了解。这是选择中间商建立分销渠道时必须具备的第二个前提。

通过了解分销商，企业可以从中得到"候选人"名单。然后要对各个"候选人"进行评价。在现实市场环境中，有多种类型的中间商，各个中间商对选择原则的满足程度是不一样的。百货商场购物环境优良，客流量大，能提升商品档次，分销能力强，往往被很多生产厂商选择作为商品分销的主要零售商。但是，大型百货商场数量有限，分布密度极小，而且需要顾客在拥挤的城市交通中花费不少时间。对于许多便利品、中等档次的选购品以及消费者远离闹市的情形来说，百货商场可能不是最佳的零售商，因为它们不能保障目标消费者方便购物。相比之下，一些街头小店、位于居民区的杂货店，对于各种便利品和中档选购品来说，常常是更好的零售渠道。不同的商品有不同的分销要求，不同分销商具有不同的商品分销优势与劣势。必须经过考察和评价环节，把各个分销商的优势与劣势弄清楚，以便于选择。

为了做出客观评价，有必要把各个分销商的分销优势和劣势，按其来源或性质予以分类，如表 7-1 所示。

表 7-1　分销商的分销优势与劣势

形成原因　　状　态	历 史 原 因	管 理 原 因
分销优势	静态优势	动态优势
分销劣势	静态劣势	动态劣势

（一）来自历史原因的分销优势

历史优势是在过去的经营中取得的，属于当前已经存在的有利条件，如分销商的地理位置、经营历史和经验、经营规模以及经营范围和业种业态。

1. 地理位置可成为一些分销商的分销优势

可以从分销商进货和销售两个方面来评价其地理位置的"优势程度"。如果分销商处于交通干线，或者接近于工厂或商品仓库，进货必然容易；如果分销商处于目标消费者购物活动范围之内，或者说目标消费者能够方便地从分销商那里购买，那么该分销商也具有优势。

2. 经营某种商品的历史和成功经验是分销商自身优势的另一个来源

长期从事某种商品的经营，通常会积累比较丰富的专业知识和经验，因而在行情变动中，能够掌握经营主动权，保持销售稳定或乘机扩大销售量。一般来说，经营历史较长的分销商早已为周围的顾客或消费者熟悉，拥有一定的市场影响和一批忠实的顾客，大多成为周围顾客或消费者光顾购物的首选之地。

3. 分销商的经营范围和业种业态

分销商的经营通常有批发、零售、批零兼营之分；业种通常有产品(或系列)专业型、顾客专业型和非专门化型三类。随着零售形式的不断创新，零售商业中出现了多种业态，如购物中心、超级市场、仓储式商场、折扣商店、便利店。分销商的经营范围和业种业态对有关商品分销具有重要的影响,不仅影响到商品分销范围和数量,而且影响到商品定位。那些符合企业商品定位的相关业种业态的分销商,无疑具有分销优势。

4. 分销商的经营实力

经营实力表现为分销商在商品吞吐规模上,在市场开发的投入上的行为能量。经营规模大的分销商销售流量也较大,而在市场开发方面能够保持较高投入的分销商,其商品销售流量也决不会小。因而它们在商品分销方面具有优势。

上述优势是由过去的经营形成,而且在目前也具备的,因而称之为由历史原因决定的优势。这些优势一般来说是静态的,随着市场环境的变化、时间的推移,它们会发生改变。

(二) 来自管理原因的分销优势

可以从以下几个方面评价来自管理原因的分销优势。

1. 经营机制和管理水平

经营机制是企业存在与经营的基础,它是指企业经营者在所有权的约束下,对市场机会或威胁灵活制定对策,并组织企业职工努力提高经济效益的制度性安排。可以从企业制度形式、经营者拥有多大经营决策权、对所有者和职工承担多大责任等方面来认识和区别不同类型企业。管理水平主要是指计划体系、组织结构、激励机制以及控制系统的完善程度、现代化水平。管理已被认为是现代企业运行的核心推动力量之一。一般来说,经营机制和管理的优劣主要从是否能适应市场变化,保持企业经营稳定与发展,能否提高资本收益等方面来评价。

2. 自有分销渠道和商圈

一些批发商、连锁商业企业、仓储式商店等拥有自己的零售商店(分公司、子公司或连锁店)和固定的零售商顾客群,相当于拥有自己的分销渠道。不管什么类型的分销商,都应当经常保持一定的顾客流量,以维持其商品销售额水平。这个顾客流量就是商圈,与商店的地理位置、经营特色、促销力度、商业信誉及声望有关。商圈越大,说明该企业商品销售量也越大。在商店林立、竞争激烈的当今市场上,能否经常保持和吸引一定的顾客流量,主要取决于经营管理。

3. 信息沟通与货款结算

分销渠道应当承担多方面的功能,包括信息沟通与货款结算。良好的信息沟通和货款结算关系是保障分销渠道正常连续运行的重要条件之一,因而也可以成为分销商的分销优势之一。

由管理决定的分销优势是一种动态的优势,只有那些科学管理、重视合作与协调、灵活经营的分销商才能拥有这些优势。

与优势分析相对应的,也可以从历史原因角度、从经营管理角度来分析有关"候选人"的劣势。例如,地处偏僻小镇的分销商可能没有较大的商圈;规模太大的分销商机构复杂、人事臃肿,管理费用很高,需要生产厂商多"让利";与目前供应商保持良好关系的分销商可能过于忠诚，不愿意与新的生产厂商合作而"伤害"老供应商；与现有供应商关系不好的分销商也可能存在"自高自大、目中无人"或者缺乏信誉的毛病。对于每个"候选人"从事有关商品分销的优势与劣势进行分析和评价，将有利于准确地预测和客观地说明他们能够承担的商品分销功能，为正确地选择分销商奠定基础。

三、选择分销商的方法

(一) 强制评分选择法

强制评分选择法的基本原理是：对拟选择作为合作伙伴的每个分销商，就其从事商品分销的能力和条件进行打分评价。由于各个分销商之间存在分销优势与劣势的差异，因而每个项目的得分会有所区别。注意到不同因素对分销渠道功能建设的重要程度的差异，可以分别赋予一定的重要性系数(或者称为权数)。然后计算每个分销商的总得分，从得分较高者中择优"录用"。

例如，一家洗衣机制造工业公司决定在某市采用精选的一阶分销渠道模式(厂家直接把自己的产品销售给零售商，再由零售商销售给普通消费者)。考察后，初选出 3 家比较合适的"候选人"。洗衣机制造工业公司希望有关零售商占有理想的地理位置、有一定的经营规模、前来光顾的顾客流量较大、在消费者心目中有较高声望、与生产厂商合作关系融洽、主动进行信息沟通、货款结算信誉好。各个"候选人"在这些方面都有一定优势，但是没有一个"十全十美"者。因此，洗衣机制造工业公司采用强制打分法对各个"候选人"进行打分评价，如表 7-2 所示。

表 7-2　强制打分法的应用

评价因素	重要性系数(权数)	"候选人"1		"候选人"2		"候选人"3	
		打分	加权分	打分	加权分	打分	加权分
地理位置	0.20	85	17.00	70	14.00	80	16.00
经营规模	0.15	70	10.50	80	12.00	85	12.75
顾客流量	0.15	90	13.50	85	12.75	90	13.50
市场声望	0.10	75	07.50	80	8.00	85	8.50
合作精神	0.15	80	12.00	90	13.50	75	11.25
信息沟通	0.05	80	40.00	60	3.00	75	3.75
货款结算	0.20	65	13.00	75	15.00	60	12.00
总分	1.00	545	77.50	540	78.25	550	77.75

通过打分计算，从表 7-2 的"总分"栏可以看出，第二个"候选人"得到最高的加权总分，因而是最佳的"候选人"，该洗衣机制造工业公司应当考虑选择它作为当地的分销商。强制评分选择法主要适用于在一个较小地区的市场上，为了建立精选的分销渠道网络而选择理想的零售商，或者选择独家经销商。

(二) 销售量分析法

销售量分析法是通过实地考察有关分销商的顾客流量和销售情况，并分析其近年来销售额水平及变化趋势，在此基础上，对有关分销商实际能够承担的分销能力(尤其可能达到的销售量水平)进行估计和评价，然后选择最佳"候选人"的方法。

(三) 销售费用分析法

联合分销商进行商品分销是有成本的，主要包括分担市场开拓费用、给分销商让利促销、由于货款延迟支付而带来的收益损失、合同谈判和监督履约的费用。这些费用构成了销售费用(或流通费用)，它实际上会减少生产厂商的净收益，降低利用有关分销渠道的价值。当然，销售费用的大小主要取决于被选择的合作伙伴的各方面条件和特征。可以把预期销售费用看作衡量有关"候选人"优劣程度的一种指标。具体方法有三种：

1. 总销售费用比较法

在分析有关"候选人"的合作态度、营销战略、市场声誉、顾客流量、销售记录的基础上，估算各个"候选人"作为分销渠道成员，执行分销功能过程中的销售费用。然后，直接选择总分销费用最低的"候选人"。

2. 单位商品(单位销售额)销售费用比较法

考虑到商品销售量对销售费用的影响，在评价有关分销商的优劣时，需要把销售量与销售费用两个因素结合起来综合评价。方法之一就是选用某分销商的预期总销售费用与该分销商能够实现的商品销售量(或销售额)之比值，即单位商品(单位销售额)销售费用，作为比较的依据，来选择最佳的分销商作为分销渠道成员。

3. 费用效率分析法

费用效率分析法的原理与单位商品(单位销售额)销售费用比较法相同，也是以销售业绩与销售费用的比值作为评价依据，来选择最佳分销商。与前者不同的是，此方法采用的比值是某分销商能够实现的销售业绩(销售量或者销售额)除以该分销商总销售费用，称为费用效率。

$$费用效率 = \frac{某分销商的总销售额(或总销售量)}{该分销商的总销售费用}$$

不难发现，费用效率是单位商品销售费用的倒数。

当然，也可以进行本量利综合分析。这需要利用盈亏平衡分析原理和曲线图，该知识在相关教材中有比较详细的讲述，故这里不再赘述。

四、渠道运作方法

(一) 一级批发商推动法

产品从生产出来，最后到达用户手中，一般都要经过这样的流程：生产企业的营销部门——一级批发商(区域总代理)——二级批发商——三级批发商(不一定有)——零售商——顾客。它就像一列火车，每个环节都是一节车厢。要使这列火车运行起来，最常规的办法是前端推动法，即由生产企业的营销部门去推动一级批发商，一级批发商再推动二级批发商，二级批发商推动三级批发商(如果有)和零售商，直到顾客最末一端。

一级批发商是区域总代理，一般来说，在当地都有着健全的网络、良好的信誉、广泛的人际关系和雄厚的实力。当生产企业的产品进入某个区域市场时，应当积极借助当地一级批发商的力量，尤其那些实力不够强的生产企业,在短期内无法建立起自己的销售网络，必须依赖一级批发商。那么，如何推动一级批发商呢？

1. 价格上给予较大优惠

对经销商来讲，最直接的动力就是能取得较丰厚的利润，并且根据"量大从优"的原则，也应该给一级批发商尽可能低的价格。一级批发商在较大差价带来的较丰厚利润的驱动下，会积极地把货物铺下去。实践证明，调动一个一级批发商的积极性与调动五个二级批发商的积极性相比，前者见效更迅速且成本更低。

2. 根据销售量给予返利或其他奖励刺激

根据当地的市场容量计算出一个"销量基数"，超过这个基数时，每一件货给批发商一定比例的返利或其他奖励。

3. 广告上给予支持

生产企业在当地做广告时，应充分听取和采纳一级批发商的意见与建议，共同商定有关问题。具体地讲，包括以下几个方面：

(1) 广告的诉求和内容要入乡随俗，适合当地民俗风情。

(2) 广告的媒体、时间和频次要听取一级批发商的建议。因为他们更熟悉当地哪种媒体、哪个时间及多少频次为最佳。它还包括另一种含义，就是当一级批发商有特殊需要(如开业周年纪念日之类)时，生产企业也应在广告上给予积极配合。

(3) 尽可能地在广告中标明一级批发商的名称，例如"本产品由×××总经销"之类。这样等于在为自己做宣传的同时，也宣传了批发商。

4. 产品概念及包装上给予特殊照顾

在传统的 CIS 理论中，力求产品及企业标识和形象的统一，不允许在不同的地区用不同的产品概念和包装。但实际上，只要作为 CIS 核心的要素(商标)保持统一，其他要素都是可以而且应该因地制宜变化的。各地区的风俗习惯和消费心理都不完全一样，在甲地受欢迎的产品概念及包装，投放在乙地不一定也受欢迎，然而意识到这一点并且付诸行动的企业不多。与改变产品概念相比，改变包装更容易做到。例如，有的地区喜欢大方气派的包装，那就可以专门为该地区做出大包装；有的地区喜欢红颜色，那就可以专门为该地区做出红色包装等。

5. 在人员培训、售后服务上给予配合

一级批发商在做售后服务和使用指导时，除了考虑生产企业之外，更要考虑自己的利

益。因为如果这些配套工作做得好，顾客除了增强对生产企业的信任外，还会增强对经销商的信任和好感，这样有利于一级批发商树立自己的信誉和形象。所以，人员培训和售后服务关系到生产企业和一级批发商的共同利益，当然二者应相互配合，不要只把产品交给一级批发商经销后就什么都不管，而要为批发商提供人员培训和售后服务上的配合。

6. 尽量保证所有货物都经总代理商中转

生产企业不直接供货或销货给二级批发商、三级批发商、零售商和顾客，这样才使总代理商的独家代理名副其实，才能让它放心去经销，而不必担心被冲击和取代。而且由生产企业直接供货给二级批发商、零售商和顾客(实际上生产企业充当了一级批发商)，必然要求建立一整套机构和配置许多人员，这会大大增加销售费用，往往得不偿失。

7. 加强与一级批发商的感情联络

争取在单纯的买卖关系之外建立一种人情关系，除了赤裸裸的金钱关系外，人情也很重要，甚至有时人情占主导地位，其作用至关重要。

8. 产品要适销对路、有市场

如果产品没有市场和竞争力，绝对不可能调动批发商的推销积极性。

(二) 零售商推动法

1. 以较丰厚的利润驱动零售商

根据有关的调查研究，在决定顾客购买哪种产品的因素中，有25%的人选择"营业员介绍推荐"一项，足见零售商对产品销售的影响力。零售商直接面对消费者，在一般人心中，营业员是有关商品的行家，营业员的意见带有较强的权威色彩。因此，一位营业员就相当于一位优秀的推销员，相当于一位强有力的口碑宣传员。零售商数量多、范围广，影响面也就大，这是各级批发商所不具备的优势。零售商不同于批发商，后者要按合同约定经销，而零售商一般都没有合同义务，它完全可以不受约束地随时自由改变自己的选择，因此，如果零售利润不能令它满意，它就会少销或不销这种产品。

导致零售利润下降的主要原因是零售价的混乱，即零售商之间为竞争而竞相降价。如何有效控制零售价，就成为生产企业必须解决的问题。有的企业在产品外包装上印上统一零售价，例如佳洁士牙膏。但实践中零售商并不一定遵守这个"统一价"，反而利用它当作自己降价优惠的证明。

2. 设计一套激励措施，驱动零售商多向顾客推荐本产品

除了保证零售利润之外，销量奖励措施也很重要。普遍的做法是：选择那些规模较大的零售商，规定其进货必须由生产企业指定的渠道(以便确定销量)，确定一个双方都能接受的标准销量，约定每超标完成一件(或一盒)货就奖励多少。具体操作是：

(1) 一般以一个月为一个周期，也可以一季度、半年或一年为一个周期。

(2) 标准销量的确定应考虑淡旺季、市场成长状况、同类其他产品销量、本产品上周期销量等。

(3) 奖励方法不限于现金，还包括实物礼品、免费旅游、获得参加抽大奖的机会等。实际上，现金奖励的效果往往不如非现金方式。

(4) 零售商必须从规定的渠道进货，例如某一特约经销商，甚至生产企业直接供货。这样才能准确查出零售商的销量。但聪明的零售商会钻空子：它的零售额达不到标准，就纠集其他零售商，把多家的进货都集中在一块儿，由一个零售商进货。生产企业的对策是派人多检查监督，这就要求生产企业有自己强大的营销网络，不然是较难实施这种激励措施的。

3. 在广告宣传上给予支持

除了前面提到的具体措施外，还有具体的广告宣传品，包括制作精美的产品说明书、使用指南、海报、店堂招牌、彩旗、灯箱广告、广告礼品等。

4. 在人员培训、售后服务、产品概念及包装等事项上给予配合

在人员培训上，必须给以指导配合，因为如前所述，零售商的营业员起着"准推销员"的作用，甚至比生产企业的专职推销员作用更重要。要让营业员说服顾客购买，必须先对营业员培训，让他们了解、熟悉产品知识。这样，不仅有说服顾客的作用，甚至一些基本的售后服务工作也由营业员承担了。不过要注意，营业员毕竟不是生产企业的员工，对他们的培训必须"特殊问题特殊办"，在时间上、方式上、内容上都要简略些、非正式些。

5. 对零售商的感情投资

批发商的进货权由负责人掌握，其他员工不起多大作用，因此只需拉拢负责人即可基本达到目的。而零售商负责人和营业员对于产品的销售都具有举足轻重的作用，负责人掌握着进货权，营业员掌握着推销权，二者同等重要。因此，必须对零售商的负责人和营业员都进行感情投资。负责人由于数量很少，进行感情投资较易做到。营业员数量很多，进行感情投资比较复杂难办，在操作上需要细致、周到。

五、网络销售平台

随着网络技术的发展，网络分销渠道的概念应运而生，网络营分销渠道是指生产者借助计算机、网络技术创建网络平台，并依靠网络平台将产品和服务从生产者手中转移到消费者手中的过程，它涉及分销渠道中的商流、物流、资金流和信息流等功能的传递。利用互联网提供可利用的产品和服务，以便使用计算机或其他能够使用技术手段的目标市场通过电子手段进行和完成交易活动。

中国电子商务市场 2012 年交易规模达 7.85 万亿元，同比增长 30.83%，其中网络零售交易规模达 1.32 万亿元，而到 2020 年，预计这一规模可能达到 4.2 万亿元。近期，中国电子商务研究中心与麦肯锡全球研究所都发布报告称，中国的电子商务市场呈现高速增长，预计到 2020 年，网络零售可占到中国消费市场 10%～16%的份额。网络销售的

方式多种多样，如制造商网上销售店、经销商网上零售店、新兴网上零售商和新兴网络中间商，并通过互联网形成了一个服务于消费者的网状分销渠道。具体来看，网络销售模式主要有：

(一) 生产商网络平台

生产商网络平台是指生产制造企业自建销售网站，自己从事网络销售，属于直接销售的一种模式。如海尔集团建立了海尔电子商务网站，直接在网上销售本企业的冰箱、空调等家电产品。

(二) 传统的零售商网络平台

传统的零售企业正在建立自己的网上直销站点。传统零售企业触网，将传统业务与电子商务互相整合，这样做可以充分利用传统零售商的品牌信誉等优势，通过网上零售降低成本，为客户带来更多的实惠。如苏宁打造了自身的网上零售平台——苏宁易购网上购物商城，主营家电、日用百货、图书等数百万种商品；北京西单商场也建立了自己的网上商城，零售巨头沃尔玛也建立了自己的网上商店。可见，零售业的竞争已经由传统实体店打到网上，传统零售企业抢占网购消费市场的大战已悄然打响。

(三) 新兴的网络零售商

这是随着网络的发展，在互联网上兴起的新型零售模式。如作为中国最受欢迎的网购零售平台淘宝网，拥有近 5 亿的注册用户数，每天有超过 6 000 万的固定访客，同时每天的在线商品数超过了 10 亿件。近年来，网络零售商充分借助双十一平台，销售业绩不断攀升。仅以 2017 年双十一促销为例，全网销售额再创新高，客单价回升明显。根据权威统计，阿里巴巴单日交易额达到 1 682 亿元，京东商城突破 1 271 亿元；全网销售额达 2 539.7 亿元，同比增长 43.5%，总包裹数达到 13.8 亿个，同比增长 29%，按销售额除以总包裹数计算客单价为 184 元，相比于 2016 年的 165 元提升 11.2%，这也是近三年来客单价首次上涨，再次说明线上消费已由早期的价格驱动转向品质、品牌驱动，伴随着收入水平提升和消费持续升级，双十一已不再是廉价的代名词，消费者对于品质的追求日益凸显。淘宝商城整合数十万家品牌商、生产商，为商家和消费者之间提供一站式解决方案。提供 100% 品质保证的商品，7 天无理由退货的售后服务，以及购物积分返现等优质服务。此外，当当网、京东网、亚马逊等都是新型网上零售商的典型代表。这种零售模式的出现颠覆了传统购物方式，大大改变了人们的生活方式。

(四) 新兴的网络中间商

网络中间商一般并不直接经销商品，而是搭建一个网络平台，为买家和卖家提供一个网上接触的平台。从网络分销角度来看，生产商既可以自建网站进行直销，也可以选择知名的网络中间商来分销自己的产品。阿里巴巴就是一个网络中间商，其运营的淘宝网和天猫商城每天都有巨大的访问流量，并有外文版；对于一些不知名的小企业，虽然可以自建网站直销产品，但让消费者知道并找到自己的网站很难，因此充分利用淘宝网、天猫、京东商城、唯品会、苏宁易购、赶集网、58 同城这样的网站，积极进行产品的网络营销，是个很好的选择。

案 例

大行其道的"全网营销"

目前，新兴的销售渠道不断出现，随着电子商务的发展，一个较为成熟的电子商务渠道策略——"全网营销"应运而生。所谓"全网营销"是一个互联网上开始流行的电子商务标准化配置：淘宝平台+其他平台+分销+独立 B2C。做全网营销，商家可以建立起"快速低成本"销售商品的网络渠道，快速扩大商品销售量、提高商品周转率、降低商品单位销售成本。

全网营销要求企业资金雄厚，人才储备能力强，管理机制健全，这样企业才能够利用自身资本、品牌、采购渠道等优势资源成功介入电子商务。这种模式的代表企业有特步、博洋家纺等。

这种"全网营销"的模式在互联网世界大行其道。如徐静蕾的 KAiLA 饰品销售额全部来源于网络分销渠道，他们只做线上渠道，自己不做销售，淘宝旗舰店只是服务分销卖家。KAiLA 在 2009 年 11 月正式上线凡客销售，成为凡客诚品配饰领域的合作品牌；接着 KAiLA 入驻卓越网，并成功获得卓越网免费首页及频道内推广资源；之后 KAiLA 入驻当当网，并获得当当网大力推广，成为手表饰品频道的重要品牌商；再接着进入了时尚类的垂直 B2C 走秀网、逛街网、时尚起义、麦网，进入 3C 网站京东商城、新蛋网渠道销售等。KAiLA 凭借徐静蕾的人脉与影响力，半年之内几乎进入中国绝大多数排名靠前的 B2C 网站渠道销售，是线上分销的成功案例之一。

(资料来源：苏静. 全网营销：淘宝平台+其他平台+分销+独立 B2C[EB/OL]. [2013-06-14]. http://www.emkt.com.cn/article/591/59169.html.)

第三节　渠道管理

一、回款管理

及时回收货款、追讨应收账款是每个企业、每个销售人员都要面对的问题。有的企业辛辛苦苦一年经营下来挣了不少钱，可年终结算的时候一看，一大半是应收账款。于是有的企业专门招聘一些人去讨债，结果浪费大量的人力、物力，却收效甚微。更有一些企业根本不清楚自己的应收账款，完全是一笔糊涂账。企业为此不仅承受经济损失，还可能会对下一步的经营计划造成影响。回款工作是一个交易前、交易中、交易后都需要一起参与的过程。建立预警机制，加强内部管理，将回款制度化、规范化，才能有效实行货款的按时回收。

(一) 回款管理的操作步骤

回款管理的操作步骤如下。

1. 回款工作制度化

凡事预则立,不预则废。回款管理需要防患于未然,用制度化将回款工作贯穿于整个销售过程,在每一个步骤降低回款风险。回款工作制度化,主要是确定需要执行哪些回款的调查、哪些回款条目、回款的时间、追款的步骤等一系列文字化工作,以确保有制度可依。

2. 确定回款目标,制定回款政策

制定回款的各区域总目标,需要的程度,回款的奖励、惩罚和客户及时付款优惠等回款政策。

3. 做好要交易和已合作的客户信息管理

广泛采集客户的资信信息。如对客户的资产状况、财务状况、经营能力、以往业务记录、企业信誉等进行深入的实地调查,根据调查的结果评定其信用等级,确定企业一定时期的信用政策。有目的地了解有关信息,从同行、邻居、合作者等方面给予的意见评估新客户是否有不良的付款记录。还应监督客户的情况变化,将收集到的信息归档,建立定期更新的客户信息数据库。

4. 确定和调整客户信用额度

根据信用政策和对客户的了解评估,决定是否给予客户信用或拒绝与其交易;以及给予较为宽松的信用条件,还是给予较为严格的信用条件,灵活运用赊销手段,实现销售的有效性。并且要根据每次交易记录及时调整客户的信用额度和信用期限。

5. 实行目标管理

将商家总体的回款目标层层分解,细化到每位销售人员。一般情况是谁的业务谁负责,将公司确定的回款目标和回款政策,层层分解落实到每个业务员身上。

6. 实施应收账款预警、监控

业务员要经常与客户联系,了解客户的本人情况、经营情况、资金问题等,一有风吹草动第一时间采取措施。对于正常情况也需在回款政策规定下,分阶段提醒顾客付清余额,才可答应下次进货。

7. 货款到期积极行动

货款临近到期,更要加快回款工作。与客户接触,先打催款电话或发催款信,如不能奏效,就登门收款。如果客户恶意拖欠,在无计可施的情况下就应考虑付诸法律。

8. 将回款情况及时反馈

将每个客户回款情况及时反映给上级,一是有利于公司的风险控制,让公司控制发货、调整信用额度、额外担保措施等;二是可以借助公司的力量帮助业务员及时回收货款。

9. 对回款工作进行评估

定期将每次回款工作进行总结，对于回款工作做得好的销售员进行奖励，同时惩罚或培训回款困难的销售员。公司也需反省自身的回款政策或其他政策与对销售员的支持力度。

(二) 制定回款管理制度

回款是企业渠道管理的一项重要职能，能够真正实现企业利润就在这临门一脚了。回款并不是一句口号，不是经理在会上大呼就可以实现的。公司在发展，管理规范化、制度化是企业永久发展的重要保证。回款制度是制度化中的一方面，制定回款管理制度，是为了有效地回收货款，保证企业的正常运作。

1. 回款表格管理制度

企业为了保证销售质量和效率，需要了解销售人员的工作过程，掌握销售人员每天工作的具体情况，借此来考核、奖励、培训员工和制定渠道措施。

(1) 制定各种回款管理表格。首先是有表可依，制定各种表格，如物料申请、日报表、客户联系表、订单、客户回款情况登记表等。这样可以了解业务人员的工作内容，规范和约束工作质量和数量，还可以根据表格提醒业务人员按时回款。

(2) 制定表格上报制度。表格有了，接下来就是规定表格的汇报时间、汇报人、审核人、上报程序等表格执行程序。各地域办事处或分公司经理应该先审核、抽查、签字才能生效，层层过关。

2. 客户资信管理制度

针对客户信息的收集、客户资信档案管理、客户资信调查管理、客户使用分析及对客户的监督与合成等方面使其制度化，同时需投入一定的人力、财力、物力加以贯彻落实。对中间商进行分级管理，确定其资信条件，填写在客户情况表中，并赋予不同的回款条件。

3. 应收账款预警制度

企业能否有效地控制应收账款，不仅直接决定了回款的周转和最终的营业利润，还影响到销售业绩和市场竞争力。企业应确定某个中间商的回款时间，例如是一个月，那么在发货后就应该给予回款时间的书面提示，在货款到期的前十天给客户提交回款提示单，到期前的第五天再次提示，货款到期日送达催缴单，超过三天就要进行降低资信的处理，并采取其他措施了。

4. 人员绩效管理制度

为了避免仅以业务人员的销售业绩来衡量员工成绩，需要在回款方面也做出管理安排。对回款人员绩效的评价指标有资金回笼、应收账款的清理、回款的实行情况、坏账情况。进行每个月的绩效考评，激励后进，奖励先进。规定回款时间提前的奖励、按时回款的奖励、内部薪酬等。

5. 完善内部控制制度

(1) 建立分层管理制度。销售部的综合管理人员负责对应收账款责任人的考核，并向企业财务部报送应收账款的详细资料。应收账款发生时，由各项销售业务的销售人员根据销售合同的要求在发票的记账联上签字，并负责该账款的催收。

(2) 建立赊销审批制度。在企业内部应分别规定各级管理人员可批准的赊销限额，限额以上须报经上级或经理审批。

(3) 建立应收账款的核销制度和对账制度。依据货款回收的先后次序逐笔核销应收账款。确认应收账款的账龄，并定期或不定期地与购货方进行核对，发现因产品质量等原因引起合同纠纷造成应收账款无法收回的，企业应对这部分应收账款单独设账并尽早解决。

(三) 货款回收处理方法

企业卖出货物后，收回货款，就需要提供不同的货款接受形式，以方便客户付款和企业的资金回收。

1. 货款回收程序

货款回收先要明确公司的回款程序，让企业的业务员和客户按照货款的进款程序来做。一般的货款进款程序如下：

(1) 制作"客户送款预定及实施管理表"。经营管理科制作"客户进款预定及实施管理表"，一张交给管理科负责保管，另一张交给销售人员保管。

(2) 依据进款的日期，制作"收款预定表"。依据规定的日期，分别制作两张"客户收款预定表"，一张交给销售科，另一张由经营管理科负责管理。

(3) 特定人员的特别回收。对于付款情况恶劣的客户，经营管理科可指派特定人员进行货款的催讨。

2. 货款支付形式

制定了货款的回收程序，就要规定货款的支付形式。货款支付管理应包括：

(1) 制作付款约定书。针对付款方式与客户进行商讨。签订付款约定书后，一张交给客户，另一张由企业自行保管。

(2) 付款方式的内容明细。客户的付款方式通常采取下列方式的任何一种：存入银行、开立指名支票、户头转账汇款、现金支付、期票、汇票付款。应设法争取其中的存入银行、开立指名支票、户头转账汇款及汇票付款；现金支付、期票两项则应尽量避免。

(3) 对客户的往来银行进行调查。如果客户采用货款存入银行的付款方式，应先调查该客户所往来的交易银行。

(4) 增加存款银行的账目。为方便客户将货款存入银行，将设法增加存款的账目。例如，增加大部分中小型商店所往来的银行及信用社等。

3. 老货款的回收处理

将老货款分为三种类型：一是对方经营状况差，与公司已有 1 年以上时间未有业务往来的单位，这类老货款应该交由公司采用法律手段及其他手段；二是对方经营活动在正常运转、信誉状况较好，但无钱还老货款的单位，采用"滚动回收"的方式回收老货款，按新货款的 50%用于清除老货款，50%作为新货款发新货，同时在价格上给予适当优惠，提高其获利能力；三是对经营状况一般、信誉状况一般的单位，原则上新货款要 100%到位，并且每次要还一定数额的老货款。

（四）确定回款的时间

资金流就是货币或资金从顾客向生产者的转移过程或从买者手中向卖者手中的转移过程。分销是一种交易活动，交易的完整内容是把商品卖出去，顺利把钱收回来。现代社会是货钱分离的社会，特别在渠道为王的时代，货款大多是在出货后或售完才付清的。帮助企业制定回款制度，需要确定资金回款的时间，以便企业按照制度规定执行货款回收步骤，降低货款回收的风险或资金成本。

确定资金回款的时间需要按照以下几个方面来共同制定：

1. 评估企业实力、战略

竞争对手资金回收政策和中间商的实力、信用分销政策是各方实力博弈的结果，实力各异的利益体的对照和讨价还价就形成了资金回款的政策。企业有实力控制渠道，拥有更多的决定权，那么企业可以在回款时间上制定得更短；竞争对手的回款政策影响渠道布局，中间商在分销上是看重利润和有无优惠的；中间商的实力越大，信用越好，那么制造商给予的回款时间、条件就会相对较松。这样也会影响到企业所采取的经销方式。

2. 确定经销方式

经销方式有两种：经销和代理。经销制使生产者在分销产品的同时将产品的所有权转移给了批发商或零售商。经销制一般是买断制，一手交钱一手交货的原则。代理制是指生产者在分销产品的同时不将产品的所有权转移给第一个卖者，而只是产品实物的转移，而非所有权的转移。代理制一般可能是交纳一定的费用，分期付款。从两者的性质，决定了资金回流的时间。

3. 确定是赊销还是预付

经销制一般不会给予赊销，而是要全额付款，那么其资金回流时间就很明确。但在实际交易中即使经销制，也可先预付一定的货款即发货，在一定的时间内付清。这需要各方的实力对比和中间商的信用了。代理商有些是发货后才付款，有些则预付订金，有些可能售后付款。

（五）追款技巧

货卖出去了，货款却没有收到。追债有时成了销售人员的主要工作，销售人员为了追债疲于奔命，想尽一切办法收回货款。追债需要销售人员遵守一般的规定和人情世故，还要软硬兼施，使用一定的手段追使客户付款。以下是一些追债的技巧。

1. 超过一定的额度停止发货

对于经常故意拖欠货款的客户,在寻找新合作伙伴时,只需保持一定的市场占有量就可以。一旦客户的信用额度到头,又尚未付清余款的,即刻停止发货,直至新货款到位。

2. 事前提醒

在付款期前就应该事先提醒,在探讨货款问题、订货问题和以后的合作中,借机要求还款。

3. 付款日提前拜访

到了合同规定的收款日,上门的时间一定要提早,这是收款的一个诀窍。一方面是给客户一个措手不及,来不及准备;另一方面防止客户反咬一口,说"我等了你好久,你没来,我要去做其他更要紧的事",令收款人员无话可说。

4. 抓住对方弱点,攻其不备

如果对方装不懂,明知故犯。这时需要仔细寻找客户的弱点,通过不同方面了解到客户家庭、情感、生意等最近出现的蛛丝马迹。理清各种关系,投石问路,达到目的。

5. 要写欠条

即使一向信用良好的客户,在付款到期日而不能按时付款的,也需要求其写欠条。欠条上语句要明确,列明原因、货款数量、到期日、下次还款日等。

6. 开门见山

对于付款情况不佳的客户,碰面不必跟他寒暄太久,应直截了当地告诉他你来的目的就是专程收款。如果收款人员吞吞吐吐、羞羞答答的,反而会使对方在精神上占据主动地位,在时间上做好如何对付你的思想准备。

7. 讨债要有缠功

业务人员软磨硬泡、死缠烂打无非是想把应收账款收回来,而欠款方左推右拖也无非是想把款项赖掉。在这场斗争中,谁坚持到最后,谁就是真正的胜利者。

8. 巧借舆论力量

有些人以欠款为荣,这时收款员要以其信用来威胁。利用同业重视信誉的特点,给客户一定的舆论压力,甚至可以借助公众媒体要求客户付款。

9. 扣押中间商货物

实在迫不得已,就以客户的货物作为抵押。

(六) 降低新成员的应收账款风险

销售的实现并不意味着企业完成了从商品到货币的决定性转变;相反,它依托社会信用将自己的资源输出到了企业之外,不再行使商品的继续管理权,能否按时收到货款就不清楚,因此企业将承担相当的风险。不少企业的销售任务都是在产品赊销的基础上完成的,而其应收款随时都可能成为死账、坏账。企业刚开始与新客户合作，由于双方之间互不了解，企业在与新客户合作时，需要加强一些措施来降低新客户在应收账款方面的风险。具体的做法有：

1. 要求担保

在与新成员交易前，厂家无法对其信用做出合理的推测。为了减少风险，有些厂家宁可不做，有些就需要客户担保，有担保至少多了一个债务人。

2. 控制信用额度和赊账信用期

信用是靠生意往来积累而成的。刚开始做生意，控制在小信用额度，短信用周期，宁愿做到新客户少量多次进货，多次少量收款。但是在竞争激烈的市场环境中，若只是靠这样的方式，很难找到合作伙伴，需要企业在运输、配送等方面给予支持。

3. 预付押金

企业对新客户采用的方法是在前期采用预付押金，不过一般对于小批量和大制造商才会有资格这样做。

4. 销售人员的信用评估和收款技巧培训

很多应收账款出现问题，大多是因为销售人员的问题。一种就是销售人员信用问题，与客户勾结损害公司利益，防止这种事情发生需要对销售人员的责任、信用等进行审查评估。另一种是销售人员收账技巧问题，没有在适当的时机用适当的方法去收账，防止这类问题发生需要对销售人员进行培训，提高业务素质。

5. 要求及时付款

有些销售人员想当然，没有及时向新客户要款，或觉得不好意思要，这样都会导致账款越拖越久。货款回收问题在于账龄，而非款数。

6. 建立开票、发货的控制制度

销售员要求开票时，开票员要审核销售产品、数量、价格、付款方式等是否与合同或销售审核单一致。发票上要销售员签名，确定该销售员为责任人。财务部门对发票审核盖章，留下记账联的销项税款联，其他几联由销售员签收，销售员凭提货联办理发货手续。

货到客户单位，由客户单位在送货回单上签字盖章后，由送货人将回单交回仓库；是代办托运的，由经办人将托运单交回仓库；是客户自行提货的，必须由客户单位提货人在提货单上签字，并由销售员会签，以证实提货人确是客户单位业务人员。仓库保管员负责催收送货、发货回单，验收回单是否符合要求，并将回单作为长期保管凭证，同提货单一起作为登录存货明细账的原始凭证。

(七) 防止倒债

倒债就是客户因破产、倒闭而可能给公司带来的损失。倒债即会计学上的坏账，客户尚未破产，那只能算是一笔呆账或应收账款，在会计报表上是资产。但客户一旦倒闭，公司又未能在申请清还名单中，账款便无法收回。

一个公司在倒闭前都会有一些预兆，业务人员应该洞察客户的各种变化，警惕客户突然破产倒闭给公司带来损失。

1. 从生活、个人因素方面推测中间商是否会倒债

业务人员要经常跟中间商打交道，关注中间商的销售情况，了解其家庭或其他方面的情况，留意中间商一些不为人注意的生活细节情况。经营者开始自夸自吹，不谈业务只谈享受，突然大量投资风险行业，这不但说明客户对钱的贪求和急需，也说明他的信用出现了问题。

2. 从客户货款支付方面推测中间商是否会倒债

要观察客户付款途径和方式是否有变化。突然转变银行结款，或小额付款比较干脆，大额付款拖延等都是不正常现象。

3. 从客户采购渠道方面推测中间商是否会倒债

要观察客户的采购渠道是否有变化。如果客户突然中止原有的进货渠道，而另寻厂家进货，或突然转向公司进货，其改变原因一定要调查清楚。如果无正常理由，一定要高度警惕。

4. 从客户经营状况方面推测中间商是否会倒债

要观察客户营业状况的变化。销售情况突然变化，销售对象诉讼增多，大幅降价抛售商品，库存急剧增加或减少，这些现象都需要业务人员实时地进行观察。

5. 从客户人力资源方面推测中间商是否会倒债

要观察其员工的变化，特别是重要岗位的人员变动。客户那里不断有人提出辞职，多数人对公司有不满情绪等，这些都说明客户的内部管理开始出现了问题。

6. 从客户投资方向推测中间商是否会倒债

观察客户的投资方向的变化情况、风险程度，推测客户在未来的经营方向是否在改变，未来经营状况是否良好，是否存在资金的转移问题。

(八) 加快回收应收账款的方法

对企业来说，出货容易收款难，这已成为企业销售人员最费精力的工作事项，要加快货款的回收更难。下面介绍一些方法可供参考。

1. 尽可能了解中间商的经营状况

更清楚地了解中间商的经营状况，包括进货周期、结账周期。一是可以实际帮助中间商改变经营状况，中间商有钱赚，制造商才有钱赚；二是可以弄清楚中间商的底细，针对不同的信息采取多种方法催促中间商尽快回款。

企业对应收账款的运行过程要进行追踪分析，重点要放在赊销商品的变现方面。企业要对赊购者未来的经营情况、偿付能力进行追踪，及时了解客户现金的持有量与调剂程度能否满足兑现的需要。

2. 多关心经销商，解决他们的实际问题

一个纯粹的讨债人是不可能与经销商合作成功的。解决中间商的问题，即解决了企业的问题。一方面利用企业在促销、货品管理、库存管理、公共关系等方面的优势支持中间商。另一方面要与中间商交朋友，一个真正为别人着想的业务员或企业，才是受人尊敬的。所以当有优先款项时，就会优先兑付。

3. 说到做到

做生意讲究信用，销售人员答应的事要说到做到，这就要求销售人员不可空口说白话，乱承诺。

4. 账款周期到来前，帮助经销商收账

有时中间商也会出现周转不灵，应收账款回收困难的情况。若销售人员有能力帮助中间商收账，中间商不仅感激，也许在之后的合作中也再不好意思拖账。

5. 与中间商财务人员搞好关系

财务人员是最清楚企业债务情况和经营效果的，与财务人员搞好关系，一旦对方有资金到位也会优先给款，不会拖欠。所以平时销售人员可送一些促销品、赠品、小礼物、优惠券给财务人员，这样做虽然不能产生利润，却有助于快速回款。

6. 勤做回款工作

应收账款快要到期时，首先发书面信函通知客户，及时提醒客户付款日期将到。请准备好资金以按时付款。如果客户逾期没有付款，通常有关责任人要及时打电话询问原因，并做好电话内容的书面记录。

7. 制定回款优惠措施

中间商最看重的是利润，可在回款方面给予激励。例如，规定提前 10 天回款的在货款上优惠的额度或货物，这样双方共同分享利润来加快应收账款回款的时间。

二、渠道冲突

渠道冲突现象经常发生，有时会给双方造成严重影响，企业应避免或减少渠道冲突。

(一) 渠道冲突的原因

1. 目标不同

渠道成员在地位上是平等的，都有各自独立的决策权，并且都有自己的利益诉求。渠道成员的结合意味着大家有共同的渠道整体利益，但这并不意味着各独立个体放弃了各自的独立目标。当渠道成员的目标与整体渠道目标不相容的时候，或者渠道成员间的目标出现不相容的时候，冲突就会不可避免地发生。

2. 所属目标顾客冲突

目标顾客是渠道成员履行渠道角色功能和实现渠道目标最为关注的对象，拥有目标顾客就意味着拥有销售机会。在渠道运作过程中，渠道成员往往会因为争夺目标顾客而引发冲突。例如，制造商的销售队伍会和渠道的其他成员争夺同一目标顾客。

3. 所属销售区域不同

销售区域的划分使渠道成员面临在销售同一品牌时会碰到的竞争和冲突，这个问题的本质是渠道成员在经销制造商的品牌时能否获得足够的销售额和利润。同样，制造商的销售组织内部也面临着这个问题。

4. 渠道分工的差异

渠道成员其分工都有各自不同的角色。但角色的划分在现实中又不可能十分明确，出现角色交叉在所难免。因此，渠道成员经常在渠道分工上产生争执和矛盾，引发冲突。

5. 不能进行良好的沟通

不能进行良好的沟通是由两方面的原因造成的：主观原因和客观原因。主观原因是指由于决策管理层的工作不到位，以致渠道成员之间不能进行有效沟通或沟通缓慢。客观原因是由渠道成员对各种工具、方法、技术的掌握和运用程度不同而造成的。

6. 认知差异

认知指的是人对外部刺激进行选择和解释的过程。但认知事物是一个主观的过程，可能出现差异。渠道成员可能对某一问题会有截然不同的看法。这种差异主要包括：对现实事件当前状况的理解，对其未来发展的可能性的预测和进行抉择时对信息的掌握情况，对各种抉择后果的认识情况以及对目标与价值观念理解等方面的差异。

(二) 渠道冲突的类型

正确区分不同种类的冲突，是解决冲突的关键。在进行渠道管理的时候，渠道冲突可能是同一层次的渠道成员之间发生的，也可能是上下游渠道成员间发生的，还有更为复杂的冲突形式。解决冲突之前，必须先明辨这些渠道冲突的形式。另外，还要注意消除潜在冲突，不要让潜在冲突演变为现实冲突。更重要的是区分功能性冲突和病态性冲突，须知功能性冲突是可以容忍的，而病态性冲突则一定要想办法将其消除。

1. 横向冲突、纵向冲突和交叉冲突

(1) 横向冲突。横向冲突也称为水平渠道冲突，是指某渠道内同一层次成员之间的冲突。如同级批发商或同级零售商之间的冲突，表现形式为跨区域销售、压价销售、不按规定提供售后服务或提供 SP(特殊政策)促销等。

(2) 纵向冲突。纵向冲突也称为垂直渠道冲突，是指同一渠道中不同层次成员之间的冲突。如制造商与分销商之间、总代理与批发商之间的冲突，表现形式为信贷条件的不同、进货价格的差异、提供服务(如广告支持)的差异等。

(3) 交叉冲突。交叉冲突也称为复杂渠道冲突，是指不同渠道形式不同成员之间的冲突。如直接渠道与间接渠道形式中成员之间的冲突，代理分销与经销分销形式中渠道成员之间的冲突。表现形式为销售网络紊乱、区域划分不清、价格不同等。

2. 潜在冲突和现实冲突

(1) 潜在冲突。潜在冲突是指渠道成员由于在目标、角色、意识和资源分配等方面存在着利益上的差异和矛盾，而这种差异和矛盾还没有导致彼此行为上的对抗的一种冲突状态。初期，渠道中可能只存在成员间引发冲突的条件，但这些条件并未引发冲突的发生。如果没有引起管理者的注意，冲突就会使成员之间产生紧张、不满、焦虑的气氛。

(2) 现实冲突。没能处理好或忽略了情感冲突，成员就会有妨碍他人目标达成的行为发生，最终使现实性冲突爆发。现实冲突是指渠道成员彼此之间出现的相互诋毁、报复等对抗行为的冲突状态。

3. 功能性冲突和病态性冲突

(1) 功能性冲突。功能性冲突是指渠道成员把对抗作为消除渠道伙伴之间潜在的、有害的紧张气氛和病态动机的一种方法时的冲突状态。功能性冲突具有的特征：一是调和冲突无须多大的成本；二是相异的认知可产生新的、更好的观点；三是攻击行为并没有失去理智或不具破坏性，冲突有利于提高整体绩效。

(2) 病态性冲突。病态性冲突是指渠道成员之间敌对情绪和对抗性超过一定限度，并因此对渠道关系和渠道绩效产生破坏性影响时的冲突状态。病态性冲突对渠道关系具有破坏性，会带来严重的消极后果。

(三) 避免渠道冲突的措施

渠道冲突的类型是多种多样的，并非所有的冲突都是有害的。治理渠道冲突的关键就是分清楚良性冲突与恶性冲突，继而尽量避免恶性冲突的发生，以此来减少企业的损失。在一定程度上，企业可以通过以下方法来避免渠道冲突。

1. 愿景规划，确立共同的目标

共同价值观的核心是增进各个成员对渠道合作、相互依赖性的认识。这种方法特别适用于渠道成员感觉到环境威胁，而且有对他人力量明显依赖需要的场合。例如，在出现强有力的竞争性渠道、市场竞争日益激烈、消费者需求发生变化或法律环境变化之后，让渠道成员确立共同目标，能够较为有效地缓解渠道矛盾，遏制渠道冲突。

2. 激励渠道成员

采取特殊政策对渠道成员进行激励，如价格折扣、数量折扣、付款信贷、按业绩的奖励制度、分销商成员的培训、旅游等。

3. 情感沟通，信息共享

间接分销渠道中的合作通常不是由资本渗透引起的，而是由一定的人际关系引起的。所谓渠道成员之间的良好关系，主要表现为有关销售人员、管理人员的活动与政策制定的参与,如定期与不定期的联谊活动便是一种常采用的方法。彼此尊重,多点沟通是渠道合作的基础。在管理渠道冲突问题上,让有关成员相互咨询意见,例如召开咨询会议,邀请有关方面人员参加董事会、专题讨论会等。

4. 对渠道中的弱者提供帮助

对渠道竞争中的弱者及时提供帮助或支持,是管理渠道冲突的重要方法之一。提供帮助的方式多种多样,提供帮助以扶助弱者,不仅可以尽快恢复渠道功能,也能让其他成员产生好感,增强合作的信心。

5. 人员交换

有一种处理冲突的方法是在两个或两个以上的渠道层次上交换人员。例如,制造商的管理人员可以派驻分销商那里工作,而分销商的管理人员也可以在制造商的营销部门工作。通过这种人员交换,能让交换的人员接触对方的工作和观点,从而增加双方的相互了解,使双方更好地合作。

6. 渠道隔离

当一种商品在两个渠道中同时销售就会产生冲突,这时有效的办法就是渠道隔离。这个办法是对同一种商品制造人为差异,有时用一些鲜明的标志,有时采取专门制造等手段,来隔离这两个渠道。

7. 清理渠道成员

对于不遵守游戏规则、屡犯不改的渠道成员,对他们的资格和标准应该重新审查,将不合格的成员清除出渠道系统。如对那些肆意跨地区销售、打压价格进行恶性竞争的分销商,或长时间未实现规定销售目标的分销商,都可以采取清理的方法。

(四) 治理渠道冲突的步骤

1. 确定冲突的问题

在此期间,应做好以下几方面的工作:一是要端正对渠道冲突的认识,确信冲突存在的客观性和不可避免性,树立冲突管理的思想和意识;二是要区分潜在的冲突问题与现实的冲突问题;三是区分功能性冲突和病态性冲突;四是确定可以调和的冲突问题与不可调和的冲突问题;五是分清冲突的现象与冲突的本质问题;六是仔细界定竞争与冲突的问题。

冲突问题的发掘与确认,是与管理者掌握的资料信息的数量和质量有关的。建立相关冲突问题的研究分析制度,构架其相关冲突管理的信息系统,是确定冲突问题的依托和条件。

2. 分析冲突问题

分析冲突问题主要有两方面的内容:一是分析产生冲突的原因;二是分析冲突可能产生的影响。对冲突的原因分析是为找到解决冲突问题的方法和措施。冲突的影响分析,界定冲突的性质,有利于冲突资源的配置利用。

3. 明确渠道冲突管理的目标

渠道冲突管理目标一般可分为预防性目标、缓解性目标、化解性目标和无冲突目标四类。预防性目标是指预防冲突发生和预防冲突恶化的目标。缓解性目标是指降低冲突水平的管理目标。化解性目标是指消除和解决冲突问题的目标。无冲突目标可能是扩张性的，即通过并购而使渠道成员之间的合作关系变为渠道成员的归属关系；也可能是紧缩性的，即中断与某一渠道成员之间的合作关系，甚至放弃该区域的某种渠道或分销商，根除产生冲突的基础和条件。

4. 制定并优选渠道冲突管理方案

渠道冲突管理方案应该包含实现冲突管理目标的策略措施和有关工作流程、制度与资源配备，以及评估和检测标准方面的内容。

5. 方案的落实执行工作

主要是选择适当的人员，在适当的时机全面推行和落实管理方案。在这一阶段，相关的资源配置要到位，采取相应的激励和控制措施。

6. 检查评估冲突管理工作

在此阶段主要是做好冲突管理的检查和效果评估工作，以找出工作的差距，进一步完善冲突管理措施，提高冲突管理水平。

▶ 案 例

王老吉的分销渠道

在竞争日益激烈的茶类饮品市场，随着信息的更加公开化，市场的透明化程度越来越高，为了获取利润，企业不得不重新审视自己原有的市场定位营销策略以及渠道建设。单就渠道而言，市场环境的日新月异和市场的不断细化，使原有的渠道已不能适应市场的变化和厂家对市场占有率的要求。同时消费者的行为特征也发生了变化，他们的购买动机更加趋于理性，方便快捷高性价比成为他们选购商品的判断依据。时变则事宜，面对市场新的情况，广州王老吉从起步伊始就着力强化营销渠道建设，为了能够快速起飞，其采取了全方位、多元化的渠道模式。通过现代、常规、餐饮和特通四种营销渠道，水路并进的建设模式，一举打开了销售市场。具体来看，其采用的渠道模式主要有：

第一，现代渠道。

王老吉公司认为市场是没有办法简单复制的，因为每个地方有不同的消费渠道、不同的消费模式。虽然总的来说渠道结构比较稳定，但多条渠道的相对重要性却一直在变。通过研究现代渠道完成的不仅仅是产品的销售，还有产品的展示。现代渠道中的仓储式超级市场大多依附于庞大的商业集团，有着广泛的品牌影响力和令人信服的财务信用。与传统渠道的商店、小卖店相比，现代渠道主要包括大卖场、超级市场、网络等。一般情况下，现代渠道的市场管理水平和办公自动化程度都较高,实行的是集中式、计算机化管理,所有分店统一采购、统一配销、统一结算。基于强大的资金实力和财务杠杆的能力,现代渠道以其巨大的产品吞吐量为广大生产厂商所侧目。另外,这种大商场、大超市往往具有客流量大且集中的特点,这样就会形成免费的广告效应,提高品牌的知名度。

正因为如此,现代渠道才会被越来越多的商家所重视。为了获得市场的认可,打通现代渠道成了王老吉的不二选择,其在现代渠道营销方面主要采取产品由当地经销商直接供货,并将产品直接铺到大超市、大卖场,入场费、堆头费等费用由王老吉承担的方式。在确保铺货及时的前提下,现代渠道最大程度地解除了经销商的后顾之忧。

俗话说"攻城难,守城更难"。产品进入了终端卖场只能说是拥有了一个良好的销售平台,如果后期的商品陈列及维护工作跟不上,那么前期的所有工作都将失去意义。

执着于每个细节,是王老吉现代渠道营销的主要特点。王老吉为了在产品陈列上推陈出新,在企业内部都开展了竞争。在外部竞争方面,王老吉为了取得比竞争产品更好的销售业绩,总是首先抢占最有利的地形,然后展开全面竞争。在内部竞争方面,王老吉市场部已于2006年和2007年在全国办事处先后成功举办了两届"终端形象布建创新大赛",鼓励卖场人员完善卖场形象,吸引消费者眼球。

一件畅销的商品是不可能在货架上停留太长时间的。为了保持畅销的态势,王老吉保证在卖场里的产品一定是最好最新的。当地经销商在接到新货后,会及时把卖场的旧货换到其他渠道,始终给消费者一种王老吉产品畅销、新鲜的感觉。

第二,常规渠道。

在相当长的一段时间内,常规渠道仍然是产品销售的主要渠道。王老吉常规渠道的成员包括经销商(代理商)、批发商、邮差商以及一些小店等。王老吉通过分区域、分渠道的方式覆盖了小店、餐饮、特通等终端店,形成了完整的销售网络。

在产品达到消费者手中之前,先让中间商赚到钱。与渠道伙伴共同成长,力求双赢,是企业义不容辞的责任。只有先让经销商挣到钱,企业才能保证拥有稳固的销售渠道,进而保证获得利润。王老吉在每个省设1个总经销商,总经销商下面可以发展多个经销商、邮差商。王老吉营销模式的最大优点是能够保障各个分销环节的高利润,从而最大限度地调动经销商的积极性。王老吉给省级经销商任务一般在3 000万元/年左右,区域经销商一般在300万元/年左右,在经销商完成销售任务后,按照销量每箱返还固定的金额,总体上能够保证经销商获得5元/箱左右的利润,邮差商获得4元/箱左右的利润,零售商获得0.5元/支左右的利润。"不放过一个网点"是王老吉在各个城市终端渠道扩展的要求。王老吉要求办事处的业务人员每人每天要拜访35家终端点,每人每天要开发3家新客户,每人每天要张贴30张以上POP,每人每天要包3个冰箱贴,正是这种强力的渠道开发方式成就了王老吉今天的销售额。

第三,餐饮渠道。

王老吉在定位市场和开展狂轰滥炸式广告攻势的同时,紧紧围绕"预防上火"的定位,选择了湘菜、川菜馆和火锅店作为"王老吉诚意合作店",投入资金与他们共同进行促销活动,并且把这些消费终端场所也变成了广告宣传的重要战场,设计制作了电子显示屏、红灯笼等宣传品免费赠送,让消费者品尝王老吉的味道。在餐饮商家获得巨大实惠的同时,王老吉悄无声息地完成了餐饮渠道的建设。

王老吉之所以选择餐饮渠道作为自身推广的主要渠道之一,有以下几种考虑:

1. 增长快、容量大。我国的餐饮行业每年都以两位数以上的速度发展,饮料消费也在逐年大幅度提升。

2. 容易引导和教育。一个营业人员就可以面对数十甚至上百位的消费者进行宣传推广。

3. 示范效应。消费者很容易完成初次的尝试性消费,体验产品和品牌,形成放射性的传播效应。

4. 性价比较高。厂家的资源投入集中,费用相对比较少,可以做到"四两拨千斤"。

第四,特通渠道。

王老吉的特通渠道主要是网吧和夜场,网吧的主要操作手段是给陈列费,提供品尝品,提供冰桶,也搞公关营销,对网吧工作人员进行收集拉环兑换小礼品活动。夜场的主要操作手段是请导购、提供品尝品和联合促销,王老吉夜场导购员的工资高达 80 元/天; 刚入场时给夜场搞每个包房免费提供 1 支王老吉的活动;或与某一品牌的啤酒搞联合促销,买1 打啤酒赠送 2 支王老吉,现在也尝试营销创新,用王老吉兑红酒。

王老吉引爆凉茶市场的成功给许多企业以启迪和思考,中国是目前世界上品牌可以跳跃式发展的一块宝地,也许机会就在身边,关键是我们是否拥有把握机会的能力。

(资料来源: 林燕燕等. 王老吉销售渠道分析[EB/OL]. [2010-12-16]. https://wenku.baidu.com/view/1acbf983da38376baflfaeff.html?form=search.)

三、窜货

窜货是渠道冲突的一种典型表现形式。窜货,又称倒货、冲货、跨区销售,是销售网络中与厂商签订合同的经销商、代理商或分公司,使产品不在合同所规定的销售区域内储存、流通或销售的行为。窜货,在我国市场经济发展过程中已成为一种严重影响商品经济流通秩序的社会现象。

(一) 窜货的类型

销售网络中窜货形式多种多样。首先要分清窜货的性质,不是所有的窜货都具有危害性。其次要认识到分销渠道中不同层级的经销商在利益的驱动下都有可能窜货,甚至企业的销售总部也有可能造成窜货的现象。

1. 不同属性的窜货

(1) 恶性窜货。经销商为了获取非正常利润,蓄意向自己辖区以外倾销产品的行为即恶性窜货。恶性窜货给企业造成的危害是巨大的。

(2) 自然性窜货。经销商在获取正常利润的同时,无意中向自己辖区以外倾销产品的行为称为自然性窜货。

(3) 良性窜货。企业在市场开发初期,有意或无意地选中了流通性较强的市场中的经销商,使其产品流向非重要经营区域或空白市场的现象即良性窜货。

2. 不同渠道的窜货

(1) 同一市场内的倒货。在同一市场中，可能有几个分销商经销某一品牌的产品，有些可能在代理一个厂家的不同产品，相互融通而倒货，如几个分销商之间相互倒货，将货物倒出市场。

(2) 不同市场之间的倒货。主要是两个或几个在不同区域市场或不同渠道的同级别的总经销之间的相互倒货，更有甚者是同一公司的不同分公司或业务员在不同市场之间相互倒货。

(3) 交叉市场之间的倒货。交叉市场即市场区域重叠而发生了抢占市场的竞争情况。这是最令人头疼的问题，因为只要市场一交叉，就肯定出现倒货现象，并且还不容易解决。

3. 不同主体的窜货

(1) 经销商之间的窜货。由于不同经销商实力不同，不同区域市场发育也不平衡，经销商为了自己的利益，可能进行倒货。

(2) 分公司之间的窜货。分公司制通常是有强大实力的企业，在各销售区域分派销售人员，组建分公司，相对独立但又隶属于企业的营销制度。一些企业对分公司、业务员制定的销售目标太高，分公司、业务员为完成销售目标，就低价将产品抛售到相邻的市场上。一些企业内部管理不完善，也使得业务员为一己私利争夺市场而窜货。

(3) 企业销售总部管理不严引起的窜货。企业由于管理监控不严，总部销售人员受利益驱动，违反地域配额政策，使区域供货平衡失控。

(二) 窜货的危害

窜货，特别是恶性窜货将对企业的发展造成重大影响，具有极大的危害性，甚至会影响到企业的生存。一般而言，如果窜货现象严重，会造成企业价格体系的紊乱，这样企业的品牌形象无论在经销商之间，还是在消费者之间都会受到严重危害，假货也会应运而生，整个销售网络都会瘫痪，这就为竞争品牌的发展打开了方便之门。

1. 窜货诱发价格危机

窜货会使得企业所生产商品的价格体系紊乱，即乱价。经销商销售某品牌产品的最直接动力是利润。一旦价格混乱，中间商的利润就会降低，利润的减少会使销售商对品牌失去信心，甚至出现拒售的现象。

2. 导致厂商的产品退出被窜货区域的市场

发生相邻相近区域的窜货，被窜货区域的经销商往往都会在第一时间告知厂商，并要求及时严肃处理。而厂商销售代表往往因为窜货方也是自己所管区域，经销商是合作伙伴，不忍重责，不忍处罚，在窜货、被窜货两个经销商之中"和稀泥"，最终使窜货现象越来越严重，报复性窜货现象时有发生，使区域总经销商被迫放弃自己多年经营的厂商产品。

3. 假冒伪劣产品乘虚而入

经销商为了避开风险，会置企业信誉和消费者利益于不顾，在超低价位和超额利润的诱惑下，铤而走险，将假冒伪劣产品与正规渠道的产品混在一起销售，掠夺合法产品的市场份额，打击其他经销商对品牌的信心。

4. 消费者对企业品牌产生质疑

由于窜货的发生，引发的假冒伪劣产品横流的现象，地区差价可能达到 1 倍甚至几倍，加之有些经销商从中捣鬼，这样便真假产品难辨。消费者由于惧怕买到假货，便会尽量选择其他企业的产品，使得企业的品牌形象受到严重的损害。如果品牌形象不足以支撑消费者信心，企业通过品牌经营的战略将会受到灾难性的打击，这些将严重威胁着品牌无形资产和企业的正常经营。

5. 严重破坏销售网络

销售网络实质是厂商之间，经销商与批发商、零售商之间通过资信关系形成的一种利益共同体。他们互相之间通过级差价格体系及级差利润分配机制，使每一层次、每一环节的经营者都能通过销售产品取得相应利润，一旦发生窜货现象，网络内部的通路价格必将受到影响，级差价格体系遭到毁坏，级差利润无法实现，各层次利益受到损失，于是网络生存受到威胁，甚至发生危机。

尽管窜货问题给厂方带来了品牌信誉的下降、价格走低、市场萎缩等一系列严重的危害，但客观地说，厂方在自己的产品打入一个区域销售的初期即导入期，窜货对厂商及一级经销商来说都是有益而无害的。"没有窜货的商品不是好的商品"，初期的窜货，活跃了市场，提高了产品的知名度，刺激了二级经销商、三级经销商要求当产品经销商的欲望。

(三) 窜货的诱因

从一定意义上讲，窜货具有必然性。因为商品流通的本性，就是从低价区向高价区流动。同种商品，只要价格存在地区差异，或者不同区域的畅销程度不同，就必然产生地区间的流动。但无论多少诱因，"利"字贯穿了窜货的全过程。主要诱因如下。

1. 价格因素

价格体系上的不完善，是造成经销商窜货的主要因素之一。终端客户只遵循一个原则："同一品牌的产品，谁的价格低就进谁的货。"多数厂商对区域总经销商的管理是只建议零售价位，不去具体管理，加上各区域总经销商互不沟通，定价标准不一，批发价各异，导致各区域零售价存在一定差额。这样首先相邻区边界处出现小范围窜货，之后，愈演愈烈。

2. 销售计划因素

每年末的厂商与区域经销商的订货会，厂商都会与经销商签订区域经销合同，其中最重要的标就是确定第二年的年度销售任务。为了激励经销商完成各自的销售任务，厂商多数会对完成任务的总经销商给予一定的额外经济报酬。如果分配给区域总经销商的销售计划太高，经销商为了获得更大的利益，往往不惜铤而走险，通过窜货来完成销售计划。

3. "宠大户"因素

厂商对连续几年销量较大的区域总经销，为了巩固、提高其销量，往往采取诸多扶持大户的政策。如供货价格低于别的经销商，广告费、促销费高于别的经销商，这样"两高一低"使其比别的经销商有了较大的竞争优势，具备向周边区域窜货的条件，为了不辜负厂商的厚爱，更好地完成销售任务，他们多数选择向周边区域市场渗透——窜货。

4. 品牌多样因素

经销商销售区域的划分要与经销商本身已经形成的销售网络相匹配。尽量做到不要让经销商的销售区域产生重叠，否则将引起窜货。但现实中部分厂商为了提高产品的销量，不顾市场的规范，不顾经销商的利益和想法，采取"一箭双雕""一箭多雕"的做法，只要能够卖产品、多赚钱，就可以成为当地的第二个乃至第三个总经销商。

5. 销售人员因素

厂商派驻各地的促销人员的大部分收入(包括工资、奖金等)是与完成其指定销售任务的多少紧密联系在一起的，即销售业绩与收入挂钩甚至与职位升降、前途挂钩，这就使销售人员十分重视所辖区域经销商销量的大小。为了既得到利益又提高销量，部分人员在窜货问题上做了许多违规行为，客观上纵容了窜货事件的重复发生。

6. 市场报复因素

市场报复有两种情况。第一种情况，A 经销商的区域遭到相邻 B 经销商的大额度窜货，A 经销商一怒之下也将部分同产品窜入 B 经销商的区域。这种"以恶治恶"的情况厂商代表是最难处理的。第二种情况是有的经销商因某种利益受到触动，便利用窜货破坏对方的市场，减少对方的销售量以报复对方，这是一种纯粹的破坏行为，尤其在厂商更换总经销商时最容易出现，应小心防范。

除上述六种诱因外，还包括铺底销售、搭配窜货、零星窜货等，因其不是窜货的主要诱因且影响面不大，在此不做赘述。

(四) 窜货的表现

窜货有多种表现形式，可能是公司总部"放水"，也可能是分公司或办事处为完成销售任务、取得较好的业绩而进行窜货。但中间商的窜货更加普遍，其表现形式也更加复杂，最为恶劣的窜货现象是经销商窜假货，其造成的危害是最大的。

1. 经销商窜货

(1) 由于市场发育不均衡引发窜货。销售区域格局中，由于不同市场发育不均衡，甲地的需求比乙地大，甲地货品供不应求，而乙地销售不旺，为了应付企业制定的奖罚政策，乙地想方设法完成销售份额，通常将货以平价甚至更低的价格转给甲地区。

(2) 由于价格差异引发窜货。因价格差异，一些区域经销商会以低于约定销售的价格向外区域渗透。邻近客户制定价格不同也易造成窜货。

(3) 由于产品的热销程度不同引发窜货。热销程度不同，引起产品向品牌热销市场流窜(价格相同)。

(4) 经销商低价倾销过期或即将过期的产品以减少损失而发生的窜货。

2. 生产供应商"放水"

(1) 出于特定的经济意图，如受现款提货的诱惑，引发窜货。

(2) 总部绕过区域代表，直接向关系客户优惠提供产品。

(3) 销售政策执行不严引发窜货。销售政策存在一定的盲目性和随意性。

(4) 以货抵债引发窜货。债主急于兑现，低价抛货。

(5) 区域价差引发窜货。不同区域定价差别大，引起产品向高价区域流动。

3. 分公司之间的窜货

分公司的最大利益点在于销售额，为了完成销售指标，取得业绩，往往将货卖给销售需求大的兄弟分公司。分公司之间的窜货将使价格混乱，最后导致市场崩溃。

4. 经销假冒伪劣产品

假冒伪劣产品以其超低价位诱惑销售商铤而走险。销售商往往将假冒伪劣产品与正规渠道的产品混在一起销售，掠夺合法产品的市场份额，或者直接以低于市场价的价格进行倾销，打击了其他经销商对品牌的信心。

(五) 治理窜货的对策

治理窜货是一个系统工程，在市场经济时代，畅销的商品出现少量窜货是正常的，没有什么大的副作用。治理窜货主要是为了防止和杜绝恶意窜货。

1. 发现窜货，力在"治"

发现窜货，厂商必须坚持以"治"为本的原则。"治"就是迅速处理。处理窜货有以下几种主要方法。

(1) 协商赔偿法

协商赔偿法是厂商发现窜货后与窜货方、被窜货方协商赔偿的一种方法。具体操作方法是：①发生窜货时，厂商派人核实；②厂商与被窜货方一起评估窜货带来的损失，即因为窜货使被窜货方少赚了多少钱；③厂商与窜货、被窜货三方协商最终确定赔偿金额；④窜货方支付赔偿金给被窜货方；⑤窜货方的货继续留在被窜货方的市场上销售。协商赔偿法保护了被窜货方的利益，因为被窜货方损失的利益绝大部分得到了补偿，相当于窜货方帮他卖货，还要帮他回款。这一方法同时也保护了窜货方的利益，因为窜货方窜出的货只是白卖了不赚钱，却并不亏本。这种办法一般只适用于自然窜货。通过协商赔偿，维护了当事人双方的利益，维护了正常的市场秩序，可谓皆大欢喜。但也有明显缺点，即处理程序复杂，周期较长，厂商投入人员较多。

(2) 打抚并举法

区域内的二级经销商因不同目的，从外区域窜货到本区域，应视其目的不同采用不同的打抚办法。①有一定规模的门店，为了成为厂商的合作经销商而窜货，窜货是为了引起厂商的注意，这种情况，如乡镇区域还无经销商，可用"抚"的办法，安排其成为二级经销商。②经销商出于市场报复心理，故意从外区域进货，低价叫卖或叫而不卖，对这种情况厂商应坚决打击。对外区经销商进行处理，断其源头。对窜货区域降价销售(厂商补偿)，让窜货者"偷鸡不成蚀把米"。③产品畅销区域的门店为了获利从外区域窜货，厂商应视小区域有无二级经销商而采用"打"或"抚"。如当地无二级经销商可"抚"，如已有独家经销商，就只有用低价来"打"。

(3) 釜底抽薪法

对待恶意窜货的行为，一旦落实清楚，立即严惩不贷。确定恶意窜货的尺度是：经销商为获取非正常利润，故意向自己区域以外的市场倾销产品；使用降价的方法销售；故意破坏厂商的区别标志，如除掉条码或厂商自编码等。处理应采取首次窜货数量较少时，警告加经济处罚；二次窜货立即限量供货，两倍于第一次罚款；第三次窜货不论什么原因，均取消其经销商资格，收回其所有库存货物。

(4) 麻木不仁法

对待区域边界的零售商的自然窜货，如边界两侧村庄，农民的小额度、多次数地为使用而购买的不同区域的货物，或零售商跨区域进别的货物而搭配形成的窜货。因属于自然窜货且次数多、批量小，不会构成市场混乱，对此，区域总经销商听到二级经销商反映后应采取表面积极的态度，实际不必过分认真，也不需采取实际制裁行动。

2. 未发现窜货，贵在"防"

市场窜货行为的发生，除了人为因素外，更多的是市场自然调节和经济区域自然形成而产生的一种销售行为。作为厂商要正确认识窜货问题，真正从如何打击窜货调整到如何防范窜货，如何引导市场少发生或不发生有意或恶意窜货上来，将重点放在一个"防"字上。

(1) 成立市场管理组织，加强对窜货的管理力度

近年来，各厂商处理窜货多采用厂商地域销售代表——销售人员直接处理的办法，实践证明这是一种失败的方法(在窜货诱因第五条已有论述)，它易引起销售人员与经销商、不同区域厂方销售人员之间的矛盾，同时不能全身心地投入促销工作。"名不正则言不顺，言不顺则事不成"，处理窜货者一要有权威；二要体现公正公平。因此，厂商必须成立处理市场窜货问题的专门组织——稽查处(或者由市场部履行稽查职责)，设立市场总监，建立市场巡视员工作制度，把制止窜货作为日常工作常抓不懈。市场总监是窜货现象的直接管理者，其职责就是带领市场巡视员经常性地检查巡视各地市场，及时发现问题并解决，这样既可以做到"防患于未然"，又可以对发生窜货行为的经销商视其窜货行为的严重程度分别予以处罚。它是一把多刃剑，既处理恶意窜货的经销商，又警示了所有的区域经销商，这就起到了"防"的第一作用，同时又对厂方销售人员是一种检查和制约，防止销售人员偏一方打一方(因为稽查人员与各区域经销商无利害关系)。

(2) 健全窜货管理制度

① 制定窜货处罚制度，确定窜货处罚标准。确定窜货处罚标准意在警示有窜货想法的经销商，不再窜货，否则将按处罚标准严肃处理。处罚标准要体现具体、从严的原则，制定标准时要注意：一是按窜货数量、金额定处罚标准。如果窜货数量很容易认定，这是一种最公平、最有效的方法。但实际操作过程中，窜货数量往往很难认定。二是按窜货次数定处罚标准。逐次加重，累积递进直至解除合同。

② 厂家设立举报有奖制度，对窜货者进行社会监督。一是经销商，在规定商品售价的基础上，对违反规定价格进行销售的行为，凡是举报属实者给予奖励。二是消费者，在对商品实行销售区域编码和客户编码的基础上，消费者凭购货发票对有窜货行为的销售商进行举报，属实者给予奖励。三是社会公众，凡举报属实者给予奖励。这样，既可以减少厂家对窜货进行监督的成本，又可以对窜货者进行有效的监督。

(3) 选择好经销商，划分好经销区

选择好经销商是贯彻窜货以防为主，建立防窜货系统的关键一环。"正本才能清源"。选择经销商，主要是严把经销商的质量和数量。一是对经销商要进行资信评估，降低经销商损人利己的可能性；二是不要在同一销售区域随意增加经销商的数量。

区域的划分要遵循"匹配原则"，即完全根据经销商的实力、有效配送半径、网络控制情况和市场特点确定。实力强、网络覆盖面大的经销商划分的区域就大，货物也更多。

(4) 签署市场防窜货协议

协议由厂商市场检查组织稽查处负责倡导、起草，相邻涉及可能出现互相窜货的几个区域经销商共同商议，修改通过协议内容，与厂商共同签署，互相监督，共同执行。协议的具体内容应包括：为什么要签署市场防窜货协议、窜货界定、窜货处罚押金、窜货责任人的认定、窜货处罚标准、明确外包装的区域差异、窜货举报有奖条款等。

(5) 协助分销，货畅其流

窜货在很多时候是经销商的一种利益驱动行为。例如，经销商因为合同销量无法完成，担心厂商不满，或者担心产品储存期过长造成利息、储存费等费用过高，经营出现亏损；或者担心产品过期造成损失等原因就有可能会引发经销商不求获利而低价抛售。如果能预防这种行为的发生，窜货现象就将大幅度减少。帮助经销商货畅其流是最好的预防窜货的办法。只要经销商销售的产品能快速流转，经销商自然会减少"窜货谋利"等想法。

(6) 建立经销商信息库，加强科学管理

厂商要建立经销商信息资料库，通过对经销商的历史、现实进销货数据分析，掌握其经销进度，发现异常情况及时提示厂商销售代表加以注意，防范和预知窜货的发生，把问题消灭在萌芽状态。

3. 根治窜货，重在体制创新

要从根本上铲除窜货，就要从厂商的体制创新上做文章，从建立厂商一体化的关系入手。厂商之间的关系演变可分为四个阶段，即单纯的买卖关系→代理批发关系→代理关系→资本关系。其中单纯的买卖关系就是目前存在的大多数经销关系。代理批发关系是指厂方在进入一个新地区时,由于该地区的经销商往往对不熟悉的商品缺乏信心,厂方则首先采取派销售人员直接开发终端的方式,当终端开发到一定数量时,则在该地区寻找具有一定网络和信用的批发经销商来扩大销量。同时原来厂商直接开发的终端仍由厂方直接供货,但其销量可计入所选择经销商的完成计划任务的数量。厂方为了进一步加强对市场的控制,降低厂商之间的交易费用,降低终端价格,必然压缩销售渠道,从而逐步缩短直至取消批发环节。其中一部分拥有较大、较好销售网络的经销商就可以与厂家建立佣金的代理关系(不排除有些企业直接寻找代理商的情况)。随着代理关系的发展,厂方为了进一步降低交易成本,加强对市场的控制,将其中中意的有较稳、较大销售网络的代理公司购买过来或控股,从而建立资本关系。

确立了厂商之间的资本关系,即实现了厂商一体化,厂商之间形成了一个利益共同体,厂商关系由"你"和"我"的关系,变成了"我们"的关系,商品的流动不再是两个利益体之间纵向流动,而变成内部的横向转移。任何违规违纪的行为都销声匿迹,这样就从根本上解决了窜货乱价的问题。当然这种做法只适合部分厂家中意的经销商,这是因为厂家的资本不足以把全国各地的经销商都购买下来或控股而形成资本关系。另外,要形成资本关系是厂商两方面的事,一方不同意也不能形成资本关系,因此,这种方法虽然能对窜货乱价起到治本的作用,但也仅限于部分地区可以实行。

四、渠道激励

企业生产出产品后,最重要的就是将产品销售出去,从而实现企业的利益。企业若使自己的产品有很好的销量,中间商是一个非常重要的变量。激励分销渠道成员就是为了激发渠道成员的销售积极性,让其有更多的动力,为销售更多的企业产品而努力。

(一) 渠道激励的原则

厂商对渠道成员激励不够,后者动力不足。激励过多,后者又往往把部分激励转化为制造渠道冲突的资本。根据中国市场的特点,国内理论界提出渠道激励的 CLEED 原则。

1. 立足健康的全面(comprehensive)原则

激励体系的设计,可以在不同时间、不同市场条件下突出不同的重点,但必须兼顾要求渠道承担的所有职能。渠道激励的全面原则,旨在通过激励体系的设计,要求渠道成员围绕厂商总体的渠道目标开展工作,而不是单纯集中精力和资源于某一个方面,从而保证渠道的健康发展。

2. 立足发展的长期(long range)原则

厂商的渠道目标和策略要不断地做出调整,以适应市场发展和厂商自身实力、资源状况的变化。渠道激励的长期原则,旨在通过激励体系的设计,使渠道成员了解到其自身利益的最大化,将通过和厂商的长期合作得到实现,而不是单纯集中精力和资源于目前的短暂时间段,从而保证渠道的长期稳定和发展。

3. 立足鼓励的明确(explicit)原则

渠道激励的核心无疑是"激励"。"激励"在于通过利益驱动促使渠道成员的努力方向围绕厂商的目标。厂商的渠道目标将伴随市场的变化，在不同时期，不同区域有不同的侧重。同时，在某地域市场或行业市场，招募新的渠道成员，奖励政策也必须围绕厂商目标，清晰明了。渠道激励的明确原则，使渠道成员充分了解企业对细分市场的目标，通过明确的利益导向，引导渠道成员达成企业目标。

4. 立足主动的模糊(equivocal)原则

厂商需要建立一个模糊原则，即把对渠道的奖励分成"清晰部分+模糊部分"。通过"清晰部分"，指引渠道成员的努力方向。而通过在事前模糊一部分奖励，使渠道成员难以计算最后的实际奖励金额对低价倾销的抵补，从而不敢轻易地降价销售。渠道激励的模糊原则，使渠道成员难以在事前掌握最终来自于厂商的利益回报，从而避免渠道成员把厂商的部分奖励转化为渠道冲突的资本。

5. 立足变化的多样化(diversiform)原则

厂商要进行奖励的"原则"不变，奖励的"方法"常变。如奖励对象，除了对渠道成员作为公司整体奖励，还对具体的销售人员进行奖励；除了资金奖励，还有实物奖励、培训奖励等。渠道激励的多样化原则，使渠道成员难以在短时间内发现激励体系的漏洞，最大限度地避免渠道冲突的来源。

(二) 渠道激励的措施

1. 给予中间商尽可能丰厚的利益

给予中间商尽可能丰厚的利益，以提高经销商的积极性，初进入市场的产品和知名度不高的产品尤应如此。价格折扣和价格补贴是两种最重要的形式。

对于中间商购买业务设备、整修店面、增设分店给予资金援助，提供商店招牌或负担招牌资金，协助中间商在大众传媒刊登广告，协助制作广告传单、商品目录、邮寄广告、焦点广告、促销赠品等，向中间商提供临时周转的借贷资金，为中间商购买送货车辆给予部分资金援助。

2. 销售竞赛

卖方企业为了激励中间商，经常会确定一个具体的目标，凡实现这一目标的优胜者，就可以得到奖励。奖励的形式有现金、实物、招待旅游、疗养等。卖方企业在中间商中开展销售竞赛活动，主要有以下形式：销售量竞赛、陈列竞赛、焦点广告竞赛、销售技术竞赛等。

3. 指导性援助

在组织经营方面，给中间商领导阶层提供参考性意见，帮助中间商分析、诊断、解决销售难题，提供市场动态分析情报和竞争对手情报，协助中间商制定促销活动计划并指导其操作，对中间商的业务人员进行专业训练，对中间商开展售后服务提供指导等。

4. 人力的援助

派技术人员驻店指导或派人员对中间商进行定期访问，或派人员指导中间商开展促销活动，或派顾问性的管理人员和其他专业人员前往协助。

5. 信息支持

厂商应将所获得的市场信息及时传递给中间商，使他们做到心中有数。生产商有必要定期或不定期地邀请中间商座谈，共同研究市场动向，制定扩大销售的措施；生产商还可将自己的生产状况和生产计划告诉中间商，为中间商合理安排销售计划提供相关依据。

6. 给予相应权利

给中间商适当的权利，如独家经营权或者其他一些特许权，这对中间商来说也是一种很好的激励方法。中间商如果有独家经营权，他们就会尽全力销售产品，因为这样可以获取超额利润。通过这种方式，也可以进一步调动其经销的积极性。

7. 信任激励

对于供应链合作企业来说，相互信任可以激励双方更好地维护和发展合作伙伴关系。通常，当合作一方确定自己的行为时，全部或部分地基于对另一方合作行为的期望，彼此间存在一种社会关系。当一方面临行为风险时，这对双方来说是共有的信息。企业可以在充分了解经销商后，先表现出对经销商的信任，以此来激励经销商更好地销售企业的产品。

8. 建立伙伴关系

从激励的长效性看，应该实施伙伴关系管理，也就是生产商和中间商结成合作伙伴，风险共担，利益共享。生产商可以通过与中间商建立长期的利益共享机制、经常的双向沟通机制等措施来保持稳定的合作伙伴关系。

第四节　渠道的发展与创新

一、渠道创新的市场背景

(一) 市场发展进入新阶段，旧模式难以适应新要求

从渠道成员的地位变化角度来看，中国市场销售渠道发展经历了从重视厂家阶段到重视经销商阶段，最终进入重视消费者阶段的过程。重视消费者阶段的特征是一切围着消费者转，一切以消费者的满意为目标。这就要求产品要以最方便的途径让消费者购买，要求厂家要以最快捷的速度对消费者的购买需求和评价做出反应。然而，松散型的、间接型的传统渠道模式由于中间商与厂家一般不是一对一的关系，且利益关系是相对独立的，属于买卖型关系而非合作型关系，每个环节上的保价行为都会使双方形成对立，制约了厂家与

消费者的直接沟通，影响了渠道效率。

(二) 竞争激烈，企业利润变薄

渠道成本的控制举足轻重。研究表明，一个行业商品或服务的价格构成中分销渠道通常占 15%～40%，这个数据虽然是根据样本计算得到的，但也反映出渠道变革对提高竞争力和利润率的潜力。

(三) 企业规模越来越大，对渠道的辐射力和控制力要求更高

在经营前期，产品进入市场之初，企业弱小、资源缺乏，利用经销商的网络资源推广产品是一种合理、有利的方式，当然付出的代价是对经销商的依赖惯性。当企业规模越来越大，品牌影响力不断扩大时，为了规避渠道风险，厂家对通路辐射力和控制力要求更高。一些企业可以凭借自身的财力和市场管理经验组建自己的分销网络。从市场竞争的需要和企业的长远利益来看，掌握渠道的主动权具有十分重要的意义。

二、渠道创新的基本表现

(一) 渠道结构扁平化

从多层次长渠道向扁平方向发展，甚至直面终端，掀起了终端争夺战。以家电行业为例，根据有关调查，不少企业都面临同样的问题：中间商协助产品推广的作用已越来越小，而厂商冲突却越来越大，表现在中间商对通路的反控制、利润截留、促销执行走样等方面，直接控制零售商是厂家提高市场辐射力和控制力的关键所在。

(二) 双赢

渠道关系由商业利益(利用)关系向供应的合作伙伴关系变化，即双赢。表现形式上它并未改变传统的通路结构，但本质上却由松散的、利益相对独立的关系变为紧密的、利益融为一体的关系。简单地说，即由"你"和"我"的关系变为"我们"的关系。这种公司式的合伙关系可以消除因追逐各自利益而造成的冲突，厂家与商家结成利益共同体，共同致力于提高营销网络的运行效率，由于优势互补，减少重复服务而增加经营利润。

此外，还表现在渠道策略由单一化向复合化发展；渠道运作由中间商操作为主向制造商操作为主变化；渠道重心由以大城市为中心向地、县级为中心下沉；通路激励由短期刺激向长期激励变化。

三、分销商的战略与策略

(一) 分销商的困惑

不少客户凭当年胆子大、下手早、吃苦多进入批发领域，在计划经济体制下享受差价

利润，很快脱贫变成大户，如今手上拥有几百万上千万元的资金，十几个品牌的代理权，有人、有车、有钱，却发现生意一天比一天难做，钱一天比一天难赚。原因何在？

1. 零售行业结构发生了变化

连锁零售业已迅速发展成为零售业的主流。连锁零售企业对 1%净利润的追求让整个供应链发狂，低价成了连锁零售企业的本能。为了获得低价，他们开始越过分销商直接与生产商对话，以便从厂家直接进货。

2. 制造商的需求已发生了变化

20 世纪 80 年代，制造商对分销商的需求只有三点：接货、回款、把货批给下游。随着市场经济的成熟，尤其国际知名企业的进入，导入了高水平的市场竞争手段，制造商纷纷开始强调终端销售，密集分销也成了大家"追捧"的营销改革方向。厂方抢走了分销商的饭碗。随着暴利时代的结束，向渠道要效益已成为生产商的共识，而最简单的办法就是减少中间环节。电子商务时代的到来，将实现这个目标。

(二) 分销商的战略类型

可供分销商选择的战略类型有密集型战略、一体化战略和多元化战略。

1. 密集型战略

分销商采用该战略可以从增值服务、网络分销、代理多品牌等方面做文章。

(1) 培训，在现在的分销业增值服务中是最成熟的。

(2) 网络分销，分销商利用自身与产品厂商紧密的合作关系，了解客户具体的资源优势，结合自身资金、技术优势，建立起完备、规范的分销体系以及网络技术支持和服务体系。以互联网技术构建分销、服务和管理模块，将传统业务转移到互联网平台上，这样可以更好地向客户提供服务及提高自身的竞争力。用户只需登录到网络平台就可以进行订货；单击相应的表格，订单会自动传送到预订中心，并进行统一的调配及确认；在订单确认之后，用户可随时在平台上查询货物的动态，提供及时、准确的信息。基于互联网的平台能够最大限度地发挥分销功能，供货厂商和客户都会在互联网平台出现，这样不仅为用户提供了方便、快捷的服务，而且提高了自身的竞争力。

(3) 在传统的业务中挖掘潜力，例如代理多品牌。①可减少来自产品厂商的风险；②可以在市场风险越来越大的市场竞争中，游刃于各种险滩之间，同时可以促使一个企业向综合的分销大户转变。

2. 一体化战略

分销商采用该战略可以从与经销商整合(或自建零售网络)、分销商和生产商一体化经营、分销商之间的横向联合等方面做文章。一体化战略包括前向一体化、后向一体化和横向一体化。

(1) 前向一体化，即与零售商整合(或自建零售网络)。迅速发展的"连锁超市经济"使零售业竞争日益加剧，连锁业的规模采购也同时加大了分销商生存、发展的压力。能否在超市渠道拥有自己稳定强大的客户网络、良好的客户关系和有力的业务队伍，对于分销商以后的销售成长会产生深远的影响。分销商可以通过自建零售终端直接掌控终端市场，增加与制造商谈判的筹码。分销商欲在明天的市场上不被制造商抛弃，不被同行淘汰，自身终端网络建设是必由之路。

终端建设，从开发到管理到形成固定的网络需要很大的投入和较长的时间，这个过程中也许经济效益不佳，但这是对企业未来核心竞争力提升的一种投资，是一个必然经历的过程，在这个过程中需要勇气、需要恒心、更需要理智和决心，因为这是市场环境发展的要求，无法回避。

(2) 后向一体化，即分销商和生产商一体化经营。分销商与生产商是一种双赢的战略合作伙伴关系，共同为目标顾客服务，而不是传统的交易关系，分销商利润的主要来源将不再是产品，而是为产品提供的服务，产品变成了分销机构为生产商和下游客户提供服务的平台和载体。分销机构以后勤服务的形式存在，以专业物流企业、社会化配送中心及两者混合的物流配送企业为主要形式，以信息技术为手段，通过快速响应，为上游生产商和下游零售商提供高效率的专业服务，使商品在流通过程中增值。在这一模式下，分销机构提供的价值环节包括：市场开拓，包括市场覆盖和市场推广；物流服务，包括仓储、线路等方面的运营；资金管理，包括对销售人员佣金的支付、对分销服务佣金的支配等；信息平台，使市场和厂商能够有效沟通；服务和支持的平台，例如对零售店的培训和支持等。

与具备先进管理理念的生产商合作，分销机构的角色将由以前以获取产品销售利润为导向的传统商人角色向以提供市场分销覆盖、实施补货保证物流供应以及帮助生产商进行在零售终端店内管理和资源争夺、以服务佣金为导向的现代化专业服务提供商转变。分销机构提供的增值服务全面代表了生产商和分销机构合作方式、利润分配方式以及分销机构本身的内部管理方式。与此同时，各级分公司和销售机构的管理也在不断演进，销售分公司成为生产商增值服务链中的一个最紧密环节，成为生产商控制其他市场覆盖合作伙伴的枢纽。

在服务商模式下，厂商合作的形式很多，如网络共享、信息共享、流程优化、共同的成本控制管理培训等。生产商从这一转变中获得了巨大的利益，生产商对销售渠道的有效控制和对物流环节的管理在"分销机构——服务商"的概念和模式转变中真正得到了实现。

"服务商"模式是一种双赢的选择，因为分销机构也将从该转变中得到好处。生产商要依据分销机构对市场发展所做出的贡献(依据生产商所设定的衡量标准)支付佣金，分销机构拥有了更可靠的利润来源。作为服务合作网络中的一员，分销机构还将享受到来自生产商的巨大支持，他们在整体管理上所投入的精力和风险也因此将大大减少。采用这一模式的生产商很多，如宝洁、康师傅等企业做得都很成功。以宝洁为例，1999 年 7 月，宝洁推出了"宝洁分销商 2005 计划"，该计划指明了分销商的生意定位和发展方向，详细介绍了宝洁公司帮助分销商向新的生意定位和发展方向过渡的措施。在宝洁的计划中，分销商将扮演三个重要的角色：首先，分销商是向其零售和批发客户提供宝洁产品的首要供应商；其次，分销商是现代化的分销储运中心，是向生产商提供覆盖服务的潜在供应商；最后，分销商同时也是向中小客户提供管理服务的潜在供应商。

(3) 横向一体化，即分销商之间的横向联合。分销商通过横向并购或松散联合，实行联合采购、信息共享、降低成本，以增强竞争力。如郑州通利、广州东泽、深圳铭可达等曾经联合成立横向一体的中永通泰公司，刚开始是一个松散型的联合，是会员单位联合采购和信息共享的平台，目的在于探索一条通过资本联合将区域性的家电连锁企业整合为全国性家电连锁企业的路子，它们将以资本为纽带，逐步向集团化、企业一体化方向发展。

3. 多元化战略

由于企业发展的需要、规避通路变革中的风险，分销商可通过扩大业务范围、增加新的利益增长点。如国美由家电到 IT，世纪中鑫由通信到网站，有的企业甚至将资本直接注入生产领域向上扩张，如苏宁等。这样做的劣势是资本使用分散，导致削弱主业的竞争力。

企业具体采用何种战略，分销企业需根据本行业的特点、企业的实际情况、上下游企业的特点、渠道发展的趋势等诸多因素做出慎重的选择。

(三) 外埠市场的开发

开发外埠市场的原因有以下两种。

1. 外埠市场是制造商"手伸不到"的地方

中心城市人口集中、消费力强、购买力强，同时也是商家必争之地，制造商通路精耕第一步，就是大城市的密集分销和直营——在这里他们的投入才有回报，经营利润才可以消化高昂的销售费用。

外埠市场(尤其农村市场)虽然分布稀散，集中购买力不强，但不论从人口、面积乃至市场容量上都远远大于中心城市。

对于有实力、有终端营销意识的经销商而言，利用当地武装的力量在广大农村市场上构建自己的销售网络，通过间接控制市场、强化终端、实现销量就成了明智的选择。

2. 对分销商而言，外埠市场有较高的投入产出比

当你着手开发外埠市场时，你的角色就变成了上游供应商。你和你的下线分销商的关系类似于厂商和你的关系，外埠市场不需要你长期翻山越岭拉着货去挨门挨户地搞零售拜访。分销商不能局限于自己所在的城市，也不能把拓展周边市场理解为找几个大户做下线。厂方是奉行深度分销政策，但能够全面精耕市场，在所有二级城市、三级城市与农村市场都执行深度分销，广开经销户，设直营处、分公司的企业毕竟不多，大多数厂家还是需要分销商来覆盖农村市场。所不同的是厂家现在要求的不仅是销量，更多的是终端表现。所以对周边市场的开拓，要做到：寻找当地的合作伙伴做固定的下线分销商，帮自己管理市场；自己的业务人员对该市场形成固定拜访；对该市/县各渠道重点客户熟悉；能协助该下线分销商管理市场，掌握终端；推广新产品培育市场。

▷ 案 例

华为 OPPO 出货量抢跑 手机厂商发力渠道与品牌

在国产手机崛起的 2016 年，中国智能手机厂商排名发生了微妙的变化。

据调研公司 IHS Technology 最新数据显示，2016 年华为智能手机的全球出货量为 1.39 亿部，在中国手机厂商中居于榜首，OPPO、vivo 分别以 9 500 万部和 8 200 万部位列第二和第三。

国际数据公司 IDC 发布报告称，2016 年 OPPO 在中国国内的手机出货量为 7 840 万部，市场份额为 16.8%，拔得头筹。华为的国内出货量为 7 660 万部，排行第二。

然而，呈上升趋势且热闹非凡的手机圈并不意味着没有危机，随着产业链的成熟，同质化愈演愈烈，而革命性的创新也显不足。在向来多变的手机市场上补足短板，提升品牌溢价颇为关键。同时，综合实力的比拼更加激烈。

第一手机界研究院院长孙燕飙告诉 21 世纪经济报道记者："2015 年的增长预判在 5% 以下，实际上超过了 8%，2016 年有可能提前消费了。考虑到现在经济环境不振、手机质量的提升，换机频率有所减少的趋势，2017 年的增速或趋缓。"

有升有降

目前从全球市场来看，苹果、三星、华为进入三强争霸阶段，国内由华为、OPPO、vivo 三家组成了新的一线阵营。2016 年，中国智能手机市场实现了同比 8.7% 的增长，大幅度高于 2015 年 1.6% 的增速。

上升的曲线中，伴随着各品牌的起起落落。

根据 IHS 的数据，中国厂商除了华为、OPPO 和 vivo 外，小米出货量为 5 800 万部，排第四名，联想、TCL、金立、魅族、乐视智能手机分别位居 6～10 名。从 IDC 公布的中国市场数据来看，前五名分别为 OPPO、华为、vivo、苹果和小米。

其中，OPPO、vivo、华为和金立增长迅猛。IDC 报告显示，OPPO 的国内销量同比 2015 年增长了 122.2%、vivo 同比增长了 9.9%、华为增长了 21.8%。此外，据调研公司 Counterpoint 的数据，金立的全球出货量为 4 000 万部，同比 2015 年增长了 21%。

线下的增长空间给"门店派"的 OPPO、vivo 和金立带来利好，技术派的华为逐步建立全球化品牌。IDC 中国研究经理金迪指出："这些强劲的国产手机厂商之所以如此成功，还有一个原因是他们愿意与渠道合作者共同分享其商业利润，实现双赢是维持长期合作与发展的基础。例如 OPPO 和 vivo，他们所拥有的积极稳定的渠道合作伙伴关系，帮助他们获得了稳定的市场增长。"

与此同时，国内市场上苹果、小米、三星的手机空间受到挤压。2016 年小米的中国销量下滑了 36%，苹果下滑了 23.2%。手机中国联盟秘书长老杳告诉 21 世纪经济报道记者："小米这两年一直没有建立起品牌溢价，渠道从线上到线下的转移，对小米而言线上不如从前。"

但是，国产手机出货量和营收的增长并不代表盈利的上涨。根据市场调查机构

Canaccord Genuity 的数据，2016 年四季度，全球份额只有 18% 的苹果 iPhone 系列手机，利润却占了整个产业的 92%。虽然苹果 2017 年第一季度的净利润仍然在下滑，但是国产手机和苹果的距离依旧遥远。

补齐短板

2017 年，华为、OPPO、vivo 领跑的姿势还将持续，并且更加注重产品、渠道、品牌综合实力的比拼，如何守住优势、攻克短板成为挑战。

2 月 9 日，小米科技董事长兼 CEO 雷军在 2017 亚布力中国企业家论坛上表示，最近头疼的事情是线下渠道，之前很多人告诉他，做线下渠道一定要有利润空间。在他看来，小米现在找到了新零售的模式，即从去年开始铺设的小米之家，完全自营，由小米自己运作，截至 2016 年年底已经开了 51 家小米之家，平均每平方米销售额 26 万元。

线下渠道是 2016 年的一大关键词，2017 年城市和县城的渠道建设还将继续。老查评价道："过去半年来，OPPO 和 vivo 一直在向一二线城市进军，华为实行千县计划，但是从结果来看，OPPO 和 vivo 的建设速度更快。"

但是专卖店遍地开花也存在问题，在孙燕飚看来，"专卖店越多越有此消彼长的问题，大连锁店和专卖店之间形成博弈，现在普遍反映，销售 OPPO 和 vivo 没有以前那么赚钱。"

调研机构 GFK 在报告中指出，2017 年线上线下的资源整合趋势会进一步强化。GfK FutureBuy 消费者研究数据显示，线上线下的传统优势差距正在逐年缩减，例如线上市场相比线下的省钱差距，已经由 2014 年的 32% 缩减到 2015 年的 18%，另外有"展厅现象"(消费者在线下实体店体验产品合适后，在线上下单购买，比如服装、鞋类等)的消费者比例也在持续递减，再结合手机市场电商线下布局店面、与通信连锁合作，线上线下成本差异缩减、O2O 模式等因素驱动，"上下联动"的走势更明显。

除了渠道，手机的品质和品牌溢价愈发受到关注，OPPO 方面对记者表示，2017 年将是推进品牌形象的重要时期。

"明星机型决定了市场格局，从 2016 年 12 月份中国畅销机型排行榜来看，华为 Mate9 最为畅销，OPPO R9s 排在第三。一旦出现产品创新不足，市场的反馈是非常快的。2016 年 OPPO R9 热销七八个月，但是更新的 R9s 却没有建立起 R9 般的声势和口碑。"孙燕飚向记者分析道，"在产品递进性中间，华为的价格提升和创新值得肯定，但是相比 OPPO、vivo 有一个缺陷，即三星不给它提供 OLED 屏，华为的曲面屏有些缺乏，据我了解，华为今年会大规模上 3D 曲面屏。"

他还提到一个有意思的现象，2016 年 12 月份超过 2 000 元价位的手机有 10 款，其中 8 款电池容量超过 3 000 毫安，唯独 iPhone7 和 iPhone 7plus 低于 3000 毫安，"在续航能力相近的情况下，体现出苹果在耗能技术上超过国内厂家。"

又一轮的新机大战即将上演，旗舰机型能否具备创新元素、渠道铺设、供应链支持等综合能力，是否到位，都影响着未来走势。

(资料来源：21 世纪经济报道. 华为 OPPO 出货量抢跑 手机厂商发力渠道与品牌[EB/OL]. [2017-02-10].
http://www.cmmo.cn/article-204464-1.html.)

复习思考题

1. 简述营销渠道的基本特点。
2. 什么是营销渠道的长度和宽度？
3. 密集分销有什么优缺点？
4. 选择中间商应该遵循哪些基本原则？
5. 如何激励中间商？
6. 简述窜货的危害及其预防策略。

第八章

促销管理

成功的市场营销活动,不仅需要制定适当的价格、选择合适的分销渠道,向市场提供使消费者满意的产品,而且需要采取适当的方式进行促销。促销策略是四大营销策略之一。正确制定并合理运用促销策略是企业在市场竞争中取得有利的产销条件、获取较大经济效益的必要保证。

第一节　促销和促销组合的内涵

一、促销的概念

促销是指企业以人员或非人员的方式,沟通企业与目标顾客之间的信息,引发、刺激目标顾客的购买欲望,使其产生购买行为的活动。随着社会、经济的不断繁荣发展,企业间的竞争日趋激烈,如何引导、刺激目标顾客关注本企业产品,激发其产生购买欲望,已成为影响乃至决定企业营销效果的重要策略内容。促销从其本质来讲就是企业同目标市场之间进行的信息沟通,促销的目的就是提升企业的品牌形象,引发、刺激消费者产生购买欲望。

二、促销的作用

促销是如何建立起企业同目标顾客之间的信息沟通,引发、刺激目标顾客产生购买欲望的呢?主要在于企业通过对促销活动的设计、实施,对目标顾客产生以下几个方面的作用。

(一) 告知目标顾客

通过促销活动,企业把产品、服务、价格、信誉、交易方式和交易条件等有关信息传递给目标顾客,使目标顾客对企业由不知转为有知,从知之不多到知之较多,从而使其在选择购买同类产品或服务时，将企业的产品或服务纳入其选择范围。一般来说，人们比较喜欢购买他们了解的产品或服务，若他们对某一企业的有关信息知道得越多，选择该企业产品或服务的可能性也就越大。

（二）说服目标顾客

企业往往在促销活动中通过提供证明、展示效果、解释疑虑和表示承诺等方法来说服目标顾客，使其对企业的产品或服务产生信任，促使其迅速采取购买行为。一般来说，人们面对购买选择时往往会比较难以做出决策，很希望能有新的信息来帮助其做出选择，促销活动在这方面的信息沟通恰好满足了人们此时对信息的需求，从而引导其做出对本企业有利的购买决策。

（三）影响目标顾客

促销活动通过对社会广泛经常的信息传播，往往能使企业及其产品或服务在人们脑海中的印象不断加深，甚至形成一种社会舆论，从而通过从众心理的作用，对目标顾客产生舆论导向，使他们在不知不觉之中，接受本企业的各种宣传，建立对本企业的认知，形成对本企业及产品的偏好。

三、促销组合及促销策略

（一）促销组合

现代营销学认为，促销的具体方式包括人员推销、广告、公共关系和营业推广四种。各种促销方式各有其优缺点，在促销过程中，企业往往将多种促销方式进行优化组合。促销组合即是指企业根据产品的特点和营销目标，综合各种影响因素，对各种促销方式的选择、编配和运用。

（二）促销基本策略

促销的基本策略可以分为"推"和"拉"两种。

1. 推式策略

推式策略就是企业把产品推销给批发商，批发商再把产品推销给零售商，最后零售商把产品推销给消费者。人员推销是典型的"推"的方式。

2. 拉式策略

拉式策略指企业直接向广大顾客开展告知、劝说或影响活动，把顾客的消费欲望刺激到足够的强度，顾客就会主动找零售商购买这些产品，要求购买这些产品的顾客多了，零售商就会去找批发商，批发商觉得有利可图，就会去找生产企业订货。如一些消费品生产企业采用广告拉动消费需求，就是典型的"拉"式策略。其优点是企业能够直接得到顾客的支持，不需要去讨好中间商，在与中间商的关系中占有主动。

四、影响促销组合策略的因素

许多企业在促销实践中，都结合具体情况采取"推""拉"组合的方式，既各有侧重，又相互配合。那么企业应该考虑哪些因素才能使促销组合策略制定得更为合理有效呢？

(一) 企业的促销目标

企业的规模不同，企业所处的生命周期阶段不同，产品或服务在企业的产品组合中所处的地位和作用不同，以及企业对产品或服务的期望经营目标不同等，这些因素都会影响企业对某项产品或服务的促销目标，促销目标不同，企业对产品或服务促销投入的人、财、物资源就不一样，从而决定了促销组合策略的运用便会不同。

(二) 产品因素

1. 产品的性质

不同性质的产品，目标顾客及其需求特征、购买特征不同，从而影响不同促销方式的有效性。一般来说，对消费品促销时，各种促销方式按照促销效果的高低依次为销售促进、广告、人员推销和公共关系，对工业品促销时，各种促销方式按照促销效果的高低依次为人员推销、销售促进、广告和公共关系。

2. 产品所处的生命周期阶段

在产品的不同生命周期阶段，企业的营销目标及重点都不一样，因此，促销方式也不尽相同。在导入期，企业的营销目标首先是要让消费者认识和了解新产品，因此，在这个阶段企业可利用广告与公共关系广为宣传，同时配合营业推广和人员推销，鼓励消费者试用新产品；在成长期，企业要继续利用广告和公共关系来扩大产品的知名度，并形成差异化特色和顾客偏好，同时辅之以营业推广尽可能扩大销售；在成熟期，行业竞争非常激烈，企业要利用广告及时介绍产品的改进，同时运用营业推广来增加产品的销量；在衰退期，营业推广的作用更为重要，同时配合少量的广告来保持顾客的记忆。

(三) 市场条件

企业目标市场的不同特征也影响着不同促销方式的效果。面对分布地域广阔、比较分散的市场，广告发挥着重要的作用。如果目标市场窄而集中，则可使用更有效的人员推销方式。此外，目标市场的其他特性，如消费者收入水平、风俗习惯、受教育程度等也都会对各种促销方式的效果产生不同的影响。

(四) 促销预算

促销预算的大小直接影响促销手段的选择，预算少，就不能使用费用高的促销手段。预算开支的多少要视企业的实际资金能力和市场营销目标而定。不同的行业和企业，促销费用的支出也不相同。

第二节 广告策略

西方有一句流行的名言："商品如果不做广告，就好像一个少女在黑暗中向你暗送秋波。"这充分说明了广告在企业促销组合中的重要地位和作用，广告已成为当今企业运用得最为广泛和最为有效的促销手段，在商店内、道路旁、报刊上、电视里……各式各样的广告时时刻刻冲击着人们的视觉和听觉。

一、广告及特征

广告的概念可分为广义和狭义两种。广义的广告即"广而告之"，是指向广大公众传递信息的手段和行为；狭义的广告，确切地讲即商业广告，是指营销者以促进销售为目的，付出一定的费用，通过特定的媒体向目标市场的广大公众传播商品或劳务等有关的经济信息的大众传播活动。

广告具有以下几项主要特征：

(一) 传播面广

一般来讲，由于传播媒体能大量地复制信息并广泛地进行传播，所以相比较于其他的促销方式，广告的覆盖面相当大，能够帮助企业及其产品在短期内迅速扩大影响。

(二) 广告效果受媒体特征的影响

由于目标顾客是通过传播媒体来获得产品和服务的相关信息的，所以媒体自身的声誉、吸引力及目标顾客接触的可能性都会影响广告信息的传播效果。

(三) 广告的经济效益性

广告使用传播媒体是要付费的，企业的广告活动必须重视经济效益，必须对广告费用的投入及其产生的促销效果进行核算和比较。

从广告的发展趋势来看，自第二次世界大战以后，在科技进步与经济增长的双重驱动下，全球广告事业进入了发展的黄金时代，表现出以下几个发展趋势：一是广告的传播手段不断创新，并呈现高科技化的特点，电视、光纤、激光、电脑、手机、互联网等技术手段逐步走上了广告的舞台，并发挥出越来越大的影响力；二是广告的策划更加注重艺术性和感染力，使受众在欣赏和思考的同时，接受广告所要传达的信息，而不再是直白、枯燥的强行灌输；三是广告的决策管理体系日益完善，建立在现代市场营销观念的基础上，以消费者为中心，与企业的经营目标及整体促销策略相协调，日益注重品牌形象的整体性和战略的长期性。

二、广告的功能

(一) 告知功能

广告能使受众知晓市场上的新品牌或新产品，告知有关新产品或新品牌的特征和带给顾客的利益，或产品的新用途，促使受众建立正面的、肯定性的品牌形象。利用广告的重复传播有助于新产品、新品牌的推出，也有利于知名度不高的品牌增加受众对其品牌的认知。

(二) 劝说功能

广告是说服的艺术，本质上是一种劝诱术。广告运用各种表现形式和技巧，潜移默化地影响受众，使他们在不知不觉中被说服，改变心理和购买行为。广告的另一个重要功能就是劝说消费者试用所介绍的产品或服务，要么是吸引一些新顾客的购买，要么是说服消费者放弃原来使用的品牌，转而购买本品牌。有时，广告被用来劝说消费者增加对某个产品大类的需求，但更多的广告是企业试图影响消费者购买本品牌的产品，而不要去购买竞争品牌的商品。

(三) 提示功能

在竞争激烈、新产品层出不穷的信息时代，营销者必须时常提醒目标顾客关注本企业的产品，否则该产品就会被顾客慢慢遗忘。广告能够使品牌在消费者的记忆中保持较高的回忆度，一旦产生与广告产品相关的需求时，对该品牌的记忆就会浮现在消费者的脑海中，并影响其购买选择决策。成功的广告还能加强消费者对熟悉品牌的信念和态度。知名度低的品牌可通过广告的重复性传播、提示逐渐提升消费者对品牌的熟悉度，从原来不可能被选购到增加被选购的可能性。

(四) 增值功能

企业有三种增加其产品或服务价值的途径：创新、提高质量和改变消费者的感知。许多人能够理解创新和提高质量可以增加产品或服务价值，但不大能够理解改变消费者的感知是如何为企业的产品和服务增加价值的。其实，营销者借助于广告可以影响消费者的感知，消费者感知的变化导致消费者对产品或服务的态度变化，有效的广告能够有效地培养和提升消费者对产品或服务的消费偏好，从而为品牌资本增加价值。

三、广告媒体

总的来看，现代广告媒体主要有以下几大类型：

(一) 印刷媒体

在广告的制作、宣传中利用印刷技术的媒体，包括报纸、杂志、书籍、宣传册及其他各种印刷品。

(二) 电子媒体

利用电子技术进行广告宣传的媒体，如电视、广播、电影、幻灯片、手机、互联网等，这一类媒体的运用已呈现出日益重要的地位和作用。

(三) 户外媒体

在户外公共场所使用广告牌、霓虹灯、灯箱、高速公路、墙体、车站牌、公交车等公共设施进行广告宣传。

(四) 售点媒体

在销售现场及其周围用以广告宣传的设施和布置，包括商店的门面、橱窗、商品陈列及店内外的海报、横幅、灯箱等，这类媒体在消费者最后的购买决策中体现了较为明显和直接的沟通、引导作用。

(五) 包装媒体

同时兼有广告传播效应的包装纸、包装盒、包装袋等。随着自选服务式商业的兴起，企业对包装类广告媒体的作用日益重视，企业想方设法通过产品包装上抢眼的色彩、新颖的造型、美观的设计来吸引消费者的注意，赢得消费者的喜爱，也有不少老产品常常通过更换包装再度唤起新、老顾客的购买兴趣。

(六) 直复媒体

直接邮递广告、电话营销广告、电视直销广告等。此类媒体将宣传者、销售者合二为一，这种类型的广告媒体体现了广告发布者与接受者之间的双向沟通。

(七) 其他媒体

伴随着经济和科技的快速发展，似乎任何存在的事物都有可能成为广告的媒介。如烟雾广告，即用飞机在空中喷出字体或色彩进行宣传，这种媒体鲜艳夺目，在 20 公里范围内都看得清清楚楚；写云广告，即通过激光将广告语打在云层之上，与前一种媒体有异曲同工之处；空中飞艇广告；服装媒体广告，商标或广告语绘制在衣服上突出宣传也成为一度的流行……不仅这些，甚至动物及人体或大自然本身，如岩石、海滩等，也曾有被用作广告媒体的经历。

在以上各类媒体中，报纸、杂志、广播、电视是公认的四大广告媒体，也是以"大众传播"为基础原理的传播媒体，它们的共同特点是传播面广，表现力强，持续性好，影响力大，所以往往成为企业最常用的广告媒体。

四、制定广告计划

广告计划是企业在特定时期内对广告活动的整体安排。它通过广告战略和广告预算来协调广告活动中的各种关系，控制其规模和进程，衡量其效果。在制定广告计划时，营销者必须首先确定目标、了解竞争对手的广告活动，在此基础上，明确广告计划的五项主要决策，即广告目标是什么？广告要花多少钱？广告要传播什么信息？广告可使用什么媒体？如何评价广告效果？

(一) 广告目标的确定

广告目标的确定应综合考虑企业的经营目标和市场状况，如产品所处的生命周期、竞争对手战略、企业的市场地位等，据此明确广告活动的目的，然后再根据广告活动目的来选择和确定广告的目标。广告目的与广告目标不同，广告活动的目的体现了企业经营目标和市场竞争的要求，相对比较抽象，如维持市场领导者地位、超越某个直接的竞争对手等；而广告的目标则是把广告活动的目的进行具体化、数量化。

一般而言，广告目标应是具体的、可测量的，主要包括时间跨度、地理范围、目标受众、描述性指标、数量化指标等。如某企业对某品牌的广告目标：到 2012 年 12 月 31 日止(时间)，使本品牌在北京市(地理范围)16～25 岁的青少年消费者(目标受众)中知晓度(描述性指标)由 10%提升至 30%(数量化指标)。将广告目标按具体内容进行分类，可分为以下四种：

1．销售增长目标

销售增长目标是企业广告活动中较为常见的广告目标，往往通过销售额、销售量等指标来衡量。以此为重点的广告一般注重于对消费者购买欲望的刺激。但是，由于广告并非实现销售的唯一手段，必须与产品、价格、渠道等策略及其他促销方式配套使用，因此对这一广告目标的实现程度就难以单独进行测量和评价。

2．市场拓展目标

以市场拓展为目标的广告一般注重于在新的消费群体中强化产品或品牌的知晓度及偏好度。而企业开拓的新的消费群体很可能是竞争对手过去或现在的购买者，因此，以市场拓展为目标的广告一般具有较强的竞争性和挑战性。

3．产品推广目标

以产品推广为目标的广告战略旨在扩大产品的认知度或知晓度，使企业的某一种产品或品牌为目标市场的消费者了解和接受。所以以此为重点的广告一般注重对消费者消费观念的改变及品牌知名度的提高，重视广告的覆盖面和目标受众对广告的接触率。这类广告目标比较适用于企业新产品的宣传。

4．企业形象目标

以企业形象为目标的广告战略旨在扩大企业在社会上的影响，使企业整体的知名度和美誉度得到提高，所以以此为重点的广告不单纯追求短期内商品销售量的增长，而注重同目标受众之间的信息和情感沟通，追求目标受众对本企业的文化理念及视觉形象的认同，努力增强目标受众对企业的好感和信任。

(二) 确定广告预算

广告是有偿地使用传播媒体进行宣传的手段，企业在广告策划时必须要根据其广告目标和自身能力对广告费用的提取和使用做出预算。

制定合理的广告预算应综合考虑企业内、外部多种因素，主要包括：

1. 广告目标

广告预算的高低取决于广告的具体目标。较高的广告目标必然需要更多的预算。

2. 产品所处的生命周期阶段

处于导入期的新产品一般要投入大量的广告费用，以扩大产品的影响，让更多的受众知晓新产品、了解新产品。对于已建立了较高品牌知名度的产品，或已处在成长期的产品广告费用的投入就可适当减少一些。

3. 竞争环境及企业的竞争地位

如果市场竞争者众多，对于企业广告宣传的干扰因素较多，那么企业就需要投入较多的广告费用，因为只有加强宣传的力度，才可能抵御各种干扰。反之，广告的投入就可能少一些；如果竞争对手广告目标高，广告预算多，本企业要维护市场竞争地位，就必须保持较高的预算额度；对于市场份额已经比较大的企业，不需要利用广告去拓展很大的市场，一般可能比市场份额较小的企业广告的投入少一些；已经建立了一批忠实顾客群体的企业比那些仍需要去建立自己的忠实顾客群体的企业广告的投入也可能会少一些。

4. 计划广告频率

广告必须达到一定的宣传频率才能给受众留下较深的印象，所以根据受众的接收规律，安排一定的广告宣传频率，是影响广告费用大小的主要因素之一。

5. 产品的可替代性

具有较高可替代性的产品，需要企业投入大量的广告费用进行促销宣传，而同类替代产品比较少的产品广告就可能少做一些。

(三) 广告创意设计

广告的效果，关键在于广告的主题和创意。广告主题决定广告表现的内容，广告创意决定广告表现的形式和风格。只有内容满足目标受众的需求，表现独特新颖，广告才能引人注意，带给目标受众美好的联想，引导、刺激目标受众的购买欲望。

1. 广告主题的来源

广告主题是广告所要表达的中心思想，对于同一类产品，可以从不同的角度提炼不同的广告主题。广告主题的来源，可以通过对顾客、中间商、有关专家甚至竞争对手的调查获得创意。西方营销专家认为，消费者购买商品时期望从中获得四种不同的利益：理性的、感性的、社会的和自我实现的。产品使用者从使用后效果的感受、使用中的感受和附加效用的感受等三种途径来实现这些满足。将上述四种利益和三种途径结合起来，就产生了12

种不同的广告信息，从每一广告信息中可以获得一个广告主题。

2．广告主题的评估与选择

一个好的广告总是集中于一个明确的促销主题，而不必涉及太多太杂的信息，即是说广告主题要能够传达出品牌或产品明确的市场定位。如果广告信息过多过杂，消费者往往难以对产品形成清晰的印象。"农夫山泉有点甜"，就以异常简洁的信息在受众中留下深刻的印象。广告主题的选择要考虑企业自身品牌或产品的特点、目标顾客对品牌或产品的利益需求以及竞争对手产品的广告主题定位等，从而选择出既能突出自身优势，又能比竞争对手更吸引顾客的广告主题信息。

3．广告主题的表达

广告的效果不仅取决于说什么，更在于怎么说，即广告信息的表达。广告表现的手段包括语言手段和非语言手段。例如，同样的广告主题，选择报纸作为媒体和选择电视作为媒体，对于广告主题的表达形式就不一样。广告主题的表达创意也需要原创新颖、具有震撼力，对目标受众有较强的吸引力和冲击力。

(四) 广告媒体选择

广告，从本质上来讲是企业与目标受众之间沟通信息的传播活动，它的实现往往需要借助一定的传播媒体。广告媒体就是介于广告发布者与接受者之间，用以传递信息的手段与设施。在对广告媒体进行选择时需要考虑以下因素：

1．广告目标

以扩大市场销售额为目的的广告应选择时效性快、表现性强、针对性强的媒体；以树立形象为目的的广告则适合选择覆盖面广、有效期长的媒体。

2．产品的性质与其所处的生命周期

产品本身的性质、特点是选择广告媒体的重要根据。商品按其用途可以分为生产资料和生活资料，这些产品又有高、中、低档之分。一般而言，生产资料技术性强、结构用途复杂、顾客分布比较集中，所以宜用文字图形印刷广告，如专业报纸、杂志、产品说明书等，这些广告媒体能够详细地说明产品的结构、性能、保养、维修方法，并具有目标受众的针对性。而消费品常常选用电视媒体或广播媒体，因为这种媒体具有形象感，且传播范围广，受众接触面大，具有较好的广告效果。

从产品生命周期看，导入期要利用覆盖面广的广告媒体，尽可能扩大目标受众对新产品的认知；成长期则要界定目标受众，精选广告媒体，增加广告频次；成熟期需针对使用者实施媒体的重点覆盖；衰退期的广告媒体主要针对品牌忠诚者分配在销售好的地区，或重在开拓新市场，分配在新的市场区域。

3．目标受众的接受习惯与接受能力

广告媒体的选择一定要考虑到目标受众对媒体的偏好。如女性消费者对电影、电视、流行杂志等感兴趣，在这些媒体上宣传化妆品、流行服装，就容易引起女性消费者的注意

和兴趣。而如农药、农机等农业生产资料的购买对象是农民，他们有听广播或看电视的习惯，所以利用广播来介绍这些产品就比用报纸杂志更容易被农民接受。此外，还必须根据消费者的接受能力来选择广告媒体，才能保证广告信息被准确传达。如在文盲率较高的地区，报纸、电视机普及率不高，在电视上尤其报刊上做广告也是不适宜的；交通条件不便的地区，可能只有广播是比较好的传播媒体。

4．广告信息的时效性

广告信息对时效性要求的不同决定媒体的不同选择。有些广告信息要求传递要及时、迅速，以便取得"先入为主"的市场竞争优势。从产品类型看，鲜活易腐的产品，或一些时令、时髦产品以及演出、比赛等文体活动，必须尽快发布广告信息，这一类的广告可以借助电视、报纸、广播或海报等媒体。反之，广告信息传播的时间要求不是太迫切，就可以考虑制作时间或发行间隔较长的广告媒体，如制作精良的电视、杂志等。

5．媒体的覆盖范围与特点

从地域上来说，媒体有全国性媒体和地区性媒体之分，广告的传播范围应该与产品的销售范围基本一致。如果是地产地销的产品，就应该选择地区性的广告媒体。反之，如果是面向全国市场的产品，本企业又有巨大的资本能力及扩产潜力，就可以选择在全国有影响力的电视、广播、报刊等媒体。

6．媒体费用

媒体费用是选择广告媒体的制约因素之一。不同的广告媒体的广告费用不一样。一般而言，电视、电影媒体的广告费用最高，广播、报刊次之，路牌、橱窗、招贴的广告费用则更低。企业在考虑媒体的费用成本的同时，也要综合衡量媒体广告的经济效果，即综合衡量广告费用的投入和产出之比。

(五) 广告效果测定

就本质而言，广告活动是一种经济活动，应当根据其投入和产出并对比广告目标来进行综合评价。虽然广告效果的评价属于事后评价，但它却可以在总结前期活动的基础上，有效地指导下一步的广告计划和广告策略。

1．常用的广告传播效果测量指标

广告的传播效果通常可以通过以下指标来进行分析：

(1) 接收率。接收率一般是指接收该媒体广告信息的人数占目标市场总人数的比率。用公式表示为：

$$接收率 = (接收广告信息的人数)/(目标市场总人数) \times 100\%$$

接收率测试是对广告受众接收广告的情况所进行的定量测试，以此来评价广告传播的广度和深度。

(2) 注意率。注意率说明了广告被接收的最大范围，反映了广告的接收广度。用公式表示为：

$$注意率 = (注意到此广告的人数)/(接触该媒体的总人数) \times 100\%$$

这里所谓"注意到"广告的人,包括只对广告有点印象的人和所有粗略或详细阅读过广告的人。

(3) 阅读率。阅读率在一定程度上说明了广告被接收的深度,但由于大多数人可能只是粗略地阅读广告,所以阅读率基本上还只能算是一个接收广度的指标。用公式表示为:

$$阅读率 = (阅读过此广告的人数)/(接触该媒体的总人数) \times 100\%$$

这里所谓"阅读过"广告的人,包括只粗略地阅读过广告的人和详细阅读过广告的人。

(4) 认知率。认知率用公式表示为:

$$认知率 = (理解广告内容的人数)/(注意到此广告的总人数) \times 100\%$$

这里所谓注意到广告信息的人数(包括所有注意过、粗略读过和详细阅读过广告的人)中,真正理解广告内容的人所占的比率,这个指标才真正反映了广告被接收的深度。

2. 广告的促销效果评价指标

广告促销效果评价,指通过广告活动实施前后销售额的比较,监测广告对产品销售业绩的影响,一般可由以下指标来衡量:

(1) 销售增长率

$$销售增长率 = (广告实施后销售额 - 广告实施前销售额)/(广告实施前销售额) \times 100\%$$

销售增长率指广告实施后的销售额相对于广告实施前所增长的比率,能在一定程度上反映广告对促进产品销售所发挥的作用。但是由于销售增长的影响因素比较复杂,单以销售增长率来评价广告促销效果,未免有失准确性,所以通常是将销售额的增长情况同广告费的投入情况相比较,以求更确切地反映广告的促销效果。

(2) 广告增销率

广告增销率是一定时期销售额的增长幅度与同期广告费投入的增长幅度的比率,以反映广告费增长对销售带来的直接影响。其公式为:

$$广告增销率 = (销售额增长的幅度)/(同期广告费增长幅度) \times 100\%$$

(3) 广告费占销率

广告费占销率指一定时期内企业广告费的支出占该企业同期销售额的比例。这也是一种通过广告费和销售额的比较来反映广告效果的方法。其公式为:

$$广告费占销率 = (广告费支出)/(同期销售额) \times 100\%$$

广告费占销率越小,表明广告的促销效果越好。

(4) 单位广告费收益

单位广告费收益是以平均每元广告费支出所带来的促销收益评价广告效果的一种方法,其公式为:

$$每元广告费效益 = (销售增长额)/(同期广告费用) \times 100\%$$

值得关注的是,每元广告效益这个指标不仅可用于考察各个时期的广告费的效益,也可用于不同媒体或不同地区的广告效果的分析比较，利于企业进一步的广告决策。

3．广告形象效果评价

广告的效果不仅仅反映在产品的促销上，它可能会在消费者心目中建立一定的印象或观念，尽管不会立即形成购买行为，却会在以后根据这些印象去选择和购买。广告效果的一个重要方面就是塑造企业和产品的良好形象，广告形象效果评价就是对广告所引起的企业企业或产品的知名度和美誉度的变化情况进行的测定和评价。

广告形象效果评价可分为对企业总体形象和企业具体形象两个方面的评价：

(1) 总体形象评估。总体形象是指企业或产品品牌在公众心目中的综合印象，一般以知名度、美誉度、品牌忠实度三项指标来衡量。知名度反映的是，对于企业的名称、品牌，或主要产品，有多少消费者知晓；美誉度反映的是企业或产品在市场上的地位。例如，在消费者最喜欢的产品中，将该品牌排在第几位，或有多少比例的消费者喜欢该企业的产品；品牌忠实度反映的是顾客对于某些品牌的特殊偏好，即在购买此类产品时，不再考虑其他品牌，而达到认牌购买的习惯行为。

(2) 具体形象评估。具体形象是指受众对企业或产品的各方面的具体形象的评价，如企业的产品、售后服务、效率、创新以及便利性等指标的评价。

企业的总体形象往往是建立在具体形象之上的，进一步了解受众对企业各具体印象的变化，是掌握影响企业总体形象变化主要因素的重要途径。

▶ 案 例

央视广告策划成功案例

2010 年国际纽约广告节颁奖典礼隆重举行。纽约广告节上的各项殊荣主要授予在传播、广播、营销及媒体等领域深深打动并征服了全球观众的优秀广告设计作品。央视广告策划的成功案例《水墨篇》荣获金奖。

该广告设计片由中央电视台委托广而告之广告公司制作完成，这是中国首次在此类别奖项中斩获金奖，也是该广告片在获得新加坡 Promaxbda asia 最佳形象宣传片金奖、最佳动画金奖后再次获得世界性大奖。

《水墨篇》秉承"民族的就是世界的"这一理念，以水墨作为核心载体，采用墨在水中晕染开来的方式，使墨的形态不断变幻，由山峦而至大海，由仙鹤成游龙，乃至变幻出长城、太极等具有中国特色的元素，创造了一个新颖的表现形式，融合了中国传统文化和绘画的表现力，使中国传统的水墨画与现代的动画技术结合，突破传统，赋予了中国文化以新的生命力，有力地诠释出品牌打造过程中"从无形到有形，从有界到无疆"的广告设计内涵。

(资料来源：佚名．央视广告策划成功案例[EB/OL]．[2011-08-16]．
http://www.admaimai.com/News/Detail/2/69305.htm.)

广告策划、产品营销策划等策划服务越来越多地走进了人们的工作领域。而央视广告策划案的成功之处在于其创意及理念,众所周知,创意是广告策划的灵魂,抓住了灵魂怎么可能不成功呢?

第三节　人员推销

一、人员推销的概念及特点

(一) 人员推销的内涵

人员推销是指通过推销人员深入中间商或消费者进行直接的宣传介绍活动,使中间商或消费者采取购买行为的促销方式。它是人类最古老的促销方式。在商品经济高度发达的现代社会,人员推销这种古老的形式更焕发了青春,成为现代社会最重要的一种促销形式。

(二) 人员推销的基本形式

1. 上门推销

上门推销是最常见的人员推销形式。它是由推销人员携带产品样品、说明书和订单等走访顾客,推销产品。这种推销形式可以针对顾客的需要提供有效的服务,方便顾客,故为顾客广泛认可和接受。

2. 柜台推销

柜台推销又称门市,是指企业在适当地点设置固定门市,由营业员接待进入门市的顾客,推销产品。门市的营业员是广义的推销员。柜台推销与上门推销正好相反,它是等客上门式的推销方式。由于门市里的产品种类齐全,能满足顾客多方面的购买要求,为顾客提供较多的购买方便,并且可以保证产品完好无损,故顾客比较乐于接受这种方式。

3. 会议推销

会议推销是指利用各种会议向与会人员宣传和介绍产品,开展推销活动。譬如,在订货会、交易会、展览会、物资交流会等会议上推销产品。这种推销形式接触面广、推销集中,可以同时向多个推销对象推销产品,成交额较大,推销效果较好。

(三) 人员推销的特点

人员推销与其他的促销方式相比具有以下几个显著特点:

1. 人员推销具有很大的灵活性

人员推销过程是一种双向沟通,在推销过程中,买卖双方当面洽谈,易于形成一种直接而友好的相互关系。通过交谈和观察,推销员可以掌握顾客的购买动机、态度和特点,有针对性地向目标顾客介绍商品特点和功能，抓住有利时机促成交易；还可以及时发现问题，进行解释，解除顾客疑虑，使之产生信任感。人员推销不仅具有促销的功能，同时还具有市场调研的功能，通过推销活动，企业能够通过推销人员的反馈及时了解目标顾客对企业产品的意见和建议，有利于企业对营销策略进行改进和创新。

2．人员推销具有选择性和针对性

在每次推销之前，推销人员可以选好具有较大购买可能的顾客进行推销，并有针对性地对目标顾客进行调查研究，拟定好具体的推销方案、策略、技巧等，以提高推销成功率。这些优点是广告所不具备的，广告促销覆盖面广，受众往往包括许多非潜在顾客在内，一定程度上造成企业资源的浪费。

3．人员推销过程具有完整性

推销人员的工作从寻找顾客开始，到接触、洽谈，最后达成交易，除此以外，推销员还可以担负其他营销任务，如安装、维修、了解顾客使用后的反应等，这一优点，是其他促销方式所不具备的。

4．人员推销有助于建立顾客忠诚

一位有经验的推销人员为了达到促进销售的目的，可以使买卖双方从单纯的买卖关系发展到建立深厚的友谊，彼此信任，彼此谅解，这种感情增进不仅有助于推销人员推销工作的开展，同时也建立起顾客对企业的信任和好感，最终建立起关系营销基础上的顾客忠诚。

(四) 人员推销的局限性

人员推销方式也有其局限性：

1．成本较高

由于每个推销人员直接接触的顾客有限，销售面窄，在市场范围较大的情况下，人员推销在一定程度上增加了产品的销售成本。

2．对推销人员的素质要求高

推销人员素质的高低直接决定了推销的效果，推销人员除了具备与客户沟通的能力以外，还必须熟悉产品的特点、功能、使用、保养和维修等知识与技能。因此，对于很多企业来说，选聘和培养高素质的推销人员比较困难而且耗费较大。

通常来讲，人员推销适合于产品单位价值较高、顾客地理分布比较集中、顾客购买量较大、产品技术比较复杂等情况。

二、人员推销的程序

推销人员在开展推销工作时需要遵循一定的工作步骤，主要包括：寻找潜在顾客、接近潜在顾客、现场讲解和演示、处理异议和成交五个步骤。也有学者提出把访前准备作为人员推销的第一步，把售后服务作为人员推销的最后一环。本书主要讨论其中的五个关键步骤。

(一) 寻找潜在顾客

寻找潜在顾客是指获得潜在客户名单的活动，这是整个推销过程的第一步，没有这一步，推销者就无法有效地确定新客户。

一般来讲，寻找潜在顾客的渠道包括外部来源、内部来源、亲身接触及其他途径。外部来源主要有：由顾客介绍新的潜在顾客；通过其他组织获得潜在顾客信息，如从服务性娱乐机构和商业会员中寻找销售线索、从无竞争关系的销售人员处获得潜在顾客信息等。内部来源主要有：检查公司资料库、人名地址簿、电话本、员工名单、对潜在顾客的电话或邮件进行回应等。其他来源如：通过网上浏览、召开或参加商业展销会、开展销售专题讨论会等。

(二) 接近潜在顾客

在接近潜在顾客前，推销人员应尽量对潜在顾客有全面和深入的了解，了解潜在顾客的需要和欲望、购买能力以及该潜在顾客的可接近性，另外，推销人员还应制定销售访问计划，做好充分的准备。

在所有的推销活动中，最重要的就是以正确的方式接触有可能成为购买者的客户，并进行了一次最恰当的展示活动。而最初几分钟是最为关键的时刻，甚至有人认为与顾客第一次见面的最初 30 秒最为重要。这时的表现使购买者形成了对推销者的印象。在初次接触阶段，推销者应努力引起客户的注意。推销者在与客户初次接触时必须能够很好地推销自己，应该考虑如何问候，使双方的关系有一个良好的开端，这包括仪表、开场白和随后谈论的内容。在接下来的谈话中，要会倾听，并能够适时回答或提问。推销者应在接触中与客户建立相互信任，利用这个机会尽可能好地表现自己，推介企业和产品。推销者在这个阶段应进行大量提问并仔细聆听，以从中发现顾客的需要和面临的问题。通过问题识别，一旦发现客户的问题所在，推销者就可以进入下一个阶段，进行讲解和演示了。

(三) 讲解和演示

如果确认顾客对产品有兴趣或有购买意愿，推销者就要进行讲解并生动地描述产品的性能、优点、价格以及承诺等。在这一阶段尤其需要注意的是，推销者不应过分强调产品的特点，而重点在于强调产品能够给顾客带来的利益。推销者在讲解和演示时需要一定的技巧，如常用的艾达(AIDA)模式或费比(FABE)技巧等。推销者在向顾客介绍和演示的过程中，要注意解释有关购买的所有问题。

(四) 处理异议

顾客很少会在销售讲解和演示之后就立即决定要购买产品，他们通常会提出有关产品的问题，提出异议或有关建议。如他们可能会认为价格太高，或认为获取的信息还不足以决定是否购买，或认为产品难以满足需求等，推销者必须学会正确处理异议。

更准确地说，推销者应将异议看作是顾客的信息要求，优秀的推销员恰恰认为异议是购买决策中的合理部分。为了有效地处理好最后时刻的异议，推销者应当估计可能会提出的异议，如价格、保修等问题。要详细地调查顾客的异议并了解竞争产品的情况，通过推销者利用这些异议来达成交易。例如，顾客试图以竞争产品的价格来压价，推销者应该立即指出本企业产品相对于竞争产品的优势，并强调本企业的产品质量保证、保修期长等优势，而不是仅仅就价格而谈价格，同时还要注意不能在顾客面前随意诋毁竞争对手，那样反而会使顾客产生反感。

（五）成交

在销售讲解和演示之后，推销者应该询问顾客是否有兴趣购买。如果顾客表现出购买意愿，并且所有的疑问或异议都已被消除，推销者就要努力促成交易。如果顾客表示不准备购买，推销者也要自然面对。因为，进行一次推销就达成交易的情况并不多见。事实上，推销者成交前平均要进行四次推销接触。而在某些情况下，可能要与大客户进行几年的谈判才能达成交易。因此即使被拒绝，无法达成交易，也应坦然面对，因为与顾客建立良好的关系更为重要。这样的话，有了稳定的客户关系，推销者只需要做很少的努力就能达成交易。

在达成交易的过程中，谈判将起到重要的作用。谈判是为了达成交易，推销者和顾客都应做出相应的让步。例如，推销者可能承诺价格减让、免费安装、免费服务或试用等。然而，减价会影响企业的收入，而擅长谈判的推销者会避免用价格作为谈判的工具，而是通过强调价值，避免单纯的价格谈判。

三、人员推销策略

人员推销策略有不同的模式和技巧，本书在此重点介绍以下三种常见的推销策略。

（一）刺激反应式推销

刺激反应式推销模式是一种较简单和传统的推销方式。其理论基础源自巴甫洛夫的条件反射理论。销售人员试图通过施加某种刺激或做出暗示来影响顾客选购决策，从而使顾客做出对自己有利的反应。人们大致都经历过这样的情景，服装营业员将新款服装放在最显眼的地方，以吸引顾客的注意，一旦有顾客驻足观察，营业员就会立即介绍这件服装的优点，并极力劝顾客试穿一下，当顾客试穿衣服后，营业员连声赞美，这时就会有顾客因为沉浸在赞美中掏钱把服装买下来。这种推销策略就是典型的刺激反应式推销。刺激反应式推销模式要求推销员主导整个推销过程，善于察言观色，能够滔滔不绝，但如果使用过度，则会引起顾客的反感而无法成交。另外，这种推销模式不适合工业品购买者，因为工业品购买者是专家型购买者，不容易被诱导。

（二）艾达(AIDA)模式

AIDA 模式也称"爱达"公式，是国际推销专家海英兹·姆·戈得曼(Heinz M Goldmann)总结的推销模式，是西方推销学中一个重要的公式，它的具体含义是指一个成功的推销员必须把顾客的注意力吸引或转移到产品上，使顾客对推销人员所推销的产品产生兴趣，这样顾客欲望也就随之产生，尔后再促使其采取购买行为，达成交易。AIDA 是四个英文单词的首字母：A 为 attention，即引起注意；I 为 interest，即诱发兴趣；D 为 desire，即刺激欲望；最后一个字母 A 为 action，即促成购买。

AIDA 模式代表传统推销过程中的四个发展阶段，它们是相互关联，缺一不可的。应用"爱达"公式，需要推销员做到：①设计好推销的开场白或引起顾客注意；②继续诱导顾客，想办法激发顾客的兴趣，有时采用"示范"这种方式会比较有效；③刺激顾客购买欲望时，推销员要善于引导和提问，让顾客相信，他想购买这种商品是因为他需要，推销员向他推荐购买的商品正好满足他的需要；④观察顾客产生购买欲望后，推销员要不失时机地帮助顾客确认，强调他的购买决定是明智的选择，就已经基本完成了交易。

艾达模式在应用上的难点在于，推销者很难准确判断潜在顾客当前所处的心理反应阶段。另外，需要注意的是，这种方法本质上并不是顾客导向，虽然推销者在某种程度上会使销售演讲适合于每一位顾客，但这种方法注重的是顾客的心理状态而不是其需求。

(三) 费比(FABE)模式

FABE 模式是由美国奥克拉荷大学企业管理博士、中兴大学商学院院长郭昆漠总结出来的。FABE 推销法是非常典型的利益推销法，而且是非常具体、可操作性很强的推销方法。它通过四个关键环节，极为巧妙地处理顾客关心的问题，从而顺利地实现产品的销售。

F 代表特征(features)。即产品的特质、特性等最基本功能，以及它是如何用来满足人们的各种需要的。例如从产品名称、产地、材料、工艺定位、特性等方面入手，深刻地去挖掘这个产品的内在属性，找到与竞争品牌产品的差异点。推销人员要深刻发掘自身产品的潜质，努力去找到竞争对手和其他推销人员忽略的、没想到的产品特性。当顾客有了"情理之中，意料之外"的感觉时，下一步的推销工作就很容易展开了。

A 代表由上述特征所产生的优点(advantages)。即前述各项商品特性究竟发挥了什么功能？这一步主要是给顾客"购买的理由"。与同类产品相比较，列出本企业产品的比较优势，或者列出这个产品独特的地方。

B 代表利益(benefits)。指前述各项优点能带给顾客的利益，即商品的优势带给顾客的好处。例如：更省时、更省心、更保险、更方便等。利益推销已成为推销的主流理念，一切以顾客利益为中心，通过强调顾客得到的利益、好处激发顾客的购买欲望。

E 代表证据(evidence)。包括技术报告、顾客来信、报刊文章、照片、示范等，通过现场演示、相关证明文件、品牌效应等来印证上述内容的一系列介绍。所有作为"证据"的材料都应该具有足够的客观性、权威性、可靠性和可见证性。

FABE 模式简单地说，就是在找出顾客最感兴趣的各种特征后，分析这一特征所产生的优点，找出这一优点能够带给顾客的利益，最后提出证据，通过这四个关键环节的销售模式，解答消费诉求，证实该产品的确能给顾客带来这些利益，极为巧妙地处理好顾客关心的问题，从而顺利实现产品的销售诉求。

链接

如何做一个成功的销售员

如何做一个成功的销售员呢？销售员需要一定的素质。这种素质，有的是先天具有的，但更多的是后天的努力。销售能力也是一个人创业的基础。销售技巧是销售能力的体现，也是一种工作的技能。销售技巧包括对客户心理、产品专业知识、社会常识、表达能力、沟通能力的掌控及运用。做销售是人与人之间沟通的过程，其宗旨是动之以情，晓之以理，诱之以利。

很多老板创业都是从销售起步的，如 IBM 的创始人以前就是一个很好的销售员。做好销售，一方面能积累资本，为创业做好物质准备；另一方面能锻炼自己做生意的能力。不管是替人打工还是自己开公司，销售都是一个最重要的内容之一。做一个成功的销售员，要注意几下几方面的问题：

◆ 熟悉自己所推销产品的特点。包括产品的优点、缺点、价格策略、技术、品种、规格、宣传促销、竞争产品、替代产品等，在客户面前要表现出对产品非常熟悉。

◆ 熟悉自己推销产品的目标客户特征。对这些目标客户进行分类，哪些是核心客户，哪些是非核心客户，哪些是重点客户，哪些是非重点客户。要认真分析客户可以分成几类，按照什么方式分类，针对不同的客户类别分别采用什么不同的策略和方法，对不同类型的客户所分配的时间和精力也是不一样的。

◆ 熟悉产品的市场基本状况。市场怎样细分，竞争对手有哪些，市场的容量如何，客户的地理分布如何，产品市场的短期发展趋势(未来2～3年的发展趋势)如何等。

◆ 推销产品时，要合理安排时间，要根据客户的购买习惯和地理位置进行合理的空间分配。推销不是一味地蛮干，要随时总结经验，不断提高。而且销售还具有这样的特点，就是一开始着手的时候非常难，无从下手，随着时间的增长，会渐入佳境，从中会挖掘出很多商机。销售的过程也是一个扩大人际交往的过程，通过这种活动，人际关系网会不断扩大，信息量也会大量增加，这些人际关系网络和市场信息将为进一步提升销售业绩提供大量的机会。

(资料来源：魏鹏. 如何做一个成功的销售员[EB/OL]. [2011-10-02].
http//www.docin.com/p-94874271.html.)

第四节　营业推广

一、营业推广的概念及其特点

(一) 营业推广的概念

营业推广又称销售促进，是指企业运用各种短期诱因鼓励消费者和中间商购买、经销

(或代理)企业产品或服务的促销活动。由于市场竞争日益激烈，消费者对产品性价比的比较日益重视，以及广告费用不断上升，企业经常面临短期销售压力等原因，营业推广活动日益受到越来越多企业的青睐。

(二) 营业推广的特点

1．非规则性和非周期性

典型的营业推广不像广告、人员推销、公共关系那样作为一种常规性的促销活动出现，而是用于短期的和额外的促销工作，具有非规则性、非周期性使用的特点。

2．灵活多样性

营业推广的方式繁多，这些方式各有其长处与特点，企业可以根据产品特点、顾客的不同消费偏好以及竞争对手采取的营业推广方式，灵活地对各种方式加以选择和运用。

3．短期效益比较明显

一般来说，只要营业推广的方式选择运用得当，其效果可以很快地在经营活动中显现出来，而不像广告、公共关系那样效果的显现需要一个较长的周期。因此，营业推广最适宜应用于完成营销的短期具体目标。

4．可能有损于品牌形象

在大多数情况下，品牌声誉不高的产品，采用营业推广的手段比较多。而名牌产品若过多地采用营业推广的手段，则有可能降低其品牌声誉，所以企业在运用营业推广策略时必须慎重。由于营业推广一般都表现为企业对购买者在利益上的让渡，所以对于价格弹性较大的产品来讲比较适用；而价格弹性小，品质要求高的产品则不宜过多采用。

二、营业推广的作用

营业推广在企业营销策略中发挥的作用主要表现在以下几个方面：

1．营业推广可以加快新产品推广进程

当消费者对刚投放市场的新产品还未能有足够的了解和做出积极反应时，通过一些必要的营业推广措施可以在短期内迅速地为新产品打开销路。

2．营业推广可以使企业有效应对竞争对手的促销活动

当竞争者大规模地发起促销活动时，如不及时地采取针锋相对的促销措施，往往会大面积地损失企业已享有的市场份额。对此，企业可采用减价赠券或减价包装的方式来增强企业经营的同类产品对顾客的吸引力，以此来稳定和扩大自己的销售。此外，还可采用购货累计折扣和优待的方式来促使顾客增加购货数量和提高购货频率等。

3．营业推广可以有效地刺激消费者购买

当消费者在众多的同类商品中进行选择，尚未做出购买决策时，及时的营业推广活动往往可以产生出人意料的效果。

4．营业推广可以有效地影响中间商的交易行为

生产企业在销售产品中同中间商保持良好关系，取得与他们的合作是至关重要的。因此，生产企业往往采用多种营业推广方式来促使中间商，特别是零售商做出有利于自身的经营决策。

5．营业推广有助于企业吸引新顾客

因为营业推广对消费者的刺激比较强烈，很有可能吸引一部分新顾客的注意，使他们因追求某些利益方面的优惠而转向购买和使用本企业的产品。

6．营业推广手段可用于配合其他促销策略

广告等促销方式的促销效果显示期比较长，从消费者接受广告信息到采取购买行为往往有一段时间，而营业推广的促销效果则是即时的，反应较快，营业推广和广告同时使用，就有可能强化广告的促销效果，促使消费者尽早采取购买行为。如果说广告主要是为了建立消费者的品牌忠诚性，促使消费者指名购买企业产品的话，营业推广则在很大程度上是为了打破消费者对于其他企业产品的品牌忠诚性，以特殊的手段来扩大企业产品的消费市场。

三、营业推广的类型及方式

从营业推广活动面向的对象来分，营业推广可以分为以下三种类型：

（一）对消费者的营业推广

这是营业推广活动中最为常见的类型。针对消费者的营业推广基本目标，都是为了引导消费者对一个特定品牌产品的购买，甚至是刺激其更频繁、更多地购买。

对消费者的营业推广常用的方式包括赠送样品、提供各种价格折扣、消费信用、赠券、服务促销、演示促销、包装促销、购物抽奖等。

（二）对中间商的营业推广

针对中间商的营销推广包括对批发商、零售商的促销活动，其最终目标是成功地促使批发商积极地分销制造商的产品，促使零售商保有足够的产品库存。只有这样，吸引消费者的促销才有可能实现。

针对中间商的营业推广方式主要有批量折扣、现金折扣、经销奖励、资助、培训、特许经销、奖金、免费商品、代销、试销、联营、交易会或展览会、合作促销等。

（三）对推销人员的营业推广

对推销人员的营业推广目的在于激励推销人员的销售积极性，使其不断扩大销售业绩，主要方式有奖金、带薪休假、销售竞赛等。

四、制定营业推广计划

(一) 建立营业推广的目标

营业推广目标在总体上是受企业市场营销总目标制约的,是这一总目标在促销策略方面的具体化。但具体的营业推广活动的目标还是存在着某种差别的。

1. 对消费者的营业推广目标

一般来讲,营销者对消费者开展营业推广的目标包括:获得试用性购买、增加原有品牌的消费量、鼓励再购买、维护已有的顾客、刺激冲动性购买;针对某一特定的细分市场进行促销以及提高广告和营销组合的影响力协同效果等。

2. 对中间商的营业推广目标

特伦斯·A.辛普认为,制造商运用商业导向型(即对中间商的)促销活动的目的主要包括:推广新产品或改进产品、提高新包装或新型号产品的销售水平、增加零售商的产品库存、保持并增加在销售现场的货架空间、获取在非常规的货架外空间展示产品的机会、减少过量的存货、提高周转率、争取将产品列入零售商的宣传范围、有力地回击对手的竞争行为、向最终消费者售出尽可能多的产品等。

3. 对销售人员的营业推广目标

通常以激励中间商的销售人员积极推销产品为主。

(二) 选择营业推广的方式

营业推广的方式是多种多样的,各有其特点和使用范围。在选择营业推广的方式时要考虑的主要因素包括:企业形象、营销目标、成本、参与要求、渠道成员和顾客的参与热情等因素。

(三) 制定营业推广方案

在制定营业推广方案时,企业需要注意这样几个要点:一是要精心设计营业推广的目的。营业推广目的的设计一方面要适合不同的营业推广对象,另一方面要有效地应对竞争对手的促销策略。二是要设计好营业推广活动的主题。鲜明突出、有吸引力的主题,不仅可以引人注意,而且一定程度上可以提升品牌知名度和美誉度。三是要明确参与活动应具备的条件。如参与者在最小购买量、职业、性别、最小年龄等方面的要求等。

(四) 预试和执行营业推广方案

虽然营业推广方案是在经验的基础上确定的,但仍然需要进行必要的实验来检验推广方式的选择是否适当,刺激程度是否理想,现有的途径是否有效。实验可采取询问消费者、填写调研表、在有限的地区内试行方案等方式进行,当实验同预期相近时,便可进入实施阶段。在实施中，要密切注意和测量市场反应，并及时进行必要的推广范围、强度、频度和重点的调整，保持对推广方案实施过程的良好控制，以顺利实现预期的目标。

在营业推广方案执行中，营业推广要与促销组合中的其他要素有机地协调配合，如广告与营业推广应该一体化进行。

（五）评估营业推广效果

评估营业推广效果是一项重要而又困难的工作。应当明确，评估工作事实上在选择推广方式前就已经开始了。如制造商向推广对象的中间商说明将要使用的推广手段，听取他们的意见，通过获得这些人对这些手段的反应来做出某种判断。营销者也可以通过各种方法来了解消费者的意见。

在营业推广方案实施后要对其有效性进行总的评估，最普通的方法是比较推广前、推广期间和推广后的市场份额变化。主要评估内容包括：统计吸引来的顾客人数、顾客购买额、营业推广期间分发的资料、销售人员获取的顾客反馈意见等，优惠券效果可以通过统计使用优惠券的购买额来测量。此外，营销人员也可以采用消费者调研的方式来了解事后有多少人能回忆起这项推广活动，他们如何看待这项推广活动，有多少人从中得益，这项活动如何影响他们后来的品牌选择行为等等。营业推广效果的评估还可以通过变更刺激程度、推广时间、推广媒介、推广对象来获得必要的经验数据，以供比较分析并得出结论。

第五节　公共关系

现代公共关系起源于美国。20世纪初，著名记者艾维·李提出"公众必须被告知"。他认为，一个企业、一个组织要获得良好的社会声誉，不是依靠向公众封锁消息或者欺骗愚弄公众，而是必须把真实情况告诉公众，以此来取得公众对组织的信任。1923年，伯斯出版了其著作《舆论明鉴》，这是公共关系学的第一部经典著作。他主张公共关系的重要职责不仅是向社会做宣传，而且要向工商业组织提供政策咨询，使其行为符合社会利益，这构成了企业公共关系思想的重要内核。1955年，国际公共关系协会在英国伦敦成立，标志着公共关系作为一项世界性的独立行为而存在。

一、公共关系的概念

公共关系又称公众关系，是指组织正确处理与社会公众的关系，通过有力的宣传，树立良好形象，使公众接受和认同。同时，也包括妥善处理各种对组织或个人不利的流言和事件。

公共关系涉及四个基本要素：

（1）主体。社会组织、工商业组织、非营利组织和政府构成了当代公共关系的三大主体。

(2) 客体。即公众,对企业而言,既包括内部公众如股东、员工等;也包括外部公众如顾客、新闻媒介、金融机构、政府、竞争者、供应商、中间商等。

(3) 传播。即公共关系主体与客体之间的双向沟通。

(4) 公共关系的目标。即优化组织内部和外部环境,塑造良好的社会形象,增强竞争力。

二、企业公共关系的本质特征

企业公共关系的本质特征主要表现在以下几个方面:

1. 企业的公共关系是指企业与其相关的社会公众的相互关系

企业营销活动中存在着广泛的社会关系,不只局限于与顾客的关系,更不能仅局限于买卖关系。这些社会公众主要包括:供应商、中间商、消费者、竞争者、金融保险机构、政府部门、科技界、新闻界等。

2. 企业形象是企业公共关系的核心

公共关系的首要任务是树立和保持企业的良好形象,争取广大消费者和社会公众的信任和支持。在现代社会经济生活中,一旦企业拥有良好的形象和声誉,就等于拥有了可贵的资源,就能获得社会广泛的支持和合作。否则,就会产生相反的不良后果,使企业面临困境。以创建良好企业形象为核心的公共关系这项管理职能涉及企业活动的各个方面,需要企业长期、不断地努力去建立和完善。

3. 企业公共关系的最终目的是促进产品销售

广告等其他活动的目的在于直接促进产品销售,而公共关系的目的在于互相沟通、互相理解,在企业行为与公众利益一致的基础上争取消费者对企业的信任和好感,引导消费者对本企业产品或服务的消费偏好,从而最终扩大产品销路。正因为如此,企业的公共关系也属于一种促销方式,但这种促销方式并不直接是产品导向型的,它是通过推销企业本身促进产品销售。

4. 企业公共关系属于一种长效促销方式

公共关系与广告不同,广告传递的信息来自于企业,商业目的性极强,而公共关系中传递出的信息更多来自于第三方媒介,公众对公共关系信息的可接受度要比广告强得多。另外,公共关系活动成本相比广告要少得多,有时甚至不需支付费用,而其效果却大得多,尤其适用于需要使消费者建立信任感的商品的促销。相对而言,消费者对广告存有戒心,而公共关系活动却能赢得消费者的信赖。可以说,公共关系着眼于企业长期效益,而广告则更倾向于企业产品销售的短期利益。

三、企业公共关系的实施

企业开展公共关系活动,需要计划、组织并协调好以下各个环节:

(一) 确定公共关系目标

企业的公共关系活动要有明确的目标。一般来讲，企业的公关目标主要包括：①新产品、新技术开发之中，要让公众有足够的了解；②开辟新市场之前，要在新市场所在地的公众中宣传组织的声誉；③转产其他产品时，要树立组织新形象，使之与新产品相适应；④参加社会公益活动，增加公众对组织的了解和好感；⑤开展社区公关，与组织所在地的公众沟通；⑥本企业的产品或服务在社会上造成不良影响后，进行公关活动以挽回声誉；⑦创造一个良好的消费环境，在公众中普及同本企业有关的产品或服务的消费方式等。

(二) 确定公共关系的对象

公关对象的选择就是公众的选择。公关对象的选择取决于公关目标，如果公关目标是提高消费者对本企业的信任度，公关活动应该重点根据消费者的权利和利益要求进行。如果企业与社会关系出现摩擦，公关活动应该主要针对社区公众进行。选择公关对象要注意两个方面的问题：一是侧重点是相对的，企业在针对某类对象进行公关活动时不能忽略了与其他公众的沟通，以免顾此失彼；二是在某些特殊情况下，如企业出现重大危机时，企业必须加强与各类公关对象的沟通，以赢得各方面的理解和支持。

(三) 选择公共关系的方式

在不同的公关状态和公关目标下，企业应合理选择不同的公关方式。一般来讲，企业常用的公关方式有：

1. 利用新闻媒介进行宣传性公关

企业应该利用所有能够提高企业知名度与美誉度的事件，经过富有成效、有创意的策划吸引新闻舆论的注意和报道，借助大众传播媒体广泛吸引公众的注意。由新闻媒介提供的宣传报道对企业来说是一种免费广告，它能给企业带来许多好处。首先，它能比广告创造更大的新闻价值，有时甚至是一种轰动效应，而且能鼓舞企业内部的士气和信心，一个企业或者产品能作为新闻报道而受到赞扬，无疑是一种有力的激励；其次，宣传报道比广告更具有可信性，能使消费者在心理上感到客观和真实。

2. 交际性公关

企业在从事生产经营活动的同时，还应积极参与社会活动。在社会活动中体现自己的社会责任，赢得社会公众的理解和信任，在这个过程中充分表现企业作为社会的一个成员应尽的责任和义务，另一方面借此结交社会各界朋友，建立起广泛和良好的人际关系。

3. 举办或参加各种专题活动

在重大事件、纪念日、社会公益活动、新闻发布会等专题活动中，企业可以进行公关策划并参与其中，加强与公众的信息与情感沟通。而在展销会、博览会、新产品展示会、报告会、有奖竞赛等活动中，企业可以印发各种宣传材料，如介绍企业的小册子、业务通讯、图片画册、音像资料等,通过这些活动使社会公众了解企业的历史、业绩、名优产品、优秀人物、发展前景,从而达到树立企业形象的目的。

4．征询性公关

企业可以通过民意调查、报刊检索等方式,收集企业内部和外部环境的信息,了解公众对企业经营、产品、价格等方面的意见和建议,并及时将改进后的情况告知公众,以保持企业与公众之间良好的沟通关系。

5．赞助性公关

作为社会成员的企业,应该承担社会义务与责任,热心支持社会公益事业,如向公益组织机构、教育、体育、艺术活动提供资助,以赢得公众对企业的好感。

(四) 公共关系方案的实施

公关方案的实施是公关活动的关键环节,需要做好以下几项工作:一是做好实施前的准备,包括公关活动的组织机构设置、人员的安排、实施人员的培训、公关实施资源的配备等;二是消除沟通障碍,提高沟通的有效性,尤其需要关注语言、风俗习惯、观念与信仰的差异以及传播时机、信息传播通道等多方面形成的沟通障碍和突发事件的干扰等影响因素;三是加强公关实施过程的控制,主要包括对人、财、物力,时机、进程、质量、阶段性目标以及突发事件的控制。

(五) 公共关系效果的评估

公共关系效果的评估内容分为公共关系程序评估、专项公共关系活动效果评估和公共关系状态评估。公共关系程序评估内容关注公关的调研过程、计划的制定过程和公关实施过程的合理性和有效性;专项公共关系活动效果的评估主要包括企业日常公共关系活动效果的评估、企业单项公共关系活动效果的评估、企业年度公共关系活动效果的评估等;公共关系状态的评估主要包括舆论状态和关系状态两个方面,企业需要从内部和外部两个角度对企业的舆论状态和关系状态进行评估。

案 例

达芬奇的"劣质"危机公关

2011 年 7 月 10 日央视"每周质量报告"曝光被称为亚洲规模最大、档次最高的国际家居奢侈品牌达芬奇家居,冒充进口品牌,质量不达标。

在媒体、大众的各种质疑声中,直到 7 月 13 日,达芬奇家居才召开了第一次的媒体新闻发布会。然而这个迟来的发布会却最终沦为了极具反面教育意义的"危机公关"处理案例。

关于达芬奇的这场危机公关有两大败笔之处:

第一，慢半拍的"危机处理"。达芬奇事件从发生到被舆论热议，整整拖延了3天时间，从传播学来讲，这是足以致命的时间段。通常来说，危机出现的最初12～24小时是控制危机的最佳时间，而达芬奇在这段时间几乎什么也没做。与其相反的是前一段的双汇"瘦肉精"事件，当天双汇即公开表示正在展开全面调查；第二日双汇集团发布致歉声明，同时责令相关工厂停产自查；第三日双汇集团即开展了事件发布声明。然而，达芬奇所做的只是被曝光的当天，在官网上发表了《致达芬奇所有客户书》，但其中除了提到达芬奇会准备召开新闻发布会进行澄清以外，没有任何实质性的内容。在高速传播的网络时代，危机公关应该尽可能地快速介入，当舆论导向被公众占先，对企业是很不利的。

第二，欲盖弥彰的"危机处理"。一场本应是企业向媒体、向消费者、向大众表态，用来公布事实真相的新闻发布会，然而，达芬奇家居总经理潘庄秀华在面对媒体的质疑时，却始终避而不答，竟然一个劲地诉说自己的创业史，这样的新闻发布会无疑是一个极其失败的危机公关。在欺骗、坑害消费者的新闻出现后，却没有勇于承认自身错误，向公众做个交代的勇气，试问这样处理问题的决心和态度，如何让消费者打消顾虑？我们看到双汇在面对"瘦肉精"事件发生后，不仅第一时间站出来表态，更是积极主动地召开颇具轰动效应的"万人职工大会"，包括双汇集团所有管理层、漯河本部职工、经销商、部分新闻媒体等万人参加，双汇再次致歉并公布整顿举措。媒体参加记者发布会是为了了解更多的事实，而不是听企业哭诉。任何企业都有自己的优势和正面新闻，企业应该多向媒体传达这些信息；对于处于危机之中的达芬奇来说，勇于承认错误应该是其当前最大的正面新闻。

(资料来源：魏湘隆. 达芬奇的"劣质"危机公关[EB/OL]. [2011-07-21]. http://www.xici.net/d149728645.html.)

第六节　促销策划

一、促销策划的要点

(一) 确认促销活动目标

促销目标是营销目标的细分目标，并协助达成营销目标。每一项促销工具包括广告、公开报道、人员推销以及促销等都必须有具体的目标。例如，"市场占有率提高5%，品牌知名度提高15%""8周内销售业绩提升至8 000万元"。

如图8-1所示，明确的促销目标确定后，如何达成任务，要按照目标管理办法分别拟订全公司、分公司、业务部、业务员的个别目标，化整为零加以实施。

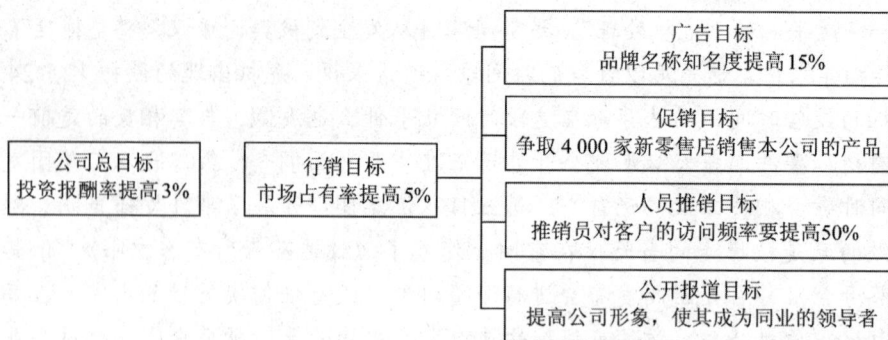

图 8-1　促销目标分解

（二）促销活动的经费预算

确定促销预算的习惯做法就是在估算竞争对手促销预算的基础上确定自己的促销预算。对竞争对手的促销预算的评估，其目的是以它为借鉴，在此基础上，根据具体情况，做出适合本企业实际的促销预算方案。

另一个更为准确的方法是先将计划采用的促销手段列出一份清单。暂时不考虑费用的问题。然后根据各个项目的收费标准，对清单列出所有促销项目总的预算，并根据实际情况对方案进行调整，直到认为调整的预算方案对企业而言可以接受为止。

有"促销目标"与"促销预算"，才能对执行后的"促销成果"加以具体评估与奖惩。

（三）确认促销对象

只有确认并了解了促销对象，才能采取最有效的促销手段，所以要确认促销活动的对象并描述对象的特征：①市场的幅度；②购买者的地域性描述；③购买者的地理位置；④社会心理特征；⑤购买的理由；⑥谁是现场购买者，谁影响其购买；⑦何时购买；⑧如何购买等。全球第一大快餐品牌"麦当劳"在其创业之初提出了明确的目标"吸引家庭顾客，从孩子入手"。家庭顾客这一群体，是单个消费者的几倍，吸引家庭顾客比让年轻人泡在餐厅里更有收益。家庭顾客的光顾，要归功于家庭中的那些孩子。为了争取到这些小顾客，"麦当劳"配合赠送一些小礼品，也要求服务员对小顾客格外热情周到。这一举措非常奏效，这就不难理解如今"麦当劳"对"六一"这样的节日的热衷了。

（四）确定促销的时间

1. 促销的时间

事先规划好年度促销活动计划进度表，检查其方法、经费、目的等。至于个别实施的每一次宣传、促销活动，要详细确定其实施次数、天数、期限等。

2. 促销的时机

促销活动的举办时机通常有以下几种。

(1) 节假日，如春节、母亲节、端午节等。

(2) 公司的节庆，如开业庆典、周年庆典等。

(3) 目前流行的、有新闻性的话题，如奥运会、亚运会等。

(4) 季节性，如寒假、暑假、淡旺季等。

(5) 公司策略性决定。

(五) 确定促销商品(服务)

阐明欲透过促销活动推销的主要商品，例如，"刺激季节性商品甲的销售""促进商品丙的销售，避免造成库存积压"。

促销活动所需要的工具，其种类、数量均要事先备齐。一般通用的物品有广告、宣传车、直立招牌、广告纪念品、奖品等。

(六) 确定促销的方法

作为信息的发送者，必须选择最有效的促销手段，以便准确传达促销信息。常用的促销手段如下：

(1) 广告。在电视、杂志和报纸上登载广告，要考虑三方面的因素：广告成本、各媒体的独特性以及媒体形象。

(2) 销售推广。销售推广的方式多种多样，其中包括有奖竞赛活动、优惠销售、特供品销售和样品赠送等。确定最有效的销售推广方式的唯一途径就是事前进行试验性操作对其做出实际检验。

(3) 公共关系与宣传。策划和实施公关活动的目的就是通过媒体免费的正面宣传报道，达到提高社会知名度以及强化公司形象的目的。

(4) 直接营销。直接营销的目的是与客户进行更具人情味、更富个性化的促销沟通。

(七) 确定促销的信息与口号

促销信息实质上就是企业在与顾客沟通时用以吸引顾客所采用的文字和形象设计。当在与顾客进行促销沟通时，必须在促销信息中以充足的理由向潜在的客户表明，为什么他们应该对你所传达的促销信息做出反应。企业所提供的产品能够给用户带来的最大益处是什么，这是促销信息中最关键的内容。像麦当劳餐厅不仅营造了家庭的温馨氛围，还有一整套儿童故事，以及卡通人物形象，如家喻户晓的麦当劳叔叔、汉堡神偷、麦克警察和奶昔小精灵等，它们都成了麦当劳广告中的主角，深受孩子们的欢迎，麦当劳的文化正是随着这些具有鲜明个性的人物在大众群体中传播开的。

促销活动口号的制定，必须注意几个要求：口号要响亮、具有吸引力；促销活动内容要推陈出新；表现方式要简洁、易懂；避免招来反感的表现。

(八) 确定信息送达的方式

企业还必须决定如何将促销活动传递给促销对象。假如促销活动是一张减价 15 元的折价券，则至少有四种途径可使顾客获得折价券：一是放在包装内；二是在商店里分发；三是邮寄；四是附在广告媒体上。每一种途径的到达率和成本都不相同。

(九) 确定促销地点

要考虑促销活动的实施地区是全国大规模活动还是在限定地区内实施。由于大量的广告多半与促销活动同时进行，为加强执行效果，应该保证广告示范与促销活动实施地区相一致。具体地点一般定在人流量大和知名度高的商场或广场，注意现场要有足够的人员活动空间。

(十) 确定预期效果

利用"计划—执行—评估"的机能，对促销活动效果加以考核。
(1) 对促销效果制定明确的目标。
(2) 事先估计可能的效果，并在公司内部公布。
(3) 在实行期间，随时公布促销战绩。
(4) 检验效果，并对有关单位加以奖惩。

二、促销方案的制定

开展促销活动时，必须从整体上确立促销方案，以便有效实现预期的促销目标。促销策划案应提出具体的行动项目，以便掌控。一般包括"问题与机会点""促销目标"，具体的"促销计划""促销活动的管理""促销活动的评估"等。下列为促销策划案的框架。

(一) 促销环境

1. 前期计划的回顾
① 促销目标；②促销对象；③创意大纲；④促销工具组合；⑤预算汇总；⑥执行成果。

2. 当前的环境
① 产品或服务的加强；②配销的特性；③销售的特点；④竞争品牌的促销活动；⑤组织的特性。

(二) 促销策略

(1) 问题：确认状况并分析问题。
(2) 机会：确认状况并分析机会点。
(3) 促销对象：消费者、中间商、社会群体。
(4) 促销目标：情报与说服；品牌认知与接受；刺激购买。

(三) 促销计划

1. 推销方案
① 产品诉求；②产品特性；③产品定价；④产品实用性。

2. 创意大纲
① 文案主题；②图案编排。

3. 促销工具

① 说明书；②公告与展示；③中间商的协助；④样品；⑤优待券；⑥产品推销者；⑦奖金；⑧价格折扣；⑨推销奖金；⑩竞赛；⑪搭配销售；⑫产品目录与推销手册；⑬价目表；⑭产品使用方法及示范；⑮陈列与展览。

(四) 促销管理

1. 促销活动的协调

① 制造程序；②协调程序。

2. 促销活动的管制

(1) 计划预算：①编拟；②管理。

(2) 绩效测定：①情报与说明；②刺激销售；③品牌认知与接受；④吸引顾客。

(3) 纠正行动：①程序；②偶发性计划。

(4) 计划的核准。

(五) 促销活动的评估检讨

(1) 促销活动的目标成果。

(2) 促销活动的实际绩效。

(3) 检讨与改进。

▶ 案 例

电商企业双节大促销 茅台五粮液面临断货难觅影踪

时下的北京已经充斥在浓郁的过节气氛中，节前走亲访友让原本就有点堵的公路变得更加拥堵。而此时，也是食品饮料及礼品行业的销售旺季，伴随着中秋国庆双节的临近，食品企业的促销战也愈演愈烈。

《证券日报》记者查阅京东、酒仙网、1919 等电商网站可见，买就送，打折捆绑销售，一元秒杀等各种活动在各家网站上好不热闹，中秋献礼成为当下各家电商网站共同的主题。

中秋国庆大促销

在酒仙网上，有礼月更圆活动专区买 2 付 1，领券满 399 元减 40 元；礼尚往来活动专区领券满 299 元减 20 元；一次品鉴法国六大产区 JASMINE 中秋价格 799 元/套，第二套 0 元；另外，酒仙网还推出 29 元秒杀 7 年老酒活动，并且满 299 元立得老酒一瓶。

值得一提的是，打折销售的品牌酒中不乏名酒企业。贵州茅台集团旗下的白金酒更是推出白酒特卖专场，8 000 瓶小酒免费享，每瓶售价仅为 49 元，活动日期为 2017 年 9 月 29 日 10:00~9 月 30 日 9:59:59。

另外一家酒类流通企业 1919 酒类直供，为迎接中秋国庆发起美酒大促活动，部分满

199 元减 100 元/全场低至 9.9 元。在"浓情中秋感恩献礼"活动专区，1919 更是打出品牌专场特卖会 1 元起，时间为：9 月 20 日—9 月 30 日；另外，部分产品的价格也捆绑让利销售，52 度五粮液425ml+五粮液印象 500ml(组合装)，售价为 838 元；53 度十五年红花郎酒 500ml，售价为 458 元/瓶；52 度水井坊 500ml，售价 499.6 元/瓶。

白酒如此，其他食品节前促销也非常疯狂，在京东商城，京东中秋礼盒买一赠一，京东中秋季满 299 元减 100 元；大闸蟹领券满 399 元减 120 元。

农夫山泉高端充气天然矿泉水(玻璃瓶)750ml*12 瓶，原价 432 元现价 400 元，还可以再领 10 元的优惠券；另外，月饼、大米、牛奶、油等商品都有不同的折扣。

在心跳秒杀专区，新西兰原装进口牛奶安佳原价 169 元/箱，秒杀价 99 元/箱。而在买一赠一专区，干果、月饼、饼干、食用油等种类繁多，礼盒价格在百元甚至几十元之间不等。

除了线上市场如此热闹，传统的线下渠道同样是百花齐放，面对琳琅满目的食品，拼价格依然是商家惯用的伎俩，但作为消费者在选择时，性价比高的产品更能吸引众多消费者购买。

徐先生节前去超市买月饼看亲朋好友，面对众多品牌，本想买稻香村月饼的他最终选择了全聚德的月饼，而让他购买的理由则是全聚德的月饼包装及价格都合适。

打折难觅茅台五粮液

事实上，不管是线上还是线下，商家为了抓住节前最后的机会，打折促销成为重要的手段，但是，通过调查可见，没有保质期约束的白酒也加入到打折促销行列中，与当前白酒行业竞争激烈的状况不无关系。

不过，虽然也有高端白酒品牌在打折和促销，但是市场上畅销的53度飞天茅台 500ml(售价 1 299 元/瓶)和 52 度五粮液(969 元/瓶)并未出现在打折销售活动中，而其他二、三线品牌及地方品牌酒的打折力度非常大，这也反映了当前酒行业的竞争残酷。

据《证券日报》记者了解，53 度飞天茅台酒目前市场上供需紧张，断货现象经常见诸报端，同样，五粮液价格攀至千元，市场上同样出现断货现象。因此，在电商渠道难觅它们的踪迹也不意外。

面对一线名酒渠道下沉带来的市场挤压，区域酒企更是使出浑身解数来扩大自己的销售份额。

山东温和酒业集团公司总经理肖竹青接受《证券日报》记者采访时表示，茅台、五粮液等名酒企业的销售团队已经开始布局城乡区域，对区域酒企的挤压非常大，温和酒业通过产品创新及营销创新，无缝隙的品牌效应，以及精心的市场服务在一线名酒的挤压中取得了不错的业绩。

肖竹青表示，公司与中国联通、汇源果汁、农业银行、远通集团、李氏食品、沂蒙晚报、国人西服等众多企事业单位开展全方位的战略合作，"分行业渗透和分圈层营销"是温和酒业制胜的法宝。

而据《证券日报》记者了解，自 2015 年 7 月份蒙顶集团投资控股温和酒业以来，短短两年时间，就实现了市场占有量从 1 亿元到 4 亿元的爆发式增长，并成功升级跻身十强的酒企。

(资料来源：夏芳. 电商企业双节大促销 茅台五粮液面临断货难觅影踪[EB/OL]. [2017-09-29]. http://www.cmmo.cn/article-207796-1.html.)

第七节　促销方案的实施

促销策划只完成了促销工作的重要一步，要达到预期的效果，必须抓好促销方案的实施这一重要环节。

一、活动前的准备工作

(一) 信息发布

1. 报纸

(1) 活动信息一定要在当地发行量大、影响力高的报刊发布。

(2) 在当地报刊种类很少、无选择余地的情况下，可在发行量最大的报刊直接发布指定广告。

(3) 提前确定广告发布日期、活动举办时间。广告时间间隔不超过 5 天，最后一期广告在活动前 2 天内刊出，不可与活动时间相隔太长。

(4) 刊发可提高参与热情和人数的信息，例如，活动在 11:30 开始，请不要太早排队。

(5) 注意要在广告边角上加上"活动解释权归××公司所有"内容，以避免产生一些不必要的纠纷。

2. 电视

电视广告以滚动字幕或尾板方式配合，内容以介绍活动为主，辅以简单的产品介绍或直接不提产品的功能等内容。

3. 电台

电台没有电视直观，更没有报纸拿在手中长时间翻阅的优势。用电台传播信息一定要反复强调具有吸引力的内容、活动的时间和地点，其他一概免谈。

(二) 现场布置

活动现场布置得好，可以使活动进行得有条不紊，增加活动气势和氛围，吸引更多人参与。以下物料在大型活动中一般是必备的：

(1) 写有活动主题的大幅横幅。

(2) 突出产品形象和活动主题内容的大幅展板和背板。

(3) 挂旗、桌牌、大幅海报、宣传单。

(4) 咨询台、赠品(礼品)发放台、销售台等。

(三) 人员安排

(1) 安排足够数量的服务人员，并佩戴工作卡或绶带，便于识别和引导服务。

(2) 现场要有一定数量的秩序维持人员(有时可与公安片警及保安联络让其派员协助)。

(3) 现场咨询人员、销售人员既要分工明确又要相互配合。

(4) 应急人员(一般由领导担任，如遇政府职能部门干涉等情况应及时公关处理)。

(四) 公关联络

提前到工商、城管等部门办理必要的审批手续。

二、现场执行

(1) 工作人员第一个到达现场，各就各位。

(2) 宣传人员派发宣传单，介绍活动和产品，引导顾客至销售台。

(3) 掌握好活动节奏，维持好现场秩序，防止出现哄抢和其他意外，以免造成负面效应。

(4) 销售人员准备销售事项，介绍销售产品。

(5) 赠品在规定时间发放不宜太早或太晚，发放时登记个人资料、签字。

(6) 主持人宣布活动结束，现场暂时保留一定的时间。

(7) 现场销售台继续销售。

(8) 现场清理，保留可循环物品以备后用。

三、活动总结

评估活动效果及得失是十分重要的一环。只有不断地总结，才能避免走弯路。

四、促销活动的条件

根据各类促销活动的经验，总结出促销活动成功必须具备的 8 个条件。

(一) 活动创意到位

目前，食品类、保健品类、各类服装、文具等商品均将促销看作一种即时见效的营销战术，导致各商场、药店、公园、广场上促销活动层出不穷，使消费者眼花缭乱，并逐渐对中、小型的纯粹的促销(折价、赠送类)活动失去了兴趣。

要想在众多的促销活动中脱颖而出，迅速引起消费者的关注，必须在活动创意上下工夫，力争符合促销活动的"三新四性"原则。

(1) 三新方针：新噱头、新卖点、新活动形式。

(2) 四性原则：促销性、公益性、权威性、新闻时事性。

(二) 前期宣传造势到位

促销活动的开展，需要更多人了解、认知，甚至直接产生行动——购买产品，需要众多的人知道并参与这个活动，才能达到宣传和销售目的。

因此，必须将活动通知最大面积地散播出去，这必须有广告的配合，需要广告媒体介入。发布活动通告常用的方式有：活动NP、电视字幕预告、广播活动快讯、报贴、海报、终端包装物上印刷活动通告(如台卡、立牌等)。在发布活动通告的同时，进行产品功能机理的宣传，比纯粹的产品广告更引人关注。

(三) 政府公关到位

所有的SP(尤其户外)活动，均要与众多的政府主管部门打交道，活动能否顺利举行，与他们的支持关系甚大，一个部门出现卡壳，即可能导致整个活动改期或流产。因此，保持良好的政府公共关系至关重要。

一般来说，凡户外销售宣传性活动，首先需要征得选定场地所有权部门的同意，获得工商局广告管理科的审批，取得环保、城建、交通、卫生等部门的"准行证"，才能保证活动正常开展。

因此，各市场人员从一进入当地市场起，均需要与当地政府各主管部门建立良好关系，工作做到前面，以防患于未然。

(四) 组织分工到位

一般促销活动的执行，分前期准备、活动执行、活动后监控三个阶段，环环相扣，一个细节的不慎或疏忽可能使活动全盘皆输。必须要求市场部活动执行人员有高度的责任心和强烈的协作性，要求活动指挥者具有大局观并做周密细致的安排，在进行分工时做到环环紧扣，事事有人，人人有责，分工明确。

(五) 现场气氛到位

促销活动的现场气氛，靠企业的宣传品布置、人员形象、现场组织来营造，现场气氛的优劣，直接决定了活动的引人注目性、聚人的多少、销售量的大小及宣传效果，不容忽视。

1. 现场宣传品

(1) 横幅。要有主横幅(活动主题)一至两条，产品横幅(功效及特点)数条，若节日需要祝福用横幅数条，除主横幅可略长、略宽外，其余横幅均要求色标一致，字体统一、长宽一样、悬挂高度基本一致，横幅间距相当，具备优良视觉效果。

(2) 彩旗。不同色彩间插，但字体、字样相同，距离相当，对活动桌椅、人员区形成半弧形包围或矩阵包围。

(3) 展板。展板摆放在活动用桌椅两侧或斜前方，用展板表述下列内容：产品介绍、企业简介、活动须知等。

(4) 桌椅。桌椅摆放整齐有序，统一用专业促销台。

(5) 其他。现场可将小挂旗、海报用绳子连成一串悬挂，烘托气氛。

在现场占地选择上，注意夏天避阳(阳光直射，消费者停留不久，企业员工也受累)避雨，冬天避风。同时，位置要显眼，现场可聚集人且容量大。

2. 人员形象(市场部业务人员全部身着公司统一制服)

(1) 发放宣传品人员必须要有礼貌，不能胡乱塞给消费者，而是面带笑容，说一声："您好，××产品优惠促销！"同时用手指向活动现场。

(2) 礼仪人员披戴绶带，大型活动时礼仪人员可着礼仪服装(不特别要求穿公司促销服装)以显示隆重气氛。

(3) 产品介绍时，销售人员站、坐端正，耐心、细致、诚恳地回答消费者的问题并与之交流，不得互相聊天吹牛，躺、趴在桌子上，除喝水外，吃饭等须轮流避开现场至别处。

3. 现场组织

现场组织与调度主要有以下职责：

(1) 让现场人群整齐有序。

(2) 监督指导宣传人员及礼仪人员工作。

(3) 现场促销及宣传气氛的把握。

(4) 货物、品尝品的发放指导及调配。

(5) 政府主管部门与新闻媒体部门人员的接待与引导。

(6) 活动进程时机的控制。

(7) 防止竞争对手干扰和捣乱。

(六) 人员培训到位

(1) 产品知识培训，有关竞争对手问题如何回答。

(2) 活动意义、重要性的讲述，提高士气和责任心。

(3) 讲明各人员须完成的任务及分工情况。

(七) 终端建设到位

活动前后，须进一步加强终端建设，因为：

(1) 活动前由于有一定广告力度，消费者可能会去终端了解本产品情况。

(2) 活动后产品知名度提高、认知面扩大，终端建设的到位程度将直接决定促销活动后的效果。

(八) 新闻报道到位

公益性活动的新闻预告，各种活动后的新闻报道及评述要做好，将进一步有利于企业与产品的形象提升。

在确定活动时间和场地后，密切关注天气的情况。在雨水量多或可能下大雨的季节，应考虑活动候选场地，一旦天气不好，可尽量减少降低活动效果的因素。

一般来说，每次活动若均能按上述几个"到位"去贯彻与执行，都能获得较好的促销成果。

案 例

电商促销战从年头打到年尾

从"6·18"到"双11"，从"双11"再到"双12""黑五"元旦……电商促销大战几乎没有波谷，全是波峰。随着春节的临近，京东、阿里两大电商巨头，又开始了"年货"促销。

置办年货是每年春节前的重头戏，不少消费者都有逛超市、逛商场筹办年货的习惯。以往的年货大抢购往往会引发一系列连锁反应，包括抢车位、商场拥挤、卖场断货、排长队结账，质量维权问题也会集中爆发。此外，不少消费者即使买到了年货，也要在春运中艰难地将年货运送回家。

为了尽可能减少消费者的痛点，据《证券日报》记者了解，京东与阿里在去年年底就已启动了年货促销活动，随着猴年春节的日渐临近，声势则是越来越大。相比之下，由于国美、苏宁等电商主要以3C产品为主，在以生鲜产品为主角的年货促销中，则基本选择了作壁上观。

近90个城市配送"不打烊"

日前，京东方面宣布，2016年春节大促销将从1月11日正式启动，一直持续到2月14日。相比以往，此次京东大促销主打的卖点就是全国近90个城市，春节期间的配送服务不停歇。此前，京东只能保证各重点城市春节期间的配送。"配送服务'不打烊'我们已经做了几年了，但是都是小范围的。现在，我们可以保证全国近90个重点城市及139个京东帮县域春节期间配送服务不停歇，这也意味着可以覆盖到京东80%以上的用户群体。"京东集团副总裁熊青云表示。

据介绍，大促期间，京东全国仓储、配送、客服等数万名员工将坚守一线，力保全国近90个重点城市的消费者，在春节期间仍能享受京东高效便捷的配送服务。

对此，京东方面也坦承，这种"坚守"的成本巨大。"我们核算过，春节期间不打烊，对公司而言肯定是一笔巨大的成本支出。"熊青云透露。

不过，刘强东对这些成本从来都不在乎。"大家都知道，京东很多基层员工是来自农村，他们来到大城市当快递员。在春节这个万家团聚的日子，这些快递员也要继续坚守岗位。所以刘总提出了一个政策，由公司出资，在一线城市坚守岗位的农村员工，可以把老婆、孩子接到城里过年，可以跟广大消费者一样阖家欢聚。"熊青云表示。

京东推出"乡亲"APP

从去年开始，京东与阿里同时将业务拓展的重心放到了农村市场，自然，年货促销的重头也少不了农村电商这一块。据悉，此次年货大促销，京东面向农村消费市场推出了全新的"乡亲 APP"，以助力农村年货消费，帮助农村消费者更方便地购买到优质年货。

农村用户购买年货面临的问题更繁杂，传统渠道不仅商品种类少，还得忍受高于城市消费的价格，导致"品质生活"很难走进农村。据京东方面介绍，针对这一普遍现象，"乡亲" APP，可以精准推荐符合农村地域特色、用户需求和消费习惯的产品，让广大农村消费者也拥有了多样化的商品选择，帮助他们购买到物美价廉的年货，最大程度消除了城乡差距，同时又能逐步实现本地优质农产品的"上行"，将特色年货销售到全国。

无独有偶，针对农村市场，阿里也推出了"乡甜"频道，频道致力于整合农村淘宝独有的地方政府和农村淘宝合伙人资源，从源头寻找有品质、可溯源的优质农产品。未来，通过交易流程改造、溯源和保险接入等产品工具，"乡甜"频道还有望承载认养、预定、周期购等农产品销售模式，并着力打造订单农业"云上农村"。

阿里启动众筹"送戏回乡"

相比于京东在配送方面的"实诚"，阿里在"创意"方面则是屡出新意。

阿里巴巴年货节由农村淘宝、淘宝、天猫、聚划算四大电商业务联合举办，尝试掀起"洋货下乡、土货进城"的热潮，其中，最具创意的当属"送戏回乡"项目。

2016 年 1 月 15 日，阿里巴巴农村淘宝宣布，启动阿里年货节"送戏回乡"项目，计划通过网上众筹，向川、渝、豫、赣等九省(市)的 30 个贫困县送出传统戏剧演出，请家乡人民看大戏。

据介绍，从 1 月 15 日至 1 月 22 日，公众可以通过在线购买 9.9 元、59.9 元、99.9 元、9 999 元四款不同的过年民俗产品筹集资金。一旦众筹成功，阿里巴巴集团将负责在正月十五元宵节当天，向重庆、四川、河南、安徽、江西、吉林、黑龙江、河北、湖南九省(市)的 30 个贫困县送出传统戏剧表演。届时，川剧、豫剧、黄梅戏、采茶戏、二人转、京剧、花鼓戏等一台台带着儿时记忆、充满浓郁地方特色的传统曲目表演将在农村上演，给村民们带去热热闹闹的幸福年味。

据悉，"送戏回乡"是阿里年货节众多线上线下活动的一部分。阿里巴巴合伙人、农村淘宝事业部总经理孙利军表示，阿里巴巴年货节旨在创造一个属于中国人自己最热闹、最有味道的节日，而"送戏回乡"连接了城市与乡村，通过游子众筹传乡情、村民看戏寻年味，勾起厚重的乡情，寻回浓浓的年味。

(资料来源：贺骏. 电商促销战从年头打到年尾　京东阿里再度角力年货市场[EB/OL].
[2016-01-18].http://finance.sina.com.cn/roll/2016-01-18/doc-ifxnqriy3037815.shtml.)

复习思考题

1. 简述促销的基本作用。
2. 常见的促销组合形式有哪些？

3. 影响促销组合的因素有哪些？
4. 简述广告的使命。
5. 简述广告设计的基本原则。
6. 人员推销有哪些特点？
7. 派驻海外的推销人员需要具备哪些基本素质和技能要求？
8. 企业为什么要重视公共关系？
9. 企业公共关系的重点是什么？

第九章

电子商务和网络营销

　　随着信息技术在贸易和商业领域的广泛应用，利用计算机技术、网络通信技术和因特网实现商务活动的国际化、信息化和无纸化，已成为各国商务发展的一大趋势。电子商务正是为了适应这种以全球为市场的变化而出现和发展起来的，它是当今社会发展最快的领域之一，同时也为全球的经济发展带来了新的增长点。电子商务正在改变着人们的生活以及整个社会的发展进程，贸易网络将引起人们对管理模式以及工作和生活形式，乃至经营管理、思维方式等的综合革新。

第一节　电子商务

一、电子商务的概念

（一）电子商务的起源与发展

　　20 世纪 70 年代，电子商务始于一些大银行之间利用银行自有的网络来进行电子转账。20 世纪 80 年代，随着电子数据交换和电子邮件的普及，电子商务受到企业界的欢迎。其范围从原先的金融交易逐步扩大到了其他的交易范围，参与的公司也从原先的金融机构扩大到了制造商、零售商以及服务机构等。另外，在线服务的雏形开始出现，利用在线服务可以实现网上的互动，实现知识的共享。20 世纪 90 年代，因特网的商业化和万维网的出现，使计算机的应用更加广泛与普及。因特网用户数量的急剧增加，大大促进了电子商务的发展。进入 21 世纪后，世界所处的是一个以数字化、网络化与信息化为特征，以网络通信为核心的信息时代。信息技术革命与信息化建设正在使资本经济转变为信息经济和知识经济。电子商务作为信息时代的一种新的商贸形式，将对商务的运作过程和方法产生巨大的影响。其影响将远远超出商务本身，将对社会的生产和管理、人们的生活和就业、政府职能、法律制度以及文化教育等各个领域产生巨大的影响，并且从多方面改变着人们的观念、思维和相互交往的方式。

电子商务的发展，可以使企业用于营销的信息成本大幅度地下降，使企业的库存量和库存积压资金大幅度地减少。在电子商务环境下，企业的商品生产从以前的少品种、大批量变为多品种、少批量；消费者对商品的需求从跟随大众化而变为个性化；商品的表现形式从单一的实物形式变为兼有实物和文化信息的形式；企业的营销手段从单纯商业的手段变为增加了高技术手段；企业的竞争范围从区域性扩大为全球性的竞争。

总之，电子商务正在全球不断地发展，在国内也正在不断发展。电子商务正在为越来越多的企业、事业部门所使用，为越来越多的网民所使用，其发展前景非常可观。

(二) 电子商务的定义

由于电子商务涉及计算机网络技术、商务活动等各个方面，所以各界对电子商务有着不同的说法。因此，对于电子商务目前还没有一个统一的定义。

1. 世界电子商务会议关于电子商务的概念

1997 年 11 月 6 日至 7 日，国际商会在法国首都巴黎举行的世界电子商务会议上，从商业角度提出了电子商务的概念：电子商务是指实现整个贸易活动的电子化。从涵盖范围方面来说，电子商务可以定义为：交易各方以电子交易方式而不是通过当面交换或直接面谈方式进行的任何形式的商业交易。从技术方面可以定义为：电子商务是一种多技术的集合体，包括交换数据(如电子数据交换、电子邮件)、获得数据(如共享数据库、电子公告牌)，以及自动捕获数据(如条形码)等。

2. 信息行业对电子商务的定义

信息技术行业是电子商务的直接设计者和设备的直接制造者。很多公司都根据自己的技术特点给出了电子商务的定义。

(1) IBM 的定义。IBM 公司认为，电子商务是指采用数字化电子方式进行商务数据交换和开展商务业务的活动。它是在因特网的广阔联系与传统信息技术系统的丰富资源相互结合的背景下应运而生的一种相互关联的动态商务活动，这种活动在因特网上展开。网络计算是电子商务的基础，Internet、Intranet(内联网)和 Extranet(外联网)是电子商务的三种基本模式。简洁地说，电子商务=Web +企业业务。

(2) SUN 的定义。SUN 公司认为，电子商务就是指利用因特网进行的商务交易，在技术上有三个显著的特点：第一，在现有的 Web 信息发布的基础上，加上 Java 网上应用软件以完成网上公开交易；第二，在现有的企业内联网的基础上，开发 Java 的网上企业应用，进而扩展到外部外联网，使外部客户可以使用该企业的应用软件进行交易；第三，电子商务客户将通过包括计算机、STB(Set Top Box，网络电视机顶盒)、电话、手机、PDA(个人数字助理)等 Java 设备进行交易。这三个方面的发展最终将殊途同归于 Java 电子商务的企业和跨企业应用。

(3) Intel 的定义。Intel 公司认为，电子商务=电子化的市场+电子化的交易+电子化的服务。

(4) 上海市电子商务安全证书管理中心的定义。上海市电子商务安全证书管理中心认为，电子商务是指采用数字化电子方式进行商务数据交换和开展商务业务活动。电子商务主要包括利用电子数据交换、电子邮件、电子资金转账及因特网的主要技术在个人间、企业间和国家间进行无纸化的业务信息的交换。

3. 综合看法

电子商务是指人们利用现代信息技术所进行的各类商务业务活动，包括货物贸易、服务贸易和知识产权贸易等活动。

二、电子商务的功能

电子商务通过互联网可提供在网上交易和管理的全过程的服务，具有对企业和商品的广告促销、交易的咨询洽谈、客户的网上订购和网上支付、销售前后的服务传递、客户的意见反馈、对交易过程的管理等功能。

(一) 广告促销

企业可以通过自己的电子商务网站以及电子邮件等在全球范围内进行广告促销宣传，也可通过旗帜广告提供商进行旗帜广告促销宣传。

(二) 咨询洽谈

企业可借助因特网上非实时的电子邮件、新闻组和实时的讨论等方式来了解市场和商品信息、洽谈交易事务。在网上的咨询和洽谈能超越人们面对面洽谈的限制，提供多种方便的异地交谈形式。

(三) 网上订购

电子商务通过 Web 的交互传送功能来实现客户在网上的订购。企业的网上订购系统通常都是在商品介绍的页面上提供友好的订购提示信息、选购商品的网上购物车和订购交互表格等，当客户填完订购单后，系统回复确认信息单表示订购信息已收悉。电子商务的客户订购信息采用加密的方式，使客户和商家的商业信息不被泄漏。

(四) 网上支付

网上支付是电子商务交易过程中的重要环节，客户和商家之间可采用信用卡、电子钱包、电子支票和电子现金等多种电子支付方式进行网上支付。比如，我国招商银行提供的网上支付卡，就可以用来实现网上支付。对于网上支付的安全问题，现在已有实用的安全套接层(secure sockets layer，SSL)和安全电子交易(secure electronic transactions，SET)协议等来保证信息传输的安全性。

(五) 服务传递

电子商务通过服务系统将客户订购的商品尽快地按质、按量地传递到已订货并付款的客户手中。对于有形的商品，服务传递系统可以对本地和异地的仓库在网络中进行物流的调配并通过快递完成商品的传送；而无形的信息产品如软件、电子读物、信息服务等，则可立即通过网络直接传递到用户端。

(六) 意见反馈

企业的电子商务系统可以采用网页上的"选择"或"填空"类型的表单、电子邮件链接等，及时收集客户对商品和销售服务的反馈意见。

(七) 交易管理

电子商务的交易管理系统可以完成对网上交易活动全过程中的人、财、物、客户的管理，以及在本企业内部的各方面进行协调和管理。

上述电子商务的 7 项功能，为网上交易提供了一个良好的交易服务和进行管理的环境，使电子商务的交易过程得以顺利和安全地完成，并可以使电子商务获得更广泛的应用。

三、电子商务的模式

(一) 按参与交易的对象分类

按照参与电子商务交易所涉及的对象，可以将电子商务划分为以下 6 种类型。

1. 企业与消费者之间的电子商务(B to C)

B to C(business to customer，B2C)电子商务是企业与消费者之间的电子商务。比如，广州日报的大洋书城(对个人客户购书而言)开展的电子商务就属于此种类型的电子商务。

2. 企业与企业之间的电子商务(B to B)

B to B(business to business，B2B)电子商务是企业与企业之间的电子商务。比如，某一个机器制造厂，它每年都要购进大量的标准件(如各种规格的螺丝钉、螺丝母等)，该机器制造厂与某标准件制造厂之间的电子商务就属于此种类型的电子商务。

3. 企业与政府方面的电子商务(B to G)

B to G(business to government，B2G)电子商务是企业与政府方面的电子商务。比如，某地政府在其网站上发布采购清单、招标信息，企业以电子化方式响应，这种电子商务就属于此种类型的电子商务。

4. 消费者与政府之间的电子商务

C to G(customer to government，C2G)电子商务是指消费者与政府机构在网上完成二者之间原有各种事务，比如申报纳税、福利发放、社区服务、网络公益活动、政策发布、违章处罚、保健等。

5. 消费者与消费者之间的电子商务(C to C)

C to C(customer to customer，C2C)电子商务是消费者与消费者之间的电子商务。例如，网上的拍卖,网上二手市场等。比如,某个人买了一台笔记本电脑,用了一段时间后,发现该笔记本电脑的性能还不够理想,因此想卖出去,再买进新的。他就可在自己的网站上发布拍卖信息,有人上网看到此信息并通过网上做成了双方的交易,这种电子商务就属于此种类型的电子商务。

6. 消费者与企业之间的电子商务(C to B)

有人说 C to B(customer to business,C2B)是后电子商务时代的一个趋势,C2B 的概念比较泛化,形式也比较多样化,常见的 C2B 模式有:聚合需求形式(如反向团购、预售等)、要约形式(如逆向拍卖,由客户出价,商家选择是否接受)、服务认领形式(由企业发布所需服务,个人认领,类似于威客)、商家认购形式(由个人提供作品、服务,等待企业认领)、植入形式(如软文)等。而目前 C2B 模式的主要形式有聚合需求形式、要约形式和个性化定制。

(二) 按交易涉及的商品内容分类

按照电子商务交易所涉及的商品内容,可将电子商务划分为以下两种类型。

1. 间接电子商务

间接电子商务是有形货物的电子订货。间接电子商务涉及的商品是有形货物,如书籍、文具、服装等。间接电子商务交易的商品需要通过传统的渠道,如邮政业的服务和商业快递服务来完成送货。因此,间接电子商务要依靠有关的送货运输系统等外部要素。

2. 直接电子商务

直接电子商务是无形货物和服务,如计算机软件、娱乐内容的联机订购、付款和交付,或者是全球规模的信息服务。直接电子商务能使交易双方越过地理界线,通过因特网,直接进行并完成整个交易过程,不必另外进行送货。

(三) 按电子商务所使用的网络类型分类

按照电子商务所使用的网络类型,可将电子商务划分为以下三种类型。

1. EDI 电子商务

电子数据交换(electronic data interchange,EDI)是按照一个公认的标准和协议,将商务活动中涉及的文件标准化和格式化,通过计算机网络,在贸易伙伴的计算机网络系统之间进行数据交换和自动处理。EDI 主要应用于企业与企业、企业与批发商、批发商与零售商之间的批发业务。相对于传统的订货和付款方式,EDI 大大节约了时间和费用。相对于因特网,EDI 较好地解决了安全问题。EDI 电子商务从 20 世纪 70 年代起就得到了较大的发展,技术上也较为成熟,但是因为开展 EDI 对企业有较高的管理、资金和技术要求,因此至今尚不太普及。

2. 因特网电子商务

因特网电子商务是指利用连通全球的互联网络开展的电子商务活动。它以计算机、通信、多媒体、数据库技术为基础，通过因特网，在网上实现营销和购物服务。它真正实现了少投入、低成本、零库存、高效率，避免了商品的无效搬运，从而实现了社会资源的高效运转和最大节余。消费者可以不受时间、空间、厂商的限制，广泛浏览，充分比较，模拟使用，力求以最低价格获得最为满意的商品和服务。在因特网上可以进行各种形式的电子商务业务，所涉及的领域广泛，全世界的企业和个人都可以参与。它正以飞快的速度发展着，其前景十分诱人，是目前电子商务的主要形式。

3. 内联网电子商务

内联网电子商务是指在一个大型企业的内部或一个行业内开展的电子商务活动，形成一个商务活动链。Intranet 将大、中型企业或行业分布在各地的分支机构及企业内部有关部门和各种信息通过网络予以连通；使企业各级管理人员能够通过网络读取自己所需的信息，利用在线业务的申请和注册代替纸张贸易和内部流通的形式，从而有效地降低了交易成本，提高了经营效益。

(四) 按照运营模式分类

从电子商务运营的角度来讲，电子商务网站的类型决定着电子商务的应用模式。

1. 网上采购

由一个或几个企业建立一个网站，提出采购需求，然后由多个供应商进行竞标，完成企业的采购任务。企业通过采用网上采购模式，节约了采购成本，提高了采购效率。

2. 网上销售

由产品的供应商建立一个网站，在网上向个人、采购商、分销商供应商品或服务。

3. 网上中介

网站的建立者不直接介入电子商务交易，而是为供需双方提供信息对接平台。

4. 网上市场

网上市场又称为电子市场，是一种典型的电子商务模式。它作为网上大致的交易者集中地，为买卖双方提供全面的商务服务。各参与者登录到网站上进行交易，网站提供包括商品目录管理、网上商店的建立、谈判、签约、结算、物流在内的各种商业增值服务。

(五) 按照商业活动运作方式分类

1. 完全电子商务

可以完全通过电子商务方式实现和完成整个交易过程的交易。

2. 不完全电子商务

无法完全依靠电子商务方式实现和完成完整交易过程的交易，它需要依靠一些外部要素，如运输系统等来完成交易。

(六) 按照开展电子交易的信息网络范围分类

1. 本地电子商务

利用本市或本地区内的信息网络实现的电子商务活动，电子交易的地域范围较小。本地电子商务系统是利用因特网、内联网或专用网将下列系统联结在一起的网络系统，即参加交易各方的电子商务信息系统，包括买方、卖方及其他各方的电子商务信息系统、银行金融机构电子信息系统；保险公司信息系统、商品检验信息系统、税务管理信息系统、货物运输信息系统，本地区 EDI 中心系统(实际上，本地区 EDI 中心系统是联结各个信息系统的中心)。本地电子商务系统是开展有远程国内电子商务和全球电子商务的基础系统。

2. 远程国内电子商务

在本国范围内进行的网上电子交易活动，其交易的地域范围较大，对软硬件和技术要求较高，要求在全国范围内实现商业电子化、自动化，实现金融电子化，交易各方具备一定的电子商务知识、经济能力和技术能力，并具有一定的管理水平和能力等。

3. 全球电子商务

在全世界范围内进行的电子交易活动，参加电子交易各方通过网络进行贸易，涉及有关交易各方的相关系统，如买方国家进出口公司系统、海关系统、银行金融系统、税务系统、运输系统、保险系统等。全球电子商务业务内容繁杂，数据来往频繁，要求电子商务系统严格、准确、安全、可靠，因此，应制定出世界统一的电子商务标准和电子商务(贸易)协议，使全球电子商务得到顺利发展。

▶ 案 例

电子商务的典范——戴尔公司

由迈克尔·戴尔于 1985 年创建的戴尔(Dell)计算机公司(即戴尔公司)，是第一家通过邮件生成订单来供应个人电脑的公司。戴尔公司设计自己的计算机系统，并通过"按单生产"的概念允许客户自己配置个性化的计算机系统。当时，戴尔主要采用传真和邮寄的方式来接收订单，结果流失了大量资金。

在线直销是戴尔主要的电子商务活动。20 世纪 90 年代早期因特网的商业化以及 1993 年环球网的引入给戴尔实施在线订购提供了机会。戴尔对于个人消费者采取 B2C 直销模式，而对企业采取 B2B 直销模式，通过运用在线的电子目录在戴尔网站上购物。2000 年戴尔公司网络销售的日销售量为 500 万台，年销售额达 180 亿美元，尤其是"中国客户中心"在厦门落成并全面投入使用。2006 年，戴尔公司的销售额达到 559.1 亿美元，戴尔的创始人迈克尔·戴尔也因为公司的迅速增长其个人净资产达到 117 亿美元，跃居美国福布斯杂志 2006 年全球亿万富豪榜第十一位。能取得这样的成绩来源于他坚持和正确实施电子商务的直销模式。

戴尔是世界上最早实施电子商务网上直销的电脑公司。戴尔最初实施电子商务网上直销战略是在因特网刚开始发展阶段，计算机也刚刚进入人们的生活。当时美国最大的电脑生产厂家要数苹果和 IBM 了，它们应用的都是传统的销售模式，戴尔的网上直销模式给人以新的购买方式。后来戴尔又采用大规模定制生产来补充直销模式，包括电子化的客户服务方法，戴尔公司通过成功地运用电子商务模式，使其成为一家世界级的公司。戴尔公司的电子商务经营模式已成为许多其他制造商，尤其是汽车制造商效仿的典范和最佳实践。我国的电子商务起步比较晚，有很多地方都是不健全的，戴尔公司的案例对于中国大多数企业有着很大的启示作用。

(资料来源：邵安兆. 网络营销[M]. 北京：高等教育出版社，2010.)

第二节　网络营销

电子商务是各种具有商业活动能力的实体(企业、金融机构、政府机构、消费者等)利用网络进行的全部商业活动。网络营销是市场营销活动在电子商务平台上的应用，是商家通过满足顾客的需要来获取利润和长远利益的途径。如果没有顾客、没有交易，那么电子商务也就失去了生命力，所以网络营销是电子商务的一个重要组成部分。

一、网络营销的含义

网络营销是指借助联机网络、计算机通信和数字交互式媒体来实现营销目标的活动。"网络营销"这一术语在国外有多种译法，如 Cyber marketing、Network marketing、Internet marketing、E-marketing 等，它们之间的差别在于"网络"一词的内涵各不相同。网络营销按实现的方式有广义和狭义之分，广义的网络营销(cyber marketing、network marketing)是在包括 EDI 专用的增值网(value-added network，VAN)、Internet、Intranet 进行的营销活动，狭义的网络营销(Internet marketing、e-marketing)是指在互联网进行的营销。

网络营销是市场营销理论在网络方面的扩展，它的独特之处是利用网络技术，以及面向特殊的网络市场环境。随着信息技术的发展，企业将在一个全新的营销环境中生存，网络营销将成为现代营销的基本形式。

二、网络营销的特点

市场营销中最重要也最本质的是组织和个人之间的信息传播和交换。随着互联网技术的发展成熟以及联网成本的低廉，互联网好比是一种"万能胶"，将企业、团体、组织以及个人跨时空联结在一起，使得他们之间的信息交换变得"唾手可得"。网络营销具有以

下一些特点:

(一) 时域性

由于互联网能够超越时间约束和空间限制进行信息交换,使得营销脱离时空限制进行交易变成可能,企业有了更多的时间和更大的空间进行营销,可每周 7 天、每天 24 小时随时随地提供全球性营销服务。

(二) 富媒体

互联网被设计成可以传输多种媒体的信息,如文字、声音、图像等信息,使得为达成交易而进行的信息交换能以多种形式进行,可以充分发挥营销人员的创造性和能动性。

(三) 交互式

互联网通过展示商品图像,商品信息资料库提供有关的查询,来实现供需互动与双向沟通,还可以进行产品测试与消费者满意调查等活动。互联网为产品联合设计、商品信息发布以及各项技术服务提供了最佳工具。

(四) 个性化

互联网上的促销是一对一的、理性的、消费者主导的、非强迫性的、循序渐进式的,而且是一种低成本与人性化的促销,避免推销员强势推销的干扰,并通过信息提供与交互式交谈,与消费者建立长期良好的关系。

(五) 成长性

互联网使用者数量快速成长并遍及全球,使用者多属年轻人、中产阶级、高等教育水准,由于这部分群体购买力强而且具有很强的市场影响力,因此是一条极具开发潜力的市场渠道。

(六) 整合性

互联网上的营销可由商品信息至收款、售后服务一气呵成,因此也是一种全程的营销渠道。另一方面,建议企业可以借助互联网将不同的传播营销活动进行统一设计规划和协调实施,以统一的传播咨询向消费者传达信息,避免不同传播中的不一致性产生的消极影响。

(七) 超前性

互联网是一种功能最强大的营销工具,它同时兼具渠道、促销、电子交易、互动顾客服务以及提供和分析市场信息的多种功能。它所具备的一对一营销能力,正是符合定制营销与直复营销的未来趋势。

(八) 高效性

计算机可储存大量的信息,代消费者查询,可传送的信息数量与精确度远超过其他媒体,并能应市场需求及时更新产品或调整价格,因此能及时有效地了解并满足顾客的需求。

(九) 经济性

通过互联网进行信息交换,代替以前的实物交换,一方面可以减少印刷与邮递成本,可以无店面销售,免交租金,节约水电与人工成本;另一方面可以减少由于迂回多次交换带来的损耗。

(十) 技术性

网络营销是建立在高技术作为支撑的互联网络的基础上的,企业实施网络营销必须有一定的技术投入和技术支持,改变传统的组织形态,提升信息管理部门的功能,引进懂营销与电脑技术的复合型人才,这样才能具备市场竞争优势。

网络营销,正在建立营销领域新的游戏规则,如极端强调吸引顾客注意力和留住顾客,并成为营销中压倒一切的首要追求目标;全新的再造通路、物流、供应链的流程,顾客不再仅是对象或目标,而是参与者和控制者,顾客参与及互动合作的新的营销理念正在形成;新的与顾客沟通和建立关系的方式、方法正在实现。

链接

网络营销对传统营销的影响

1. 互联网技术将营销流程简化压缩

消费者通过互联网设计和订制产品,然后以订单的形式通过互联网将信息传递给消费者,厂家按订单生产,然后通过物流配送体系直接将货发送到消费者手中。在这个过程中,营销探测和营销战略被一张订单压缩简化了,同时还省去了分销这一环节。

2. 消费者占据主动权

从这个模式我们可以看出,商家在网络营销中不再居于主体,产品不再由商家调研,然后制造,并进行定位定价,最后推销给消费者。明智的消费者占据了主动权,由他们发出自己的需求信息(包括产品设计、零件配置信息等),商家只是按单生产而已。

(资料来源: 王耀求. 网络营销[M]. 北京: 清华大学出版社, 2004.)

▶ 案 例

欧莱雅网络营销成功案例

随着中国男士使用护肤品习惯的转变,男士美容市场的需求逐渐上升,整个中国男士护肤品市场也逐渐走向成熟,近两年的发展速度更是迅速,越来越多的中国年轻男士护肤已从基本清洁开始发展为护理，美容的成熟消费意识也逐渐开始形成。

2012 年欧莱雅中国市场分析显示，男性消费者初次使用护肤品和个人护理品的年龄已经降到 22 岁，男士护肤品消费群区间已经获得较大扩张。虽然消费年龄层正在扩大，即使是在经济最发达的北京、上海、杭州、深圳等一线城市，男士护理用品销售额也只占整个化妆品市场的 10%左右，全国的平均占比则远远低于这一水平。作为中国男士护肤品牌，欧莱雅男士对该市场的上升空间充满信心，期望进一步扩大在中国年轻男士群体的市场份额，巩固在中国男妆市场的地位。

一、营销目标

(1) 推出新品巴黎欧莱雅男士极速激活型肤露，即欧莱雅男士 BB 霜，品牌主希望迅速占领中国男士 BB 霜市场，树立该领域的品牌地位，并希望打造成为中国年轻男性心目中的人气最高的 BB 霜产品。

(2) 欧莱雅男士 BB 霜目标客户定位于 18～25 岁的人群，他们是一群热爱分享，热衷于社交媒体，并已有一定护肤习惯的男士群体。

二、执行方式

面对其他男妆品牌主要针对"功能性"诉求的网络传播，麦肯旗下的数字营销公司MRM 携手欧莱雅男士将关注点放在中国年轻男性的情感需求上，了解到年轻男士的心态在于一个"先"字，他们想要领先一步，先同龄人一步。因此，设立了"我是先型者"的创意理念。为了打造该产品的网络知名度，欧莱雅男士针对目标人群，同时开设了名为@型男成长营的微博和微信账号，开展一轮单纯依靠社交网络和在线电子零售平台的网络营销活动。

(1) 在新浪微博上引发了针对男生使用 BB 霜的接受度的讨论，发现男生及女生对于男生使用 BB 的接受度都大大高于人们的想象，为传播活动率先奠定了舆论基础。

(2) 有了代言人"阮经天"的加入，发表属于他的先型者宣言："我负责有型俊朗，黑管 BB 负责击退油光、毛孔、痘印，我是先型者阮经天。"号召广大网民，通过微博申请试用活动，发表属于自己的先型者宣言。微博营销产生了巨大的参与效应，更将微博参与者转化为品牌的主动传播者。

(3) 在京东商城建立了欧莱雅男士 BB 霜首发专页，开展"占尽先机，万人先型"的首发抢购活动，设立了欧莱雅男士微博部长，为 BB 霜使用者提供一对一的专属定制服务。另外，特别开通的微信专属平台，每天即时将从新品上市到使用教程、前后对比等信息均通过微信推送给关注巴黎欧莱雅男士公众微信的每一位用户。

三、营销效果

该活动通过网络营销引发了在线热潮，两个月内，在没有任何传统电视广告投放的情况下，该活动覆盖人群达到 3 500 万用户，共 307 107 位用户参与互动，仅来自新浪微博的统计，微博阅读量即达到 560 万，在整个微博试用活动中，一周内即有超过 69 136 位男性用户申请了试用，在线的预估销售库存在一周内即被销售一空。

(资料来源：佚名. 欧莱雅网络营销成功案例[EB/OL]. [2016-05-31].
http://blog.sina.com.cn/s/blog_55736e610102wexc.html.)

三、网络广告

(一) 网络广告的含义

网络广告是指在因特网站点上发布的以数字代码为载体的经营性广告。网络广告起源于美国。1994年10月，美国著名的 Wired 杂志的网络版刊登了 AT&T 等14个企业的旗帜广告。经过近20年的时间，网络广告正以惊人的速度发展，成为因特网最能赚钱的方式。广告界甚至认为因特网网络广告将超越户外广告，成为传统四大媒体(电视、广播、报纸、杂志)之后的第五大媒体。与传统的媒体广告相比，网络广告有着得天独厚的先天优势。

(二) 网络广告的特点

凭借因特网具有的不同传统媒体的交互、多媒体和高效的独有特性，网络广告在下列六个方面呈现出不同于传统媒体广告的特点：

1. 交互性强

网络广告主要通过"Pull(拉)"方法吸引受众注意，受众可自由查询，可避免传统"Push(推)"式广告中受众注意力集中的无效性和被动性。

2. 广告成本低廉

作为新兴的媒体，网络媒体的收费远低于传统媒体，网络广告由于有自动化的软件工具进行创作和管理，能以低廉费用按照需要及时变更广告内容。做网络广告每CPM(cost-per-thousand，让一千人看到你的广告的成本)的费用是报纸的1/5，电视的1/8。若能直接利用网络广告进行产品的销售，则可节省更多的销售成本。

3. 具有灵活性和及时性

在传统媒体上做的广告发布很难更改，即使可改动往往也需付出很大的经济代价。而在网络上做广告能按照需要及时变更广告内容，当然包括改正广告中的错误。这就使经营决策的变化可以及时地实施和推广。此外，网络广告信息的反馈也非常及时，受众可以直接与商家进行沟通，商家也可以从广告的统计情况了解网络广告的效果。

4. 传播范围广

网络广告的传播范围极其广泛，不受时间和空间的限制。可以把广告传播到因特网所覆盖的150多个国家的1.3亿多用户中，突破了传统广告只能在一个地区、一个时间段传播的局限。因特网把广告信息24小时不间断地传播到世界各地，而且网络广告可以随时发布在任何地点的网站上，受众可以通过网络随时随地浏览广告。

5. 感官性强

网络广告的载体基本上是多媒体或超文本格式文件，其表现形式可以采用动态影像、文字、声音、图像、表格、动画、三维空间、虚拟现实等，这种广告形式能传送多感官的信息，可以让顾客身临其境般地体验感受到广告所表现的商品或服务的特征。

6. 受众针对性明确并可准确统计

网络广告目标群确定，由于点阅信息者即为有兴趣者，所以可以直接命中潜在用户，并可以为不同的受众推出不同的广告内容。尤其是对电子商务站点，浏览用户大都是企业界人士，网上广告就更具针对性了。

网络广告可通过权威公正的访客流量统计系统及时地精确统计出每个客户的广告被多少个用户看过，以及这些用户查阅的时间分布、地域分布和反映情况等。广告主和广告商可以实时评估广告效果，进而审定他们的广告策略的合理性和进行相应调整。

(三) 网络广告的主要形式

网络广告的表现形式丰富多彩，目前在国内外的网站页面上常见的形式大致有以下几种：

1. 旗帜广告

旗帜广告也称为横幅广告、横幅式广告、网幅广告，是指网络媒体在自己网站的页面中分割出一定大小的一个画面发布广告。通常是以 GIF、JPG 等格式建立的图像文件，定位在网页中，大多用来表现广告内容，同时还可使用 Java 等语言使其产生交互性，用 Shockwave 等插件工具增强表现力。这些画面通常是长方形或方形，设计和制作精美，具有强烈的视觉冲击，因其像一面旗帜，故称为旗帜广告。浏览者可直接点击，进入一个新的网页，了解更多的信息。

2. 图片广告

图片广告一般用在某企业的产品图片上，最大的特点是直观、形象、清晰，有一种身临其境的感觉。静态图片广告的格式可以是 .gif、.jpg 和 .png。动画图片广告的格式可以是 .gif 格式或 Flash 文件。

3. 按钮广告

按钮广告是小型的标语式的广告，它可以被设置在网页的任何地方，并与按钮的赞助者相链接，通常是一个链接着公司的主页或站点的公司标志(Logo)，希望网站浏览者主动来点选。

4. 分类广告

所谓分类广告，是指版面位置相对固定的一组短小广告的集合，它把广告按性质分门别类地进行有规则的排列，以便读者查找。其内容可以是促销某种商品或服务，也可以是招领等启事，涉及社会生活的方方面面。

5. 主页型广告

广告发布者将所要发布的信息制成主页，放在网络服务商的站点或企业自己建立的站点上。主页型广告可详细地介绍广告发布者的各种信息。其他的网络广告形式，无论是黄页、工业名录、免费的互联网服务广告，还是网上报纸、新闻组，都是提供了一种快速链接至公司主页的形式，主页形式是公司在互联网进行广告宣传的主要形式。

6. 电子杂志广告

电子杂志广告，是指利用免费订阅的电子杂志发布广告。它由国内著名的ICP(互联网内容提供商)提供，有着内容和信誉的充分保障，由专业人员精心编辑制作，具有很强的时效性、可读性和交互性，由于电子杂志是由网民根据自己的喜好订阅的，所以此类广告更能准确地面向潜在客户，而且不受地域和时间限制，所以电子杂志广告已越来越多地受到各方的关注。

7. 电子邮件广告

电子邮件广告就是利用 E-mail 来发布广告信息。电子邮件广告还具有成本低、覆盖面广、效果好等特点。但是因为网民可能接收到的电子邮件广告是与自己无关的且毫无兴趣的产品信息，电子邮件广告常常会引起人们的抵触情绪。

8. 文本链接广告

文本链接广告多数是以文字的形式作为一个广告，目的是扩大企业或产品的知名度，单击都可以进入相应的广告页面。另外一种文字广告是一些企业的名称，当用户点击该名称后，就会系统链接到该广告主的网站上。文本链接广告是一种对浏览者干扰最少，较为有效果的网络广告形式。

9. 新闻组广告

所谓新闻组广告，是指利用网上虚拟社区或者公告栏 BBS 发布有关产品、企业的广告信息。新闻组就是一个基于网络的计算机组合，这些计算机可以交换一个或多个可识别标签标识的文章(或称之为消息)，一般称作 Usenet 或 Newsgroup。新闻组已经成为互联网上一个重要的组成部分，每天都吸引着全球众多的访问者。其中包含的各种不同类别的主题已经涵盖了人类社会所能涉及的所有内容。

10. 浮动式广告

浮动式广告也是目前非常流行的一种新型创意表现形式的广告，相比传统移动图标的点击率要高一些，这种广告形式的图标在页面来回漂动，具有干扰度低、吸引力强的特点。它的画面可大可小，会在整个屏幕里有规律地移动，同时会闪烁出一些好看的颜色，比较能够吸引人。

11. 网视广告

网视广告也是目前比较流行的一种广告形式。可以直接将广告客户提供的电视广告转成网络格式，实现在线播放。网视广告克服了网络广告本身的诸多缺陷，一直困扰着作为如今主流的 Flash 广告在画面上局限性的难题也因此得以解决。相比电视广告，网视广告又更具备其深入性，只需要一个点击动作，便能了解到产品的全方位资讯，更重要的是，网视广告丝毫不会耽误你现在正在做的事。

12. 插页式广告

插页式广告又称弹出式广告。广告主选择合适的网站或栏目，在该网站或栏目出现之前插入幅面略小的新窗口显示广告。这种广告带有强迫性，一般不受用户的欢迎。

13. 赞助式广告

赞助式广告有内容赞助、节目赞助等形式。广告主可对自己感兴趣的网站内容或网站节目进行赞助。赞助式广告一般放置时间较长且无须和其他广告轮流滚动，故有利于扩大其知名度。

14. 其他形式的广告

除上述网络广告形式外，还有网络营销企业采用其他的一些广告形式，如屏保广告、移动广告、通栏广告、关键字广告、巨型广告、对联式广告等。

案 例

首例网络虚假广告案

2004 年网民周先生从"人民网"上浏览到一则销售数码产品的网络广告后，出于对"人民网"的信任，向对方汇款 8 600 元欲购买一部数码相机。由于该网站迟迟未发货，周先生在向深圳消协投诉时才得知，原来"深圳数码科技发展有限公司"的注册地址等信息都是编造的。周先生向警方报案后，该网站人员迅速关闭了网站和手机，闻风而逃。周先生落得财物两空。为此，周先生将"人民网"及两家网络广告制作商诉至法院。朝阳法院审理后，以证据不足为由，判决驳回了这起本市首例网络虚假广告案的诉讼请求。

(资料来源：付中. 首例网络虚假广告案[N]. 法制晚报，2006，A5(10).)

四、博客营销

(一) 博客营销概念

博客营销，简单来说，就是利用博客这种网络应用形式开展网络营销。博客也称为网络日志、网络日记或简称为网志，指一种特别的网络出版和发表文章的方式，倡导思想的交流和共享。一个博客就是一个网页，通常由简短且经常更新的张贴文章构成，这些文章按年份和日期排列，通过网络传达实时信息。博客比电子邮件、新闻群组更加简单和方便易用，是继 E-mail、BBS、ICQ 之后第四种颇受网络用户喜爱的网络信息组织与交流方式，有着广阔的发展前景。

(二) 博客营销的优势

博客营销是一种基于个人知识资源(包括思想、体验等表现形式)的网络信息传递形式。

由于个人信息的差异而使得这种营销方式具有很大的灵活性，其潜在价值也是不可估计的，因而比起传统的营销方式，具有其特有的优势。

1. 网络营销费用低

谷歌、雅虎等搜索引擎都有强大的博客内容检索功能，可以利用博客来增加被搜索引擎收录的网页数，提高网页内容在搜索引擎上的可见性。

2. 有利于提高企业信誉度和品牌推广

对于企业而言，网络信誉度会直接影响到企业在网络上的存亡。传统的信誉度建立方式一般是广告推介或增加在搜索引擎中的 PR 值(网页级别)，这些不但效果不佳而且花费不少。博客营销从它的内容提供上来说是一种专家式的营销，具有知识性、自主性和权威性，内容本身就可以使其被认可的可能性增大。再加上网络的传播速度就使这种网络公信力得以迅速地传播。作为企业博客，只要坚持对某一领域的深度研究，并加强与用户的多层面交流，对于获得用户的品牌认可和忠诚提供了有效的途径。

3. 有利于市场调查和新产品开发

博客网站是与用户交流的场所，良好的博客资料会集聚相当一部分的网民。因此，企业可以搜集网民的观点和意见并对其进行分析，从而了解网民的潜在行为和意识。企业也可以在博客文章中设在线调查表链接，便于有兴趣的访问者参与调查，这样就扩大了网站在线调查表的投放范围。同时，还可以直接就调查中的问题与访问者进行交流，使得在线调查更具交互性，从而提高在线调查的效果，并降低调查研究的费用。企业还可以就某一新产品与用户进行探讨，征求大家的意见，这样不但有利于新产品的开发和推出，还降低了新产品的生产成本和隐性成本。

4. 有利于企业与消费者交流沟通

博客作为一种信息发布和传递的工具，具有良好的互动性。目前，消费者的消费反馈意愿不断增强，再加上信息获取渠道的多样化，这都将促进企业与消费者的沟通，从过去的"引导型"沟通转向"倾听型"沟通。博客媒体的应用可以较好地解决企业和消费者之间的沟通问题，使企业用一种对等的态度与消费者进行沟通。

5. 提高了进入门槛，使竞争者难以模仿

在传统的企业竞争中，营销策略很容易被对手效仿，这使得企业的营销效果在后期大打折扣。而博客营销首先是一种知识和思想上的营销，竞争方式易仿造，但思想和智慧是模仿不了的。企业坚持不懈地发表博客文章，久而久之积累起来的就是企业的财富。这些财富是顾客衡量企业信誉和名誉的标准之一，一旦其被某一群体所认可，就会长期受到青睐，并形成一个坚实的信誉壁垒。

(三) 博客营销的类型

博客营销对于不同领域、不同企业而言没有统一的模式，但博客营销的基本思想是相通的，目前常见的博客营销包括如下三个类型：

1. 通过第三方博客平台

企业可以通过利用第三方博客平台的文章发布功能开展网络营销活动。选择访问量大及知名度较高的博客托管网站，由公司内部建立博客的写作团队进行定期的写作，宣传企业营销计划、企业的产品质量以及售后服务等，把博客营销纳入到企业营销战略体系中，从而不断提高大众对品牌的认知，增进对外交流，获得客户反馈。

2. 企业自建博客频道

企业网站可以自建博客频道，鼓励公司内部有写作能力的人员发布博客文章，一方面可以促进企业内部的交流，加强沟通；另一方面也可以直接与客户进行联系，节省保持用户的费用。

3. 企业员工自建博客

企业可以通过员工个人博客网站达到博客营销的目的。员工个人博客完全可以用"中立"的观点来对自己钟爱的产品进行推广。这种产品的推广不同以往企业信息发布及广告，员工个人博客完全可以从消费者角度考虑产品的品质、实用性、适用性等诸多方面，在第一时间对产品进行描述，产生"口碑效应"，这样客观上可以使产品更易获得更多客户的认同。

案 例

伦敦裁缝的博客营销

英式剪裁公司是一家由知名营销专家、博客写手联手打造的博客营销公司，它成功帮助伦敦裁缝师托马斯·马洪掀起了一股热潮。托马斯因为个人博客而成为萨维尔街有史以来媒体曝光率最高的裁缝，曾接受过数十家杂志与报纸的专题访问。这个博客很简单：它讨论一般人买不起的 5 000 美元以上的高级订制西服，讨论的方式相当自然。马洪和麦克劳德并没有刻意隐藏什么，订制西服的确很贵。但是真正让人感兴趣的是，读者可以从博客看出马洪和麦克劳德对裁缝工作充满热情，而且他们最大的乐趣就是看到顾客满意的笑容。英式剪裁博客中充满了制作与营销西服的信息及启示，巧妙地提供他对业界的专业了解，公开谈论商业秘密，提供一个地方让大家讨论订制西服，并分享经验的博客的特点。

(资料来源：邵安兆. 网络营销[M]. 北京：高等教育出版社，2010.)

(四) 企业博客营销的应用

据美国一家监测博客的搜索引擎公司 Technocratic 最新发布的报告来看，目前，全球共有博客 7 000 万个，平均每天新增博客 12 万个，博客上每天新增文章 150 万篇，全球最受欢迎的 100 家网站中有 22 家为博客网站。国内外对博客这种超强人气的新兴媒体的商业应用探索已是如火如荼，博客营销应运而生。

在国外，2002年9月，国际知名咨询顾问公司 Jupiter Research 就在公司网站上建立了博客频道；2005年4月，Oracle 推出了 podcasts 节目和博客社区；Visa USA 在10月发布了他们的第一个博客"都灵之旅"。在中国，2005年10月，博客网推出"企业博客"；2006年2月谷歌推出企业博客"Google 黑板报"；6月，雅虎中国推出企业博客"雅虎搜索日志"。诚如美国社会性媒体会议 BlogOn 在发布的"2005年社会性媒体调查"报告中认为：企业正在使用博客进行对内对外的交流、沟通，达到增进客户关系、改善商业活动的效果。企业博客营销开始兴起。

随着"全民博客"时代的到来，博客的时尚和娱乐色彩逐渐被越来越多的企业用来复制、传播相关信息，并与企业及其营销目标与策略有机结合，逐渐成为新的企业营销方式。企业博客营销的应用实践已为一些企业带来良好营销效果。

(1) 深化企业品牌形象，降低企业营销成本，吸引潜在客户。耐克公司为了塑造其"追求速度艺术的专家"的品牌形象，撰写了十几篇文章，在一个探讨文化现象和政治理念的专业博客网站 Gawker Media 上做了一个推广专题，主题就是"速度的艺术"。企业博客营销的目的非常明确：先制定企业博客守则，鼓励员工积极写博客，然后将企业经营理念传播给"意见领袖"人群，再通过这些有影响力的专业人士形成口碑传播，从而在无形中宣传了企业品牌，深化了企业形象，吸引了潜在的客户，同时也以最低廉的价格较好地推广了企业的产品和服务。

(2) 测试产品概念，精准推广新产品，扩大产品知名度。最抢眼的博客营销案例莫过于奥迪A3跑车的推广活动。奥迪A3跑车在美国上市时，在新车发布会上制造了一个戏剧开头——"新款奥迪A3跑车丢了"。此后，在互联网上利用博客传递该车的图片和线索，号召近百万美国人通过博客互动，参与寻找。通过这个全民参与的博客互动游戏，一下子让人们记住了这款新车，于是奥迪A3的销售火了。的确，在新产品推广上，同传统的广告投放相比，博客营销的目标更为精确，能实现事半功倍的效果。特别是对于那些目标客户数量不是太多的产品，如专业器材、高档奢侈品等，博客营销的效果是传统广告所难以比拟的。

(3) 加强客户关系，赢得客户信任，建立客户忠诚。利用博客加强客户关系，赢得客户信任，建立客户忠诚，当数亚马逊公司高明的博客营销策略。亚马逊为所有的书籍作者开通博客，目的在于增进读者与作者之间、读者与亚马逊之间的接触和沟通。同时，书籍作者博客不仅为作者提供了一个推广自己书籍产品的渠道和机会，也给予那些购买了书籍的访问者再次访问亚马逊的理由。

(4) 创新营销理念，打造新型营销手段，实施企业文化营销。鼓励公司员工写博客，已经成为众多世界知名大公司展示企业文化，活跃交流氛围，支持员工创新，增强公司凝聚力的重要途径。谷歌中国的公关经理崔瑾曾说：创办"Google 黑板报"这个企业博客的原因是来自于谷歌的文化传承。随着网络营销环境的不断变化，营销理念的不断创新，企业博客营销成为一种全新的网络营销手段，不仅是产品营销、品牌营销，更成为一种企业的文化营销。

(5) 建立公共关系，对产品或服务进行监测，预防公关危机。企业博客正在成为众多公关经理们试图突破传统的公关手段、营销手段所考虑的新方式。在这方面值得称道的例子是通用汽车的 FastLane 博客。该博客的日浏览量近 5 000 人，对每个话题的评论都有 60～100 条。客户、行业分析人士、传统媒体都给予 FastLane 博客以很高的评价。2005年年初，通用汽车因为一篇报道撤销了在《洛杉矶时报》的广告投入，这件事引起了很多负面评论。通用汽车就通过 FastLane 博客直接与大众沟通，真诚表达自己的看法和意见，很有效、很漂亮地处理了这次危机，维护了通用汽车的品牌形象，赢得了用户的理解和尊重。

链接

网络营销和电子商务的区别

根据联合国经济合作和发展组织(OECD)的定义，电子商务指的是发生在开放网络上的包含企业之间、企业和消费者之间的商业交易。也就是说，电子商务的侧重点在于网上交易，网上买卖活动；而网络营销则是贯穿营销的整个过程。电子商务是互联网营销的一部分，是网络营销的一个重要环节。我们从电子商务的英文 E-Commerce 和网络营销的英文 E-Marketing 也可看出两者的区别。

(资料来源：方真. 电子商务教程[M]. 北京：清华大学出版社，2011.)

复习思考题

1. 简述电子商务的内涵。
2. 简述电子商务的功能。
3. 电子商务和传统商务的根本区别在哪里？
4. 什么是网络营销？
5. 网络营销的基本特点。
6. 电子商务和网络营销有什么不同？

第十章

市场营销的新发展

世界在变化，市场在变化，营销也在变化，企业营销者必须不断把握市场的发展，了解营销新模式，熟悉营销新理念，把握营销新趋势，适应市场新变化。

第一节　营销模式的演变

营销模式是指人们在营销过程中采取的不同方式方法。目前公认的营销模式有两大主流：一是以市场细分法，通过企业管理体系细分延伸归纳出的市场营销模式；二是以客户整合法，通过建立客户价值核心，整合企业各环节资源的整合营销模式。市场营销模式是以企业为中心构筑的营销体系，而整合营销则是以客户为中心构筑的营销体系。在这两大模式的基础上，围绕具体营销过程衍生出了众多手法，评价一个企业经营好坏的关键标准之一，就是最终营销业绩(包括销售额、市场占有率、利润、知名度等)的高低，企业的营销实力，决定了企业营销业绩的高低，一个企业的成功与失败70%是由企业的战略目标和营销策略决定的，而30%是由企业的营销组合决定的，营销战略定位是企业营销过程的核心。

一、体验式营销

体验营销是1998年美国战略地平线LLP公司的两位创始人B－josephpineⅡ和James Hgilmore提出的。他们对体验营销的定义是："从消费者的感官、情感、思考、行动、关联五个方面重新定义，设计营销理念。"他们认为，消费者消费时是理性和感性兼具的，消费者在消费前、消费中和消费后的体验，是研究消费者行为与企业品牌经营的关键。

体验营销是通过看(see)、听(hear)、用(use)、参与(participate)的手段，充分刺激和调动消费者的感官(sense)、情感(feel)、思考(think)、行动(act)、关联(relate)等感性因素和理性因素，重新定义、设计的一种思考方式的营销方法。这种思考方式突破传统上"理性消费者"的假设，认为消费者消费时是理性与感性兼具的，消费者在消费前、消费中和消费后的体验才是购买行为与品牌经营的关键。

比如，当咖啡被当成"货物"贩卖时，一磅卖300元；当咖啡被包装为商品时，一杯就可以卖 25 元；当其加入了服务，在咖啡店中贩卖，一杯最少要 35~100 元；但如能让顾客体验咖啡的香醇与生活方式，一杯就可以卖到 150 元甚至好几百元。星巴克(Starbucks)真正的利润所在就是"体验"。增加产品的"体验"含量，能为企业带来可观的经济效益。

在伯尔尼·H. 施密特博士(Bernd H.Schmitt)所提出的理论中，营销工作就是通过各种媒介，包括沟通(广告为其之一)、识别、产品、共同建立品牌、环境、网站和消费者，刺激消费者的感官和情感，引发消费者的思考、联想，并使其行动和体验，并通过消费体验，不断地传递品牌或产品的好处。

通常，企业的营销人员为达到体验式营销目标，需要一些工具来创造体验，我们将这些工具称之为体验媒介。作为体验式营销执行工具的体验媒介包括：沟通、视觉与口头的识别、产品呈现、共同建立品牌、空间环境、电子媒体与网站、人员。另外，五种体验模块在使用上有其自然的顺序：感官—情感—思考—行动—关联。"感官"引起人们的注意；"情感"使体验变得个性化；"思考"加强对体验的认知；"行动"唤起对体验的投入；"关联"使得体验在更广泛的背景下产生意义。

二、一对一营销

一对一营销主要属于整合营销模式。

目前大多数商家都是一窝蜂地追求表面上的"一对一"，教会一个销售人员做到热心周到是一回事，至于真正掌握如何识别、跟踪并与一个个的客户打交道，进而做到产品或服务的"量体裁衣"，那却是另外一码事儿。

"一对一营销"的核心思想是：以"顾客份额"为中心，与顾客互动对话以及"定制化"。

企业应该从关注市场占有率到关注个体顾客的"顾客份额"上来，关注本企业产品在顾客所拥有的所有该产品中的份额，并努力提升对这些份额的占有。

了解"顾客份额"的目的是用来对顾客进行区分，"顾客份额"又可称为钱夹份额 SOW。我们可以以顾客未来一段时期内的采购计划与现有钱夹份额为二维标准，进行分类，把顾客归属到"需去争取的""需进行培养的"和"需进行维系的"三个不同的阶段，以便有针对性地进行市场营销活动并提供差异化、定制化的产品及服务。

企业应该"与顾客互动对话"，企业应当对顾客个体及其消费习惯和行为都要了解，这种了解是通过双向的交流与沟通来实现的。

企业要"定制化"。企业要想实施"定制化"，不需要对现有的产品与生产模式进行很大的改动。可以采取的方式有：捆绑销售、在一定范围内可变的配置、个性化的包装、提供灵活的送货以及个性化的售后服务、支付方式等。

目前有许多公司可能急于从"一对一"的学习关系中获取丰厚的利润，而忘了关系必须有双方参加这一基本常识，从观念上将"一对一营销"视同为直接邮购或电视直销的等价物，从而使"一对一"成了"单行道"。

"一对一营销"的实施是建立在定制的利润高于定制的成本的基础之上，这就要求企业的营销部门、研究与开发部门、制造部门、采购部门和财务部门之间通力合作。

营销部门要确定满足顾客需要所应达到的定制程度；研究与开发部门要对产品进行最有效的重新设计；制造与采购部门必须保证原材料的有效供应和生产的顺利进行；财务部门要及时提供生产成本状况与财务分析。

三、品牌营销

世界著名广告大师大卫·奥格威就品牌曾做过这样的解释："品牌是一种错综复杂的象征，它是品牌属性、名称、包装、价格、历史声誉、广告方式的无形总和。品牌同时也因消费者对其使用的印象，以及自身的经验而有所界定。"

信息不对称现象无处不在，就像身边的各种名牌商品，对名牌的推崇也在印证这一理论：一般来说，在任何类型的市场中，消费者在对产品信息的占有上较生产者都为弱势；这种现象的存在使得交易中弱势的一方因为信息的不完整而对交易缺乏信心，对于交易来说，这个成本是高昂的，解决方法就是品牌。

当一个产业正经历从卖方市场转变为买方市场，产业增长方式从数量规模型向质量效益型转变，在这种变革过程中，品牌作为一种重要力量，对市场对决的输赢作用巨大。一个有影响的品牌可以征服消费者，取得越来越大的市场份额，这种现象已在家电、服装等领域中充分表现出来，未来的房地产市场也离不开这一品牌制胜的市场竞争规律。品牌竞争就是以品牌形象和价值为核心的竞争，是一种新的竞争态势。

如何树立品牌呢？

第一步，卓越的品质支持。即必须以质量为根本树立形象。这里所指的质量，是一个综合性品质的概念，包括工程质量、文化质量，还有物业管理质量等。

第二步，分析行业环境，寻找区隔概念。企业应从市场上的竞争者开始，弄清他们在消费者心中的大概位置，以及他们的优势和弱点。然后企业应寻找一个概念，使自己与竞争者区别开来。

第三步，整合、持续的传播与应用。企业要靠传播才能将品牌植入消费者心智，并在应用中建立自己的口碑。企业要在每一方面的传播活动中，都尽力体现出品牌的概念。

四、关系营销

关系营销是把营销活动看成是一个企业与消费者、供应商、分销商、竞争者、政府机构及其他公众发生互动作用的过程，企业营销活动的核心是建立并发展与这些公众的良好关系。

作为企业来说，要满足顾客的需要是生存的第一条件，但是企业还要时刻关注竞争对手的变化，要做到领先竞争对手一步。在和竞争对手的较量中企业要考虑自己的成本情况，要做到适度领先。

企业要不断研究顾客的感受和行为模式，企业的高层、中层要"体验顾客的经历"，要认识到是以下几个因素影响顾客的行为：员工的态度、企业的特殊事件、顾客的超值期待、顾客的情绪和反应。其中顾客的期待和情绪反映是外部因素，员工的态度和特殊事件是企业的内部因素，对于企业来说可以影响外部因素，但是只有致力于改善内部因素才是根本的解决办法。也就是说，企业要有完善的制度和流程，要能够培训高素质的员工，要充分调动和满足顾客的期待，要正确回应顾客的情绪和反应。从而最大限度地满足顾客的需要，制度化地培养顾客的忠诚。具体的做法是：利用非正式的场合、利用秘密顾客、安置代表为顾客工作。

作为管理者，要拿出一点时间注意倾听顾客的真实需求。在员工中要发展出来一种非正式的倾听文化，并有相关制度保证，而且应建立正式的顾客抱怨回应制度。做到这一点要遵循几个步骤：首先，要向员工解释走出去和顾客沟通，倾听顾客需的重要性；其次，让员工看到你每天和顾客进行的至少一次沟通；第三，鼓励员工走出办公室，尽可能定期去拜访顾客；第四，要做一点因为倾听而改变的事情，使倾听变得有意义。所有的一切做下来就成了一个倾听的循环：管理人员决定倾听，到发现倾听的办法，到倾听的行为，到依据倾听到的信息做改变，到检查结果，最后回到决定倾听。企业在倾听循环中不断了解顾客、不断进步。

五、深度营销

深度营销，就是以企业和顾客之间的深度沟通、认同为目标，从关心人的显性需求转向关心人的隐性需求的一种新型的、互动的、更加人性化的营销新模式、新观念。它要求让顾客参与企业的营销管理，给顾客提供无限的关怀，与顾客建立长期的合作性伙伴关系，通过大量的人性化的沟通工作，使自己的产品品牌产生润物细无声的效果，保持顾客长久的品牌忠诚。它强调将人文关怀的色彩体现到从产品设计到产品销售的整个过程之中，乃至产品生命周期的各个阶段。

深度营销的核心，就是要抓住"深"字做文章。企业导入深度营销模式的一般流程是：选择容量大或发展潜力大，企业有相对优势的、适合精耕细作的目标市场；深入调查，建立区域市场数据库，通过市场分析找到开发的重点和突破口，制定有效策略及完善的实施计划。强化区域营销管理平台，实现营销前、后台的整体协同，一体化响应市场的运作机制，提高响应市场的速度和能力。选择和确定核心客户，开发和建立覆盖区域零售终端网络，构建区域市场营销价值链。集中营销资源，提供综合服务和指导，不断深化关系和加大影响力，获得营销价值链的主导地位。

作为营销链的管理者，应引领渠道成员加强协同，提升整体争夺市场的能力，冲击区域市场的第一位。在取得经验和能力的基础上，及时组织滚动复制式的推广。

企业在导入和实施深度营销管理模式时应注意：

(1) 要集中营销资源于竞争的关键环节，利用杠杆效应，整合流通领域的市场资源。

(2) 营销领域的变革，需要企业整体的系统协同，要注意改革的艺术"在变革中保持秩序，在秩序中保持变革"，因势利导，循序渐进。

(3) 企业高层理念认同、思想统一，采用自上而下、全员参与的变革方式，保证强大的组织力和执行力。

(4) 营销的艺术性决定了模式有效是基于队伍能力的，要着重客户顾问队伍的建设。

我国市场范围广阔、发展不平衡和区域差异性大等特点将长时期存在，所以深度营销模式还会是国内市场的主导模式。

六、数据库营销

数据库营销是为了实现接洽、交易和建立客户关系等目标而建立、维护和利用顾客数据库与其他顾客资料的过程。它是在 Internet 与 Database 技术发展上逐渐兴起和成熟起来的一种市场营销推广手段，在企业市场营销行为中具备广阔的发展前景。它不仅仅是一种营销方法、工具、技术和平台，更重要的是一种企业经营理念，也改变了企业的市场营销模式与服务模式，从本质上讲是改变了企业营销的基本价值观。

数据库营销通过收集和积累消费者大量的信息，经过处理后预测消费者有多大可能去购买某种产品，以及利用这些信息给产品以精确定位，有针对性地制作营销信息，达到说服消费者去购买产品的目的。通过数据库的建立和分析，各个部门都对顾客的资料有详细全面的了解，可给予顾客更加个性化的服务支持和营销设计，使"一对一的顾客关系管理"成为可能。

一般来讲，数据库营销要经历数据采集、数据存储、数据处理、寻找理想消费者、使用数据、完善数据六个基本过程。

(1) 数据采集，数据库数据一方面通过市场调查消费者消费记录以及促销活动的记录，另一方面利用公共记录的数据，如人口统计数据、医院婴儿出生记录、患者记录卡、银行担保卡、信用卡记录等都可以选择性地进入数据库。

(2) 数据存储，将收集的数据，以消费者为基本单元，逐一输入电脑，建立起消费者数据库。

(3) 数据处理，运用先进统计技术，利用计算机把不同的数据综合为有条理的数据库，然后在强有力的各种软件支持下，产生产品开发部门、营销部门、公共关系部门所需要的任一种详细数据库。

(4) 寻找理想消费者，根据使用最多类消费者的共同特点，用计算机勾画出某产品的消费者模型，此类消费群具有一些共同的特点，比如兴趣、收入。例如，以采用专用某牌子产品的一组消费者作为营销工作目标。

(5) 使用数据，数据库数据可以用于多个方面：签定购物优惠券价值目标，决定该送给哪些顾客；开发什么样的新产品；根据消费者特性，如何制作广告比较有效；根据消费记录判定消费者消费档次和品牌忠诚度。如特殊身材的消费者数据库不仅对服装厂有用，而且对于减肥药生产厂、医院、食品厂、家具厂也很有用。因此，数据库不仅可以满足信息，而且可以进行数据库经营项目开发。

(6) 完善数据库，随着以产品开发为中心的消费者俱乐部，优惠券反馈，抽奖销售活动记录及其他促销活动而收集来的信息不断增加和完善，使数据不断得到更新，从而及时反映消费者的变化趋势，使数据库适应企业经营需要。

随着信息技术、通信发展及计算机普及应用，越来越多的企业将广泛地采用数据库营销这一现代化的营销方式，因为在未来激烈的市场竞争中，没有什么比了解消费者习惯和爱好更为重要了。

第二节　营销新理念

科特勒认为，市场比营销变得更快。因而，营销一定要随时变化，是一个动态过程，必须随着企业战略定位、产品生命周期、市场发育程度、消费者需求特性、区域市场差异、企业资源匹配、社会人文环境以及竞争状况的不同而变化，也就是说，营销无定式。在营销基本理论的基础上，营销理论界与营销业界提出了若干新的营销概念。比较常见的有整合营销、直复营销、体验营销、体育营销、文化营销、公益营销、公关营销、旅游(活动)营销、数据库营销、深度营销、一对一营销、精准营销、绿色营销、VIP(会员)营销、口碑营销、柔性营销、复合营销……以上概念有些有新发展，自成体系，也有一些比较牵强，现将其中部分主流概念做简单介绍。

一、整合营销

整合营销传播(integrated marketing communication，IMC)这一观点是在 20 世纪 80 年代中期由美国营销大师唐·舒尔茨提出和发展的。IMC 的核心思想是以整合企业内外部所有资源为手段，重组再造企业的生产行为与市场行为，充分调动一切积极因素，以实现企业目标的全面的、一致化营销。

(一) 整合营销的含义

整合营销传播是一种战略性经营流程，用于长期规划、发展、执行，并用于评估那些协调一致的、可衡量的、有说服力的品牌传播计划，是以消费者、客户、潜在客户和其他内外相关目标群体为受众的。

整合营销是指综合运用、调动客户各方面的资源与营销要素，创造一个良好的营销环境和独特的营销优势，如同五个手指要握紧变成拳头，才更加有力。整合营销的中心思想是以通过企业与消费者的沟通，满足消费者需要的价值为导向，确定企业统一的促销策略，协调使用不同的传播手段，发挥不同传播工具的优势，如广告宣传、媒体传播、品牌塑造、公共关系、目标市场确定、客户关系管理等。

(二) 整合营销传播的发展阶段

整合营销传播的发展经历了四个阶段，如图 10-1 所示。

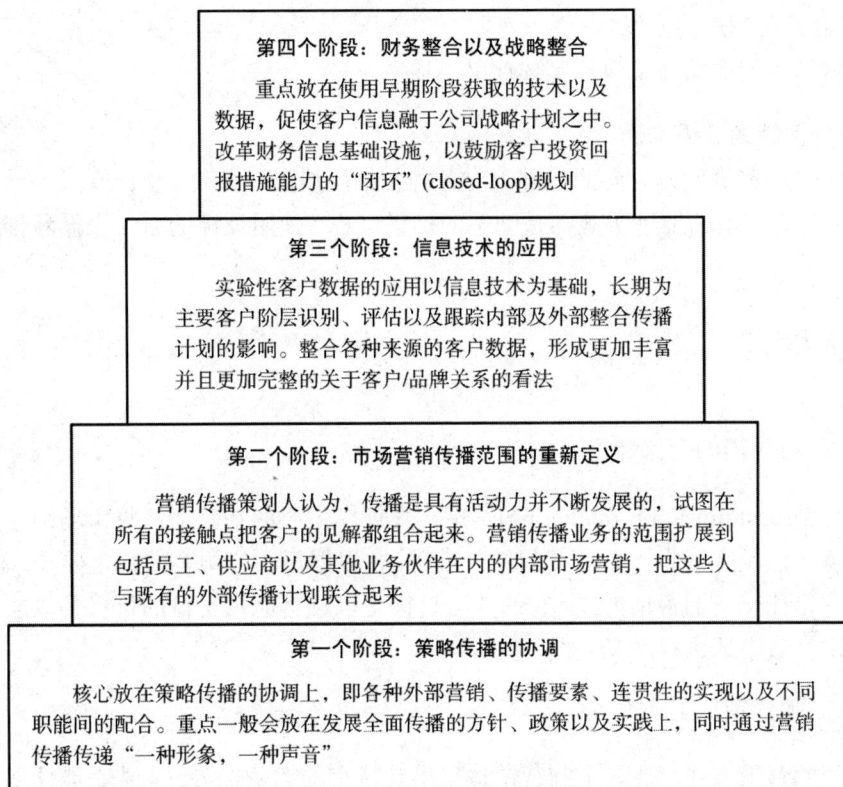

图 10-1　整合营销传播的四个发展阶段

(三) 整合营销的内容

企业开展整合营销时，一般包括战略的重塑、组织的动态再造、整合营销价值的确认、整合营销的产品开发、整合营销的传播沟通等几个方面的内容。

1. 战略的重塑

传统营销战略忽略了战略层次的系统性、动态性。整合营销是用全新的理念来重新进行战略的定位与重塑。

2. 组织的动态再造

传统的营销组织是以分工理论为基础的，显然不能使企业协调成一个整体，各部门之间也必然会存在各种矛盾或冲突，而整合营销强调的是整体性与协调性。

3. 整合营销价值的确认

整合营销的价值观是一种综合的价值观，既有精神的也有物质的，其价值确认要体现企业与顾客和社会的共同价值，而非单个企业产品的价值。价值的确认仍是从顾客需求分析开始，寻找令顾客满意的价值所在，在考虑企业自身实力与社会制约的基础上，确认一个三方都有利的价值标准来实施价值管理。

4. 整合营销的产品开发

整合营销中的产品开发包括实体产品与服务。

5. 整合营销的传播沟通

强调在以顾客价值为导向的基础上对各种传播手段进行整合,使传媒成为一个协调的整体。关于整合营销的推进实施则是动态的推进过程,使用反馈的方法来循环推进整合营销方案。

二、定制营销

(一) 定制营销的含义

定制营销(customization marketing)是指在大规模生产的基础上,将市场细分到极限程度——把每一位顾客视为一个潜在的细分市场,并根据每一位顾客的特定要求,单独设计、生产产品并迅捷交货的营销方式。它的核心目标是以顾客愿意支付的价格并以能获得一定利润的成本高效率地进行产品定制。

(二) 定制营销的竞争优势

与传统的营销方式相比,定制营销体现出其特有的竞争优势。首先,能体现以顾客为中心的营销观念。从顾客需要出发,与每一位顾客建立良好关系,并为其开展差异性服务,实施了一对一的营销,最大程度满足了用户的个性化需求。由于定制营销注重产品设计创新与特殊化,个性化服务管理与经营效率,实现了市场的快速形成和裂变发展。在这种营销中,消费者需要的产品由消费者自己来设计,企业则根据消费者的要求开展大规模定制。其次,实现了以销定产,降低了成本。在大规模定制下,企业的生产运营受客户的需求驱动,以客户订单为依据来安排定制产品的生产与采购,使企业库存最小化,降低了企业成本。因此,它的目的是把大规模生产模式的低成本和定制生产以客户为中心这两种生产模式的优势结合起来,在不牺牲经济效益的前提下,了解并满足单个客户的需求。可以这样说,它将确定和满足客户的个性化需求放在企业的首要位置,同时又不牺牲效率,它的基本任务是以客户愿意支付的价格并以能获得一定利润的成本高效率地进行产品定制。最后,定制营销在一定程度上减少了企业新产品开发和决策的风险。

(三) 形成定制营销时间竞争优势的途径

从营销实施的起点看,定制营销是"零起点"营销,而传统营销是"非零起点"营销,传统营销通常是利用较多的库存缩短供货时间,而定制营销的库存较少甚至为零,导致供货周期较长,时间优势不明显。而客户在通过定制化获得优质的个性化产品和服务的同时,更希望企业提供的产品和服务准时、快捷,以减少其购买决策的不确定性,降低购买决策的风险。这就要求企业在较短的时间内做出快速的反应,正如 Raymond 等提出的"零时间"企业运作管理模式,"零时间"就是指能够立即满足顾客的需要,即意味着你的组织能即时行动和响应市场的变化。对于实施定制营销的企业而言，能否在"零时间"内——最短的时间内或者在最准确的时间点上，提供顾客所需要的产品或服务，即时满足顾客的需要。因此，构建基于时间竞争的定制营销系统对顾客满意度、顾客忠诚、顾客终身价值、顾客关系、顾客服务价值链的提升有十分重要的意义。因而形成定制营销时间竞争优势的途径就很重要。

1. 信息化是定制营销的基础

企业信息化是指企业在科研、生产、营销和办公等方面广泛利用计算机和网络技术，构筑企业的数字神经系统，全方位改造企业，以降低成本和费用，增加产量与销售，提高企业的市场反应速度，提高企业的经济效益。定制营销的一个重要特征就是数据库营销，通过建立和管理比较完全的顾客数据库，向企业的研发、生产、销售和服务等部门和人员提供全面的、个性化的信息，来理解顾客的期望、态度和行为。在这个网络平台上，公司能够了解每一位消费者的要求并迅速给予答复，在生产产品时就对其进行定制。企业根据网上顾客在需求上存在的差异，将信息或服务化整为零或提供定时定量服务，顾客根据自己的喜好去选择和组合，形成"一对一"营销。因此，没有畅通的信息渠道，企业无法及时了解顾客的需求，顾客也无法确切表达自己需要什么产品，就无从谈定制营销。Internet、信息高速公路、卫星通信、声像一体化可视电话等的发展为这一问题提供了很好的解决途径，是企业电子商务、网络营销和定制营销的基础平台。利用信息技术能够提高定制营销的时间竞争优势，例如，摩托罗拉的销售员携带笔记本电脑，根据顾客设计要求定制移动电话；该设计通过网络转送至工厂，在 17 分钟内开始生产，两个小时后，顾客设计的产品就生产出来了。

2. 选择合理的定制营销方式

企业要根据自身产品的特点和客户的需求情况，正确地选择定制营销方式，以取得时间优势。一般来说，定制营销的方式有以下几种：合作型定制、适应型定制、选择型定制和消费型定制。例如，当产品的结构比较复杂时，消费者一般难以权衡，不知道选择何种产品组合适合自己的需要，在这种情况下可采取合作型定制；企业与消费者进行直接沟通，介绍产品各零部件的特色性能，并以最快的速度将定制产品送到消费者手中。如果消费者的参与程度比较低时，企业可采取适应型定制营销方式；消费者可以根据不同的场合、不同的需要对产品进行调整、变换或更新组装来满足自己的特定要求。而当产品对于顾客来说其用途是一致的，而且结构比较简单，顾客的参与程度很高时，可以采用顾客设计方式。在有些情况下，企业需要通过调查，识别消费者的消费行为，掌握顾客的个性偏好，再为其设计好更能迎合其口味的系列产品或服务，如金融咨询、信息服务等行业可以采用这种方式。因此，不同的定制营销方式适用于不同特点的产品，也对应于不同需求的顾客，定制营销企业要充分考虑自身产品及企业服务顾客的需求差异。

3. 业务外包

业务外包(outsourcing)，又称"外部委托"或者"资源外包"，其本质是把自己做不了、做不好或别人做得更好、更安全、更快捷的事交由别人去做，业务外包是一种经营策略。它是某一公司(称为发包方)，通过与外部其他企业(称承包方)签订契约，将一些传统上由公司内部人员负责的业务或机能外包给专业、高效的服务提供商的经营形式。业务外包被认为是一种企业引进和利用外部技术与人才，帮助企业管理最终用户环境的有效手段。业务外包的精髓是明确企业的核心竞争能力，并把企业内部的智能和资源集中在那些有核心竞争优势的活动上，然后将企业非核心能力部分的业务外包给最好的专业公司。由于发包方和承包方专注于各自擅长的领域，更高的生产效率提供了更快捷的产品和服务，取得了时间竞争的优势。例如：通用汽车公司通过采用业务外包的策略，把运输和物流业务外包给理斯维物流公司(Leaseway Logistics)，通用汽车公司则集中力量于核心业务——制造轿车和卡车，始于1991年的合作节约了大约10%的运输成本、缩短了18%的运输时间、提高了响应速度和反应能力。当然，这种机制的高效性是以信息技术为基础的。否则，需求放大的信号，需求信息扭曲的"牛鞭效应"就会产生。因此，信息协调，对于增强企业之间的信息共享程度，增强决策信息的可获性、透明性和可靠性，增强企业间的合作是十分必要的。

4. 构建敏捷柔性的生产制造系统

敏捷制造(agile manufacturing)，这一概念是1991年美国里海大学亚柯卡(Iacocca)研究所提出的。敏捷制造的特点包括：①敏捷制造是信息时代最有竞争力的生产模式。它在全球化的市场竞争中能以最短的交货期、最经济的方式，按用户需求生产出用户满意的具有竞争力的产品。②敏捷制造具有灵活的动态组织机构。它能以最快的速度把企业内部和企业外部不同企业的优势力量集中在一起，形成具有快速响应能力的动态联盟。③敏捷制造采用了先进制造技术。敏捷制造一方面要"快"，另一方面要"准"，其核心就在于快速地生产出用户满意的产品。④敏捷制造必须建立开放的基础结构。定制营销企业要构建敏捷制造系统，关键要从生产运作管理入手，完成生产经营策略的转变和技术准备；适当的技术和先进的管理能使企业的敏捷性达到一个新的高度，如先进加工技术、质量保证技术、零库存管理技术以及MRPⅡ/ERP等。另外，满足客户个性化的需求，生产流程必须柔性化。企业的生产装配线必须具备快速调整的能力，使企业的生产线具有更高的柔性和更强的加工变换能力，从而使生产系统能适应不同品种、式样的加工要求。

总之，定制营销企业要想在竞争中取得优势，时间竞争是其不可回避的问题，企业通常需要在上述几种策略上进行整合，以获得定制营销的时间优势。

(四) 定制营销的优缺点分析

1. 定制营销的优点

与传统的营销方式相比，定制营销主要具有以下优点：

(1) 能极大地满足消费者的个性化需求，提高企业的竞争力。对此，海尔的"定制冰箱"服务已充分说明这一点。

(2) 以销定产，减少了库存积压。传统的营销模式中，企业通过追求规模经济，努力降低单位产品的成本和扩大产量。

(3) 有利于促进企业的不断发展，创新是企业永保活力的重要因素。

在定制营销中，顾客可直接参与产品的设计，企业也根据顾客的意见直接改进产品，从而达到产品、技术上的创新，并能始终与顾客的需求保持一致，从而促进企业的不断发展。

2. 定制营销的缺点

定制营销也并非十全十美，它也有其不利的一面。首先由于定制营销将每一位顾客视作一个单独的细分市场，这固然可使每一个顾客按其不同的需求和特征得到有区别的对待，使企业更好地服务于顾客。但另一方面也将导致市场营销工作的复杂化、经营成本的增加以及经营风险的加大。其次，技术的进步和信息的快速传播，使产品的差异日趋淡化，今日的特殊产品及服务，到明天则可能就大众化了。产品、服务独特性的长期维护工作因而变得极为不容易。

定制营销的实施要求企业具有过硬的软硬件条件。首先，企业应加强信息基础设施建设，信息是沟通企业与顾客的载体，没有畅捷的沟通渠道，定制营销的实施效果将会大打折扣。其次，企业必须建立柔性生产系统，一般由数控机床、多功能加工中心及机器人组成，它只要改变控制软件就可以适应不同品种式样的加工要求，从而使企业的生产装配线具有了快速调整的能力。最后，也是最重要的，定制营销的成功实施必须建立在企业卓越的管理系统之上。

案 例

2 年卖出 24.8 万台，8848 手机成功吗？

可能没有"创新"的另类手机，一部几乎只有特定人群知晓的高端品牌，"2 年，24.8 万台 8848 手机，相当于卖出 172 万台小米 max5，143 万台锤子坚果 pro，112 万台荣耀 9。"

对比小米、华为年销上千万台的规模来说，8848 确实是小巫见大巫，但对于一个 2015 年创建的以轻奢定位(新一代的 M4 尊享版 12 999 元，巅峰版 15 999 元，私人定制版最高 25 880 元)的品牌来说，取得这个销量在同类高端产品中已实属罕见。其营销打法独树一帜。

从 2008 年至今，作为全程协助打造 E 人 E 本、8848 手机的外脑智旗品牌营销机构，参与并见证了 8848 从无到有，从零起步直到今天 M4 发布，成为本土高端手机第一品牌的整个过程。智旗品牌营销创始人邵军，以"旁观者"的视角，总结与回顾了 8848 是如何在激烈厮杀的手机江湖，神速般取得今天这个地位的。

定义人群，是制定所有营销策略的原点

从 E 人 E 本开始,杜国楹团队对中国的富贵阶层(特别是民企老板)的洞察越来越深刻,他们认为，奢侈是用户消费能力、生活方式、价值观的综合体现。因此在 2015 年着手打造 8848 手机品牌的时候，便在一片红海的手机市场中直接瞄准了一个小众且差异化的人

群——高端商务人群，他们除了富裕之外也有自己的思想，8848 从创立之初就与用户在价值观层面达成共识：向成功致敬。

正式上市前的多轮测试，证明了杜国楹对这个人群的十足把握，即以"一个介于 iPhone 与 Vertu 之间的既奢华又实用"的市场定位，之后的市场销售反馈亦证明 8848 钛金手机对 Vertu 手机市场的成功侵蚀，正是基于其对高端人群+"轻奢"科技产品的准确卡位。

从 M2 开始，为了引发更多高端目标人群的共鸣并解决品牌知名度问题，8848 开启了代言人策略。插个题外话，早期这款手机并没有命名为 8848，这个品牌名是在某个深夜，在杜的办公室，智旗团队与 8848 团队一起头脑风暴后，杜突然说出的。8848 直接的联想是什么？当然是珠峰。不仅是山峰的高度，更是人生的高度。在中国，谁可以匹配这个高度？这就是后来拍板选择王石代言而不是明星演员的理由。8848—王石—成功，这个沟通逻辑顺理成章，毫无违和。

抢先占位，差异化贴标签

从背背佳、好记星、E 人 E 本到 8848，杜国楹对每个产品都有一个清晰且有力的定位，而且都获得市场的认可，取得成功。他对《定位》一书推崇备至。8848 定位轻奢，可以说避开了与大厂的正面较量，走出一条大多数人不敢尝试的蹊径，在 Vertu 和 iPhone 之间撕开一道"科技奢侈品"的口子。2 年 25 万台的销量，再一次验证了他独特大胆的抢先占位的营销方法。在 M4 发布会上，8848 携手范冰冰"龙袍"设计师劳伦斯·许的高定时装秀，引入高级订制的概念，开启了全线产品的私人订制服务，这场发布会再次成为手机界的新标杆。原来，手机还能这么玩?!

超级品类+极致单品，是打造第一品牌的核心营销手段

与老牌奢侈品手机 Vertu 的失败相比，8848 以奢华的外观，实用的安全功能，巧妙的价格区间，一年一款的更新迭代，在科技与奢侈之间做了动态的平衡，打破了科技与奢侈品难以兼容的悖论，开创了一个全新的品类。

8848 通过高端腕表设计理念、奢华昂贵的材质(蜥蜴、鳄鱼皮配合镀黄金、铂金、香槟金等)、颜色，以及个性化定制服务(激光镌刻、宝石镶嵌)来满足潜在精英阶级的极致产品需求，这是锁定用户最直接有效的方式，亦是彰显独特价值的营销手段。

8848 究竟会有一个多大的市场?最终能做成什么样?杜国楹的理解是，不求规模只求利润，坚守小而美，终极目标销量是 50 万台。一面追求产品的奢华、独特性，一面又用限制销量的手段保持产品的稀有性，不得不说，营销老手杜国楹看透了商业本质。

必须具备"杀手级应用"

智旗是一家不算年轻的公司。从 2005 年开始持续全案服务商务通手机达 4 年，杜国楹在筹划 8848 手机初期，多次与智旗团队讨论当年为商务通确立的"中国信息安全手机"这个核心定位。最终，杜与团队一致认为：商务通手机留下的安全这一功能，依然是当前富贵阶层人群的隐形刚需。因此，8848 手机在安全及体验层面，搭载了双系统指纹识别技术并进行手机智能的场景服务升级。通过指纹智能识别，可实现双系统分别设置不同指

纹进入；安全指纹对重要联系人、短信、图片、视频、文件等敏感资料一键加密；私密来电指纹保护；指纹快捷支付等功能，在硬件服务上有了新的突破与升级。把安全功能做到了极致。

智旗的核心营销方法论中，有一条16字真言："典型人群+典型场景+典型应用+典型利益"，8848手机在营销上正是奢华在外，功能在内的打法，从人群及场景出发，将安全功能软植入。在传播上，8848继承并发展了其过去擅长的电视广告传播，一方面场景上风格高大上、贴合高端目标人群，另一方面利益上卖点突出、特点鲜明，完成对目标客户的销售力。

环顾消费电子市场的营销，华为缺少情感沟通、小米策略缺失、OV靠量取胜、金立永远在跟风……能够将"销售力+品牌力"完美结合的营销策略与推广执行，几乎只有杜国楹及其团队。

但是，难道8848手机只是一次营销定位上的成功？

跟杜之前的所有创业项目一样，8848手机现在亦是"冰火两重天"的境况。一方面，销售数字证明了市场的认可度，另一方面却是"吃瓜群众"甚至竞争对手在疯狂吐槽甚至抹黑。

智旗创始人邵军认为：近年营销领域现象级的成功案例屈指可数，而8848恰恰提供了一个可以研究与反思的样本。如果放大一点来看，任何现象的产生都有特定的土壤，成功与失败都不是空穴来风。对于杜国楹而言，这位曾先后创立背背佳、好记星、E人E本、8848、小罐茶等品牌的连续创业者，难道就是靠拍脑袋抢机会？

不仅是8848，杜从E人E本开始，在目标人群选择，到产品开发、概念策划，到传播推广、渠道策略、终端建设、形象代言人选择等一系列商业运作上，都是精心谋划、精心布局的，几乎没有短板，只是这些背后的务实与努力，被外人认为的疯狂电视广告传播给掩盖了。事实上，深入研究则会发现：貌似巨量的电视广告投放，其实际花费可能连想象中的十分之一都不到。一块钱花成了十块钱的效果，这正是营销策划的魅力。

智旗团队的另一个观点是：无论8848手机，还是最近另一款火热的手机品牌红鸟手机(智旗团队正在打造的一款定位健康的手机)，看重的都是科技产品未被开发出来的奢侈品属性，即科技奢侈品市场。前者是奢侈+安全，后者是奢侈+健康。这个市场的被确立，标志着手机行业从高速增长走向理性选择的成熟期，越来越多的细分市场被开发、被接受。邵军认为：就目前的市场来看，科技"奢侈品"市场的挖掘远未结束，未来仍有广阔的空间。

(资料来源：飞悦. 2年卖出24.8万台，8848手机成功吗[EB/OL]. [2017-11-12]. http://news.163.com/17/1112/12/D31T79LI00014AEE.)

三、绿色营销

绿色营销是一种能辨识、预期及符合消费的社会需求，并且可带来利润及永续经营的管理过程。绿色营销观念认为，企业在营销活动中，要顺应时代可持续发展战略的要求，注重地球生态环境保护，促进经济与生态环境协调发展，以实现企业利益、消费者利益、社会利益及生态环境利益的协调统一。

从这些界定中可知，绿色营销是以满足消费者和经营者的共同利益为目的的社会绿色需求管理，以保护生态环境为宗旨的绿色市场营销模式。

绿色营销管理包括如下五个方面的内容。

(一) 树立绿色营销观念

绿色营销观念是在绿色营销环境条件下企业生产经营的指导思想。传统营销观念认为，企业在市场经济条件下生产经营，应当时刻关注与研究的中心问题是消费者需求、企业自身条件和竞争者状况三个方面，并且认为满足消费需求、改善企业条件、创造比竞争者更有利的优势，便能取得市场营销的成效。而绿色营销观念却在传统营销观念的基础上增添了新的思想内容。企业生产经营研究的首要问题不是在传统营销因素条件下，通过协调三方面关系使自身取得利益，而是与绿色营销环境的关系。企业营销决策的制定必须首先建立在有利于节约能源、资源和保护自然环境的基点上，促使企业市场营销的立足点发生新的转移。对市场消费者需求的研究，是在传统需求理论基础上，着眼于绿色需求的研究，并且认为这种绿色需求不仅要考虑现实需求，更要放眼于潜在需求。企业与同行竞争的焦点，不在于传统营销要素的较量、争夺传统目标市场的份额，而在于最佳保护生态环境的营销措施，并且认为这些措施的不断建立和完善，是企业实现长远经营目标的需要，它能形成和创造新的目标市场，是竞争制胜的法宝。

与传统的社会营销观念相比，绿色营销观念注重的社会利益更明确定位于节能与环保，立足于可持续发展，放眼于社会经济的长远利益与全球利益。

(二) 设计绿色产品

产品策略是市场营销的首要策略，企业实施绿色营销必须以绿色产品为载体，为社会和消费者提供满足绿色需求的绿色产品。所谓绿色产品是指对社会、对环境改善有利的产品，或称无公害产品。这种绿色产品与传统同类产品相比，至少具有下列特征：

(1) 产品的核心功能既要能满足消费者的传统需要，符合相应的技术和质量标准，更要满足对社会、自然环境和人类身心健康有利的绿色需求，符合有关环保和安全卫生的标准。

(2) 产品的实体部分应减少资源的消耗，尽可能利用再生资源。产品实体中不应添加有害环境和人体健康的原料、辅料。在产品制造过程中应消除或减少"三废"对环境的污染。

(3) 产品的包装应减少对资源的消耗，包装产品报废后的残物应尽可能成为新的资源。

(4) 产品生产和销售的着眼点，不在于引导消费者大量消费而大量生产，而是指导消费者正确消费而适量生产，建立全新的生产美学观念。

(三) 制定绿色产品的价格

价格是市场的敏感因素，定价是市场营销的重要策略，实施绿色营销不能不研究绿色产品价格的制定。一般来说，绿色产品在市场的投入期，生产成本会高于同类传统产品，因为绿色产品成本中应计入产品环保的成本，主要包括以下几方面：

(1) 在产品开发中，因增加或改善环保功能而支付的研制经费。

(2) 在产品制造中，因研制对环境和人体无污染、无伤害而增加的工艺成本。

(3) 使用新的绿色原料、辅料而可能增加的资源成本。

(4) 由于实施绿色营销而可能增加的管理成本、销售费用。

但是，产品价格的上升会是暂时的，随着科学技术的发展和各种环保措施的完善，绿色产品的制造成本会逐步下降，趋向稳定。企业制定绿色产品价格，一方面当然应考虑上述因素，另一方面应注意到，随着人们环保意识的增强，消费者经济收入的增加，消费者对商品可接受的价格观念会逐步与消费观念相协调。所以，企业销售绿色产品不仅能使企业盈利，更能在同行竞争中取得优势。

(四) 绿色营销的渠道策略

绿色营销渠道是绿色产品从生产者转移到消费者所经过的通道。企业实施绿色营销必须建立稳定的绿色营销渠道，策略上可从以下几方面努力：

(1) 启发和引导中间商的绿色意识，建立与中间商恰当的利益关系，不断发现和选择热心的营销伙伴，逐步建立稳定的营销网络。

(2) 注重营销渠道有关环节的工作。为了真正实施绿色营销，从绿色交通工具的选择，绿色仓库的建立，到绿色装卸、运输、贮存、管理办法的制定与实施，认真做好绿色营销渠道的一系列基础工作。

(3) 尽可能建立短渠道、宽渠道，减少渠道资源消耗，降低渠道费用。

(五) 搞好绿色促销活动

绿色促销是通过绿色促销媒体，传递绿色信息，指导绿色消费，启发引导消费者的绿色需求，最终促成购买行为。绿色促销的主要手段有以下几方面：

(1) 绿色广告。通过广告对产品的绿色功能定位，引导消费者理解并接受广告诉求。在绿色产品的市场投入期和成长期，通过量大、面广的绿色广告，营造市场营销的绿色氛围，激发消费者的购买欲望。

(2) 绿色推广。通过绿色营销人员的绿色推销和营业推广，从销售现场到推销实地，直接向消费者宣传、推广产品绿色信息，讲解、示范产品的绿色功能，回答消费者绿色咨询，宣讲绿色营销的各种环境现状和发展趋势，激励消费者的消费欲望。同时，通过试用、馈赠、竞赛、优惠等策略，引导消费兴趣，促成购买行为。

(3) 绿色公关。通过企业的公关人员参与一系列公关活动，诸如发表文章、演讲、影视资料的播放，社交联谊，环保公益活动的参与、赞助等，广泛与社会公众进行接触，增强公众的绿色意识，树立企业的绿色形象，为绿色营销建立广泛的社会基础，促进绿色营销业的发展。

案 例

耐克公司的绿色营销

全球最大的运动鞋和服装生产企业耐克公司一度受困于员工待遇的质疑。这使得公司的形象大打折扣。除了改进员工待遇，耐克需要一个不一样的新闻点来告诉消费者，自己是一家负责任的公司。

耐克想到了绿色公关。从 2005 年开始，耐克公司特别设计了一个强调可持续环保概念的运动鞋系列 The Considered。这个系列的产品都不使用人造鞋材，能够尽可能地减少运输过程中需要消耗的能量，降低对气候变化的影响。例如，与耐克的典型产品相比，在生产过程中的溶剂使用减少了 80%以上；各式鲜艳夺目的产品颜色也都来源于植物染料，传递宛如赤足的舒适感；鞋面和鞋带用的是纤维和聚酯；尽量减少使用有毒的胶黏剂；鞋的外底也用到了"让旧鞋用起来"活动中生产出来的研磨橡胶产品。

2007 年第三代 The Considered 产品更关注喜欢到户外去寻找乐趣的年轻一代。"水猫"是一款水鞋，虽然把使用材料量降低到了最小限度，仍然保持了适当地对脚后跟、脚踝和脚趾的支持和保护；"倾盆大雨"也仍然是一款水鞋，它比许多传统鞋的鞋层都少，鞋面只是单薄的网眼层。整双鞋采用了"锁定在一起"的加工手法，自然减少了对有毒胶黏剂的依赖。

所有这些活动让耐克的品牌形象不但增添了积极、进取等元素，而且得到了环保人士的青睐。调查表明，耐克被消费者认为是最环保的运动产品品牌。

每年，全球都会有数百万双运动鞋被遗弃在路上，或者被以别的什么方式处理掉。这不仅仅是巨大的浪费，而且这些不可降解的产品还会对环境造成污染。这些旧鞋中还有一些有价值的材料，只要发挥想象，在天才的工程师手里它们就可以变废为宝，从而实现可持续的环保理想。耐克很快推出了"让旧鞋用起来"活动——用最创新的方法和先进的回收技术创建高质量的运动场地，到现在已发展成为耐克一项长期的环境保护社区项目。

到 2007 年 6 月为止，耐克已经回收了超过 2 000 万双各种品牌的旧运动鞋，在全球捐赠了超过 170 个运动场地，包括 250 个社区的"让我玩"投资项目的运动场地，打造社区，促进积极的社会变化。这些正体现了耐克曾经声明过的两个目标：扫除浪费和促进年轻一代多参加运动从而提高生活质量。

"让旧鞋用起来"活动已扩展到了许多国家，加拿大、英国、荷兰、德国、澳大利亚和日本，而且还在继续扩大。而相应的信息都有网站可以查询，使得这项工作可以更好、更快地进行下去。耐克的这一项目吸引了众多媒体的聚焦，使其成为运动产业产品回收的典范。2006 年，耐克荣获 G-ForSE 环境大奖。在塑造积极健康生活方式的同时，耐克还赢得了绿色的美誉。

(资料来源：尚惠仪. 耐克公司的绿色营销[EB/OL]. [2011-06-11].
http://abc.wm23.com/xiaohuiyi/92750.html.)

四、跨界营销

跨界营销是指根据不同行业、不同产品、不同偏好的消费者之间所拥有的共性和联系，把一些原本毫不相干的元素进行融合、互相渗透，进而彰显出一种新锐的生活态度与审美方式，并赢得目标消费者的好感，使得跨界合作的品牌都能够得到最大化的营销。

随着市场竞争的日益加剧，行业与行业相互渗透、相互融合，已经很难对一个企业或者一个品牌清楚地界定它的"属性"，跨界(crossover)现在已经成为国际最潮流的字眼，从传统到现代，从东方到西方，跨界的风潮愈演愈烈，已代表一种新锐的生活态度和审美方式的融合。

跨界营销，意味着需要打破传统的营销思维模式，避免单独作战，寻求非业内的合作伙伴，发挥不同类别品牌的协同效应。可以建立"跨界"关系的不同品牌，一定是互补性而非竞争性品牌。这里所说的互补，并非功能上的互补，而是用户体验上的互补。跨界营销的实质，是实现多个品牌从不同角度诠释同一个用户特征。跨界营销面向的是相同或类似的消费群体，因此企业在思考跨界营销活动时，需要对目标消费群体进行详细深入的市场调研，深入分析其消费习惯和品牌使用习惯，作为营销和传播工作的依据。

跨界营销对相互合作的企业而言，在营销能力上提出了很多挑战。以往企业的营销战略，只需要考虑如何使用好企业自身的资源，而由于联合，企业需要考虑如何通过战略上的修正，在与合作伙伴的互动中，获得资源利用上的协同效应。需要注意的是，当品牌成为目标消费者个性体现的一部分时，这一特性同样需要和目标消费者身上的其他特性相协调，避免重新注入的元素和消费者的其他特性产生冲突，造成品牌印象的混乱。

五、文化营销

(一) 文化营销的概念

文化营销是有意识地通过发现、甄别、培养或创造某种核心价值观念来达成企业经营目标(经济的、社会的、环境的)的一种营销方式，旨在从分析消费者心目中对于文化需求更高的层次着眼，在消费者生活质量得到提高、社会物质生活丰富的现在，消费者的价值和满足更多地偏向于对高层次文化的追求。这对于营销者则提出了更高要求，要求营销者必须将某种企业文化在产品传递过程中表达出来，只有当企业通过产品和服务所传递出来的文化与消费者的文化需求契合时，消费者满意才能真正实现。

文化营销既包括浅层次的构思、设计、造型、装潢、包装、商标、广告、款式，又包含对营销活动的价值评判、审美评价和道德评价。

(二) 文化营销的层次

企业在实施文化营销过程中表现为以下三个层次：

1. 产品文化营销

从文化营销的角度看，产品仅是价值观的实体化。产品文化营销包括产品的设计、生产、使用等各个方面。

2. 品牌文化营销

品牌文化营销是产品文化营销的进一步发展。品牌文化包括了整个社会对品牌的信任和保护，包括了消费者使用名牌的行为，反映了消费者的价值选择，也包括了厂商创立名牌、生产名牌的行为，作为生产者的品牌文化营销与之有密切关联。厂商创名牌的过程，就是不断地去积累品牌文化个性的过程。当品牌竞争在质量、价格、售后服务等物质要素上难以有突破时，给品牌注入文化内涵，其身价就不仅仅是物质因素的总和，也不是原来意义上的竞争，而是一种更高境界的较量。

3. 企业文化营销

企业文化营销的核心就在于寻求为顾客所接受的价值信条作为立业之本，从而促进顾客对整个企业包括其产品的认同。美国IBM公司经营的宗旨是：尊重人、信任人、为用户提供最优服务及追求卓越的工作业绩。IBM的价值观曾具体化为IBM三原则，即为职工利益、为顾客利益、为股东利益。后来，三原则又发展为以"尊重个人""竭诚服务""一流主义"为内容的三信条。这些成为IBM的核心和灵魂，并为公司树立了良好的企业形象。

(三) 实施文化营销的注意事项

文化营销不是喊口号，不是玩花拳绣腿。它不只是一个形式，而更是一个内容的问题。企业在文化营销时应注意以下几个方面：

1. 处理好内容与形式的关系

内容决定形式，形式是内容的体现，二者辩证统一。企业在文化营销时往往只重视形式忽略了内容。有的企业只注重产品的包装，不重视产品的质量；有的企业在文化建设中只提出一些口号，实际中并不执行；有的企业只知道做广告做宣传，只重视企业视觉识别系统(VI 设计)，不强调企业理念(MI)和企业行为(BI)建设，造成了"金玉其外，败絮其中"的结果。

2. 要用系统的观点对待文化营销

企业的文化营销是一个整体，一个有机的系统。它包括三个方面的含义，我们不能断章取义，只抓一点不及其余，而要把三者有机结合起来。企业文化建设是企业文化营销的前提和基础，企业没有良好的、健康的、全面的文化建设，文化营销就成了无源之水、无本之木。企业分析和识别不同环境的文化特点是文化营销的中间环节和纽带，在企业文化建设的基础上，只有对不同环境的文化进行分析才能制定出科学的文化营销组合策略；制定文化营销组合策略是前两者的必然结果。企业在进行文化营销时往往忽视了前两者，只重视了文化营销组合策略的运用，结果是收效甚微。

案　例

三只松鼠：你为什么学不会

2016 年 11 月 22 日，三只松鼠实现年度销售目标 45 亿元，提前 40 天完成年度销售任务。相关统计数据显示：随着全品类零食的成熟，"三只松鼠旗舰店"和"三只松鼠"的搜索指数总已超过"零食"搜索指数的两倍，这意味着三只松鼠已不仅仅代表着零食，同时是一个具有深度影响力的 IP。

三只松鼠的文化，有着怎样的构成呢？

互联网的本质是消费者为王和与消费者零距离。实际上，在三只松鼠，所有员工都称呼消费者为主人，在他们眼中，自己就是为主人服务的一只松鼠。

在三只松鼠，主人第一的思维是企业的共识和组织原则，在三只松鼠的企业文化当中，有一条"不准让主人不爽"，就像一个企业的最高宪法。

在三只松鼠的文化中，有一种客服文化或者包裹文化。其本质是永远贴近消费者，保持为消费者服务的意识。

一个企业在发展壮大的过程中，总会经历许许多多的事件。这些历史事件常常被作为企业神话、英雄传说之类流传下来。这些故事中深深隐含着组织的核心价值观，并传达着组织创造者、接任者个人理念对整个组织的影响。

三只松鼠企业文化却肇始于一场关于生死的空前危机。由于对需求判断不足，三只松鼠用了所有能用的人还是没有及时发出货物。可很多主人却被三只松鼠的真诚打动了，当时，很多原本怒火中烧的客户反而变成了三只松鼠的铁杆粉丝。

三只松鼠在生死边缘徘徊多日后，又奇迹般地活过来了。通过建立内部粉丝和外部粉丝，三只松鼠实现了口碑裂变和爆发式增长。

(资料来源：寇尚伟. 三只松鼠，你为什么学不会[J]. 销售与管理，2017(3).)

第三节　市场营销伦理

一、营销伦理概述

营销伦理(marketing ethics)是商业伦理学的一个应用分支，是指对营销策略、营销行为及机构道德的判断标准。营销伦理涉及企业高层管理者、营销经理和其他营销人员的道德问题，因为他们的道德水准将影响企业的营销行为。营销伦理影响到企业各个方面的活动，包括营销策略的制定，目标市场的选择，产品策略、价格策略、分销策略以及促销策略中的人员推销、广告、营业推广等策略的制定和运用。营销伦理是营销主体在从事营销活动中所应具有的基本的道德准则，即判断企业营销活动是否符合消费者及社会的利益，能否给广大消费者及社会带来最大幸福的一种价值判断标准。企业与消费者和社会的关系，最主要的是经济关系，直接表现为某种利益关系，这种关系的正确处理，除依靠法律外，还需要正确的伦理观念指导。

营销伦理涉及企业组织和营销人员两个层次：一方面，从企业这个主体看，现代企业处于一个复杂的社会大系统中，企业的经营行为在相当程度上是通过营销活动表现出来；另一方面，从营销人员的行为看，他们在营销活动中，更是直接代表了企业行为，即营销伦理由营销活动中的个体表现出来。反过来，消费者及社会公众则是通过企业营销行为来判断其是否符合法律规定和社会道德要求。

二、市场营销中的伦理问题

市场竞争的结果就是优胜劣汰，这就要求企业提高整体素质，包括提高营销伦理水平，运用现代营销思想来开展营销工作。但目前有相当数量的企业为了追求眼前利益，不去增加科技投入，提高生产率，降低成本；不去加强全面管理，提高产品质量，增强竞争力，而是在营销中采取各种卑劣的手段，投机钻营，造成营销伦理的严重丧失。究其本质，这些企业缺少法律、道德意识，是严重的利己主义思想在支配着他们的营销活动。具体来说，我国企业营销伦理失范主要表现在以下几个方面：

(一) 市场调研的伦理失范

个人隐私保护问题是市场营销伦理中的一个重要方面。通过市场调研，营销商可以获得大量的有关顾客的个人数据。由于相当数量的企业缺乏必要的用户隐私保护政策和措施，用户提供的个人身份、联系方式、健康状况、信用和财产状况等信息很容易被窃取和侵犯。甚至个别企业把这些个人信息或有偿或无偿对外扩散，这些信息的扩散往往对消费者的隐私构成侵害。此外，企业进行直接市场营销调研时，为充分调动公众参与的积极性，通常会有一定的馈赠承诺，但有些承诺并没有得到兑现。

(二) 产品策略的伦理失范

产品质量低劣、计划性的产品淘汰、品牌冒充、包装信息不真实、产品认证虚假等问题一直是产品策略方面存在的首要伦理问题。消费者购买商品时追求货真价实，而一些企业对产品的真实信息存在着故意夸大或隐藏，如使农民颗粒无收的假种子，通过假"年份酒"牟取暴利的葡萄酒；在追求市场份额和销售量时，部分企业盲目的计划性淘汰产品，即故意把产品在实际需要升级换代前就淘汰，而未考虑消费者是否真正需要这种产品或能否承担由此而造成的购买费用的增加；在产品包装方面，在包装信息不真实方面，某些企业故意用非正常尺寸的包装来吸引消费者的眼球，造成价格比较的困难，如用凹底瓶来装饮料给消费者造成错觉；在品牌冒充方面，相当数量的企业故意在品牌上造成细微差别以使消费者混淆，如市场上出现的"NOKLA""NOKTA"和"NCKIA"(都是冒充曾经的著名品牌"NOKIA")。

(三) 分销策略的伦理失范

分销策略中的伦理失范主要涉及两个方面：一是生产商与中间商之间的问题。生产商与中间商未能完全履行相关经营合同，或生产商供货不及时或供货不足，或对渠道成员的进行过分压榨，或中间商返款不及时。二是经销商与消费者之间的问题。一方面，消费者要求经销商遵循商业伦理，另一方面，过多的空口承诺、误导信息、"价格同盟"以及产销双方相互责任推诿却仍然在坑害消费者。

(四) 促销策略的伦理失范

由于信息不对称，企业促销时往往夸大产品的特色或性能，引诱或操纵消费者购买已滞销的廉价货或进行事先内定的抽奖；采用贿赂、送礼、回扣、宴请、娱乐等不正当的行为进行促销，采用有偿新闻等不正当的公共宣传手段。

(五) 定价策略的伦理失范

消费者要求企业公平合理的定价，但部分企业采用价格歧视、掠夺性定价、垄断价格等定价策略攫取不正当的高额利润。价格歧视是企业对同一种产品索取两种或两种以上的价格，它是企业对其出售的产品进行差别化定价，但这种价格的差异并非是由产品和服务的成本的差别造成的，而是由于信息不对称决定的。部分企业甚至故意向消费者宣传虚高的"出厂价"或"批发价"，同经销商建立"价格共谋"，共同欺骗消费者。

三、互联网时代的营销伦理

网络营销伦理是从伦理引申出来的概念，它是一个整体概念，反映了网络企业与所有相关者之间的利益关系及各项行为规范。一方面，网络营销伦理把公平正义、公正偏私、诚信虚伪等作为评价网络营销者的营销行为准则和营销行为规范；另一方面，在虚拟的网络空间，人的社会角色和所要承担的道德责任都与在现实空间中有很大不同，人们可以毫无顾忌地在网上交流和真实地表达自己的想法，并且不需要对自己的行为和语言承担责任，网上行为的道德性突破了传统道德规范的约束。企业在进行网络营销的过程中产生了诸如虚假交易、侵犯消费者隐私权、网络欺诈、网络垃圾邮件、网络色情、信息无效等现象，这些现象严重阻碍着网络经济的进步和电子商务的发展，企业营销伦理规范面临网络时代新的挑战。网络营销活动间的虚拟交往，使传统伦理的规范作用已不再完全适用，这就决定了网络营销比一般营销在伦理上有更高的要求。

(一) 网络营销中的欺诈问题

1. 虚假信息泛滥

网络环境的虚拟性以及网络行为的自由性，使得网络营销过程中存在着大量的虚假信息。在网络交易中，商流和物流的时间分离，使得消费者最终取得的商品和在网络上看到的信息资料可能并不一致，存在着库存已久、外观残缺、尘埃封面、品质无保障等问题。

一些网络公司为牟取暴利不惜以破坏消费者的信任为代价，在网上发布各式各样的广告信息，对所销售的商品标价不实或者用欺骗手段诱导消费者购买，并以此扩大商业影响，其程度已经远远地超出了道德的界限，消费者对网络交易丧失了起码的信任。

2. 产品品质无保证

产品品质缺失问题是网络营销中最常见、最主要的问题。对于网络产品问题，主要指假借或盗用其他企业产品品牌、交货延迟、网上样品与实际销售产品不一致、赠品缺失、对产品信息夸大其词、虚假宣传、售后服务得不到保证等。在网络营销发展过程中，相关的法律法规还处于初步发展阶段、网络交易秩序和伦理规范不完善，一些企业受利益驱使不讲信誉、以假换真、以次充好，这些问题均严重阻碍了网络营销的发展。

(二) 知识产权的问题

由于互联网的隐蔽性、发展的超常规性，有关网络营销中知识产权的法律保护制度一直相当滞后。网络营销因其交易时空的无限性、表达方式的多样性、市场的成长性以及销售过程的便捷性，给现代营销提供了前所未有的方便与快捷，也吸引了越来越多商家的介入。但其在展现巨大优势的同时，也出现了大量的伦理问题，就知识产权伦理问题方面而言存在诸如版权侵权、商标权侵权、专利权侵权等问题。随着互联网的全球化以及数字化技术的突飞猛进，人们下载和复制各种带有知识产权的信息变得越来越简单，一些企业为获取暴利，在网络营销过程中出现许多侵权行为，例如有一些企业在进行网络营销时根本不尊重版权所有者的权利，以欺骗手段取得消费者的信任，不仅严重地破坏了网络营销环境的和谐，也违背了商业伦理道德。

(三) 隐私权问题

步入 21 世纪以来，隐私权问题在网络营销伦理问题中越来越受到关注。在网络营销中，消费者个人信息的收集对企业而言是十分重要的，随着网络技术的进步和网络软件的不断升级，在未经消费者许可的情况下，消费者的个人信息，甚至包括个人银行账号、一些绝密信息在网络上都可以很容易地获取。在进行网络交易过程中，企业网站往往要求消费者提供个人信息，并且承诺对消费者信息和隐私进行保密。但部分企业受利益驱使，违背承诺，私自公开或出卖消费者个人信息并以此赚钱，极大地侵犯了消费者的隐私权。

网络邮件是一种新兴的、成本低廉的营销手段，其营销效果毋庸置疑。然而源源不断、不请自来的网络广告邮件极大地侵犯了消费者的私人空间，极大地浪费了消费者的时间和精力，让消费者苦不堪言。同时，这里面可能引发一种更深层次的伦理问题，那就是企业在向消费者发送广告邮件时可能将消费者的个人信息、隐私等通过电子邮件用于非法目的或用于获得暴利。据报道，美国电子隐私中心曾对 100 家知名电子商务网站做了调查，结果没有一家网站达到了《公平信息指南》(美国政府颁布的旨在保护消费者隐私的文件)规定的标准。

(四) 网络营销多元道德冲突问题

随着网络全球化，网络营销道德与传统营销道德相比呈现出多元化、多层次化的特点和发展趋势。网络以其独特的交流方式、管理方式和生活方式，将具有不同信仰、习俗、文化和个性的人们聚集在一起，形成了一个多元道德并存的社会。在网络营销中，虽然道德因生产关系的多层次性而有不同的存在形式，但每一个特定社会都只有一种道德居于主导地位，其他道德只能处于从属的、被支配的地位。随着网络营销的国际化，不同国家之间不同的信仰和习俗使网络交易出现越来越多的冲突和矛盾，如何有效地协调这些矛盾关系到企业和社会发展的进程。伦理属于人的范畴，网络营销者和消费者必须加强伦理教育和规范自身伦理行为，增进不同国家网络营销成员之间的理解，在冲突中寻找结合点，最终实现网络交易的和谐，把网络营销伦理提高到一个更高的水平。

四、互联网营销伦理建设的途径

(一) 加强网络营销伦理观的建设

网络营销伦理观的建设，是整个网络营销伦理建设的灵魂和核心，关系到网络营销在未来社会中能否健康发展。加强网络伦理建设，首先必须牢固树立科学利益观、诚信观、价值观和竞争观；其次应倡导企业和个人都参与网络营销伦理规范建设。在全社会范围内广泛进行网络营销伦理的宣传和教育，使公平、自愿、诚实、守信的营销道德规范深入人心，让企业和公众深刻认识到网络营销伦理建设是时代进步和社会发展的要求，是企业网络交易发展的必经之路。

结合中外优秀伦理观和伦理经验对广大公民进行网络伦理教育，不断提高公民的社会责任感和伦理意识。公民是社会的主人，是参与网络交易的主体，每个公民都有责任和义务促进社会和谐。企业要积极创造良好的工作氛围，倡导员工自觉抵制和制止不道德的行为，把"遵守营销伦理规范光荣，违反营销伦理规范可耻"列入企业文化建设，从正面引导网络伦理与文化新风尚的形成。另外，有关部门或社会有关团体应广泛组织新闻媒体加强公民防范意识，使公众意识到抵制非网络道德营销行为是自己的基本权利和义务，在全社会树立网络营销伦理新风尚。

(二) 加强网络营销伦理行为的建设

总的来说，网络营销伦理作为一种价值取向归根结底要寻求企业自律。企业需加强网络伦理行为的建设，集全社会之力，诉诸管理的、法律的、技术安全的和伦理教育等手段进行综合治理。

1. 建立监督和奖惩制度

从企业的角度看，应当把企业网络交易的伦理规范纳入到日常的规章制度中，建立监督和奖惩制度并严格执行，使得"先做人，后做事"的理念深入人心，引导广大的员工从思想上树立正确的伦理意识，自觉抵制不道德行为，使网络营销人员在进行网络交易中有章可循。另外，随着网络交易的范围越来越广泛，为了减少因虚假交易带来的巨大损失，企业可采取建立交易损失保障金制度、评级方法等来保障交易双方的利益。

2. 完善网络交易法制建设，建立完善的法制体系

由于网络环境的特殊性，政府在健全法律体系时必须制定网络经营的进入准则、经营准则、竞争准则，使网络经营有法可依，必须提高法律的可操作性，严厉打击触犯网络营销伦理的行为，使人们养成遵守法律和伦理的习惯。

3. 加强企业经营管理者自身的素质

对网络营销人才的培养仅仅出于技术层面是不够的，更重要的是要帮助网络营销人员树立正确的营销观念和提高企业管理经营者的素质，并且管理者在加强自身伦理、道德文化修养的基础上应加强对员工伦理素质的培养。正如营销学家科特勒和阿姆斯特朗所指：网络营销通过网络计算机系统进行的营销，以电子方式将顾客与经销商连接起来，它面临着接触的消费者有限、购买量有限、质量无保障、混沌和杂乱的信息等安全问题和道德问题。这些问题要得到根本的解决仅仅依靠立法还不够，必须从思想观念上树立诚信意识以及加强诚信管理。

(三) 加强社会各界的舆论监督作用

加强社会各界的舆论监督对于企业经营行为方面具有重要意义，在顾客至上的时代，舆论监督对于减少营销中的不道德行为具有举足轻重的作用。一旦企业在经营过程中产生违反营销伦理的行为，新闻媒体可以及时予以曝光，对不正当风气和行为加以揭露和批评，使违背营销伦理的行为得以有效遏制，并且对企业的经营决策者的决策起到约束作用。企业形象反映了一个企业的信誉，一个正面的、向上的企业形象需要有良好的社会舆论进行监督和引导。由于网络环境的开放性和自由性，消费者可以在网络上自由表达自己的观点，并且可以进行交流和传播，进行网络舆论监督可以从网络媒体监督、顾客监督等方面进行。网络新闻随着网络的发展也逐步成为新闻发展的一个新兴领域，网络新闻舆论在当今信息沟通极为发达的情况下，对于企业伦理行为的监督十分重要。另外，网络不仅给顾客提供了高效、快捷的购物环境，而且使得消费者之间的交流变得越来越方便，消费者可以根据所购物品在网上发表意见，可以对企业商品和服务提出批评和建议。但值得注意的是，消费者也要积极提高自身素质，不能乱加评述，应该公平、公正地对网络企业提供的良好服务和优质产品给予肯定。

复习思考题

1. 什么是营销模式？营销模式创新的内涵是什么？
2. 简述整合营销的内涵。
3. 简述体验营销的实施路径。
4. 精准数据库营销的要点是什么？
5. 简述绿色营销的内涵。
6. 什么是营销伦理？简述营销伦理问题的表现。

参 考 文 献

1. [美]菲利普·科特勒. 营销管理[M]. 梅清豪，译. 上海：上海人民出版社，2005.

2. 吴健安. 市场营销学[M]. 北京：高等教育出版社，2000.

3. 郭国庆，成栋. 市场营销[M]. 北京：中国人民大学出版社，2002.

4. 万后芬. 市场营销管理[M]. 北京：高等教育出版社，2003.

5. 兰苓. 现代市场营销学[M]. 北京：首都经济贸易大学出版社，2003.

6. [美]克里斯多夫·洛夫洛克. 服务营销[M]. 北京：中国人民大学出版社，2001.

7. 韩德昌. 市场营销理论与实务[M]. 天津：天津大学出版社，2001.

8. 经理人培训项目组. 营销工具箱[M]. 北京：企业管理出版社，2006.

9. 徐育斐，孙玮琳. 市场营销策划[M]. 沈阳：东北财经大学出版社，2002.

10. 郑方华. 营销策划技能案例训练手册[M]. 北京：机械工业出版社，2006.

11. 陈放，谢弓. 营销策划学[M]. 北京：时事出版社，2000.

12. 高哲鹏等. 渠道管理实操细节[M]. 广州：广东经济出版社，2006.

13. 刘芳. 促销管理实操细节[M]. 广州：广东经济出版社，2006.

14. 陈友新. 汽车营销艺术通论[M]. 北京：北京理工大学出版社，2003.

15. 陆丽明. 如何进行客户服务管理[M]. 北京：北京大学出版社，2004.

16. 张启杰. 销售管理[M]. 北京：电子工业出版社，2005.

17. 张众宽，武亮. 客户服务人员的 100 个细节[M]. 深圳：海天出版社，2006.

18. 张梅. 客户投诉管理[M]. 北京：人民邮电出版社，2006.

19. 杨莉惠. 客户关系管理实训. 北京：中国劳动社会保障出版社，2006.

20. [美]艾·里斯，杰克·特劳特. 定位论[M]. 李正栓等，译. 北京：中国财政经济出版社，2002.

21. [美]唐·舒尔茨. 整合营销传播[M]. 何西军等，译. 北京：中国财政经济出版社，2003.

22. [美]艾·里斯，杰克·特劳特. 营销战[M]. 李正栓等，译. 北京：中国财政经济出版社，2002.

23. 胡志刚等. 营销制胜——20 家中国企业的顶级营销模式[M]. 北京：机械工业出版社，2004.

24. 陈放. 品牌学[M]. 北京：时事出版社，2002.